NEUVIÈME LIVRAISON.

NOTICE

SUR

LES PAYS DE LA SARRE

ET EN PARTICULIER SUR

SARREGUEMINES

ET SES ENVIRONS

PAR

N. BOX,

Officier de l'Instruction Publique,
Ancien Principal du Collège de Sarreguemines,
Membre titulaire de l'Académie de Metz.

TOME II.
Propriété et autres droits réservés.

METZ
Imprimerie Lorraine, rue des Clercs, 14

1896

NOTICE

SUR

LES PAYS DE LA SARRE

ET EN PARTICULIER SUR

SARREGUEMINES

ET SES ENVIRONS

PAR

N. BOX,

OFFICIER DE L'INSTRUCTION PUBLIQUE,
ANCIEN PRINCIPAL DU COLLÈGE DE SARREGUEMINES,
MEMBRE TITULAIRE DE L'ACADÉMIE DE METZ.

TOME II

Propriété et autres droits réservés.

METZ
IMPRIMERIE ET LITHOGRAPHIE BÉHA,
1891

AVANT-PROPOS

Bienveillantes Lectrices,

Patients Lecteurs,

Dans le plan primitif de cet ouvrage, j'avais pensé traiter d'abord de la description trop peu connue des Pays de la Sarre, et ne m'occuper de la partie historique de cette contrée, qu'après avoir franchi la limite politique, la plus ancienne, que l'histoire et la tradition y ont conservée jusqu'à ce jour.

A ce moment, rejetant, dans des *Notes*, le reste de la partie descriptive du sol, je voulais sans trop contrarier les touristes et les amateurs de topographie, dédommager ainsi, et au plus tôt, ceux d'entre vous qui préférez l'histoire et qui, depuis longtemps déjà, attendez cette partie vitale de mon travail.

Mais, à la veille de toucher cette respectable limite de nos anciens peuples, les Trévirois et les Médiomatriks, *Médiomatrici*, Médiomatriciens, Médiomatricis ou Messins, j'hésite à mettre ce plan à exécution, dans la crainte de ne pas rester intimement d'accord avec tous mes souscripteurs ; dans la crainte de porter atteinte à l'unité de mon livre, en mêlant l'histoire et la description territoriale après les avoir séparées dès le début.

Que faire, en effet, pour satisfaire les uns et les autres ? — Que faire pour le mieux ?

J'ai demandé au temps de plus mûres réflexions, et après avoir, en outre, consulté de toutes parts, je me décide, — pour ne pas entraver l'unité de mon travail et en même temps me dispenser de certaines *Notes complémentaires* qu'il est toujours difficile d'interpoler — à continuer ma route en avant, comme par le passé, en consignant, dans le premier volume en cours de publication, tout ce qui peut se rattacher à la Période de première constitution du sol, ou, comme elle a été désignée, à la Période géologique.

Et, pour ne pas soumettre, par ce fait, les amis de l'histoire à une plus longue attente, je commencerai, en même temps et dès à présent, la publication du second volume, traitant de tout ce qui peut se rapporter aux autres Périodes.

De cette manière, la publication des deux volumes marchera de pair, et, en hâtant le pas, autant que la typographie et la confection des planches pourront le permettre, j'aime à me bercer de l'idée d'avoir trouvé la *note* nécessaire à notre commun accord.

Puisse cet accord être complet autant que je le désire ! Puisse-t-il même être infini !

Dans ce cas, je me sentirais déchargé d'un grand poids, et allégrement disposé à compléter la tâche qu'il me reste à parfaire dans le sens de ces lignes tracées par l'épigraphiste Orelli :

« C'est la vie de l'âme que d'avoir arrêté de bonne
« heure un regard sûr et ferme sur un but noble et
« utile, spontanément choisi, et de faire converger
« vers ce but tous ses efforts jusqu'à ce qu'il soit
« atteint. »

Paroles évoquées par M. Ch. Abel, mon honoré Collègue à l'Académie de Metz, à propos de l'apparition de ma « Notice sur « les Pays de la Sarre et en particulier sur Sarreguemines et ses « environs. »

PÉRIODE
CELTIQUE ou GAULOISE.

Le plan et les principales divisions de cette *Notice* ont été exposés dans l'Avant-Propos du 1er volume p. VI, et une description sommaire du pays à explorer a été indiquée dans le même volume, p. 27, 28, 29.

La partie essentiellement descriptive ou topographique, formant la Période géologique ou la période de première constitution du sol, étant terminée, nous connaissons le *Bassin de la Sarre* dans l'ensemble de sa constitution intime, aussi bien que dans son extension du Sud-Ouest au Nord-Est, entre le Rhin et la Moselle. Nous connaissons les nombreux cours d'eau secondaires qui s'y croisent et alimentent la Sarre après avoir arrosé et fertilisé les chaînons des collines, de belles et vastes forêts, des terres arables, des prairies d'un accès facile et d'un rapport inappréciable. Nous connaissons le climat dont une température moyenne assure actuellement la prospérité de tous les produits agricoles du centre de l'Europe, en même temps que le dénombrement des villes, des bourgs, des petits et grands centres industriels pour l'exploitation des denrées, des forêts, des terres plastiques et siliceuses, du fer, du sel et surtout de la houille dont la région moyenne de la Sarre est si richement pourvue.

Pour compléter cet aperçu, il convient d'ajouter que les 735 mille hectares de superficie des Pays de la Sarre (¹), naturellement circonscrits par les eaux du ciel, comportent, d'après les recensements les plus récents, une population totale de 720,718 habitants, dont

46,679	appartiennent à l'ancien département français de « la Meurthe » (²);
231,106	— à l'ancien département de « la Moselle » (³);
30,032	— à l'ancien département du «Bas-Rhin » (⁴);
134,128	— à la « Bavière Rhénane » (⁵) et
278,773	— à la « Prusse Rhénane » (⁶).
720,718	

Que reste-t-il à ajouter, si ce n'est ce que nous pouvons savoir du passé et de l'histoire de ces Pays?

Pour répondre à cette question, en apparence si simple, il faudrait des volumes rien que pour rappeler l'énumération des assertions établies et discutées

---

(1) Voir T. 1, page 97.
(2) *Ortschafts-Verzeichniss* von Elsass-Lothringen. Recens. offic. du 1ᵉʳ Décembre 1885 et compl. jusqu'au 1ᵉʳ Octobre 1888, sans les militaires en garnison dans les villes de Sarrebourg, Bitche, Sarreguemines, Faulquemont, Saint-Avold, Forbach, Sarrebruck et Sarrelouis.
(3 et 4) Idem.
(5) *Gemeinde-Verzeich.* für das Kön. Bayern. Recens. officiel du 1ᵉʳ Décembre 1885.
(6) *Preussische Statistik*, amtl. Quellenwerk, du 1ᵉʳ Décembre 1885, et complet. jusq. 1ᵉʳ Janvier 1886.

au sujet des temps préhistoriques. Ce travail n'entrant qu'éventuellement dans le cadre de cet ouvrage, nous nous sommes tenus (¹) à faire simplement pressentir, d'après les données les plus accréditées, les révolutions que la terre a dû traverser avant d'arriver à son état actuel.

Pour les *Pays de la Sarre*, en particulier, la dernière heure géologique a dû sonner, après une incalculable série de siècles, quand la mer crétacée (Planche IV) s'est retirée du sol que nous foulons, et quand celui-ci s'est élevé, pour la première fois, d'abord au-dessus de la mer triasique, et ensuite au-dessus de la mer jurassique (²).

Sans doute, ce premier état, immédiatement après cette exondation, n'était pas définitif. Les failles et les nombreuses évolutions, survenues dans la suite des temps, et dont les traces ne sauraient être contestées, ont, bien des fois encore, modifié le climat, la surface et l'aspect du pays. Les creux, alternativement remplis d'eau ou de glaciers, sont devenus, dans bien des cas, les sommets des montagnes, et les pics coexistants et plus ou moins dénudés, ont servi de lit à de nouvelles masses liquides. En même temps, d'énormes fluctuations, provenant de ces bouleversements, jointes à des inondations, soit partielles, soit totales, provoquées par d'autres causes destructives, ont dû triturer, entraîner, polir et réduire les fragments de roches en cailloux et les disséminer au loin, avec leur poussière transformée en diluvium, avant que l'état de repos actuel se soit affirmé,

---

(1) Tom. 1º p. 31 et suiv.
(2) T. I. p. 116 et 117.

avant que, depuis ces temps, l'action de l'air et de l'eau eussent amené l'aspect de nos jours.

Toutefois, en nous servant de ces termes, nous entendons dire seulement que l'état et l'aspect actuels n'existaient alors que dans leurs grands traits. Ainsi que nous l'avons établi, au Tome I., le pays était, à quelques rares espaces près, couvert d'épaisses forêts, séparées et baignées par d'immenses lacs sans issues, dont plusieurs, quoique très considérablement réduits et déchargés par des cours d'eau, ne sont pas encore comblés.

La flore, par conséquent, devait être particulièrement forestière, lacustre et tourbière. Elle est d'ailleurs peu connue dans ses premiers développements ; mais, par induction, il est permis de présumer qu'elle était alors, comme de nos jours, en rapport intime avec la flore du grès vosgien qui, de ce côté-ci des Vosges, est le centre de dispersion des plantes, comme le massif du Hohneck l'est du côté opposé.

Pour les céréales et autres plantes cultivées, nous n'avons, pour constater leur existence dans les premiers temps de cette époque éloignée, ni stations lacustres, ni cités préromaines ; mais les nombreux débris de meules et de broyeurs, relevés dans nos gisements, démontrent que nos ancêtres de l'*Age de la pierre polie et des métaux* ont connu ces plantes.

En général, la flore de notre pays a dû suivre les alternatives des climats, tantôt glaciaires, tantôt réchauffés, et ce qui a survécu provient de ces flores successivement superposées.

La faune, soumise, depuis l'époque tertiaire, aux mêmes fluctuations climatériques, a subi également de nombreuses modifications en gains et en pertes. Parmi ces dernières, nous ne voulons rappeler que la disparition des grands mammifères du genre bœuf, les *bisons*, les *urus* ou *aurochs*, que l'on chassait encore dans nos montagnes, pendant une partie du Moyen-Age, et dont, d'après notre ancien professeur et maître, M. le Dr Kirschleger et d'autres savants, le nom celtique *Gou* ou *Vou*, combiné avec les mots *Gouéz* (¹), sauvage, et *us*, montagne, présenteraient les racines étymologiques du nom de « Vogesus », Vosges ; il signifierait : *une montagne où il y a des bœufs sauvages* et ferait, en même temps, remonter la dénomination de ce massif montagneux à la période dite celtique ou gauloise (²).

Ce ne fut qu'à la longue et sous l'accumulation des eaux dans ces lacs primitifs que celles-ci se sont fait jour à travers leurs parois. Alors leurs trop-pleins se sont déchargés et les lacs eux-mêmes se sont réduits, grâce à l'entraînement, par les eaux pluviales, des matériaux des montagnes dénudées ; grâce à l'écoulement régulier de ces eaux par les ruisseaux et les rivières, à travers leurs alluvions et les rochers, dont les derniers ont été enlevés de

---

(1) *Gouéz* ou *Gwéz*, composé des deux syllabes *gou-éz*, est une des acceptions du substantif *Gwéz* ou *Gouéz*. Il signifie un homme sauvage ; l'autre acception est l'adjectif sauvage, féroce, inculte.
Hors de Léon, le même mot *Gwéz* est représenté par *gwé* qui signifie Gué, d'où nous avons déduit l'étymologie de Sarreguemines. T. 1er pages 1 à 18.
(2) Les Vosges ont été nommées, *les Vosges, la Vauge et Vauges*, par les Français ; *Wasgaw, Wasgauer Gebirg, Wasichen, Wogesius*, par les Allemands et *Vogesus*, par les Latins et les Grecs.
Sur une pierre votive romaine, on lit également le nom de *Vosagus.* Au moyen-âge on écrivait aussi Vosagus.

main d'homme et notamment par les soldats du *Régiment de « la Sarre »*, déjà rappelés et qui le seront encore plus tard, à l'occasion des divers corps militaires qui, au siècle dernier, ont occupé la région. Alors aussi, la terre, plus assainie, plus libre, plus dégagée, a pu se prêter aux exigences de ses habitants pour la culture et l'habitation.

Mais quelles étaient ces habitations ? Quels en étaient surtout les habitants ?

Sous ce rapport, cette période, bien qu'elle appartienne en partie aux temps historiques, est peut-être plus obscure que la première, par la raison que ses habitants n'ont jamais rien consigné par écrit. Leurs fastes, leurs faits d'armes, tout ce qui, en un mot, formait leur histoire nationale, ou s'y rattachait, se transmettait, chez eux, par la tradition et le chant de leurs bardes. C'était, à la fois, leur gloire et un de leurs principes. Mais avec le dernier chant du dernier barde, tout a disparu, et ce n'est plus que par les restes matériels que le sol, qui fut celui de la Gaule, a conservés, et par ce qu'en ont écrit des écrivains, étrangers à la nation gauloise, qu'il est possible, de nos jours, de se faire une idée de ce qu'était ce peuple durant sa longue existence à travers les siècles écoulés.

Les guerres extérieures et les nombreuses migrations des Gaulois sont connues ; elles sont restées dans la tradition des peuples et les écrits des historiens, parce qu'elles ont eu lieu en dehors du territoire gaulois. Nous connaissons aussi, par les étrangers, les diverses particularités relatives à l'origine, à la religion, aux mœurs, aux usages et aux institutions de la Gaule, et ce sont les documents fournis par ces étrangers qui nous donnent actuellement le moyen de discerner, parmi les débris que dix-neuf siècles de destruction presque continue ont laissé subsister, ce qui peut être rapporté à cette époque.

Dans cet ordre d'idées, il y a lieu de mettre en lumière, dans différents chapitres, ce que nous savons de la Gaule et de ses habitants, en relevant successivement ce qui concerne :

1° les limites du pays ;
2° la population ;
3° la religion et ses ministres ;
4° les lieux du culte et autres monuments ;
5° la physionomie des habitants ;
6° le caractère gaulois ;
7° la hiérarchie ;
8° les vêtements civils ;
10° le costume militaire et les armes ;
11° la nourriture et les boissons ;
12° les habitations ;
13° les sépultures ;
14° la langue ;
15° les instruments et les ornements ;
16° les monnaies ;
17° les mesures ;
18° les voies et moyens de communication.

Ces renseignements seront comme des types auxquels il sera possible de rapporter tous les restes que la Gaule semble nous montrer encore, comme avec défi, mais sans s'expliquer. Ce sont d'ailleurs les uniques témoins du passé. Ils sont muets ; mais étudiés, interprétés et comparés, suivant des données bien déterminées, leur mutisme cesse comme par enchantement et ils répondent à ce qu'on peut attendre d'eux.

Le procédé est aujourd'hui d'expérience effective, et, à notre point de vue, nous pouvons en tirer, avec assurance, le plus grand profit.

CHAPITRE PREMIER.

LIMITES DE LA GAULE.

D'après Strabon et Ptolémée, les plus anciens géographes de l'antiquité, la Gaule avait pour limites: au Nord et à l'Est, la mer du Nord, le Rhin et les Alpes; au Sud, la mer Méditerranée et les Pyrénées; à l'Ouest, l'Océan Atlantique.

Limites des plus naturelles qui, d'après l'histoire et la tradition de tous les peuples, ont toujours été celles de ce pays, depuis les temps les plus reculés jusqu'à sa soumission au joug des Romains, 59 ans avant la naissance de Jésus-Christ.

Strabon, le célèbre géographe grec, dont les indications géographiques ont toujours fait foi, a vécu du temps de Tibère, deuxième empereur romain, de 14 à 37 ans avant Jésus-Christ.

Ptolémée dit Claudius, astronome d'origine grecque ou égyptienne, florissait vers la fin du deuxième siècle de notre ère, vers 175 ans après Jésus-Christ. Il a employé sa vie à compulser les écrits de ses devanciers, et ses indications passent également pour être exactes.

Il n'y a donc pas à contester que toute la rive gauche du Rhin n'eût fait partie de la *Gaule*, pas plus qu'il n'y a à rechercher si, dans l'antiquité, cette vaste contrée de l'Europe occidentale a jamais porté un autre nom que celui de *Gaule*.

Les anciens néanmoins désignaient sous ce nom deux régions particulières, la *Gaule Cisalpine* (en deçà des Alpes, par rapport aux Romains), comprenant l'Italie septentrionale, longtemps occupée par des tribus gauloises, et la *Gaule Transalpine* (au delà des Alpes), c'est-à-dire, la vaste contrée située entre les Alpes, les Pyrénées, l'Océan Atlantique et le Rhin, désignée plus haut.

Les cartes de Strabon et de Ptolémée ont été publiées bien des fois et sont généralement connues. Pour l'utilité de ce livre, nous en extrayons (Table XXe) la partie topographique contenant, outre le cours du Rhin, la limite du pays des Séquanais (Sequani), des Leucks ou Leuciens (Leuci), des Rhémois (Rhemi), des Lingons (Lingones) et des Trévirois (Treveres ou Treviri), à l'entour des terres occupées par les Médiomatriciens.

Celles-ci s'étendaient de l'Est à l'Ouest, de la rive gauche du Rhin à la rive droite de la Moselle, et, au-delà, à travers les deux versants de la chaîne principale des Vosges et le long de la branche sous-vosgienne, appelée « les Monts Faucilles » dont l'extrémité septentrionale touche « aux Ardennes ».

Au Sud, où les Mediomatrici confinaient aux Séquanais, aux Leuci et aux Lingones, la limite de partage des pays allait de la Meuse jusqu'aux environs de Commercy, d'où elle remontait vers le Nord-Est, en comprenant Thiaucourt, et gagnait la rive droite de la Moselle, qu'elle suivait jusqu'au confluent de cette rivière et de la Meurthe. Elle remontait ensuite le cours de cette dernière, dont la rive gauche était aux Leuci, tandis que la droite appartenait aux Mediomatrici, jusqu'à Pixerécourt, d'où elle gagnait Amance

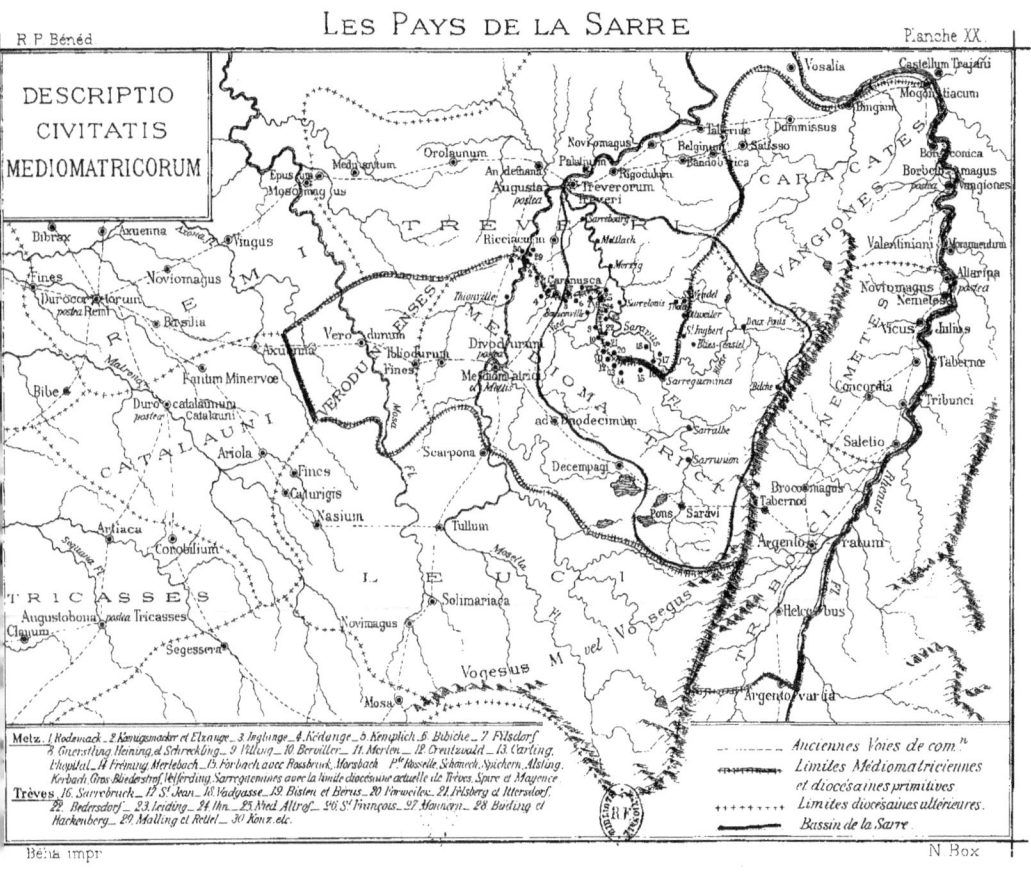

et descendait sur la Vezouze qu'elle côtoyait jusqu'à Domêvre ; elle passait au Nord de Blâmont, de Châtillon et se terminait au Donon d'où elle se portait au Rhin, à travers l'Alsace, en suivant l'ancienne ligne de séparation des Tribocci et des Sequani.

Cette frontière méridionale a peu d'importance pour les Pays de la Sarre qu'elle ne touche qu'au Donon. Il n'en est pas de même de la frontière septentrionale qui les coupe et les traverse du Nord-Est au Sud-Ouest.

Celle-ci séparait les Mediomatrici des Treviri et commençait à Mayence (Mogontiacum) où le Rhin, sous l'impulsion des eaux du Main, commence sa déviation vers l'Ouest, absolument comme la Sarre fait à Sarreguemines, après avoir reçu les eaux de la Bliese.

La vieille frontière commençait donc à Mayence et elle longeait le Rhin jusqu'à Bingen, à l'embouchure de la Nahe, d'où elle se portait sur Belgium, (am stumpfen Thurm, à la tour tronquée), après une courbe assez notable à l'entour de Dumnissus ou Domnissa (Densen près de Kirchberg) et de Satisso, situés dans les vallées de deux affluents de cette rivière. Au-dessous de Belgium, elle se portait, vers l'Est, sur la Nahe même qu'elle suivait dans la direction du Nord-Est au Sud-Ouest jusqu'à sa source sur les hauteurs de Selbach; où se trouvent aussi les sources de la Bliese et celles des premiers affluents de la Prims.

Des sources de la Bliese, la limite médiomatricienne passait au Nord des villes ou bourgs actuels de Saint-Wendel, d'Ottweiler, de Neunkirchen, de Hombourg dans le Palatinat, de Deux-Ponts, de Bleiscastel, de Sarreguemines, d'où elle suivait la Sarre jusqu'au Siersberg, à l'embouchure de la Nied, pour, de là, contourner Bouzonville, gagner Caranusca ou Canarusca situé sur la Canner et suivre cette petite rivière jusqu'à Kœnigsmacker. De ce point, placé autrefois sur la gauche de la Canner, la même limite-frontière se portait sur la rive gauche de la Moselle, en se dirigeant, au Nord de Rodemack, sur le pays des Catalauni qu'elle atteignait entre Verodunum (Verdun) et Mosomagus, près d'Epusum.

Cette frontière sinueuse présentait ainsi deux promontoires assez considérables dont les extrémités pénétraient dans le territoire des Treveri; par contre, le territoire de ceux-ci formait aussi, dans le territoire des Mediomatrici, une pointe prononcée le long de la Sarre jusqu'à Sarreguemines, et de là, le long de la Bliese, jusqu'à l'origine de cette rivière.

Le tracé ci-joint (Planche XX) a été établi d'après celui de nos anciens et honorables collègues de l'Académie, les Religieux Bénédictins de la Congrégation de Saint Vanne, dans leur *Histoire de Metz*, éditée en 1769. Il a surtout pour but de faciliter les premières limites diocésaines qui ont suivi, à peu de chose près, les contours de ces limites primitives que nous établirons plus tard avec de plus grands détails.

Comme conclusion de ce chapitre, il y a lieu de retenir: que les « Pays de la Sarre » ou du « Bassin de la Sarre » ont été *gaulois*, aussi bien que tous les autres territoires de la rive gauche du Rhin.

CHAPITRE II.

LA POPULATION.

Pour remonter à la source des peuples de la Gaule, savoir d'où ils sortent et relater leur histoire, nous nous conformerons aux préceptes posés par M. Amédée Thierry, page VIII, dans son *Introduction à l'Histoire des Gaules*.

« L'étude de l'origine des peuples, dit-il, est
« nécessaire à l'intelligence de leur histoire, car les
« événements de la vie des nations sont bien souvent
« une énigme, dont le mot, oublié des enfants, ne
« se retrouve plus que dans le berceau de leurs
« pères. »

La tâche, toutefois, n'est pas facile, car ici, comme pour tous les grands peuples, l'origine est enveloppée de fables.

Heureusement, — nous nous hâtons de le constater, — que, sous leurs figures et leurs formes allégoriques, les fables cachent la vérité.

Ainsi, nous souriions, naguère encore, en lisant que les Gaulois se vantaient d'être enfants de Pluton, le dieu des Enfers, et aujourd'hui, après des études plus précises et d'accord avec la mythologie, l'historien est obligé de reconnaître que, dans une des premières stations de migration des peuples gaulois, de l'Orient vers l'Occident, une partie de cette nation a dû s'arrêter à l'entour du Pont-Euxin et du Palus-Méotide, à peu de distance de l'endroit où les Grecs plaçaient l'entrée de la caverne du cap Ténare par laquelle on pénétrait, selon eux, dans le royaume des Ombres.

Nous disons donc que la première migration des peuples gaulois s'est faite d'Orient en Occident, d'accord avec la science moderne et la Genèse, et nous ajoutons, après de plus amples et de meilleures informations, que ces migrations se sont faites aussi par l'excès de l'accroissement des populations et à la suite de l'invasion de nations venues de l'Asie où il y a vraiment lieu de placer le berceau de tous les peuples et de toutes les langues. (¹)

D'un autre côté, la tradition, seule histoire des temps primitifs, transmise par écrit, non par les Gaulois qui n'écrivaient point leurs annales, mais par les autres peuples de l'antiquité, a légué à la postérité, d'âge en âge, et d'accord avec les Druides, que « la « population des Gaules, était, en partie, indigène, « et que l'autre partie était venue des îles lointai-« nes et des contrées transrhénanes, poussée hors de « ses demeures par la fréquence des guerres et par « les inondations de l'Océan. »

N'est-ce pas dire en réduisant le sens du mot *indigène* des Druides à l'acception de *premier occupant*, que l'ancienne population gauloise se composait de plusieurs races dont l'une aurait précédé les autres ?

César, Strabon et d'autres, confirment cette assertion, en énumérant les races qui occupaient le pays, au temps de la conquête de la Gaule par les Romains.

(¹) Klaproth, *Asia polyglotta.*

CHAPITRE II. — POPULATION DE LA GAULE. 15

Du reste, cette distinction de races, paraît-il, était alors très sensible sur le sol gaulois.

« La Gaule, dit César, prise dans son ensemble,
« est divisée en trois parties, habitées, l'une par les
« *Belges*, l'autre par les *Aquitains*, la troisième par
« les peuples qui se donnent, dans leur langage, le
« nom de *Celtes* et que, dans le nôtre, nous appelons
« *Gaulois*. Toutes ces races diffèrent entre elles par
« le langage, les coutumes, les lois. Le fleuve nom-
« mé Garonne sépare les Gaulois des Aquitains, la
« Marne et la Seine les séparent des Belges. (¹) »

Prises en masse, les populations de ces trois races sont encore désignées, par le même historien, sous le nom général de *Galli*, qui, dans ce sens, n'a plus qu'une acception géographique correspondant, en français, au mot *Gaulois*.

Strabon rapporte la même division de la Gaule. Il l'appelle Gaule transalpine, par rapport à la position topographique de Rome, et dit, en citant les trois peuples, les Aquitains, les Celtes et les Belges :
« Les premiers diffèrent absolument des deux autres,
« non seulement par leur langage, mais encore par
« leur figure, qui approche plus de la figure des
« *Ibères* que de celle des Gaulois. Les traits pro-
« pres à ces derniers caractérisent les habitants des
« deux autres parties de la Gaule, quoiqu'on observe
« encore quelque différence parmi ces peuples, soit
« pour le langage, soit pour la manière de vivre et
« pour la forme de leurs gouvernements respectifs. »(²)

C'est introduire une quatrième race, celle des Ibères, dans la population gauloise, et, en considérant

(¹) J. Cæsaris *Commentarii de Bello Gallico*. Liv. I, ch. 1.
(²) Strabon. *Geographia*.

la position géographique de cette race par rapport à celles des Celtes et des Belges, il y a présomption de conclure qu'elle a précédé, sur le sol gaulois et même en Europe, la race des Celtes et celle des Belges.

En outre, la tradition et plus encore le langage, comme nous le verrons au chapitre XIV, assignent aux Gaulois, une *origine pélasgique*.

Nous sommes donc conduits, pour constituer la nation gauloise, à rechercher l'origine des *Pélasges*, aussi bien que l'origine des Celtes et celle des Belges.

Les Pélasges. — Les peuples désignés sous le nom générique de Pélasges sont pour Hérodote, comme pour toute l'antiquité, « un peuple d'Asie, qui,
« chassé des rives du Gange et de l'Indus où il de-
« meurait, se réfugia, bien avant la guerre de Troie,
« en Grèce, fonda Athènes, alla par terre et par
« mer, chercher une patrie nouvelle, soit sur les
« côtes, soit dans l'intérieur de l'Europe, et parvint
« ainsi jusqu'en Italie, en Espagne, dans la Gaule,
« sans doute même au-delà, suivant que les vents,
« les flots et la fortune plus inconstante encore
« dirigèrent leur course errante et fugitive. »

Ils apportèrent, dit-on, les germes de la civilisation en Grèce et dans les pays où ils se sont établis. Leur chef, Pélasgus, dont ils tirent leur nom et dont la mythologie a fait le fils de la Terre, apprit aux Arcadiens à se mettre à l'abri dans des grottes et à se vêtir de la peau des animaux.

Ils furent ainsi les premiers émigrants de l'Asie et la souche des populations primitives de la Grèce, de l'Italie et de la Gaule, où leur présence fut signalée sous les dénominations d'Ombriens, d'Etrusques, de Lydiens-Méoniens, de Liburniens, de Ligiens ou Ligures et d'autres. Les Ibères les suivirent de près, et, plus tard, ils furent, à leur tour, suivis par les Phéniciens, les Egyptiens, les Perses, les Mèdes et d'autres peuples que l'Asie ne cessa de verser tant en Europe qu'en Afrique et ailleurs.

Les Ibères. — La race *Ibérienne*, dont les Pélasges n'étaient que l'avant-garde, est la première *Race gallique* historiquement connue.

Selon quelques auteurs, ce peuple serait originaire de la Géorgie et du Kurdistan actuels, appelés autrefois *Ibérie* et situés en Turquie et en Perse, dans la chaîne du Caucase, à l'Est du Tigre.

Suivant Hérodote, le père de l'histoire, et Strabon, le plus grand des géographes de l'antiquité, les Ibères seraient sortis de la Lydie et notamment de la race des Méoniens qui étaient également des Pélasges. Cette origine expliquerait la communauté de langage entre les Ibères et les premiers Pélasges.

D'après les calculs de Larcher ([1]), l'arrivée des Lydiens-Méoniens ou Ibères, en Italie, aurait eu lieu vers l'an 1344 avant Jésus-Christ; mais d'après les présomptions et les calculs d'autres auteurs, cette arrivée doit être considérablement reculée. Elle remonterait même au-delà de vingt et quelques siècles.

C'est à cette invasion *Ibérienne* qu'il convient de rattacher tous les peuples de l'antiquité compris sous la dénomination générale de *Veteres Galli* qui ont formé la première population fixe de l'Italie, de la Gaule et de l'Espagne.

([1]) Larcher, *Chronologie d'Hérodote*, p. 547.

Les Celtes. — Pendant que les Ibères franchirent ainsi les Alpes et les Pyrénées, semant, pendant des siècles, tout notre continent méridional de leurs colonies, dont l'une d'elles, la grande peninsule espagnole, a conservé les noms d'Ibérie et d'Ebre, d'autres peuplades, sorties également de l'Asie, se dirigèrent aussi vers l'Occident, dans une direction plus septentrionale, sous le nom de *Celtes.*

M. Henri Martin (¹) « pose comme un fait
« accepté aujourd'hui par la science historique, que
« les Celtes sont une branche de la grande famille
« aryenne ou japhétique, et vraisemblablement la
« première qui ait émigré de l'Asie centrale vers
« l'Occident. Il fait remonter, approximativement, au
« moins à une vingtaine de siècles avant notre ère,
« l'arrivée du *premier ban* des Celtes en Europe, où
« le terme extrême de leur marche fut l'Irlande. Le
« nom celtique de l'Irlande, *Eire, Eirinn*, est le
« même que *Arya, Airyana*, le nom primitif du
« berceau de la famille.»

D'après Strabon et, à une époque intermédiaire entre le dixième et le huitième siècle, avant notre ère, des tribus cimmériennes associées aux *Vénètes*, (Wendes ou Windiles), autre peuple aryen qui occupait le Nord de l'Asie Mineure, abandonnèrent les rives de la Mer Noire pour chercher d'autres établissements. Nous retrouvons encore des descendants de ces Vénètes, associés aux descendants des Cimmériens ou *Kimris*, en Bretagne (pays de Vannes) et en Galles (North-Wales). Ces Vénètes se celtisèrent entièrement. D'autres Vénètes, plus ou moins

---

(¹) Henri Martin, Congrès celtique international de Saint-Brieu, octobre 1867.

celtiques, fondèrent la Vénétie italienne; d'autres s'en allèrent sur la Baltique, où ils devinrent les ancêtres des Polonais et d'autres peuples slaves.

Six siècles avant Jésus-Christ, le reste des Cimmériens, refoulé par la grande invasion des *Scythes* sur la Mer Noire, vinrent, pour la plupart, rejoindre leurs frères dans l'Ouest et le Nord-Ouest de l'Europe.

Toute la race celtique se trouva ainsi massée à l'Occident. Les Cimmériens ou Cimbres s'étendirent jusque dans le Midi de la Suède, et ils avaient des colonies jusque dans les provinces baltiques de la Russie actuelle. Les Estoniens parlaient alors le breton et avaient pour enseigne le sanglier gaulois.

Les premiers Celtes parlaient la langue *aryenne*, c'est-à-dire *sanscrite*, autrement dit « de bonne famille » (1). Ils différaient ainsi des Ibères, et comme ils en différaient encore plus par les mœurs, ces deux peuples, en contact l'un de l'autre sur le sol de la Gaule, eurent de la peine à se supporter et à se fondre pour former les *Celtibères* que les Romains distinguaient, par cette dénomination, des Celtes proprement dits.

Vers le septième siècle, avant notre ère, de nouveaux déplacements eurent lieu, et par grandes masses, dans les plaines de l'Europe Orientale. Les *tribus germaines ou teutoniques*, pressées par d'autres nations, firent irruption sur les rives du Danube et en chassèrent les Cimbres ou Kimris qui s'y étaient établis (2). Ceux-ci, à leur tour, firent irruption dans les Gaules et parvinrent, après de longues luttes, à s'a-

---

(1) Littré. *Dictionnaire.*
(2) Hérodote, liv. IV, p. 21—23.

vancer jusque vers la chaîne des Vosges, refoulant, en partie, les habitants qui jusqu'alors avaient été les seuls maîtres du pays.

Cette invasion était conduite par un homme connu sous le nom de *Hésus* ou *Esus* ou *Hu*, chef de guerre remarquable, législateur et prêtre.

D'après Amédée Thierry, Hésus franchit le Rhin à son cours inférieur, longeant l'*Océan brumeux*, entre 638 et 587 ans avant l'ère chrétienne. Cette invasion se dirigea sur le littoral de l'Océan appelé Armorique ([1]) et eut pour effet une poussée des anciennes populations du Nord au Sud et de l'Ouest à l'Est. Les Séquaniens, appelés aussi Sécaniens ou encore Sigynes ou Sigunes, et les Helvétiens, ont dû céder leurs places et ont émigré sous Sigovèse, par le cours supérieur du Rhin, vers la forêt hercynienne ou hyrcynienne (la Forêt-Noire) d'un côté, vers les Alpes illyriennes de l'autre. A la même époque, les nations du centre (Bituriges, Arvernes, Senones, Eduens, Ambarres, Carnutes, Aulerques) ([2]) ont aussi quitté, en partie, leurs pays, sous Bellovèse, frère de Sigovèse, pour se répandre en Germanie.

Les Celtes se donnaient eux-mêmes les noms de *Celtes*, *Galls*, *Gals* ou *Gaels*. Les Grecs les appelaient *Galataï*, Gallates, et les Romains leur ont appliqué le nom de *Galli* que l'on a souvent traduit, en français, par le nom de *Gaulois*.

L'origine de ce peuple a donné lieu à de nombreuses controverses :

Pendant que, d'après la tradition grecque et comme l'admet M. Henri Martin, certains écrivains

---

([1]) Armorike, dans les idiomes des Kimris et des Celtes.
([2]) Tite-Live, liv. 5, § XXXIV.

les croient issus de la Nuit et de Hésus, le dieu de la Guerre, les écrivains chrétiens prétendent que les ancêtres des Celtes descendent directement de Gomer, fils de Japhet, un des trois fils de Noé.

Hertzog, dans sa *Chronique d'Alsace* de l'an 1592, fait remonter l'origine des Celtes ou Gaulois à Dis ou This, fils de Japhet et frère de Gomer et de Tubal, qui, tous trois, seraient venus en Occident avec vingt-six autres parents ou compagnons, sous la conduite de Thuiston ou Tuisco, fils de Noé, né après le Déluge.

Dans la langue celte, Dis ou This signifie la Terre, et comme, selon la mythologie, la Nuit était fille du Ciel et de la Terre, cette origine, ainsi interprétée, serait la même que celle des Grecs.

Au fond, toutes ces assertions, quoique différentes pour certains détails, sont d'accord sur l'origine japhétaise des Celtes.

Les Belges. — La tranquillité, survenue après la fusion des Celtes avec les Ibères, ne dura pas longtemps ; car d'autres tribus kimeriques, *les dernières de la première invasion*, qui n'avaient pu pénétrer avec les premières en Gaule, s'étaient établies sur la rive droite du Rhin et y avaient formé une puissante confédération sous le nom générique de *Bolgs* ou *Belges.*

C'était une association de Cimbres avec les restes des Celtes et d'autres nations qui s'étaient fixées parmi eux.

Poussée par de nouvelles tribus germaines, dans leur marche vers l'Occident, cette nation belge franchit le Rhin, entre 350 et 280 ans avant Jésus-Christ, suivant Amédée Thierry, et vint aussi chercher un abri, là où, trois siècles auparavant, les premiers Belges avaient trouvé une patrie. Les anciens habitants ne purent s'y opposer et, dans peu de temps, la confédération belge avait pris place dans tout le pays situé entre la rive gauche du Rhin, le versant Nord de la chaîne des Vosges, la Marne, la Seine et l'Océan, en même temps que les Kimris et les autres habitants. Ceux-ci prirent alors le parti de vivre également en bonne entente avec leurs nouveaux voisins, et ces derniers, de leur côté, servirent de boulevard de défense à la Gaule contre les autres tribus germaniques, et les empêchèrent de s'établir, comme eux, sur la rive gauche du Rhin. (¹)

Les derniers Belges ont fait irruption, sous le nom de Cimbres et de Teutons, 113 ans avant l'ère chrétienne.

Finalement, la présence et le mélange de ces divers peuples dans la même contrée produisirent une fusion complète. Leurs croyances religieuses étant à peu près les mêmes, leurs mœurs se sont fondues et, à part quelque différence dans le langage et le type due à des origines différentes, il n'y avait dans la Gaule, avant Jésus-Christ, qu'une seule et même nation représentée par quatre peuples :

1° les Pélasges, mêlés ou non mêlés, et répandus par tout le pays dans de nombreuses colonies ;
2° les Celtes mêlés et fondus surtout avec les Ibères qui formaient la Gaule Celtibérienne ;
3° les Celtes, formant la Gaule Celtique ;
4° les Belges, formant la Gaule belge ou la Belgique.

(¹) Amédée Thierry, T. 1, p. 36, 37, 129.
Et Aug. Digot, *Histoire de Lorraine*, T. 1, p. 28.

On pourrait adjoindre les colonies de Phocéens, Phéniciens, Doriens et celles des Massaliotes, établies sur le littoral de la Mer Méditerranée et représentées, de ce côté, par des villes grandes et opulentes.

Tous ces peuples étaient généralement désignés sous le nom de Celtes ou Gaulois, et cette identification, indiquée par César, a trouvé et trouve encore créance auprès des géographes et des historiens.

C'est, malgré cela, une erreur historique qu'il convient d'attaquer, car *les Gaulois étaient étrangers à la race celtique*, ainsi que le confirment l'anthropologie et l'archéologie modernes :

« En effet, la première constate, en Occident,
« durant les âges qui ont précédé les conquêtes ro-
« maines, deux types d'hommes, différents par la
« taille, la forme du crâne, la couleur des cheveux,
« des yeux et du teint ; la seconde reconnaît, dans la
« même région, deux classes seulement d'antiques
« monuments funéraires, complètement distinctes
« l'une de l'autre par le mode de sépulture, le genre
« de construction, le mobilier qui les garnit, et les
« attribue à deux populations différentes, superpo-
« sées. » (¹)

Outre cette distinction des deux races celtique et gauloise, n'avons-nous pas encore les nombreuses contestations de plusieurs écrivains justement estimés qui, à toutes les époques, ont élevé leurs témoignages contradictoires et désintéressés contre la parole suspecte d'un vainqueur sans scrupule ?

Fauriel, le premier, a entrevu la grande erreur

(¹) P.-L. Lemière, *Etude sur les Celtes et les Gaulois*.

qui nuit encore à nos origines (¹). Après lui, M. Aurélien de Courson, dans son *Histoire des peuples Bretons*, a fait encore mieux ressortir la dualité des Celtes et des Gaulois (²); mais n'avons-nous pas en outre et avant eux, d'autres et de nombreux témoignages à citer ?

Plutarque, en faisant ses condoléances à Apollonius, à l'occasion d'un malheur domestique, ne lui rappelle-t-il pas que si les barbares s'abandonnent plus que les Grecs aux épanchements de la douleur, il n'en est pas ainsi chez quelques-uns de ces peuples, *tels que les Gaulois et les Celtes ?* (³)

Laërce, de son côté, affirme, à propos du Druidisme, que cette religion a pris naissance chez les Galates et chez les Celtes. (⁴).

Appien rapporte cette tradition de son temps que Polyphème, le Cyclope, et Galatée donnèrent le jour à trois fils, *Celtus, Illyrius* et *Galas* d'où sont nés les *Celtes*, les *Illyriens* et les *Gaulois*. (⁵)

Ptolémée, non plus, n'a jamais confondu la *Gaule* avec la *Celtique* et, dans son énumération des divisions géographiques, n'a-t-il pas mathématiquement séparé, en *contrées différentes*, la Bretagne, la *Gaule*, la Germanie, la Bastarnie, la *Gallia togata* ou *Gaule Cisalpine*, l'Apulie, la Sicile, la Tyrrhénie, la *Celtique*, l'Espagne? (⁶).

(¹) Fauriel, *Hist. de la Gaule méridionale sous la domination des conquérants germains.* T. 1, p. 433-431.
(²) Ouvrage couronné par l'Institut de France.
(³) Plutarch. *Consol. ad. Apollon.*
(⁴) Diog. Laert. *in Procem* § 1.
(⁵) Appian. De Bello Illyr § 2.
(⁶) Ptolémée. *Géographie* L. III, p. 69.

Et Dion Cassius (¹) ne dit-il pas ? « Le Rhin
« prend sa source au pied des Alpes Celtiques, un
« peu au-dessus du pays habité par les Rètes, et,
« de là, ses eaux, coulant vers l'Occident, vont sé-
« parer la *Gaule et les Gaulois* placés à sa gauche,
« des *Celtes* établis à sa droite. »

Le même auteur dit encore qu'après la défaite
de Varus, Auguste expulsa les *Gaulois* et les *Celtes*
qui se trouvaient à Rome.

Mais c'est Diodore de Sicile qui établit le mieux
la distinction de ces deux peuples (Diod. Sicul. V, §
32) : « Il est une chose, dit-il, que plusieurs ignorent
« et qu'il est utile pourtant de faire connaître, c'est
« à savoir que *les peuples qui habitent l'intérieur des*
« *terres au-dessus de Marseille, et ceux qui sont*
« *établis en deçà des Pyrénées,* s'appellent *Celtes,*
« tandis que l'on nomme *Gaulois* toutes les autres
« nations répandues, au-dessous de la région Celtique,
« au Midi, sur le littoral de l'Océan, dans le voisi-
« nage de la forêt Hercynienne, et, de là, jusqu'aux
« limites de la Scythie. Toutefois, les Romains con-
« fondent tous ces peuples dans la même dénomina-
« tion de *Gaulois.* »

Après ces citations, que l'on pourrait encore augmenter considérablement, il subsistera probablement
peu d'objections à faire à notre manière de voir, malgré les nombreux passages où des historiens grecs et
romains appliquent indifféremment l'une ou l'autre de
ces deux dénominations, soit par ignorance, soit pour
des causes particulières qui poussèrent la plupart des
Anciens à confondre, en une seule, les deux races
celtique et gauloise.

Pour notre part, nous en concluons que *ces peu-*

---

(1) Dio. Cass. L. XXXIX, § 49.

ples différaient des Gaulois et que *ceux-ci*, en leur qualité de premiers occupants, répandus par tout le pays, *ont absorbé les Celtes, les Ibères et les Belges* venus après eux.

Pour des peuples nomades que rien n'attache au sol, nous admettons volontiers qu'ils émigrent et cèdent leurs stations à d'autres dont le voisinage ne leur convient pas ; mais quand une génération s'est approprié une contrée, quand elle y a vu le jour et y a vécu, qui donc lui arrachera le plus beau, le plus moral, les plus solide des instincts de l'humanité, c'est-à-dire l'amour du pays natal ?

C'était certainement le cas des vieux Pélasges ou Gaulois, installés et rivés au sol, car, comme dit Chateaubriand, dans son « Génie du christianisme », « la Providence attache les pieds de chaque homme, par un aimant invisible, au sol qui l'a vu naître ».

C'est pour des raisons particulières que nous tenons à faire ressortir, ici, l'effet de cette loi de l'humanité, de même que nous avons insisté, précédemment, sur la différence entre les Celtes et les Gaulois, et que nous insisterons encore, plus loin, sur la différence de la langue des Celtes ou du *Celtique*, et de la langue des Gaulois ou du *Gaulois*.

D'après ce qui précède, le Bassin de la Sarre, que nous ne devons pas perdre de vue, devait, à l'époque de l'invasion romaine, se trouver dans la Belgique ou la Gaule belge avec une population mélangée de Gaulois, de Celtes, de Kimris et de Belges.

CHAPITRE III.

LA RELIGION DES GAULOIS ET SES MINISTRES.

L'Asie étant le berceau de tous les peuples, ainsi que nous l'avons admis, page 14, et les premiers humains ayant habité les lieux mêmes où ils purent connaître et perpétuer, par eux ou par leurs descendants, le récit de l'Œuvre de la Création et des grands événements arrivés peu après, on peut se demander comment, avec la dispersion des Nations, ces premières vérités si simples, si précieses, puisées à des sources si pures et si avérées, ont pu se modifier au point qu'à la suite des temps il ne restait plus, dans les familles devenues étrangères entre elles en se succédant, qu'un souvenir vague de leur *Origine* et de leur *Créateur*.

Rien n'est plus réel que ces changements et ils sont d'autant plus grands que les peuples, chez lesquels ils peuvent être constatés, ont vécu longtemps, séparés les uns des autres, sous des climats et avec des besoins différents.

Ces altérations sont donc encore un moyen de contrôle pour établir la diversité des éléments d'une nation. Le plus souvent, il ne faut même pour cela que relever les modifications d'un fait quelconque transmis par la tradition ; car celle-ci varie peu chez des peuples de même souche, habitant sous le même climat, parlant la même langue. Cela n'est pas, du reste, aussi étonnant qu'on le croit d'ordinaire, quand on considère qu'un fait tel, par exemple, que le récit du déluge de Noé, que l'on reporte généralement à 2348 ans avant notre ère, n'a passé, pour venir jusqu'à nous, que par la bouche de quarante-sept personnes, en n'évaluant qu'à cinquante ans la durée moyenne d'existence susceptible de transmission pour chaque personne. Pour les 1890 ans, écoulés depuis la naissance de Jésus-Christ, il n'a fallu, pour la tradition orale, que trente-huit personnes, d'après la même base de calcul.

Il est donc essentiellement important de rechercher dans les croyances religieuses des peuples de la Gaule les degrés d'altération du *Dogme primitif.*

C'est aussi le moyen de confirmer, une fois de plus, notre manière de voir.

Les Celtes, les Cimbres ou Kimris et les Belges, nous venons de l'établir d'après des documents sérieux et en nombre suffisant, ont abordé ce pays par le Nord; les Pélasges et les Ibères, pour ne nommer que ceux-ci, en ce moment, y sont venus, au contraire, par le Sud. Les établissements des uns et des autres se sont faits à des intervalles assez éloignés; mais les tristes habitants des climats glacés de la Scythie, tout en conservant l'idée d'un Dieu protecteur, ont formé avec lui d'autres liens que ces nations heureuses du Sud qui, dans des contrées fertiles, n'avaient, pour ainsi dire, qu'à le bénir.

Il en est résulté pour les Ibères, quand leurs premiers rapports avec le Dieu créateur se sont altérés, qu'ils adorèrent, en même temps et au même degré, toutes les forces de la nature. Finalement, leur religion est devenue un polythéisme analogue

CHAPITRE III. — RELIGION DES GAULOIS.

à celui des Phéniciens, en ce sens que leurs divinités variaient suivant les localités.

C'était, dit Hérodote, Liv. II, chap. 51, « le Druidisme dont les dieux, le culte et les mystères étaient également ceux des Pélasges ou des Gaulois. » Ils adoraient surtout les grandes pierres, les grands arbres, les grandes forêts, les grands fleuves, etc., et les menhirs, les dolmens, les cromlechs et tous ces monuments désignés sous les noms de *monuments celtiques, druidiques* ou *mégalithiques* peuvent être considérés comme les témoignages encore existants, les plus authentiques de leurs croyances.

Les Celtes n'avaient aussi qu'une idée très imparfaite de la divinité. Ils adoraient tout ce qui frappait leur imagination et, à leur contact avec les Ibères et les Pélasges, leurs croyances religieuses quoique très différentes, mais ayant conservé quelques principes communs, se sont peu à peu confondues ; à l'arrivée des Cimbres, elles se sont même identifiées sous l'impulsion de Hésus, ce qui a puissamment contribué à la fusion rapide des avant-derniers venus avec leurs devanciers, les Ibères, les Celtes et les Pélasges.

D'après Tacite, les Cimbres et les Belges avaient la même origine et la même langue, au moins pour les Oestii, peuplade limitrophe des Kimris sur les bords de la Baltique. Ils avaient aussi à peu près les mêmes croyances religieuses et, après leur jonction avec leurs frères, leur religion fut la même, c'est-à-dire le *Druidisme réformé par Hésus.*

Dans cette religion nouvelle, on adorait un Dieu suprême, créateur de toutes choses et père des autres dieux. Il était tout puissant et on l'appelait *Teut* ou *Teutatès*. Il était le dieu de la guerre, des éclairs et du tonnerre. Sa compagne était *Hertha*, la *Terre* ou *Dis et This*, en langue celtique.

Au-dessous d'eux se rangeaient tous les dieux inférieurs, ce qui n'empêchait pas de rendre un culte particulier et religieux au soleil, à la lune, aux fontaines, aux lacs, aux fleuves, à la mer, aux arbres et aux rochers. Le sentiment religieux, paraît-il, était même très développé. On croyait surtout à la puissance des sacrifices, et pour apaiser la colère divine on allait jusqu'aux sacrifices humains. Qui n'a entendu le récit de ces immenses paniers d'osier auxquels on donnait la forme d'un corps humain? On y entassait, dit-on, les prisonniers qu'on avait l'habitude de détruire, ou d'autres victimes humaines, et on y mettait le feu. Dans les grandes calamités publiques, ou avant d'entrer en campagne contre un ennemi formidable, on augmentait surtout le nombre des victimes qu'on choisissait dans les assemblées. Quand le nombre voulu ne se trouvait pas, on choisissait ce qui manquait parmi les personnes qui étaient hors d'état de se défendre, ou parmi celles qui, dans leur exaltation religieuse, s'offraient volontairement en expiation ou pour le salut public.

On a toutefois beaucoup exagéré ces fameux sacrifices humains. C'était, pour ainsi dire, le thème des auteurs romains qui, tenant à justifier leur conquête et surtout leur férocité envers les Gaulois vaincus, les représentaient comme de véritables barbares. Mais d'après les documents les plus authentiques et, à part l'exécution des ennemis, il n'y avait, chez les Gaulois, que le sacrifice des criminels et celui dit « du dévouement ».

« Pour moi, dit M. Damcavald (¹), ces fameux
« sacrifices ne furent que des exécutions de criminels,
« dont les *uns* condamnés *publiquement* et les *autres*
« se rendant *sur la sommation de leur conscience*,
« pour parler comme le livre de la Tradition (triade
« 34).

« Tout m'autorise à croire que les supplices ap-
« pelés *dévouements*, ne furent *autres* que la mort
« de ces derniers, *se livrant* pour des crimes cachés
« dont peut-être, un Druide était l'unique déposi-
« taire. Le qualificatif « dévouement » me paraît
« n'avoir été que le manteau jeté sur la faute, pour
« sauvegarder l'honneur des familles. Aussi, dans ce
« cas, il est présumable que le plus grand nombre
« des mystérieux criminels fut amené par les Druides
« à demander ou à accepter une punition dont la
« cause devait rester un secret. Ni Grecs, ni Ro-
« mains, ne nous ont dit et n'ont pu savoir cela,
« mais l'étude des documents nuancés de druidisme
« amène à le penser. Enfin, tout préjugé mis de
« côté, demandons-nous sérieusement quel intérêt
« des penseurs aussi éclairés auraient eu à tuer un
« homme ! La preuve que la pensée de l'expiation par
« le châtiment leur paraissait un devoir moral à
« remplir et un grand but à atteindre, c'est qu'ils
« avaient la constance de garder les condamnés pen-
« dant cinq ans pour les amener à s'offrir ».

La véritable étymologie des mots de *druidisme*
et de *druide* ne doit être recherché que dans le mot
celto-armorique *Deru* et *Dru* qui, en sanscrit, si-

---

1) Damcavald, *Dragon rouge*, p. 6. 1886, dédié aux mânes
des Gaulois et aux Druides les plus illustres philosophes de
l'antiquité.

gnifie « chêne » ainsi que l'a établi Rostrenen dans son dictionnaire français-celtique (1).

Chez les Gaulois, le chêne était, en effet, le plus sacré de tous les arbres. Ils se couronnaient de ses feuilles pour offrir leurs sacrifices et c'est dans des chênaies, habitées par leurs prêtres, que ces sacrifices s'accomplissaient.

D'après Diogène de Laerte, les Druides avaient, chez les Bretons, le même rang que les philosophes chez les Grecs, les mages chez les Perses, les gymnosophites chez les Indiens et les sages chez les Chaldéens. Chez les Gaulois, ils étaient encore plus que cela, car ils réunissaient le sacerdoce à l'autorité politique, et leur pouvoir était absolu et sans bornes.

Pline les appelle les *mages des Gaules* qui pouvaient *passer les maîtres de ceux de l'Orient*, et Polyhistor, cité par Clément, nous dit, comme Apollonius, pour rehausser leur valeur, que Pythagore fut un disciple des druides.

Tout ce que l'on sait de leur doctrine se réduit à quelques fragments répandus dans les ouvrages des anciens. On sait déjà, par ce qui précède, qu'eux-mêmes n'ont rien écrit. Toute leur science, comme toute leur histoire, était contenue dans des *espèces de vers* qu'ils apprenaient par cœur. Ils enseignaient l'immortalité de l'âme et son passage dans un autre

---

1) L'étymologie du mot grec *Drus*, qui veut également dire *chêne*, pourrait avoir quelque valeur au besoin ; mais, sûrement, celle du mot germain *Tru*, qui veut dire *foi*, ne peut être admise. Cette dernière étymologie de Vossius est surtout fabuleuse, puisque l'idiome des Germains différait complétement de la langue des Celtes.

monde ; la mort, selon eux, n'était que le point de séparation entre ces deux existences.

De là, comme conséquence, la doctrine des peines et des récompenses qui explique le courage indomptable des Gaulois et leur mépris de la mort.

Cicéron ajoute que les Druides s'occupaient aussi de l'étude des secrets de la nature, d'où naissait naturellement la prétention à l'art de la divination et de la magie. Ils ne pratiquaient pas, eux-mêmes, la médecine magique. Ils la conseillaient aux malades et intervenaient près de la divinité, par leurs prières, pour obtenir la santé ; mais Teutatès était parfois exigeant et, si la maladie était mortelle, il ne fallait rien moins qu'une victime humaine, à côté des offrandes de fruits et d'animaux, pour racheter la vie qu'on voulait sauver. « Ame pour âme, vie pour vie » était un adage familier parmi eux.

Leur superstition était sans bornes et leur faisait attribuer à certaines plantes les vertus les plus mystérieuses. Parmi ces précieux végétaux, dits « sacrés », il convient de citer la *verveine*, la *samole*, la *selage* et surtout le *gui du chêne*.

La *verveine* devait être la *verveine officinale* ou *commune*. Elle a toujours été en grande vénération et on lui attribuait la propriété de guérir toutes sortes de maladies, d'où le nom vulgaire d'*herbe à tous les maux*. Selon les Gaulois, elle détruisait aussi les maléfices et inspirait la gaîté.

La *samole* n'est probablement pas le *samolus Valerandi* des botanistes, mais plutôt la *samole aquatique*, appelée vulgairement *mouron d'eau* et *pimprenelle aquatique*. Elle passe pour être vulnéraire, apéritive et antiscorbutique. Les Druides la cueillaient en grappes et en faisaient entrer les graines dans diverses préparations médicinales.

La *selage* qui, d'après Pline (XXIV. 62), était bonne pour les yeux, ressemblait, paraît-il, à une *sabine* ; mais on n'est pas entièrement fixé sur la plante que désigne ce nom. Suivant E. Souvestre et M. de La Villemarqué, ce serait l'*herbe d'or* des Bretons, plante médicinale appelée *aourgeaten*. Ed. Duvies en fait une *gratia Dei*, et, d'autres, dit Souvestre, croient que c'est la *camphorate*, sorte de didyname. — Il est plus probable que cette plante fameuse est le *lycopodium selago* de Linnée, appelée communément *selagine*, qui croit, sur le grès des Vosges, dans les terrains tourbeux et marécageux.

Toutes ces plantes se récoltaient dans des circonstances particulières et d'après des rites spéciaux que l'on observait rigoureusement.

Pour la *selage*, on procédait comme si l'on commettait un larcin (Pline).

Quant au *gui du chêne* qui était la panacée universelle (son nom, en gaulois, signifie en effet : *qui guérit tout*, Pline XVI. 15), il ne se cueillait qu'au sixième jour de la lune et avec une pompe extraordinaire.

Cette cérémonie était la plus imposante de la religion des Druides et celle dont la tradition a conservé le plus de vestiges. Elle se célébrait au solstice d'hiver et on l'annonçait solennellement par un chant dont le sens a été conservé dans ce vieux refrain : « Au gui ! l'an neuf », c'est-à-dire : « Allons cueillir le gui sacré ; voici la nouvelle année qui commence ».

A ce cri, on se réunissait, de loin et de près, sous l'arbre qui portait le précieux parasite, grands et petits étaient en habits de fête, et après y avoir attaché, par les cornes, les deux taureaux blancs, engraissés et ornés pour la circonstance, le plus respectable des Druides, couronné de feuilles de chêne en or (Cæsar) et du bandeau étoilé (Marcel, T. 1, ch, 9), vêtu d'une ample robe neuve de laine blanche, détachait, avec une serpe d'or, la plante convoitée dite *rameau des spectres* (Marcel) ; d'autres prêtres, également vêtus d'habits de cérémonie, la recevaient sur une toile blanche uniquement destinée à cet usage.

Pour célébrer dignement cette fête de la *cueillette du gui sacré*, les dévots présentaient, en outre, des offrandes et c'était, comme les deux taureaux blancs de la communauté, l'élite de leurs troupeaux. Les victimes étaient partagées en trois parts : l'une, pour Teutatès, était livrée aux flammes, l'autre était abandonnée aux Druides, la troisième restait aux donateurs qui, pendant plusieurs jours et plusieurs nuits, la consommaient dans des festins de famille et d'amis, au milieu de jeux et de divertissements extraordinaires.

Ces sacrifices devant se faire, d'après les rites en usage, aux lieux mêmes où se trouvait le gui, on y établissait un autel auquel on ajoutait naturellement, comme offrandes ou ornements, des témoignages durables, en rapport avec l'esprit des tribus qui y avaient pris part, en rapport avec les faveurs obtenues ou à obtenir. De là, la provenance d'objets divers, de plus ou moins de valeur, trouvés à proximité; de là, au moins les pierres qui ont servi à établir l'élévation indispensable pour atteindre la branche sacrée quand elle ne pouvait être atteinte autrement.

D'après Serieys (Histoire des Gaules), les Druides étaient partagés en cinq classes :

1° les *Druides* proprement dits, ou *prêtres*, chargés du gouvernement civil et des sacrifices religieux;

2° les *Vaormèdes*, chargés des études ;

3° les *Caudicis*, qui interprétaient les lois ;

4° les *Cabayes* ou *Devins*, qui étudiaient les secrets de la nature. C'étaient les physiciens, les astronomes et les véritables médecins. Ils étaient exclusivement chargés des cérémonies du culte et de la préparation des médicaments qu'ils livraient, en poudre ou en pilules, et qu'ils composaient des sucs et des débris des plantes sacrées en y mêlant les ingrédients les plus divers, tels que du sang de bœuf séché, de la graisse humaine, certaines provenances blanches de chien que des empiriques préconisent encore de nos jours dans nos campagnes.

5° Après les *Cabayes*, venaient les *Bardes* qui chantaient les louanges de la divinité, les grands événements et les exploits des guerriers. Ils accompagnaient les combattants, les excitaient par leurs prédications, leurs chants et leurs battements de tambours. Ces instruments en peaux de bêtes tendues sur des troncs d'arbres évidés étaient frappés, probablement en cadence, comme de nos jours, et les sons que l'on en tirait étaient rehaussés par le bruit de lames d'airain violemment heurtées l'une contre l'autre, par les sons de l'espèce de lyre ou harpe dite la *crotta* et par des airs sifflés à la façon des bergers ([1]).

Parmi ces classes, la priorité appartenait aux Druides qui tenaient leurs assises au milieu des forêts et y terminaient les différends des peuples. Ar-

---

1) Notes de Rulama.

bitres de la paix et de la guerre, ils étaient exempts de tout service militaire, de tout tribut, de toute charge. Les généraux n'osaient livrer bataille qu'après les avoir consultés. Leur chef était le véritable souverain de la nation, et son autorité absolue se fortifiait par le nombre de prêtres qui lui étaient soumis. Ce nombre était si prodigieux qu'Étienne de Byzance en parle comme d'un peuple. Après la mort du grand pontife, le plus renommé des Druides parvenait par élection à cette immense dignité qui était tellement recherchée qu'il fallait quelquefois en venir aux mains avant de pouvoir arrêter un choix.

Ce qui grandissait le plus le prestige des prêtres aux yeux du peuple, c'est qu'ils étaient les ministres immédiats de Teutatès ; ils distribuaient ses faveurs ; lançaient ses foudres contre les impies ; interprétaient les réponses que le Dieu daignait faire quand ils l'interrogeaient suivant les rites de son culte.

Ils s'étaient de même approprié l'administration de la justice et si quelqu'un osait décliner leur juridiction, ils le privaient de toute participation aux avantages des sacrifices. Alors, on ne pouvait plus avoir recours à la divinité, avant d'avoir apaisé le courroux des ministres, ce qui parfois était très difficile.

L'initiation aux fonctions de Druide était longue et très pénible. La science, chez eux, n'était exprimée que dans des vers confiés à la seule mémoire du disciple ; il ne fallait à celui-ci guère moins de vingt années d'étude pour l'acquérir. Les prêtres tenaient leurs enseignements secrets. Ils n'écrivaient pas même l'histoire : les Bardes la chantaient et c'était une de leurs principales missions de la transmettre fidèlement de génération en génération.

Dans l'exercice de toutes leurs fonctions sacerdotales, les Druides étaient puissamment secondés par leurs femmes et leurs filles qui s'honoraient de porter le nom de *Druidesses*.

D'après Strabon, elles étaient même plus cruelles et plus inexorables. Elles accomplissaient surtout les sacrifices humains avec une véritable férocité. Aussitôt que les hommes de guerre avaient fait quelque prisonnier, ces femmes, vêtues de longues robes blanches, avec une large ceinture de cuivre, accouraient pieds-nus, le couteau à la main, et entraînaient le malheureux sur le bord d'une citerne. Là, la Druidesse la plus respectée lui ouvrait la poitrine, et elle tirait des augures favorables ou défavorables de la manière dont le sang jaillissait de la blessure. Les autres Druidesses, qui assistaient la Druidesse officiante dans ses fonctions, ouvraient le cadavre, en examinaient les entrailles et les viscères d'où elles tiraient des prédictions qui étaient discutées en conseil et servaient à diriger les opérations ultérieures de l'armée. Malheur aux *brenns* ou chefs militaires qui se seraient d'eux-mêmes écartés des instructions ainsi arrêtées !

Les Druidesses, de même que les Vestales romaines, étaient, par une singulière coïncidence de coutumes, chargées de l'entretien du feu sacré et elles encouraient la même peine de mort en cas d'extinction.

Ce feu était solennellement rallumé, chaque année, par le chef des Druides, à l'époque du solstice d'été, au moyen de silex frappés au milieu de substances végétales facilement inflammables. Ils ne connaissaient point, paraît il, le procédé des sauvages d'Amérique qui consiste à frotter un bois sec et dur contre un autre bois, également sec et de nature plus molle.

Selon Pline, on employait la pyrite que l'on frappait avec un clou (clavus) au milieu de matières sèches.

Cette cérémonie du *feu nouveau* était aussi l'occasion de nouveaux sacrifices, de nouvelles fêtes auxquelles toute la communauté prenait part. Ceux qui ne pouvaient y participer directement, manifestaient leurs sentiments par des feux particuliers allumés sur les places publiques et les montagnes. Cette manifestation, par une réminiscense dont on ne se rend pas toujours compte, s'est même conservée jusqu'à nos jours.

Avant de terminer ce qui est relatif au *Druidisme*, il importe de constater que cette *Religion* a été exclusivement *gauloise*. La mythologie grecque ne connaissait pas les Druides, pas plus que celle des Romains, que celle des Germains. C'est donc un caractère bien distinctif pour ne point confondre la nation gauloise avec d'autres nations. — Si, plus tard, on a rencontré des Druides chez d'autres peuples, c'est que, sortis des Gaules, par émigration ou par expulsion, ils s'y fixèrent avec leurs compatriotes et leur religion.

Mais le *Druidisme gaulois* n'est resté pur, à l'intérieur de la Gaule que jusqu'aux temps où les Gaulois firent des éruptions, à leur tour, à l'extérieur. Celles-ci ont eu pour effets d'introduire, avec les dépouilles des vaincus, les divinités, les mœurs et les habitudes des étrangers.

C'est pour ces raisons qu'à l'époque de l'introduction du Christianisme on a pu rencontrer, à côté des divinités du Druidisme, celles des Perses, des Mèdes, des Egyptiens, de la Grèce et de Rome. Mithra et Isis se trouvaient à côté de Jupiter et de Mercure.

Cette remarque est importante et nous y ajoutons avec empressement qu'elle s'applique au Bassin de la Sarre aussi bien qu'aux autres régions de la vieille Gaule. Car, outre les preuves de l'existence du culte des divinités grecques et romaines, on a constaté, à la limite orientale de cette contrée, un temple avec la figure et les attributs du dieu Mithra des Perses.

Ces trouvailles ont été faites sur les bans des villages d'Oberkirch et de Schwarzerden, près de Saint-Wendel, situé sur la Bliese. Au siècle dernier, Oberkirch appartenait au comte de la Leyen et Schwarzerden, au duc de Deux-Ponts. Les premières recherches ont été dirigées par ces souverains et les objets trouvés ont été transportés, soit à Bliescastel, soit au château ducal du Carlsberg près de Deux-Ponts. Les restes du temple et de la figure de Mithra, ne pouvant être déplacés, se voient encore au rocher de grès appelé « Ulgensteinchen », le long du chemin de Schwarzerden à Reichweiler (¹).

En résumé, les Pélasges, les Ibères, les Celtes, les Kimris et les Belges, formant la *nation gauloise* avant l'invasion romaine, n'avaient conservé du

---

1) Schœpflin a décrit ces restes assez dégradés aujourd'hui, dans l'état où ils se trouvaient de son temps.

Alsace illustrée, T. III, page 17, chap. VIII, traduction de Ravenez.

Voir aussi le Ier *fascicule* de la Société des archéologues des cercles de Saint-Wendel et d'Ottweiler. Deux-Ponts 1838.

Dogme primitif que la croyance à un Etre suprême, invisible et immense, et ces peuples étaient, à la seule exception des Ibères (¹), de la race Japhétique ou Indo-européenne. Autrement dit, ils descendaient de Japhet, le troisième fils de Noé ; les Ibères, au contraire, étaient Sémitiques et descendaient de Sem, l'aîné des fils du même patriarche.

Dans leurs développements et leurs migrations du foyer central de l'Asie, soit qu'on prenne, pour point de départ, la plaine de Senaar, ou, selon les découvertes les plus récentes, le plateau de Pamir avec la région de l'Hindou-Kouch, les Celtes, les Kimris et les Belges ont abordé les pays occidentaux par le Nord de la Mer Noire et du Danube ; les Pélasges y sont venus, par le Sud, aussi bien que les Ibères qui ont suivi les côtes septentrionales de l'Afrique.

D'après la nature des premières régions occupées, et la position géographique primitive de ces peuples, il est présumable que la priorité de l'émigration, par les régions méridionales, appartient aux Pélasges, et aux Celtes, par les régions moins attrayantes du Nord.

Les Druides étaient les ministres de la religion des Pélasges. Après la fusion de ces derniers avec les Ibères, la religion était la même chez les deux peuples ainsi que les ministres.

Chez les Celtes, les croyances étaient moins prononcées et elles n'ont revêtu un caractère vraiment religieux qu'après l'arrivée de Hésus qui est consi-

---

1) Ces Ibères ne doivent pas être confondus avec les Ibères du Caucase qui étaient indo-européens et, qui, malgré cela, ne sont pas venus en Europe.

sidé comme l'organisateur ou le réformateur de la véritable religion de tous les peuples gaulois après leurs mélanges.

L'*Etre suprême*, auteur, créateur et conservateur de toutes choses, qui, dans le principe, ne paraissait pas susceptible d'être enfermé dans l'enceinte des murailles, ne se manifestait plus que *spirituellement* dans les forces de la Nature.

C'est ainsi que, le souvenir de la présence divine était attaché aux objets qui n'étaient pas l'ouvrage de la main des hommes et Brovver nous apprend que nos Médiomatriciens trouvaient l'image de l'éternité de Dieu dans l'écoulement des rivières qu'ils représentaient sous diverses figures humaines.

La Moselle paraissait sous la forme d'une Nymphe, vêtue de lin, avec une urne, d'où l'eau allait se mêler avec celle du Rhin ; elle avait en outre la tête ceinte d'une branche de vigne, à cause des vignobles qui sont sur ses bords.

La Sarre était représentée de même par une Nymphe, couronnée de roseaux, et tenant également une urne pour verser ses eaux. Celles-ci, paraît-il, s'écoulaient difficilement puisque l'emblême de la perforation, une bêche, accompagnait la figure, ainsi qu'on peut le remarquer au frontispice de la pompe funèbre de Charles III, duc de Lorraine, gravée en 1611.

D'après les RR. Pères Bénédictins (*Histoire de Metz,* T. I, p. 37) ce culte superstitieux des eaux avait jeté des racines si profondes dans nos pays, que saint Pirmin, évêque régionnaire qui exerçait les fonctions épiscopales dans le diocèse de Metz, au com-

N. Box. LES PAYS DE LA SARRE Planche XXI.

Ch. Bernhoeft. Ph. Luxembourg. Blanche Ducros del.

TUMULUS à PUTTERSMACHER
(Lisière de la Forêt.)
(près de Sarreguemines).

mencement du VIIIe siècle, le reprocha comme un reste de paganisme aux fidèles de son temps.

Les sources d'eau salée étaient surtout en grande vénération. D'après Tacite, les Gaulois prétendaient que les habitations placées dans le voisinage de ces eaux étaient favorisées du Ciel et que les hommes y jouissaient du privilège de pouvoir plus aisément se faire entendre des Dieux.

Il ne faut donc pas s'étonner de trouver, près de ces sources, des restes de populations agglomérées, ainsi qu'on le constate à Mackviller à proximité du Todtenberg, à Tarquimpol près de Dieuze, à Marsal bâti sur le fameux briquetage de la Seille, à Sarralbe près de Castel et du vieux château du Schlosswald, à Cochern et à Rosbruck sous le Hérapel, à Rémilly près de la vieille ruine d'Odan ou de Wodan dont un fragment de pilier existe à Seutry, enfin, à Rilching près des ruines du château de Rehling, et en d'autres lieux où il existe des sources salées le long du cours de la Sarre.

Cette considération pourrait même être admise, comme motif principal de l'origine du briquetage de la Seille, évidemment gaulois, puisqu'il est démontré, par une inscription récente (Digot, *hist. de Lorr.*, T. I, p. 62), que le vicus Marsailum existait quarante-quatre ans après Jésus-Christ. Les terrains salés n'étant pas précisément habitables et offrant peu d'étendue, on les a couverts de briques, pour permettre l'accès à un plus grand nombre d'habitants, attirés aussi par l'exploitation des salines et la fertilité du sol.

C'est une assertion nouvelle. Elle vaut au moins autant que celles qui ont été émises jusqu'à ce jour. Elle comporte même un plus haut degré de plausibilité, aussi bien que la supposition qui conclut à l'établissement des diverses couches de briquetage, pour arrêter l'infiltration de l'eau en même temps que la dissolution des bancs de sel gemme et empêcher l'affaissement du sol remarqué, depuis quelque temps et à plusieurs reprises, sur les territoires de Dieuze et de Sarralbe, remarqué peut-être aussi, plus souvent et plus fortement, dans les temps anciens.

L'existence des eaux salées et la crainte de l'affaissement du sol, par suite de la dissolution du sel, ne sont probablement pas loin de représenter les véritables motifs de cette singulière construction, unique même dans son genre, puisque, jusqu'ici, aucun briquetage analogue n'a été constaté ailleurs.

CHAPITRE IV.

LIEUX DU CULTE ET AUTRES MONUMENTS GAULOIS.

Après les considérations précédentes, il est facile de comprendre que les lieux du culte des Gaulois devaient se trouver là où ils voyaient les objets qui, à leurs yeux, représentaient la divinité. C'était sur les plus hautes montagnes, aux endroits les plus tumultueux, même les plus dangereux des fleuves, sous les arbres les plus élevés, etc... Mais, dans tous les cas, ces lieux étaient ouverts et n'avaient d'autres abris que le feuillage épais des chênaies voisines sous lesquelles les prêtres et tous les autres habitants passaient leur existence.

Strabon, Ptolémée et Pline nous l'apprennent, et cela n'est pas étonnant, car, d'après ces mêmes auteurs, le pays gaulois ne présentait, à la plus ancienne époque historique, que d'énormes forêts séculaires parées de prairies verdoyantes et épaisses, coupées par des marécages impraticables et des champs qui produisaient en quantité de l'orge et du millet.

Ce ne fut que plus tard, quand ces immenses forêts s'éclaircirent, au milieu d'une population plus nombreuse, que l'on utilisa les anfractuosités des rochers et les débris des arbres contre les intempéries des saisons. Les lieux des sacrifices néanmoins restaient toujours ouverts et se marquaient par des pierres, dont les énormes dimensions paraissaient seules en rapport avec l'idée que l'on se faisait des dieux. Les autels étaient, de même, d'énormes pierres placées horizontalement, tandis que les autres, qui devaient servir de points de ralliement, d'indication ou de témoignages extraordinaires, étaient dressées suivant certaines conditions et d'autant plus nombreuses que les événements devaient avoir d'importance.

Beaucoup d'écrivains anciens confirment ces indications, mais tous ne sont pas d'accord sur l'origine et les auteurs de ces monuments, dont, d'après la tradition, les Druides, se seraient servis pour la célébration de leurs mystères. Les uns les déclarent éminemment *celtiques*, tandis que d'autres les attribuent aux premiers occupants, aux *autochtones*, et les font remonter jusqu'à l'âge dit « de la pierre polie » qui a suivi l'âge « de la pierre taillée » et précédé « l'âge du bronze ».

Mais si ces monuments ont une telle antiquité, quelle peut bien être leur signification ?

C'est l'Ecriture seule qui est à même de fournir des éclaircissements au milieu de ces constructions colossales que la Gaule semble avoir maintenues plus longtemps qu'aucune autre nation et qu'elle offre encore actuellement en plus grand nombre. De là la dénomination impropre de monuments *celtiques*, *gaulois* ou *druidiques*, qui leur est donnée généralement et qui a prévalu, bien qu'il en existe ailleurs qu'en Gaule et que cette existence dépasse le cercle d'action des Celtes dans les contrées les plus diverses et les plus lointaines. Il en existe en Palestine, en Grèce, en Algérie, dans tout le Nord de l'Afrique, dans l'Inde, au pied de l'Himalaya, en Amérique et

CHAPITRE IV. — LIEUX DU CULTE ET MONUMENTS. 47

ailleurs où il n'est pas admissible que les Celtes eussent possédé des établissements (¹).

Que sont donc ces pierres, suivant l'expression même de l'Ecriture ? — Quid sibi volunt isti lapides ? Sont-ce des monuments ? — Il n'est guère permis d'en douter ; mais que sont-ils, puisqu'il n'y a pas de titres écrits et que les traditions de même source sont éteintes ?

Dans tous les cas, ces monuments sont *gaulois* dans le sens que nous attachons à cette expression : Ils sont *gaulois* et cette attribution est d'autant plus naturelle, comme dit M. Henri Martin, que c'est « la « seule catégorie de monuments importants qui a « précédé, dans nos contrées, l'empire romain, et, « que s'ils n'eussent appartenu aux Gaulois, ceux-ci « n'eussent laissé sur le sol aucun vestige notable, « ce qui n'est pas à présumer. »

---

1) Il est important de répéter, après M. Henri Martin, que les antiquaires imposèrent à ces monuments des noms *celtiques* relatifs à leur forme ; mais ils ne s'entendirent pas des deux côtés de la Manche.

Les Franco-Bretons appelèrent *menhir*, pierre longue, les pierres levées ; les Anglo-Celtes les appelèrent *dolmen*, table de pierre. Les Franco-Bretons appliquèrent ce nom de *dolmen* aux grottes composées de quatre pierres ou davantage, parce que la pierre ou les pierres, qui recouvraient la grotte, étaient posées comme une table sur ses supports. Le terme de *dolmen* paraît, en effet, mieux appliqué aux grottes qu'aux pierres levées qui, étant plantées debout, ne rappellent pas l'idée d'une table.

Les antiquaires d'outre-mer donnèrent le nom de *Cromlech* à ce que les nôtres appelaient *Dolmen*.

Ici, on comprend encore moins les motifs des savants des Iles Britanniques. Ils interprètent *Cromlech*, par pierre courbe ou pierre inclinée ; les pierres des Dolmens ne présentent point de courbes, et la table n'est inclinée intentionellement que dans un petit nombre de monuments. Les Franco-

Mais que sont-ils ?

Une ancienne loi, renouvelée dans le recueil de Moïse, défendait de consacrer au culte d'autres pierres que des pierres brutes ou non taillées (chap. XX.) « Si tu m'élèves un autel de pierres, dit Jéhovah « dans l'Exode, tu ne le feras point avec des pierres « taillées ; si tu y mets le ciseau, il sera souillé ».

Moïse, dans le Deutéronome, répète le même commandement, à l'occasion du passage du Jourdain : « Tu élèveras, là, un autel au Seigneur ton Dieu, « avec des pierres que le fer n'aura point touchées, « avec des roches informes et non polies ; et tu y « offriras des holocaustes au Seigneur ton Dieu. « (chap. XXVII). »

Ces monuments, formés simplement de pierres brutes, étaient, on le voit, les mêmes que ceux des Gaulois et la loi antique de Moïse était aussi la loi des Druides, comme elle avait été celle de tous les peuples primitifs, liés par des rapports de parenté avec la célèbre tribu des Patriarches.

Bretons appellent les cercles de pierres, *Cromlechs*, c'est-à-dire pierres disposées en courbe, en cercle.

(Congrès celtique international de Saint-Brieu, octobre 1867).

D'après le Manuel d'archéologie nationale de M. l'abbé Corblet, nous entendons désigner sous les dénominations des *Menhirs* ou *peulvans* (du celtique *men*, pierre, *hir*, longue) les pierres levées ; de *Dolmens* (*dol*, table, et *men*, pierre) les monuments qui se composent d'une ou plusieurs tables de pierres posées à plat sur d'autres pierres brutes placées de champ ; de *Cromlechs* (de *cromm*, courbe, et *lec'h*, pierre) les alignements de menhirs ou de pierres brutes qui se profilent sous la forme d'un cercle, d'un demi-cercle, d'un carré long ou d'une ellipse ; de *Tumulus* (du celt. *tum*, élévation) ou tombelles, les tombeaux gaulois formés d'un tertre conique ou pyramidal, composé de terre et de pierres.

Il n'est donc pas étonnant de rencontrer des monuments identiques, non seulement dans les Gaules, mais dans toutes les parties du monde, même en Amérique.

Les hommes devaient multiplier et la terre étant leur patrie, ils se répandirent, d'un pôle à l'autre, par essaims nombreux, se souvenant, plus ou moins, de leur antique berceau et des rites qui y étaient en usage.

Pourquoi alors, ces *menhirs* et ces *dolmens* n'auraient-ils pas la même signification que chez les juifs ?

Il en est probablement de même des *cromlechs* et des *tumulus*.

Au même passage du Jourdain, Josué ordonna de sortir du lit du torrent douze pierres brutes, en symbole des douze tribus, et de s'en servir pour construire, en les déposant sur le sol, un monument commémoratif sur l'emplacement du camp. N'est-ce pas l'histoire écrite d'un *cromlech* ?

Les *cromlechs*, formés de pierres verticales, en nombre indéterminé, entourant un dolmen, ou de pierres plus élevées, servaient *probablement*, d'après certains auteurs, de séjour aux Druides. Ils étaient établis sur des pelouses ordinairement de forme circulaire, entourées d'arbres plantés fort près les uns des autres. Cette plantation, jointe à la ceinture de pierres brutes, formait une barrière destinée à maintenir le public à distance convenable. C'est là que délibéraient les Druides, qu'ils rendaient la justice et leurs oracles. La pierre du milieu, un peu inclinée et sillonnée de rigoles, pour l'écoulement du sang, servait à la fois d'autel pour les sacrifices et de tribune pour haranguer la multitude. Les autres tables, quand il y en avait, pouvaient servir aux Bardes ou à d'autres personnages qu'on tenait à mettre en évidence.

Suivant la tradition, on a encore construit un autre monument dans le lit même du Jourdain, au lieu où l'arche avait passé. « Josué, dit le texte, « posa douze autres pierres dans le lit du Jourdain, au « lieu où s'étaient arrêtés les prêtres qui portaient « l'arche d'alliance »; et elles y sont encore aujourd'hui !

Les *cromlechs* étaient donc aussi des monuments de *témoignage*, qui, suivant le texte sacré, devaient durer éternellement ; ils ne pouvaient tenter l'avidité de personne et il n'aurait pas fallu moins de travail pour les détruire qu'il en a fallu pour les établir. C'est pour ce motif que ces monuments ont été construits dans les plus fortes dimensions, tout en rendant en même temps témoignage de la force et de la patience des peuples qui les ont élevés.

Les pierres de *témoignage* n'étaient pas toujours aussi nombreuses qu'au Jourdain. On n'en dressait souvent qu'une seule. Témoin l'exemple qui résulte de l'histoire de la vision de Jacob. (Gen. chap. XXVII) qui constate, en même temps, que le monument, le *menhir*, érigé, était appelé la *maison de Dieu*.

Ce n'est donc plus seulement un caractère politique ou historique qui incombe à la pierre dressée ; il est, ici, religieux et pour le patriarche, cette pierre devient la *maison de Dieu*. C'est le nom qu'il lui donne et c'est une consécration que Jéhovah reconnaît; car dans le nouveau songe qui survint à Jacob, chez

Laban, le Seigneur lui dit : « Je suis le Dieu de
« *Bethel*, où tu m'as oint une pierre et fait un vœu.
« Gen. chap. XXXI. »

L'Ecriture est pleine de passages qui corroborent cette destination de la pierre dressée suivant l'antique tradition apportée de l'intérieur de l'Asie. L'autel de Sichem demeura longtemps célèbre. C'est à côté de la pierre d'Abraham et sous la protection des mêmes chênes sacrés, que Josué, au moment de mourir, fit dresser par le peuple un nouveau menhir en commémoration de la conquête de Chanaan. « Josué, en ce jour, fit une alliance, de la part du
« Seigneur, avec le peuple ; il lui proposa les préceptes
« et les ordonnances de Sichem et il écrivit toutes ces
« choses dans le volume de la loi du Seigneur ; et il
« prit une très grande pierre qu'il mit sous le chêne
« *qui était dans le sanctuaire du Seigneur* et il dit à
« tout le peuple : Voici, cette pierre vous sera un
« *témoignage* que vous avez entendu toutes les paroles que Dieu vous a dites. Josué, chap. XXIV. »

Ainsi, en ce lieu de Sichem, où Abraham avait célébré son premier sacrifice sur la terre de Chanaan, il y avait un *sanctuaire*, autrement dit une enceinte sacrée en plein air et des chênes, et c'était sous l'ombrage de ces arbres que le chef du peuple faisait dresser un menhir monumental en mémoire d'une réunion solennelle.

Cet autel et ces chênes subsistèrent longtemps ; ils se maintinrent jusque dans les premières années du Christianisme. C'est Constantin, selon le récit d'Eusèbe, qui donna ordre de les détruire et qui, pour mettre fin aux superstitions dont ils étaient l'objet, fit bâtir une église sur leur emplacement.

Dans la Judée primitive, on offrait donc des sacrifices à Jéhovah sur des pierres dressées à l'ombre des chênes.

Peut-on douter que les Druides, sous leurs chênes séculaires et sur leurs autels de pierres brutes n'aient offert à Teutatès, ou à Hésus, un culte de même genre ?

L'Ecriture constate encore que les *menhirs* servaient aussi à rappeler les *alliances*, ou à fixer des *frontières*. L'histoire de Jacob chez Laban en fait foi. Elle constate de plus que l'usage en vigueur dans la tribu d'Abraham, existait en même temps dans toutes les tribus de la souche primitive.

« Lorsque Laban, ayant surpris Jacob dans sa
« fuite, consent à le laisser libre et à faire alliance
« avec lui, Jacob lève une pierre en signe d'*alliance*,
« tandis que Laban érige, dans le même but, un *tu-*
« *mulus*. Jacob prit donc une pierre et l'éleva en mo-
« nument et il dit à ses frères : Apportez des pierres,
« et, les réunissant, ils firent un *tumulus* et ils man-
« gèrent dessus. Et Laban le nomma : le *tumulus du*
« *témoin*, et Jacob le nomma le *monceau du témoi-*
« *gnage*, chacun selon sa langue ». C'était un contrat, à la surface de la terre, auquel chacun des contractants avait apporté sa signature de pierre.

Quelquefois les *menhirs* indiquaient seulement les *limites-frontières* d'un pays.

On sait, en effet, que chez les Hébreux, comme chez les Grecs et les Latins, on se servait de pierres levées plus ou moins hautes pour marquer les limites des champs. Cela se pratique encore de nos jours. Leur rôle aux frontières n'était pas essentiellement différent ; seulement il avait plus de grandeur.

CHAPITRE IV. — LIEUX DU CULTE ET MONUMENTS.

On en voit encore une trace dans cette même histoire des démêlés de Jacob et de Laban. Celui-ci termine, en effet, son discours en assurant que le *menhir* et le *tumulus* formeraient un monument qu'aucun des deux n'outrepasserait jamais dans des intentions hostiles. « Que ce tumulus, dis-je, et
« cette pierre nous soient en témoignage, si je passe
« au-delà, allant vers toi, ou que toi, tu passes au-delà,
« méditant quelque mal contre moi. Gen. chap.
« XXXI. »

Enfin, quelquefois les pierres levées servaient à désigner les lieux de *sépulture*. C'est encore l'usage chez les juifs. Dans leurs cimetières, chaque tombe est surmontée d'une pierre, non posée à plat comme nos dalles funéraires, mais dressée verticalement.

La tradition fait remonter cet usage jusqu'aux temps primitifs. « Rachel mourut, dit la Genèse, et
« elle fut ensevelie sur le chemin qui conduit à Ephrata,
« c'est-à-dire Bethléem, et Jacob éleva une pierre sur
« sa sépulture, et c'est la pierre du monument de Ra-
« chel qui existe encore actuellement (chap. XXXV). »

Quant aux *tumulus*, tout le monde sait par les auteurs juifs, aussi bien que par les Grecs et les Romains, qu'ils marquaient des lieux mémorables de sépulture ou d'autres événements, et que leur volume augmentait par les mottes de terre ou les fragments de pierres que chacun se croyait tenu d'y apporter, soit en passant, soit en les visitant dans un but de piété ou de reconnaissance particulière. C'étaient les *Merkolès* des Hébreux et l'*Acervus Mercurii* des Latins qui regardaient la plupart des monuments de cette espèce, surtout ceux qui étaient sujets à cet accroissement perpétuel, comme consacrés à Mercure (1).

A ces notions il convient d'ajouter les réflexions suivantes que M. E. Charton a écrites en 1847 :

« S'il peut paraître étrange, au premier abord,
« que ce soit dans la tradition des Patriarches qu'il
« faille aller chercher l'explication de nos monuments
« les plus nationaux, puisqu'ils sont ceux qu'élevait
« notre race avant d'avoir reçu aucune influence des
« races étrangères, l'étonnement cesse bientôt, si l'on
« réfléchit aux liaisons primitives qui ont existé dans
« le foyer asiatique, entre les essaims de pasteurs qui,
« tournant dans leurs émigrations, au Nord de la Mer
« Noire sont venus, sous les noms de Celtes ou Gau-
« lois, jusqu'à l'extrémité de l'Europe, et ceux qui,
« prenant plus au Sud, se sont fixés, sous le nom
« d'Hébreux, dans les montagnes de Chanaan, arrêtés
« dans leur marche par la mer comme les premiers ».

Il résulte finalement de ces considérations que ceux qui ont élevé ces monuments, avaient apporté ces usages de l'Orient et qu'ils étaient réellement de la grande famille aryenne qui a parcouru le monde, sous le nom de Pélasges, avant le déplacement des autres peuplades.

Les Druides, fidèles aux souvenirs que ces monuments rappelaient, y célébraient leurs mystères et s'en servirent pour relever leur culte.

---

1) Le nom de *tumulus* est ordinairement réservé aux tombelles composées de terre, tandis que le nom de *Galgal*, (de *gal*, petite pierre) est donné aux buttes formées par un amas de petits cailloux.

Les tombelles de *sépulture* se distinguent des tombelles de *témoignage* en ce que ces derniers ne montrent aucune trace de débris humains ou d'ensevelissement.

Mais, par rapport aux Pays de la Sarre, que peuvent valoir ces citations comme preuves de l'origine et de l'établissement de ces monuments? Nous sommes loin de la Judée, plus loin encore du plateau des Aryens, et il est peu présumable que, dans nos parages, il puisse se recontrer des antiquités pour affirmer, une fois de plus, les inductions visées. Une image du dieu Mythra a pu se rencontrer, comme l'éclat perdu d'un météore, sur l'une de nos frontières; mais que peut renfermer en plus ce petit coin de terre, autrefois un marais entouré de forêts et de roches presque infranchissables ?

Cette question, grosse d'éventualités, est cependant à résoudre affirmativement, car, outre le grand Donon, un des monuments gaulois les mieux avérés, le Bassin de la Sarre présente encore aujourd'hui, après et malgré toutes les dévastations du passé, plusieurs *rings*, des *menhirs*, des *cromlechs*, des *tumulus*, des *mares*, des *mardelles* avec d'autres débris affirmant plus directement encore l'existence humaine en des temps bien éloignés des temps historiques. Oui, disons-le, les Pays de la Sarre, apportent, eux aussi, leur part de concours à cette Ecole à peine âgée de quelques années, qui, en s'appuyant à la fois sur la Paléontologie humaine et comparée, la Linguistique comparative, l'Archéologie, l'Ethnologie et la Philosophie de l'histoire, constitue l'*Anthropologie* (1).

Est-ce à dire que nos *silex*, de tout genre, de toute forme, aidant à établir la certitude des *temps préhistoriques*, prêteront leur concours à des idées préconçues et les feront prévaloir? Cela est peu pro-

---

1) Voir Ch. Debierre, *L'Homme avant l'Histoire.*

bable et, dès maintenant déjà, il est permis de présumer que la *Science nouvelle*, aux allures tapageuses, comme dit M. le baron J. de Baye dans son *Archéologie préhistorique*, 1888, en reculant l'existence de l'homme jusqu'aux temps éloignés de l'Époque quaternaire et même au delà, ne fera que découvrir des horizons nouveaux, comme, par exemple, celui d'aider à préciser l'époque de séparation du continent américain, et n'apportera en définitive pas plus d'ébranlement dans nos études classiques fondées sur les récits de la Genèse que quand, à ses débuts, la Géologie semblait exiger la suppression de l'antique cosmogonie à laquelle on était habitué. Lors des premières découvertes géologiques, tout semblait devoir se modifier ; mais la science également nouvelle alors, la Géologie, eut le sort de toutes les sciences à leur naissance. Elle a été repoussée comme hostile à la religion révélée et ce ne fut qu'après un certain laps de temps que, plus âgée et mieux comprise, elle est devenue pour cette religion menacée, un auxiliaire puissant, en exaltant nos convictions sur la grandeur, la sagesse et la bonté du Créateur (1).

Le grand Donon. — Plantée sur la frontière de l'Alsace et de la Lorraine, comme un gigantesque tronc de pyramide à deux sommets, dominant les deux rives du Rhin depuis la Suisse jusqu'à Strasbourg, et communiquant par dessus des brumes presque impénétrables avec les plus hautes cimes du Jura, des Alpes, de la Forêt-Noire, du Taunus, du Hundsrück, de l'Eifel, des Ardennes, de l'Argonne et des Monts Faucilles, la *Grande Montagne* ou le *Grand Donon* (2), que

1) Burnet, Archæologia philosophica. C. viij.

2) On sait que le grand Donon ne dépasse les autres points culminants des Vosges qu'en apparence à cause

les fermiers anabaptistes et autres usiniers du Blanc-Rupt appellent *Donnen* et même *Donau*, semble avoir été prédestinée par la Nature à un lieu de culte religieux.

A la place des sources salées, près desquelles les Gaulois aimaient d'habiter, il y avait pour le Donon, comme cause d'attraction outre les 1010 mètres d'élévation d'où, selon les croyances accréditées, les prières s'élevaient plus vite et plus directement vers le Ciel, les mystères de la forêt et les sources d'eaux vives jaillissantes du pied de la montagne donnant le jour à la Sarre Blanche, à la Plaine et aux affluents de la Bruche qui s'écoulent par le Wackenbach au-dessus de Schirmeck.

Il n'y a donc pas lieu de s'étonner de trouver au haut du Donon, comme au haut du Puy-de-Dôme, cet autre joyau des vastes domaines de nos anciens princes austrasiens, les débris énormes de temples qui y ont remplacé les autels gaulois, car il paraît constant qu'antérieurement à Jules César, les Gaulois n'avaient point de temples et que l'exercice de leur culte se pratiquait en plein air.

Il est à remarquer, en passant, que le Puy-de-Dôme, dont le nom vient d'être évoqué, n'a pas seulement ce seul point de ressemblance avec le grand Donon. Autrefois, leurs noms étaient à peu près les mêmes et actuellement le port et l'aspect du Puy-de-Dôme, vu de la *Baraque* et malgré son élévation de 1463 mètres, offre une grande analogie.

Comme le grand Donon n'appartient au Bassin

---

de l'étroitesse relative de sa base, et parce que ses rivaux, qu'il domine seulement de 25 à 30 mètres, se détachent faiblement de la chaîne maîtresse.

de la Sarre que par une partie de son versant septentrional, nous renvoyons pour de plus amples renseignements historiques aux cinq volumes de l'*Alsace illustrée* de Schœpflin et, pour la vue, au charmant panorama du Donon, dédié par l'ingénieur J. Naeher au président du Club vosgien d'Alsace-Lorraine. (Heitz, Strasbourg).

Après le Donon et quelques autres élévations moindres, telles que la Montagne-des-Morts (le *Todtenberg*) de Mackviller, la Montagne de Sarralbe, le Hérapel, le Halberg, Montclair, etc., où il existe quelques restes de culte et où l'on a trouvé des objets votifs, les monuments les plus curieux de nos montagnes vosgiennes sont, d'après Dugas de Beaulieu, d'énormes roches se dressant en forme de piliers terminés par une plate-forme nivelée de main d'homme, et sur laquelle une main inconnue a gravé des *lignes parallèles*, *croisées* ou *concentriques*. Il en existe sur le Kantzlay et le Heidenschloss (château païen) et ailleurs (1).

M. Beaulieu donne à ces roches le nom de *Roches sacrées*, et puisque les hiéroglyphes de l'antique Egypte ont été expliqués, il attend, dit-il, un Champollion pour « déchiffrer les caractères ou « signes gravés sur les rochers de l'Amérique, de la « Scandinavie, de l'Allemagne, de l'Espagne, desVosges. « L'histoire des migrations des peuples primitifs est « peut-être là, et d'autres encore. Il serait donc bien « à désirer pour l'avancement de la science que ces « signes fussent copiés avec exactitude, et qu'on en « publiât un recueil au moyen duquel on pût les com-

---

1) Pour la position de ces localités voir leurs noms au répertoire final des lieux cités plus loin.

« parer entre eux et avec ceux des langues con-
« nues » (¹).

Roches sacrées. — Ces monuments, dont nous trouvons les types sur le Cancelay et au Heidenschlocs, ont cessé d'exister dans les plaines ; mais les roches de grès vosgien, aux environs de Bitche, Forbach, St-Avold, Sarrelouis, en conservent des traces comme les roches de même nature du pays d'Abreschviller. (²) Les signes dont elles sont ornées représentent, avec plus ou moins de variantes, comme en Bretagne et en Irlande, des cercles on disques pointillés, des cercles redoublés ou impliqués indéfiniment les uns dans les autres, avec des lignes serpentantes, brisées comme des dents de scie, etc..., comme il s'en trouve sur diverses monnaies gauloises.

« Ces signes (³), communs à la Bretagne et à l'Irlande et qui se retrouvent aussi en partie en

---

(1) Dugas de Beaulieu, *le Comté de Dagsbourg* 1858.

(2) Ainsi nommé de la rivière qui traverse cette localité. Celle-ci s'appelait autrefois *Elbersviller* et la rivière portait le nom celtique d'*Alb* ; c'est aujourd'hui la Sarre Rouge ou la Rouge Eau. Voir Tome Ier, page 200, notes.

Plus en aval, cette rivière d'*Alb*, grossie de l'eau d'autres rivières, a contribué à former un plus grand cours d'eau, appelé également en celtique, c'est-à-dire en langue sanscrite ou aryenne, *Sar*, substantif employé pour désigner un cours d'eau (Fluss) plus volumineux qu'un *Alb* (Bach) ruisseau, clair ruisseau, blanc ruisseau d'eau claire.

C'est à cette racine *Sar* que les Romains ont ajouté la terminaison latine *avus* que les Allémans et les Francs ont remplacée par le mot *eau* qu'ils désignaient par *owa, awa, ouwa, ou* et *au*. De ces mots sont sortis *Sarova, Sarowa, Sarau, Saarou et Saargau,* d'où, à notre tour, nous faisons les adjectifs *Surgovien* et *Saarregovien* pour désigner les personnes et les choses du Bassin de la Sarre.

(3) M. Henri Martin. *De l'origine des Monuments mégalithiques.* Congrès celtique international. Saint-Brieu 1863.

« Ecosse et sur des monuments primitifs de l'Alle-
« magne et de la Scandinavie, ces signes découverts
« dans les tumulus les plus importants de l'ère des
« dolmens, dans ceux qui marquent évidemment le
« point culminant de la puissance de la race qui
« les a érigés, sont le principe de tout un sys-
« tème ornemental qui est précisément celui des
« peuples celtiques jusqu'au Moyen-Age, et l'on peut
« dire jusqu'à nos jours; car nos paysans bretons
« portent encore, brodés sur leurs vêtements et jus-
« que sur les harnais de leurs chevaux, les disques
« pointillés, les dents de scie, les spirales, et des
« espèces de colliers formés de croissants accolés.

« Disques pointillés, dents de scie, losanges,
« etc., apparaissent partout sur les armes et sur les
« objets de toute nature, d'incontestable provenance
« celtique, qu'on découvre dans les petits tumulus
« de l'âge de bronze et de l'âge de fer ou ailleurs,
« et qui remplissent les musées de France et des
« Iles Britanniques. Certaines de ces lignes, surtout
« les lignes brisées ou dents de scie, les spirales, etc.,
« passent de l'ornementation celtique dans l'architec-
« ture romane, où elles font très grande figure et ne
« disparaissent qu'à l'avènement de l'architecture
« ogivale. Ces motifs d'ornementation celtique appa-
« raissent aussi, quoique moins communément, sur les
« sarcophages chrétiens des premiers siècles.

« Plusieurs de ces figures, parmi lesquelles se
« remarque parfois un emblème végétal, la fougère,
« se rencontrent également sur les vases de terre qu'on
« trouve dans les dolmens, et qui sont parfois d'une
« pâte assez pure et d'une forme élégante. Ces vases
« ne diffèrent pas notablement de ceux que l'on

CHAPITRE IV. — LIEUX DU CULTE ET MONUMENTS.

« découvre dans la catégorie de petits tumulus admis
« par tout le monde comme *gaulois* ; ils n'en dif-
« fèrent pas du tout par l'ornementation, quand ils
« sont ornementés. »

D'après l'importance de ces signes, indiquée sous l'autorité de M. H. Martin, ne passons donc pas légèrement sous nos *roches sacrées*. Notons leurs singulières configurations en attendant le Champallion désiré.

Enceintes sacrées, Rings ou Forteresses. — D'autres roches appellent aussi les investigations des antiquaires ; leur plate-forme a été certainement habitée, jadis, car leur base est entourée, à quelques mètres de distance, d'un mur en pierres, ce qui en fait, en quelque sorte, de petites *citadelles* ou *forteresses* dont la roche est l'acropole.

Dans ce genre de constructions, tantôt en pierres brutes, tantôt en pierres d'appareil, les Grecs et les Romains ont imité les nations orientales en consacrant aux dieux et aux héros des espaces de terrain qu'ils entouraient de murs ou de fossés, pour en interdire l'accès au peuple.

Selon de Beaulieu et d'autres auteurs, la plupart des anciennes enceintes, connues dans les Vosges sous les noms de *Rings* ou *Heidenschlösser*, seraient des enceintes de ce genre ayant eu une destination religieuse ([1]).

Elles s'élèvent au milieu des plaines, mais plus ordinairement à l'extrémité d'un plateau de montagne tranché verticalement, et leur circuit, orné de *naos* ou sanctuaires, de dolmens, de menhirs, de cromlechs,

---

([1]) En gaulois, *Rin*, veut dire *Secret*, *Mystère*.

plus ou moins conservés, est complété par des murs en pierres brutes ou taillées.

Tel est le même *Château-païen* déjà signalé (¹). Il couronne le faîte de la montagne de forme conique et de même nom, située au haut de la vallée où jaillit la source de la Bièvre, et il se présente, en apparence, comme deux amas de pierres d'environ six mètres de haut. « Ces deux amas sont joints
« l'un à l'autre par deux murs parallèles et leur base
« est entourée d'un mur en pierres de grand appa-
« reil. Mais ce qui attire particulièrement l'attention,
« c'est un fragment de roche étroit, et de plus de
« six mètres de longueur, qui, posé horizontalement
« au sommet de l'un des amas, s'avance en porte-à-
« faux sur la vallée, comme une chaire à prêcher.
« C'est de son extrémité, disent quelques antiquaires,
« que les Druides montraient au peuple le *gui l'an*
« *neuf* cueilli dans la forêt voisine (²). »

Le fait n'est pas impossible ; mais il n'est appuyé d'aucune preuve et paraît bien hasardé.

D'autres enceintes de même genre et à peu près semblables, avec des caractères plus ou moins détériorés, se rencontrent encore ailleurs. Même sans s'éloigner d'Abreschviller, on peut voir à l'Est de la petite vallée d'Eigenthal, la *Roche du Diable*, d'environ 50 mètres de circonférence. Un *naos*, de trois mètres en carré, se trouve à la place de l'acropole et les jambages de la porte d'entrée, qui s'ouvrait à l'Orient, sont encore sur place.

L'ancienne *Roche percée* de Bitche, qui a disparu

---

(1) Le château égyptien de la carte de Cassini. — Le Heidenschloss (château des payens) près de Walscheid, d'après de Beaulieu.

(2) de Beaulieu, *Le comté de Dagsbourg*, p. 265 et suiv.

lors de la construction du fort Saint-Sébastien, semble avoir également fait partie d'une enceinte semblable. Dans les derniers temps, il n'en restait que l acropole, la dite Roche percée même, dont nous faisons reproduire la silhouette (Planche XXVI), grâce à l'obligeance de M. Grandmange, greffier de paix, à Longwy, qui a bien voulu nous procurer la photographie d'un dessin de feu son père, autrefois en résidence à Bitche.

La *Roche percée* était jadis une des attractions du pays de Bitche, ainsi que le *Bielstein* de Betting-lès-Saint-Avold et le *Wieselstein* de Merlebach, qui paraissent être aussi deux autres débris mutilés de la même catégorie d'enceintes sacrées.

Toutefois, comme ces indications, fondées pour la plupart, sur des dires populaires plus ou moins appuyés sur des restes de caractères matériels, ne paraissent pas toujours suffisants pour qu'il soit possible de se prononcer exclusivement en faveur de cette catégorie d'enceintes, et que, à côté de ces enceintes dites sacrées, il en existe d'autres qui furent probablement destinées à la défense des habitants contre leurs ennemis, il nous parait préférable d'abandonner cette division. La réunion de toutes ces enceintes, en une seule catégorie, nous semble d'autant plus nécessaire qu'elles offrent de grandes similitudes, et qu'il est toujours loisible de faire ressortir leurs caractères, soit pour déterminer les époques de leur établissement, soit pour présumer leur destination.

Par suite, et en ne faisant plus de distinction spéciale, nous pouvons, pour mettre le plus en relief les types primitifs, ajouter aux enceintes précédentes : le *Ring de La Valette*, dans les Vosges de la Haute-Sarre, le *Ring de Haspelschiedt*, dans les Vosges du pays de Bitche, et le *Ring d'Otzenhausen*, placé sur un des contreforts méridionaux du Hundsrück.

Mais avant de décrire ces enceintes, constatons, par rapport au point topographique qui montre la Gaule couverte de forêts de chênes, de hêtres, d'arbres verts et d'autres essences, depuis le Rhin jusqu'à l'Océan, et qui est présentement un des points les mieux établis, que nous devons à ces forêts primitives, comme aux arbres et aux plantes qui les peuplaient, un nombre considérable de dénominations de rings, de villes et de villages, de cours d'eau et de pays, puisées dans les langues des premiers occupants.

Ainsi s'établissent, pour ne citer, en ce moment, que deux exemples, les étymologies *des Ardennes* et *du pays de Bitche*, en répudiant, pour la première, l'appellation latine de *Arduenna silva* et toute espèce d'affinité avec la déesse Diane. Il suffit, en effet, de s'en tenir simplement à l'article *Ar* et à l'adjectif *duen* qui, en gaulois et encore dans le langage actuel de Vannes en Bretagne, signifie *profond*, selon l'indication fort judicieuse du R. P. Bach, membre de l'ancienne Société d'Archéologie et d'Histoire de la Moselle ([1]).

---

(1) R. P. Bach. *Mémoires de la Société d'Arch. et d'Hist. de la Moselle.* Tome IX. p. 139 et suiv. Recherch. phil. sur les Forêts des Gaules.

Breton de naissance, le R. P. Bach peut être considéré à juste titre, comme ayant particulièrement contribué à nous faire connaître les avantages que nous pouvons tirer de sa langue maternelle dans la recherche de bon nombre de dénominations de notre pays, sans pour cela, tomber dans les excès que l'on est en droit de reprocher à certains *Celtistes*.

De sorte que, quand les Gaulois disaient *Arduen*, pour désigner une forêt, ce mot signifiait *la profonde.*

D'après le même savant, l'étymologie de Bitche, n'est pas non plus à chercher ailleurs que dans le mot gaulois *bit*, dont les Latins ont fait *betula*, bouleau. Pline, en parlant de cet arbre, le donne comme spécial à la Gaule, où il existait autrefois, à cause des marais, en plus grande quantité qu'aujourd'hui. Le pays de Bitche était particulièrement dans ce cas et le nom de *comitatus bitensis*, dont la ville se nommait *Bytis castrum*, en est un témoignage. Plus tard, on a dit *Bittes* et *Bitses*, parce que, dans les environs de Bitche, les bouleaux étaient plus communs que dans les autres contrées des Médiomatriciens.

Ring de Haspelschiedt. — Dans ce même pays de Bitche, se trouve le *Ring de Haspelschiedt*, connu sous le nom de « *ruines du vieux château de Haspelschiedt* ». Il est relativement mieux conservé que tous les autres dans le pourtour de son enceinte, et, à ce point de vue, il peut être cité comme *type* des constructions du genre.

Il occupe, à quatre kilomètres, au Nord-Est de Bitche, et à quinze cents mètres, au Sud-Ouest du village de Haspelschiedt, la montagne dite Schlossberg (montagne du château) dont le sommet entièrement couvert d'arbres, est à 383 mètres d'altitude et présente, dans la direction du Sud-Ouest au Nord-Est, un plateau elliptique de 300 mètres de long sur 160 mètres de large. D'après le plan cadastral et le dessin rapporté par M. G. Boulangé, au 1er volume de l'*Austrasie*, 1853, p. 612, l'enceinte ci-nommée affecte la forme de l'esquisse ci-contre.

Du côté de Bitche, où le ruisseau de Mousbach baigne la montagne, celle-ci est complètement abrupte. Elle ne présente de déclivité qu'au côté opposé, vers Haspelschiedt, et ce qui prouve qu'elle a également servi de lieu de défense, c'est que, de ce côté, il existe une seconde enceinte extérieure semblable à la première. Celle-ci consiste en « un « cavalier continu de cinq mètres environ de hau- « teur, formé de pierres brutes amoncelées, ayant à « leur base une longueur de douze à quinze mètres.

Ring de Haspelschiedt.

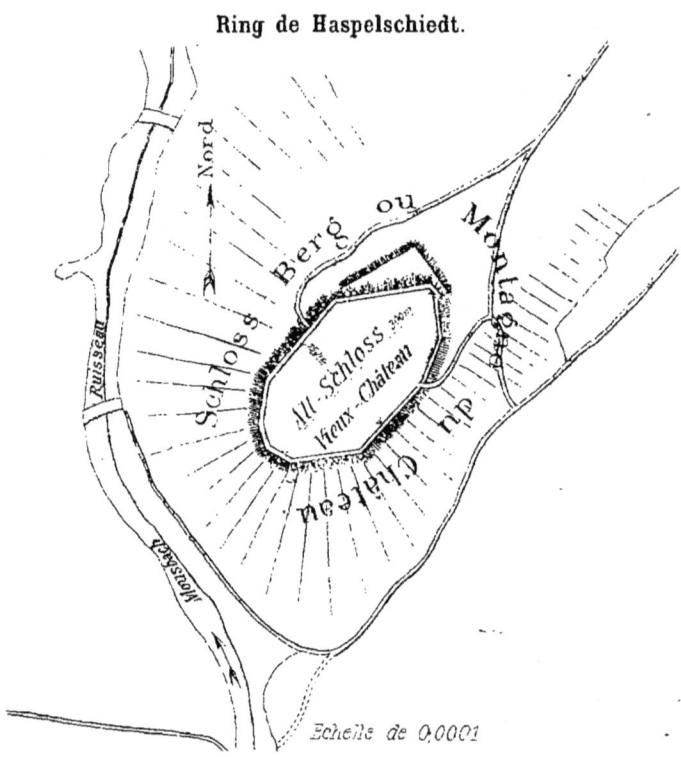

Echelle de 0,0001

« Au point de jonction des deux enceintes, lequel « correspond assez exactement avec le sommet Nord-

CHAPITRE IV. — LIEUX DU CULTE ET MONUMENTS.

« Est du grand axe de l'éllipse, les dimensions du
« rempart unique ont été augmentées ; la hautenr du
« monticule de pierres est de huit mètres environ
« sur une longueur de vingt à vingt-cinq mètres.
« Deux ouvertures, l'une à l'Est, l'autre à l'Ouest,
« donnent accès dans l'enceinte. Elles consistent
« uniquement en une solution de continuité dans le
« cavalier. Dans l'intérieur du ring, de petits monti-
« cules de pierres amoncelées semblent indiquer des
« restes de constructions ; mais on n'y remarque pas
« une seule pierre taillée. Sur le versant occidental,
« il existe une petite fontaine, accessoire indispen-
« sable de toute position militaire. » ([1])

La tradition se tait absolument sur les ruines de Haspelschiedt, et tout ce qu'il peut y avoir eu d'anciens monuments, de menhirs, de dolmens, etc., est enlevé ou brisé. Toutes les pierres employées sont en grès des Vosges et en grès bigarré, et semblent provenir de la montagne même ou des environs.

Le Ring de La Valette. — D'après de Beaulieu ([2]), cette enceinte qu'on voit à La Haute Valette ou Petite Valette (Vallicula), était naguère la plus vaste du pays. Elle se trouve dans la grande forêt d'Abreschviller, au Sud-Ouest du village, sur la côte du Lineberg (452). — Linenberg, Leininberg, et aussi Wolfsberg — entre la Sarre Rouge, les vallées du Wolfsthal, du Katzenthal et de l'Eigenthal. Il y avait dans son intérieur un *naos* entouré de nombreuses stèles votives, la plupart offrant l'image de *Teutatès* ; mais

---

(1) G. Boulangé. *Antiquités celtiques et gallo-romaines du département de la Moselle.* Austrasie, Tome 1er page 605. année 1853.
(2) de Beaulieu, *le Comté de Dagsbourg*, p. 270.

depuis un siècle, ces stèles ont été brisées et enlevées, ainsi que les pierres du ring, et il est difficile aujourd'hui de mesurer l'étendue de ce dernier.

Les choses étaient en cet état, il y a trente ans ; elles le sont encore à peu près aujourd'hui. Le torse du cheval, auquel adhéraient les cuisses d'un cavalier que de Beaulieu a trouvé dans l'enceinte du ring et qu'il dit avoir déposé au musée de Nancy, n'y est toujours pas ; mais le torse de Mercure, dont il fait également mention, est encore sur le mur de La Valette, et la stèle funéraire, ornée d'un portrait (Teutatès?), continue à servir de borne à l'angle d'une maison d'Abreschviller.

D'après Schœpflin, il n'est aucune divinité dont les images se rencontrent plus fréquemment dans nos contrées que celles de *Teutatès* ou le *Mercure gaulois*, autrement dit le dieu *Wodan* du Donon et du Puy-de-Dôme. Au dire de Sanchoniathon, cité par Philon Byblius, le nom *Tuautes* appartenait aussi à un dieu des Phéniciens, et, chez les Egyptiens, un autre dieu portait le nom de *Toyth*, *Thot*, *Thaut*. Cette dernière appellation ressemble beaucoup à celle de *Teutatès* ou *Theutatès* qui, en pélasge et en gaulois, veut dire *père du peuple ;* car *Teut* se traduit par peuple et *Tas* signifie père. Selon Grandidier (Histoire d'Alsace), le mot *tata* ou *tatte* des enfants du peuple, employé, tant en France qu'en Allemagne, pour désigner leur père, n'aurait pas d'autre origine. Dans tous les cas, les noms de *pape* et de *papa* n'en sont pas loin.

La forêt d'Abreschviller, baignée par la Sarre Rouge et ses affluents — les ruisseaux d'Abreschviller, du Soldatenthal, de l'Eigenthal, de Lettenbach et du

Wolfsthal; par la Bièvre et la Zorn Jaune, — est limitée au Nord, par le Rehthal ; à l'Est, par les grandes forêts de Dagsbourg, de Lutzelbourg ; au Sud et à l'Ouest, par l'immense et séculaire forêt de Saint-Quirin. Elle occupe avec cette dernière et les forêts non moins séculaires de la rive gauche de la Sarre Blanche, toute la région de la Haute-Sarre. On y distingue particulièrement les districts appelés : le Freywald ou Forêt de Trois-Fontaines au Nord-Est, et le Stritiwald ou Streitwald au Sud-Ouest.

Le Ring d'Otzenhausen. — D'après ce qui a été établi, (Tome Ier, page 319 et suivantes), cette troisième enceinte se trouve à l'opposé des rings de La Valette et de Haspelschiedt, sur un des nombreux contreforts méridionaux de la chaîne du Hundsrück. Elle occupe, dans le Hohwald, à proximité de l'Erbeskopf et du Sandkopf, à 10 kilomètres au Sud de Hermeskeil, l'avant-dernier mamelon du *Dollberg*, dont les versants vers l'Ouest, le Sud et l'Est, séparent les bassins de la Prims et de la Nahe.

Les eaux de la première de ces rivières sont recueillies par l'affluent nommé Kœnigsbach, et s'écoulent en partie des pentes occidentales des diverses extensions du Dollberg, notamment du Kahlberg [1] et du mamelon d'Otzenhausen dont le même versant occidental porte la route du village de ce nom au village de Zûsch, par laquelle on se rend aussi, le

(1) Le contrefort du Dollberg se compose du Nord au Sud, de plusieurs mamelons dont le dernier est le Kahlberg, ou montagne nue, stérile, située à l'extrémité méridionale à 610 mètres d'altitude, entre le village d'Otzenhausen, le village de Nonnweiler et le ruisseau de Kœnigsbach. Le mamelon d'Otzenhausen est l'avant-dernier mamelon de la série et présente à l'Ouest, au Midi et à l'Est, les versants abrupts d'une véritable montagne.

plus commodément, au ring éloigné d'une demi-lieue d'Otzenhausen.

L'emplacement de cette remarquable enceinte, quatre fois plus vaste que celle de Haspelschiedt, se trouve à droite de la route venant d'Otzenhausen. Sa superficie de 19 hectares, 11 arcs, 25 centiares, se présente dans la direction du Nord au Sud, sous la forme d'un triangle irrégulier, presque équilatéral, dont la pointe émoussée, tournée en bas, et les deux côtés qui aident à la former, s'étendent sur le flanc méridional de la montagne, tandis que la base du triangle se développe en ligne sensiblement courbée en arc à travers le sommet.

L'empierrement, désigné et connu sous le nom de *ring d'Otzenhausen*, constitue deux *réduits* parfaitement distincts, dont l'un, le plus grand, forme le *ring* proprement dit ; l'autre est une espèce d'*escarpe* ou ouvrage avancé qui semble avoir été établi pour la défense extérieure de la position.

Le plus grand des deux, ou le *ring*, est complet en ce sens qu'il est fermé par un circuit de 1360 mètres de tour, comptés sur la ligne médiane des empierrements, avec quatre ouvertures, dont celle de l'Est paraît avoir été, dès le principe, l'unique et véritable entrée.

L'*escarpe*, ou le mur extérieur, n'a que 850 mètres de long et se développe vers le Nord, en dehors et, à une certaine distance en avant du ring, sous la forme d'un angle aigu dont le sommet correspond à la partie pointue du ring, tandis que les côtés l'enveloppent partiellement. Le côté oriental s'appuie sur le mur du ring et fait corps avec lui. Le côté occidental, au contraire, se continue toujours à une certaine distance du ring, jusque vis-à-vis de la première porte, ou ouverture occidentale, où il s'arrête brusquement à quarante pas d'écartement.

Les murs du ring et de l'enceinte extérieure se composent de grauwackes et de quartzites du Hundsrück, et ces matériaux se trouvent à l'état de blocs bruts de toute grandeur, jetés pêle-mêle, sans mortier, les uns sur les autres. La longueur des plus fortes roches employées, atteint au plus cinquante centimètres sur vingt-cinq centimètres de largeur. Les roches qui jonchent les flancs de la montagne sont plus fortes et pèsent de vingt-cinq à deux cents kilogrammes.

A l'extérieur, la hauteur et l'épaisseur des murs est très variable. A la partie la plus élevée, au côté Nord du triangle près du sommet de la montagne, il y a 10 mètres de hauteur et 41,50 centimètres de largeur sur le sol, avec un applatissement de 2,50 mètres de largeur à la pointe formant couronne (voir la coupe fig. ci-après). Ailleurs, ces dimensions sont encore plus considérables, surtout vers l'Est; vers l'Ouest, elles sont moindres. En quelques endroits, les pierres se sont disloquées et l'empierrement est presque à la hauteur du sol intérieur, quand ailleurs, cette hauteur à l'intérieur varie de 2 à 3 mètres et plus.

Du Nord au Sud, la plus grande longueur du ring réunie à celle de son escarpe est de 647 mètres et la plus grande largeur intérieure est de 435 mètres. Les quatre ouvertures actuelles sont ainsi réparties : l'une se trouve au Sud, à la pointe du ring et de l'enceinte extérieure ; deux autres, assez rapprochées, se montrent au côté Ouest dans le mur du ring et plus haut que le mur extérieur ; la quatrième ouverture, assez large, appelée le *vieux chemin*, s'ouvre au côté Est, à l'endroit où les murs du ring et le côté oriental de l'enceinte extérieure se confondent.

Ring d'Otzenhausen.

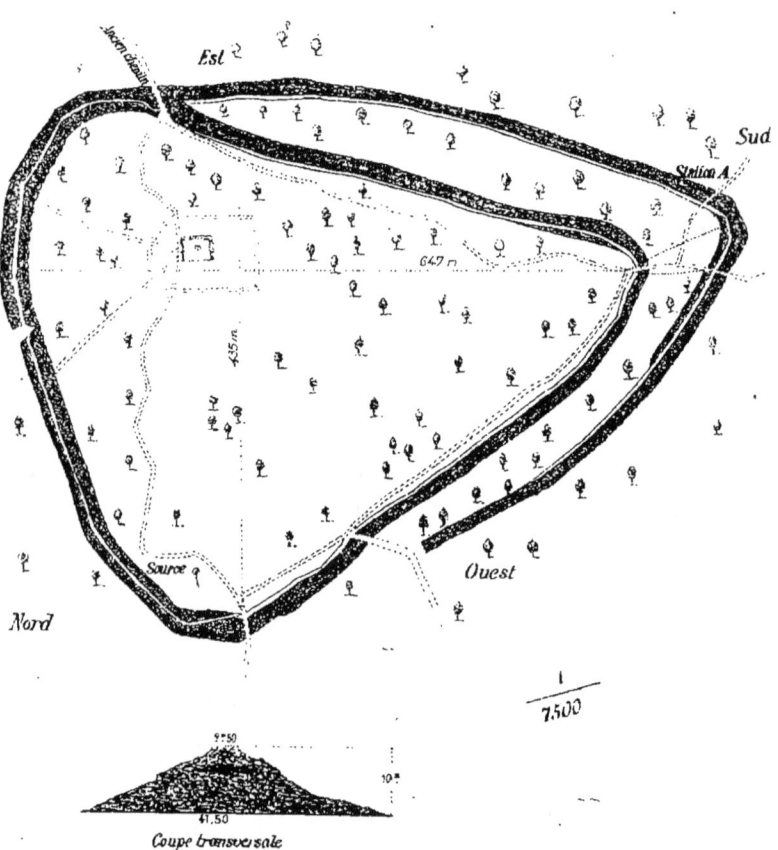

D'après une évaluation entreprise par le forestier Neuser, le volume des roches du ring comporterait 152,472 mètres cubes et le volume de l'enceinte extérieure, 75,910 mètres cubes, ce qui représenterait pour les deux, une masse totale de 228,382 mètres cubes (¹). Il n'est donc pas étonnant qu'une quantité aussi considérable de matériaux transformés en murs, aient pu circonscrire le plus vaste ring connu à ce jour.

Les roches employées à ces constructions proviennent toutes du Hundsrück : en partie du Dollberg même ; en partie des montagnes environnantes.

Il importe de remarquer encore que l'enceinte intérieure du ring d'Otzenhausen et son enceinte extérieure sont, comme les rings de La Valette et de Haspelschiedt, occupées par les arbres de la forêt aussi bien que le reste des montagnes. Par contre, il n'occupait pas comme eux, le sommet du mamelon, dont il fait l'ornement, ce qui provient peut-être de ce que le dit mamelon n'est pas une montagne, mais l'extrémité d'un chaînon. Le même fait explique aussi comment ce ring, en pente, a pu être alimenté jadis par une source assez puissante dont les eaux jaillissent présentement avec abondance au pied de la montagne.

Sur le plan ci-devant et dans la position indiquée, le spectateur est censé être en A, au Sud de la montagne, et le ring se développe devant lui sur la pente méridionale dans la direction du Sud au Nord.

D'après le relevé topographique du D^r v. Dechen (Planche XXII), le ring d'Otzenhausen appartient en entier au Bassin de la Sarre aussi bien que le village placé à ses pieds, à proximité de la frontière de l'ancienne principauté de Birkenfeld du duché d'Oldenburg, et ce vaste et étonnant établissement n'est certes pas la moindre curiosité pour les antiquaires ou pour de simples amateurs du passé.

---

(1) Dr F. Hettner et D. K. Lomprecht, *Westdeutsche Zeitschrift für Geschichte und Kunst*. 11. Jahrg. Trier 1883.

Ce qui est prouvé, du reste, par les nombreuses appréciations des écrivains.

Suivant les uns, ce ring serait d'origine romaine, par la raison qu'une voie, dite romaine, passait à proximité et que, dans l'ancien puits de l'enceinte et aux environs, on a trouvé de nombreux débris de vases romains avec des urnes en terre et en verre.

D'autres, tenant compte de la grossièreté du travail, pensent qu'il a été fait à la hâte dans des temps d'invasion de certaines tribus germaniques.

Comme d'un autre côté, il y a analogie entre cette construction et celles de Rhaunen que l'on attribue aux Huns et qu'on appelle « les rings des Huns», on a présumé qu'elle pourrait avoir la même origine et provenir de l'invasion de ce peuple, dont au V° siècle de notre ère, les hordes barbares se sont ruées sur nos pays. Cette assertion paraît d'autant mieux fondée qu'Otzenhausen est au pied du Hundsrück qui passe pour avoir été occupé par ces hôtes et leur devoir son nom.

M. le Dr Wyttenbach reporte, au contraire, l'origine du ring d'Otzenhausen à l'époque anti-romaine et l'attribue à la nation belgico-celtique, en comparant sa construction à celle des Aduatiques dont parle César dans ses Commentaires ([1]).

Schœpflin compare le travail d'Otzenhausen à celui du Mont Saint-Odile, en Alsace, qui, selon lui, a été commencé par les Celtes, puis occupé et agrandi par les Romains ([2]).

On doit aussi à M. E. d'Huart, membre de

---

(1) Cæsar *de Bello gallico*, cap. 29.
(2) Schœpflin, *Alsace Illustrée*, Tome Ier, p 53.

l'Académie de Metz, un rapport détaillé, inséré en 1837, dans l'*Austrasie, Revue du Nord-Est de la France*. Il déclare avant tout, que le nom de Dollberg vient d'un dolmen qui y existait encore avant 25 ans, entre les deux enceintes, comme cela s'est présenté à Herchenhain. M. le comte de Villers a vu et dessiné en 1812, ce dolmen qui mesurait 5 mètres en hauteur et autant en largeur.

Cette origine celtique, attestée par ce dolmen et par des fragments de vases préromains trouvés dans le puits et à le'ntour du ring, n'empêche pas M. d'Huart d'admettre que le même emplacement, qui, selon lui, a servi aux Druides pour la célébration de leurs rites religieux et l'exécution de leurs arrêts judiciaires, a pu servir de refuge à Attila et à ses Huns. Le premier établissement celtique a même pu être modifié de manière à défendre la retraite de ces barbares, comme cela a eu lieu pour d'autres enceintes fortifiées, ou rings échelonnés le long du cours du Rhin. La tradition le veut ainsi, de même qu'elle réunit les Huns aux Sarmates qui, 150 années auparavant, étaient venus de la Scythie dans ces pays, et auxquels Constantin avait assigné les mêmes parages.

Par suite de la retraite des Huns et leur fusion avec les Sarmates, dans les mêmes lieux, le nom teutonique de « Hundsrück » ou « Rückzug der Hunen » (la retraite des Huns) aurait survécu.

La tradition peut avoir raison ; mais notre appréciation, qui consiste à considérer le ring d'Otzenhausen et tous les autres, comme des enceintes primitives destinées au culte ou à la défense, n'est aucunement infirmée, moins encore anéantie.

En tenant compte des indications précédentes, il devient possible de signaler, dans nos contrées, un nombre relativement considérable de ces établissements, soit dans les plaines, soit dans les débris de forêts qui, jusqu'à ce jour, ont échappé aux destructions des peuples barbares et aux défrichements modernes.

Ils représentent les premiers éléments de nos hameaux, de nos villes et villages, et, en reprenant les stations primordiales déjà indiquées, on peut compter comme telles:

1° Dans la région vosgienne de la Haute-Sarre: le ou la *Cancelay* ([1]), *Turquestein*, *(Fievers* ou *Fifers*[2]*)*, le *ring de la Valette*, la *Roche du diable*, la *Nonnenburg*, le *Sonnenberg*, le *ring d'Eigenthal*, le *Heidenschloss* déjà connu, les *Trois-Saints*, le *Hengst*, le *plateau de Harreberg* ou *Haartberg*, la *Hommertburg*, le *Stritiwald* ou *Strittwald* ou *Streitwald*.

2° Dans la plaine — c'est-à-dire, dans le *Westrich intérieur*, comme nous savons le dire, maintenant que ce vieux nom, opposé au *Wasgau*, *Wasich*, Vosges et au *Westrich extérieur*, est retrouvé, mieux connu et surtout mieux appliqué — ces stations sont moins nombreuses. Y avait-il peut-être des habita-

---

([1]) Cancellus, en basse latinité, signifie une de ces petites chapelles fermées de barreaux, comme on en voit encore dans les campagnes. (de Beaulieu) — le *Canzelay* signifie la montagne qui porte la petite chapelle — la *Conzelay* est la chapelle même. — *Kanzel*, en allemand, signifie chaire, en diminutif Kanzelei et, avec le dialecte du pays, *Canzelay* ou *Kanzelay*.

([2]) Fievers, Stadt und Schloss im Westerreich und zwar salmisch. Mathieu Morian 1645. *Topoy*. *Palatinat* etc.

tions ou des cités lacustres dans les étangs? Rien ne l'a fait supposer jusqu'ici et on ne peut guère compter, à part les habitations isolées, que sur quelques groupements aux environs de *Sarrebourg*, (Sarrebourg-Haut) et de *Fénétrange*; au *vieux château* ou *Heidenschantz* de la forêt d'Œrming, à la *Grosse Schantz* de la forêt de Scheidtwald, à la *Burg* de Ratzwiller; à *Mackwiller*, aux *côtes de Sarralbe*, d'*Insming*, de *Montdidier*, de *Marimont*, de *Tincry*; au *château d'Odan* ou de Wodan; au haut des *plateaux de Boucheborn* et de *Boulay*, de *Maxstadt*, du *Hérapel*, du *Bielenstein*, de *Guerswiller-sur-Sarre*, de *Bérus*; au *Schlossberg de Vaudrevange*, à *Siersberg-Rehling*, à *Habach-Hellenhausen-Uchtelfangen*, à *Merschweiler-Walscheidt Lummerscheidt*; à *Pachten* et à *Bouss*; au haut du *Halberg* de Sarrebruck, à *Saint-Arnual*, *Güding*, *Gross-Bliederstrof*, *Rouhling-Cadenborn*; au *Schlossberg* de Sarreguemines; au *Château* de *Röthling*; à *Blies-Ransbach*, *Blies-Mengen*, *Blies-Bolchen*; à la *Côte de Wising*, à *Reinheim* et à *Rimling* ou *Rumeling*.

3º Dans la région de montagnes du pays de Bitche, de la Hardt du Palatinat et des contreforts du Hundsrück, — c'est-à-dire dans le *Vestrich extérieur* ou le *Wasgau inférieur*, par opposition au *Wasgau supérieur ou Vosges proprement dites*, séparées par l'étranglement géologique de Saverne, — on remarque le *Ring de Haspelschiedt*, la *Roche percée* de Bitche. *Lemberg* ou *Bitche-le-vieux*, *Gendersberg*, le *Wasenberg*, *Walschbronn*, *Burbach*, *Wœrschweiler*, le *Schwarzenacker*, *Hombourg* dans le Palatinat,

Carlsberg, le *Mont Horeb*, les *Rings de Langenthal* et du *Badenberg*, *Mörsbach*, les *deux Bottes*, *Spiemont*, *Schauembourg*, la *Birque*, le *Horst*, le *Ring de Wahlen*, *Littermont*, *Montclair*, (Sciva), *(Castel)*, *Sarrebourg* (Sarrebourg-Bas), *Ricciacum* (Ritzing), *Waldwies-Waldweistrof*, *Kalenhoven*, le *Hackenberg*, *Caranusca* ou *Canarusca* (Elzing) et *Falk*.

A la suite des temps, ces primitives agglomérations ont dû se modifier, se développer, parfois même disparaître, suivant les circonstances, et celles qui se sont maintenues, sont actuellement, ou à l'état de ruines, ou transformées en villes, villages ou forteresses modernes.

Les autres monuments ou débris, censés préhistoriques du Bassin de la Sarre, sont les *Grandes pierres* ou *pierres levées*, les *Dolmens* et les *Cromlechs*.

Mais avant de nous occuper, en particulier, de ces monuments, que peut-on conclure des caractères relevés par l'examen de ces diverses enceintes sacrées ou non sacrées?

Ne sont-elles pas déjà une preuve que notre pays a été habité, dès les temps les plus reculés, par des peuples primitifs qui avaient rapporté, d'une commune patrie, l'idée de ces constructions que nous trouvons dans toutes les parties du globe très éloignées les unes des autres?

L'élément primitif de ces enceintes a dû être le *dolmen*, c'est-à-dire une *pierre couchée sur une ou deux autres pierres dressées debout*, de manière à présenter un *abri*, une *défense* à un objet *placé derrière* ou *dessous*.

CHAPITRE IV. — LIEUX DU CULTE ET MONUMENTS. 79

Cet objet à défendre ou à protéger a dû être le *menhir* ou *pierre dressée*, représentant une *divinité*, un *témoignage*, un *souvenir*.

Toutes ces pierres étaient brutes et d'autant plus élevées, d'autant plus nombreuses que les objets à garantir ou à révérer, avaient de l'importance. A Béthel, la pierre de Jacob était unique comme celle de Sichem. Au Sinaï, au contraire, il y en avait douze; à Carnac, il y en a actuellement encore 1200, alignées en onze files parallèles, sur une longueur de quinze cents mètres. A l'île de Ceylon, à Lowamahapaga, il y a un échiquier de 1660 piliers ou menhirs de 3 à 4 mètres de hauteur.

Les dimensions, la forme et la distinction des menhirs sont très variables: dans l'Himalaya, au Pérou et dans le Morbihan, il en existe de toute hauteur jusqu'à vingt mètres d'élévation au-dessus du sol. Parmi les menhirs de Carnac, les plus élevés ont de 6 à 7 mètres et les plus gros blocs peuvent peser quatre-vingts milliers.

Chez les Hébreux, chez les Phéniciens, les pierres levées étaient des symboles religieux et même des monuments élevés en l'honneur de la divinité. Cela est prouvé par les textes bibliques et autres.

Les Pélasges ont élevé des menhirs consistant en blocs énormes et irréguliers.

Les Egyptiens ont élevé des obélisques, des pylônes, des colonnades, des portes qui effrayent.

Chez les Grecs, on élevait des pierres en colonnes ou isolément, en l'honneur des divinités, et ces pierres levées étaient arrosées d'huile, en signe d'hommage et de vénération, comme cela se pratiquait chez les Hébreux.

Chez les Greco-Romains, on peut même dire que toute pierre levée, ointe d'huile, était une divinité. De plus, l'usage d'oindre les menhirs s'est conservé en Gaule jusque sous l'ère chrétienne.

Quant à l'usage funéraire des menhirs, il n'est plus guère permis d'en douter, depuis les nombreuses fouilles qui ont fait découvrir, près d'eux, des crânes et des ossements humains, des haches en bronze et en pierre.

La preuve que les menhirs ou pierres brutes levées, qui remontent ainsi chez les principaux peuples à la première époque de leur histoire, ont été des symboles commémoratifs de paix, de guerre ou de mort d'un chef illustre, est fournie par la tradition et par ce qui se pratique encore de nos jours. N'élève-t-on pas la colonne d'airain en mémoire d'un évènement, à la place de la colonne de pierre, comme on a élevé celle-ci, à la place de la pierre brute ou menhir?

A la page 18 du livre intitulé « *le Comté de Dagsbourg* », de Beaulieu dit que l'architecte Specklin connaissait, il y a trois siècles, plus de cent menhirs dans les Vosges alsaciennes, et il se hâte d'ajouter, que lui, de son côté, ne connaît plus que sept menhirs debout.

Il ajoute qu'en parcourant les forêts des Vosges, il a souvent rencontré des pierres couvertes de petites croix intaillées : selon lui, ce sont des fragments de dolmens ou de menhirs, que l'on a marqués de ce signe révéré.

CHAPITRE IV. — LIEUX DU CULTE ET MONUMENTS.

Présentement, il existe encore dans les Pays de la Sarre les menhirs suivants : (¹)

« Le *Fauteuil de Saint-Quirin*, sur le chemin
« de Saint-Quirin au petit Donon. C'est un bloc de
« granit arrondi par le temps et présentant une ca-
« vité en forme de siège à dos, où le Saint se reposa
« en revenant de Palestine (A. Benoit);

« La *Quenouille* ou *Kunckel*, un monolithe de
« 7 mètres de hauteur hors terre, placé à l'entrée
« du Soldatenthal, commune d'Abreschwiller. Il fut
« renversé par un orage, vers le milieu du siècle
« dernier. D'après Schœpflin, deux menhirs plus
« petits se trouvaient de chaque côté; une croix
« s'élève aujourd'hui à leur place (de Beaulieu); (²)

« Le *Kœnigstein*, commune de Plaine-de-Valsch,
« mesurant 1 mètre 40 de hauteur, sur lequel les
« trois rois mages viennent, dit-on, s'installer le soir
« pour se livrer à de plantureux festins (Benoit);

« Le *Sac de Pierre*, *Pierre du Marché* ou du
« *Serment*, placé sur une pelouse déserte au pied du
« Donon (entre la Malcôte et l'Engin), commune de
« Saint-Quirin, où se tint un marché jusqu'au com-
« mencement de ce siècle. Cette pierre, en forme
« de tronçon de colonne de 1 mètre 30 de haut, sur
« 38 centimètres de diamètre, servait d'étalon pour
« la mesure des sacs de grains. Quand une con-

(¹) M. F. Barthelémy, *Mém. de la Société d'Arch. lorr*. XVII. Vol. Matériaux pour servir à l'étude du Temps préromain en **Lorraine.**

(²) Voir Contes et Légendes.

« vention se traitait sur parole, les parties joignaient
« leurs mains au-dessus d'elle et l'engagement deve-
« nait sacré (de Beaulieu);

« La *Haute-Born*, pierre quadrangulaire de 1
« mètre 56 de haut, dans une tranchée de forêt au
« ban de Romelfing (Benoit). »

En dehors des Vosges, où bien des cantons forestiers ou autres, tels que la *longue pierre*, la *haute-pierre*, la *haute-borne*, etc , indiquent l'existence de menhirs aujourd'hui détruits, il subsiste le long du circuit oriental du Bassin de la Sarre : le *Breitenstein*, situé sur le territoire de Meisenthal près de Bitche, le *Gollenstein* près de Bliescastel, le *Wetzstein* ou *Pillenstein* de Rentrisch, les monolithes du Bildbacherhof près de Mittelbrunnen, de *Martinshöhe* et de *Merzig*.

Le Breitenstein. — M. l'Ingénieur G. Boulangé, à qui nous devons la meilleure description du Ring de Haspelschiedt, a décrit le Breitenstein avec la même exactitude: (¹)

« Le voyageur qui, partant de Bitche, suivra le
« chemin de Lemberg et ensuite la route départe-
« mentale n° 13 de Sarreguemines à Hanau par
« Lemberg, ne manquera pas de remarquer, sur le
« bord et à gauche de la route, à une faible distance
« de la limite des départements de la Moselle et du
« Bas-Rhin, un monument d'un intérêt archéologique
« d'autant plus grand qu'il appartient à une catégorie

(¹) G. Boulangé, Austrasie, T. I. 1873. *Antiquités celtiques et Gallo-Romaines* du département de la Moselle avec dessins.

« fort rare dans nos contrées. Il est connu dans le
« pays sous le nom de *Breitenstein* (la large pierre).
« C'est un bloc de grès rouge profondément fiché
« en terre, présentant une saillie de 4 mètres 40
« au-dessus du sol; ses dimensions en largeur sont
« de 1 mètre sur 1 mètre 27. Cette position sur le
« faite boisé de la chaîne des Vosges, d'une pierre
« évidemment dressée par la main des hommes et
« dont les faces latérales présentent des fissures ver-
« ticales naturelles qui indiquent bien formellement
« que ce monolithe n'est pas une roche en place, la
« tradition locale qui s'y rattache et l'attribue à la
« sépulture d'un général romain, sont autant de
« preuves que le *Breitenstein* est un *menhir* ou
« *pierre levée* qui reporte nos souvenirs à l'époque
« du culte de Druides. Ce monument est d'autant
« plus remarquable qu'il ne rappelle plus que par sa
« masse son ancienne destination. Le culte catholique
« est venu planter son étendard consolateur sur le
« Breitenstein; le symbole de la rédemption qui le
« surmonte, est venu effacer les souvenirs des sacri-
« fices humains de la religion sauvage des Druides,
« qui ne pouvaient choisir un lieu plus en harmonie
« avec leur culte que ces immenses forêts. Un groupe
« de 1 mètre 50 de hauteur totale, représentant le
« Christ en croix avec les deux Marie à ses pieds,
« couronne aujourd'hui la pierre levée du Kœnigs-
« berg. (¹) Cette sculpture paraît appartenir au
« siècle dernier et probablement à la date 1787,
« gravée sur la face occidentale, au-dessous des
« douze apôtres sculptés en relief sur les quatre faces

(¹) Kœnigsberg, *Mont royal*, territoire de Meisenthal sur la limite du ban des deux communes de Meisenthal et d'Althorn.

« du monument et sur un mètre de hauteur à partir
« du sommet. L'inscription suivante, dont l'ortho-
« graphe porte un cachet germanique très prononcé,
« est gravée en creux au-dessous de la date:

1787.

S. PETRVS.   S. SIMON.   S. ANDREAS.
S. TOMAS.   S. JOHANNES.   S. MATIAS.
JUTAS DADEUS.   S. FILIBVS.   S. BARTOLMEVS.
S. JACOBVS BASDOR.   S. MATTEVS.   S. JACOBVS MINNER

« En examinant attentivement la face méridio-
« nale, on reconnaîtra l'écu portant la Croix de Lor-
« raine, gravé en creux à environ un mètre au-dessus
« du sol, et, avec plus de difficulté, la date 1609
« inscrite au-dessus. Cette face regarde cependant
« la terre de Hanaw, mais elle en est séparée par
« toute la largeur de la route actuelle; on aura
« voulu indiquer ainsi que le Breitenstein était en
« dedans de la ligne de bornes-frontières posées entre
« les deux Etats en 1605, et que l'on retrouve encore
« aujourd'hui à chaque pas dans la forêt. Cette ligne
« de bornes, dont la hauteur est de 1 mètre 36,
« la largeur de 50 centimètres et l'épaisseur de 32
« centimètres, avec l'écu portant la croix de Lorraine,
« le mot LOTRING au-dessus, et la date 1605 au-des-
« sous, sur la face du côté de Bitche, et l'écu che-
« vronné de Hanaw du côté opposé, forme encore
« aujourd'hui la limite des bans des communes ».

« D'après M. Marcus ([1]), notre honorable collègue,
« ces bornes, aux environs du menhir du Breiten-
« stein, donnent une idée assez exacte de l'ancienne

---

(1) Ad. Marcus. « Les Verreries du comté de Bitche », Nancy, 1887, in-8°, Berger-Levrault et compagnie.

« limite entre la tribu gauloise des Médiomatriques
« et les Triboques qui avaient franchi le Rhin pour
« s'établir entre le fleuve et les Vosges ».

M. A. Benoit a complété ces renseignements en relisant en séance académique, en 1880, ses réponses faites, il y a quelques années, à un questionnaire administratif sur les monuments mégalithiques de l'ancienne Gaule :

« Le menhir, dit *Breitenstein* est situé sur l'an-
« cienne route départementale n° 13 de Sarreguemines
« à Haguenau, à gauche en allant vers cette dernière
« ville, à l'intersection de l'ancien chemin d'Ingwiller
« à Bitche au milieu des forêts ; dans un creux entre
« les montagnes du Königsberg et du Kœsberg ; au
« Nord, les eaux vont vers Althorn et la Zinzel, au
« Sud, elles vont vers Wimmenau et la Moder (ver-
« sant alsacien du bassin du Rhin) à 3350 mètres
« de Gœtzenbruck dans la direction du Sud-Est.

« Depuis 1787, le Breitenstein est aussi nommé
« la *Pierre des douze apôtres* (zwœlf Apostelstein) ;
« il est dressé sur le sol naturel. Un dessin de Roth-
« müller, fait avant 1836, montre qu'alors le tertre
« artificiel, entouré de quatre bancs en pierres de
« taille, n'existait pas. Ces bans ont 50 centimètres
« de haut. Le monument de forme pyramidale est
« en grès des Vosges qui domine dans la montagne.
« Il a dû être détérioré lors de la pose de la croix
« en 1787. Le tertre posé vers 1842, diminue d'autant
« la hauteur ; un tilleul le masque complètement ;
« on a gravé dessus beaucoup de noms. Le monu-
« ment se présente mal, étant dominé partout ». (¹)

---

(1) A. Benoit, le Breitenstein. Séance acad. de Metz, 26 août 1880. *Mémoires*, 1881-1882.

Pour de plus amples renseignements, il convient d'ajouter encore qu'une autre voie romaine passait au Breitenstein et que, d'après des considérations personnelles (¹), cette voie doit être la voie de Trèves à Metz et à Strasbourg — par le Hérapel et Sarreguemines — indiquée dans les itinéraires romains, avec les distances suivantes :
De *Trèves* à *Divodurum* XXXIV M. P.
— *Divodurum* à *Pontem Sarvix* XXIV M. P.⎫
— *Ponte Sarvix* à *Argentoratum* XXII M.P.⎭ XLVI

D'un autre côté, le Breitenstein ne semble pas avoir été un monument isolé, pas plus qu'un autre menhir, le *Spitzstein* (la pierre pointue), situé à cinq kilomètres plus loin, près du village alsacien de Rosteig. On rencontre aux environs de ces deux menhirs des médailles romaines, des attributs de Mercure et beaucoup de traces d'antiques habitations. Celles-ci désignées généralement sous le nom de *Burg de Ratzviller*, couvrent même les forêts depuis les villages de Hambach et de Ratzviller avec des remparts et des fortifications en terre de plusieurs centaines de mètres de longueur, coupées par des rangées d'amas de pierres. Ces particularités justifient, au moins en apparence, la tradition qui va jusqu'à parler de grandes villes qui, jadis, auraient fleuri dans ces sauvages contrées.

Le *Spitzstein* se trouve sur le chemin de la Petite-Pierre à Bitche. C'est un menhir ou pierre levée ayant un peu plus de huit pieds de hauteur et, à sa base, dix pieds et demi de circonférence. Elle forme une sorte d'obélisque, d'une taille tellement brute,

---

(¹) Voir plus loin les *Anciennes Voies*.

CHAPITRE IV. — LIEUX DU CULTE ET MONUMENTS 87

qu'elle semble avoir été ainsi façonnée par la nature. Sur l'un des côtés, une niche carrée a été sculptée pour y placer une image de la Vierge. Des restes de murs, de cinq pieds d'épaisseur, se rattachent à cette pierre et prouvent que ses alentours ont été habités (¹).

Le Gollenstein. — Cette autre pierre levée, isolée actuellement de toute espèce de communication particulière, se trouve sur la hauteur d'Aschbach, près de Bliescastel, et se voit à grande distance dans toutes les directions. Elle consiste en un grossier bloc de grès des Vosges, totalement brut, de 6 mètres 93 de haut, rappelant confusément un parallélipipède à base carrée dont les angles supérieurs et les crêtes latérales ont été détériorés par le temps. Elle dépasse ainsi le Breitenstein de plus de 2 mètres 50 en hauteur, sans tenir compte de la partie enfoncée qui pose sur une assise murée et mesure à peu près encore 2 mètres 50. La longueur totale du menhir est donc de 9 mètres 43. Une niche a été pratiquée dans le côté Sud-Est à hauteur d'homme et l'on y voit aussi une petite statue de la Vierge comme au Spitzstein. A cette

---

(1) Ces derniers détails proviennent de deux feuilles isolées, 31 et 33, d'un ouvrage imprimé, grand in-folio, portant les mots de « Monuments d'Alsace » en tête de chaque verso de page, et traitant de *Saint-Jean-des-Choux* et de *Graufthal*, de *Saarwerden, Saarunion*, etc., et du *Breitenstein*.

Ces feuilles, paginées de 125 à 132, font partie des intéressantes archives de l'Église réformée, de Saarunion, et leur communication est due à la gracieuse bienveillance de M. le pasteur W. Liebrig.

Ces feuilles proviennent du bel et intéressant ouvrage, grand in-folio, de J.-G. Schweighæuser, intitulé : « Antiquités de l'Alsace ou châteaux, églises et autres monuments du Haut- et du Bas-Rhin ». Strasbourg, 1828, publié à Mulhouse par Engelmann et comp.

même hauteur, la pierre est un peu plus dégradée et les deux côtés parallèles du Sud-Est et du Nord-Ouest mesurent, en largeur, 1 mètre 15, tandis que les deux autres côtés comptent 50 centimètres en plus, soit 1 mètre 65.

D'après la nature et les divers caractères du grès de ce monolithe, celui-ci ne provient pas de la montagne qu'il domine, mais bien d'une autre montagne située à deux kilomètres, plus loin, au Nord de la ville de Bliescastel.

La tradition locale, si tant est qu'elle mérite d'être rapportée, veut que le Gollenstein et un autre menhir, qui était placé sur une autre montagne avoisinante, doivent indiquer le lieu de sépulture d'un personnage illustre. Ailleurs, ce personnage serait de haute antiquité, ou un Romain, un Templier, un Suédois. Ici, la nationalité reste à déterminer comme le lieu même de la sépulture.

Il importe aussi de remarquer que, d'après une autre tradition, le nom de Gollenstein doit s'écrire « Gothenstein », la pierre des Goths, parce qu'elle aurait été érigée par cette nation, au moment de la migration des peuples de l'Orient vers l'Occident, comme un point de repère, pour retrouver le même chemin en cas de retour.

Le Pillenstein. — Le menhir connu sous ce nom ou encore sous le nom de Wetzstein, c'est-à-dire de « pierre à aiguiser » parce qu'il est en grès et peut servir à aiguiser les instruments en acier, est placé à dix kilomètres de Sarrebruck, à la sortie du village de Rentrisch vers Saint-Ingbert. Il est également quadrangulaire et mesure en hauteur, hors

CHAPITRE IV. — LIEUX DU CULTE ET MONUMENTS. 89

terre, 5 mètres 12. Les côtés Sud et Nord ont 1 mètre 32 de largeur, les deux autres côtés mesurent 1 mètre 80. L'humidité semble avoir réduit cette largeur vers le sol jusqu'à une certaine hauteur. De plus, la pierre incline vers l'Ouest et dévie de la position verticale parce qu'un chercheur de trésors s'est mis un jour à l'œuvre en dégageant la terre jusqu'à 1 mètre 80 de profondeur. Il a été arrêté par une large maçonnerie qui supporte le monument. Il a même attaqué cette maçonnerie et, comme il ne put la détruire, il a quitté son travail de dépit, sans s'occuper du rejet de la terre. La pierre, par suite, a pris charge. Elle a fléchi du côté où elle était dégagée, mais elle n'a pas eu le sort de la Quenouille d'Abreschviller.

On a quelquefois désigné ce menhir de Rentrisch sous le nom de *Spillenstein* et de *Grimoaldspfeil*.

La première de ces dénominations a une raison d'être; car *Spille* signifie fuseau, et le monument, ayant cette forme, peut être appelé la pierre à fuseau où encore à aiguille, comme, à Paris, l'obélisque de Louqsor est appelé l'aiguille de Cléopâtre.

D'un autre côté, le mot *Spil*, signifiant les lieux où l'on rendait autrefois la justice, pourrait fort bien avoir contribué aux dénominations de *Pillen* ou de *Spillenstein*.

Mais que peut signifier la seconde dénomination? *Grimoaldspfeil* se traduit par la *flèche de Grimoald*. A qui ce nom peut-il être rapporté? Au fils de Pépin de Landen, l'ancien maire du palais d'Austrasie qui fit disparaître Dagobert II, le fils du roi

Sigebert? C'est une supposition ; mais sur quoi s'appuyer?

Au reste, la tradition est absolument muette, quant à ce menhir ; elle l'est de même pour les suivants.

Le Langenstein — Le plus oriental des trois menhirs à décrire est la *Longue-Pierre* ou Langenstein, situé près de Landstuhl, à l'extrême limite du Bassin de la Sarre, entre la ferme dite Bildbacherhof et le village de Mittelbrunnen. C'est un monolithe en grès comme tous les autres, de deux mètres de hauteur, placé sur un des points les plus élévés du pays. Il est incliné, comme le menhir de Rentrisch, et présente en général les mêmes caractères que le Gollenstein et son voisin le menhir de Martinshöhe.

Le menhir de Martinshöhe. — Ce monolithe, placé également à la limite extême du Bassin de la Sarre, se trouve au milieu du village de ce nom, entre Landstuhl et Hombourg, dans la région montagneuse de Sichingen, appelée communément « la Sichingerhöhe ». Il mesure 3 mètres 96 en hauteur et sa largeur comporte 86 sur 50 centimètres. Placé jadis dans un endroit du village où il entravait la circulation, il a été mis hors terre et relevé à un autre endroit. Nos palatins ont montré par là que, sans être des Cyclopes, ils ont pu réaliser, de nos jours, ce qui a été fait à un autre âge.

On remarque, au côté Nord de ce menhir, six cannelures parallèles de la largeur d'un doigt. Elles descendent longitudinalement depuis le sommet jusqu'à moitié de la hauteur. Au côté Sud il n'y a que

CHAPITRE IV. — LIEUX DU CULTE ET MONUMENTS. 91

trois de ces cannelures. C'est une autre similitude avec le Gollenstein qui porte également des cannelures de ce genre ; elles sont malheureusement détériorées et il est difficile de déterminer si elles sont artificielles ou naturelles.

Avant son enlèvement de sa station primitive, le menhir de Martinshöhe était, comme le Gollenstein, comme le Pillenstein et le Breitenstein, placé sur une assise de maçonnerie souterraine.

Le Rothestein ou la Pierre-Rouge. — C'est le nom donné à un menhir situé autrefois sur la rive droite de la Sarre, à proximité de la ville de Merzig, et qui a disparu, laissant son nom au canton où il a existé. Il est connu d'après un rapport fait à la Régence de Trèves par M. Derne, ancien Landrath de Merzig, et par ce qu'en dit le Dr F. Schrötter, dans ses mémoires sur les *Etablissements romains* dans les Pays de la Sarre (1).

Ce monolithe de grès des Vosges, que l'on apercevait de loin, se trouvait à l'Est de la ville, sur la rive droite du Seffersbach et sur un des mamelons du Kreuzberg, à l'endroit appelé vulgairement « Schinner », près de la fabrique de MM. Boch et Cie, où s'exploite actuellement la carrière de grès de M. Hoffmann.

Un monolithe semblable, non encore signalé jusqu'ici, existe sur une autre extension du Kreuzberg, à 1 kilomètre environ plus à l'Est, au lieu dit « Daufels ». Cette seconde pierre de belles dimensions, est

---

(1) *Ueber die röm. Niederlayen*, etc. 1re partie, page 93, édit. en 1846 par l'Hist.-Antiq.-Verein des villes de Sarrebruck et de Saint-Jean.

également visible à distance et pourrait remplacer le Rothestein si celui-ci n'avait laissé le nom de son emplacement ailleurs.

Il est à remarquer qu'une série d'autres monolithes de 1 mètre 20 de haut sur 50 centimètres de large se montrent dans la même région, sur la rive opposée du Seffersbach, derrière le Gipsberg. Ils sont espacés de 300 à 400 mètres les uns des autres et placés sur des assises de maçonnerie calcaire, comme les bornes-frontières, qui, dans les forêts du pays de Bitche, s'étendent sur un espace de six kilomètres depuis le Bannstein jusqu'au Breitenstein. Celles-ci séparaient le territoire lorrain du pays de Hanau-Lichtenberg et de Nassau, comme celles-là formaient limite entre les terrains trévirois et lorrains.

Serait-ce par une considération analogue que les menhirs de Martinshöhe, de Rentrisch, etc. ont été considérés dans le *Manuel de géographie statistique du Palatinat bavarois* (1) comme des bornes-frontières?

Quelques-uns se rapprochent de ces frontières ; mais d'autres sont à des distances telles que cette conjecture ne peut être admise.

La destination de ces monuments, tout en restant à déterminer, d'une manière spéciale, pour l'une ou pour l'autre assertion, reste donc, suivant les considérations précédentes, circonscrite dans le triple domaine des symboles religieux, des monuments funéraires et commémoratifs, et cette triple attribution est d'autant plus admissible qu'elle est reconnue, sous ses trois figures, chez les peuples primitifs de l'Asie, de l'Afrique, de l'Europe jusqu'au Nouveau-Monde, aussi

---

(1) Deux-Ponts, 1828, page 152.

vieux que l'Ancien, selon l'impression du poète illustre.

Dolmens. — Les Dolmens se reconnaissent facilement; mais leur existence, au grand jour, est actuellement une rareté dans nos contrées.

Déjà, en 1858, quand de Beaulieu a écrit sa description du *Comté de Dagsbourg*, il a déclaré ne plus connaître de dolmens entiers dans les Vosges, mais seulement des demi-dolmens ou tables de pierres inclinées. On peut ajouter aujourd'hui que, à part les pierres couvertes de croix qu'il regardait comme des fragments de menhirs ou de dolmens et quelques simulacres de petits dolmens trouvés dans des sépultures, on ne peut plus guère considérer, comme dolmen véritable, que le Dreipeterstein (la pierre des trois Pierres) que sa position géographique, sur le faîte d'une montagne, près de Soucht et de Meisenthal, désigna plus tard à servir de point de départ pour la limite des trois territoires de Lorraine, de Hanau et de Nassau, et à être marqué, en 1608, des écus des possesseurs de ces territoires.

D'après M. G. Boulangé, ces trois pierres de grès des Vosges, placées à un kilomètre du Breitenstein, sur le bord du chemin qui conduit du Dreispitz (1) vers la Petite-Pierre, en suivant la crête des Vosges, ont les dimensions suivantes:

Celle de Lorraine, avec la *Croix de Lorraine*, a
2^m10 de longueur,
1^m40 de largeur,
0^m70 de hauteur.

---

(1) Le Dreispitz (les trois pointes) est un carrefour situé à environ 350 mètres de la route et du Dreipeterstein. Il forme un plateau et est ainsi nommé du nom de la forêt voisine située à droite en allant sur Gœtzenbrück (pont des idoles), parce que sa configuration en plan présente trois pointes.

Celle de Hanau, avec les chevrons de cet état, a
2^m40 de longueur,
1^m40 de largeur,
0^m70 de hauteur.

Celle de Nassau, qui n'a plus d'armes, est très mutilée et ne mesure plus que
0^m60 de longueur,
0^m70 de largeur,
0^m80 de hauteur.

La tradition et l'interprétation des trois pierres du Dreipeterstein sont assez curieuses pour être rapportées (1). C'est peut-être même à cette tradition qu'est due leur conservation; quand, partout ailleurs, les menhirs, les blocs d'enceinte et autres ont disparu dans les contrées où la pierre à bâtir n'est même pas rare. Autour du Gollenstein et près de l'ancien temple de Bliescastel, il n'y a plus une pierre à bâtir à prendre. Sur certaines voies consulaires, il reste quelques cailloux, comme au Hérapel dont, depuis des siècles, les pierres ont servi, dans un rayon de plusieurs kilomètres, à transformer et bâtir en pierres les rez-de-chaussée des maisons primitivement établies en bois et torchis. Les deux pierres d'angle de la porte principale du camp du Hérapel remplissent le même but dans une grange de Folkling et c'est, par suite de ces gaspillages de tout ce qui était transportable, que le notaire Motte, de Sarrelouis, a eu l'heureuse chance de retrouver la pierre dédicatoire de cette station, au village de Rosbruck, où elle servait de support à un banc de pierre, devant une maison d'auberge.

---

(1) Voir : Contes et Légendes.

Les Cromlech's. — Les Cromlech's ne sont que des réunions de *pierres levées,* plus ou moins hautes, qui, dans leur ensemble, affectent une forme circulaire, ovale ou d'un carré long.

Grâce aux nombreuses tombelles de nos forêts, ces *anciens monuments* se voient encore dans nos pays, et, maintenant que l'éveil est donné et que les fouilles sont presque partout à l'ordre du jour, il y a lieu d'espérer que leur nombre ne fera qu'augmenter.

La première découverte, faite à Mackviller par le pasteur Ringel de Diemering, en fouillant six tumulus sur treize, a eu des résultats remarquables. Certes, nous ne sommes pas en présence de Cromlech's comme ceux que l'on voit à Gellainville (Eure et Loir), à Kerven (Morbihan), en Angleterre et au Schleswig; mais nous possédons ce que l'on possède ailleurs sur le vieux sol de la Gaule et, pour nous, c'est la chose importante.

Ces Cromlech's de Mackwiller se trouvent sur un coteau boisé appelé de temps immémorial « la Montagne des Morts » (Todtenberg), ainsi que nous l'avons établi, quand nous avons esquissé cette partie de la vallée de l'Eichel qui, quoique située dans l'arrondissement de Saverne, s'étend sur le versant occidental des Vosges jusqu'à la Sarre et n'a jamais fait partie de l'Alsace. Depuis le Breitenstein et le Spitzstein, ce territoire embrasse une surface d'environ six lieues carrées et il y existe, outre deux voies antiques qui se croisent au vieux pont de l'Eichel, entre Vœllerding, Domfessel et Lorentzen, une quantité considérable de ruines et de monuments, tels que les enceintes fortifiées dites, *die Burg,* dans la forêt de Ratzweiler; la *Grosse Schantz,* dans la forêt dite Scheidtwald; la

Heidenschantz ou *Heidenschloss* dans la forêt d'Œrming. A ces fortifications, il faut ajouter : les thermes? l'aqueduc? et autres ruines de *Mackwiller*; les ruines d'un établissement métallurgique et d'hypocaustes du *Heidenhübel* de la forêt de Sarrunion ; les ruines et les hypocaustes du *Gorgelbach* de la commune de Dehlingen; les ruines et les marbres du *Lutterbacherhof* de la commune d'Œrming; ainsi que les ruines et les marbres de la *Heidenmauer* de la commune de Sarrunion ; la villa, les marbres et les débris romains de *Domfessel*; la tuilerie, les hypocaustes et les fours du *Buscherhof*, commune de Sarrunion, et enfin, les sépultures du cimetière de Lorentzen, du canton *Rehs*; celles du cimetière de Diemering, au canton *Lechberg*; les tombes de Ratzwiller et celles du Todtenberg :

Cette énumération est due, en principe, à M. le colonel Morlet à qui nous empruntons également la description des Cromlech's de Mackwiller mis à jour par M. le docteur Ringel (1) en fouillant plusieurs tumulus réunis au nombre de douze, sur le ban de Mackwiller, près d'anciennes carrières de grès ; le treizième est isolé, à 600 mètres plus loin vers l'Est, et l'espace, qui le sépare du groupe principal, est couvert de petites buttes rectangulaires formant des sépultures d'une autre époque.

M. Ringel a fouillé complètement les tumulus 1, 2, 3, 4, 5, situés à l'Ouest du groupe, ainsi que le tumulus isolé 13, avec une dizaine des petites buttes et, bien que les descriptions faites par M. le colonel

---

(1) Les *Cromlech's de Mackwiller*. Bulletin de la Société pour la conservation des Monuments historiques d'Alsace 1865, *Mémoires*.

Morlet, de Saverne, soient longues, nous les rapportons dans leur teneur, parce que nous en avons besoin pour la justification de plusieurs de nos assertions et parce qu'elles peuvent contribuer à mettre sur la voie de découvertes nouvelles :

Tumulus n° 1.
(Diamètre 16^m, hauteur 1^m05)

Ce tertre renferme, sous une couche de terre de 0^m50 d'épaisseur, deux *cromlech's* ou cercles concentriques formés de grosses pierres.

Au milieu, se trouve un amas de moellons bruts ayant la forme d'un cône tronqué, sur lequel est posée une table de pierre.

Le tronc de cône s'appuie sur le *cromlech* intérieur.

La table est formée de 2 dalles brutes de 1^m56 de longueur totale sur 0^m71 de largeur ; un feu ardent l'a calcinée ainsi que ses supports ; des amas de charbons et de cendres couvrent toute la surface du cône.

Au premier coup d'œil, la partie centrale de ce monument a l'aspect d'un dolmen ; c'en est bien un, dans le sens étymologique du mot *dol* ou *tol* qui, en langage celto-breton, veut dire élévation et *men* pierre; mais ce n'est pas un *dolmen funéraire* comme ceux que l'on rencontre en grand nombre en Bretagne, car la table supportée par dix pierres verticales jointives ne recouvrait aucune cavité.

Les sépultures, au lieu d'être placées au centre du *tumulus*, se trouvaient entre les deux cromlech's; elles étaient construites en pierres brutes s'arc-boutant en forme de toit.

Deux de ces tombes étaient intactes ; elles avaient

2 mètres de longueur, 0m60 de largeur et 0m30 de hauteur intérieure au point le plus élevé. Le sol, pavé en dalles brutes, était recouvert d'une couche de terre grasse sur laquelle on apercevait quelques linéaments bruns ou noirâtres.

Les tombes étaient alignées et orientées du Nord-Est ou Sud-Ouest ; elles paraissent avoir rempli complétement l'intervalle libre entre les cromlech's, sauf un petit espace occupé par deux excavations découvertes, postérieurement aux premières fouilles, par M. le pasteur Ringel qui les décrit ainsi :

« A un mètre du pied de l'autel, vers l'Est, ap-
« paraît un parquet dallé en forme de triangle. Ces
« dalles brutes, mais assez bien jointes, avaient une
« épaisseur de 0m15 et servaient de fond à une
« excavation de 0m17 pratiquée dans le sol ; une
« forte couche de terre brune et gluante remplissait
« ce creux. En continuant les fouilles, on découvrit
« près de là un foyer de combustion de forme ovale,
« construit en petites dalles assises sur une couche
« de terre dure comme du béton, et servant de sup-
« port à un amas de gros blocs de pierre. »

D'après l'opinion de M. Ringel, ces deux cavités, dont on a pu retrouver les traces, servaient peut-être de réservoirs pour le sang des victimes immolées sur l'autel de pierre.

Tumulus n° 2.
(Diamètre 10m, hauteur 0m74.)

Au centre du *cromlech* que renferme ce tumulus, se trouve une cavité à peu près elliptique de 1m80 de longueur sur 1 mètre de largeur, remplie de cendres et de charbons ; le fond est exhaussé de

0m25 au-dessus du sol naturel, et une couche de béton de 0m20 de largeur, chargée de pierres calcinées, en forme les parois ; autour de ce foyer de combustion, existaient d'abord deux autres cavités à peu près de même forme, mais plus profondes, puis encore deux nouvelles cavités plus profondes que les précédentes.

En résumé, ce tumulus renferme quatre sépultures groupées à l'entour d'un foyer central.

Tumulus n° 3.
(Diamètre 14m, hauteur 1m.)

Dans l'intérieur de ce *tumulus*, se trouve un *cromlech* qui entoure huit tombes réunies et rangées deux à deux sur quatre lignes parallèles; elles sont semblables à celles du tertre n° 1.

Tumulus n° 4.
(Diamètre 11m, hauteur 0m90.)

Malgré le grand désordre remarqué dans l'intérieur de ce tumulus, on a pu y distinguer nettement un cercle de grosses pierres renfermant plusieurs cavités groupées à l'entour d'une sorte d'auge centrale, comme dans le *tumulus* n° 2 ; un mélange de cendres, de charbons et de terre remplissait ces loges dont le contour était marqué par de petites pierres appuyées contre les gros blocs qui formaient les séparations.

Tumulus n° 5.
(Diamètre 9m49, hauteur 0m55)

Ce tertre n'a pas été fouillé complètement ; une tranchée a mis à découvert des amas de pierres dans l'intérieur.

Tumulus N°s 6, 7, 8, 9, 10, 11, 12.

Ces tertres n'ont pas encore été fouillés.
Voici leurs dimensions :

N° 6. Diamètre 10^m », hauteur 0^m59.
N° 7.   »   9^m »,   »   0^m50.
N° 8.   »   8^m27,   »   0^m65.
N° 9.   »   8^m68,   »   0^m70.
N° 10.   »   11^m », »   0^m70.
N° 11.   »   10^m », »   0^m68.
N° 12.   »   17^m », »   0^m74.

Tumulus N° 13.

(Diamètre 9^m, hauteur 1^m15)

Ce *tumulus* est à 600 mètres de distance du groupe dont il vient d'être question. Au centre du cromlech, apparaît une tombe rectangulaire de 1^m85 de longueur sur 0^m60 de largeur et 0^m27 de profondeur ; elle est construite en pierres jointives fichées dans le sol et orientée de l'Ouest à l'Est. Une pierre plate posée au fond de la tombe, à l'une de ses extrémités, recevait sans doute la tête du mort, tandis que, à l'autre extrémité, se dresse une pierre monolithe de 0^m80 de hauteur, terminée en pointe. A l'entour de cette tombe dont le couvercle a disparu, des masses compactes de cendres et de charbons recouvrent des pierres calcinées avec des débris de briques et de tuiles à rebord, parmi lesquels on a recueilli un fragment de cette belle poterie rouge sculptée qui se rencontre toujours dans les sépultures de l'époque romaine.

Le mode de construction de la tombe renfermée dans ce *tumulus* ne ressemble en rien aux sépultures décrites ci-dessus ; la forme, l'ajustement plus régulier de ses matériaux, les débris romains qui l'entourent, tout annonce la présence d'une sépulture gallo-romaine ou franque, introduite au milieu d'un cromlech celtique, ainsi que cela s'est rencontré plus d'une fois en Bretagne.

Les descriptions du colonel Morlet ont été rapportées textuellement, pour convaincre le lecteur de l'existence de cromlech's dans nos contrées et prouver, en même temps, par une autorité, autre que la nôtre, que nous ne nous faisons pas d'illusions quand, dans nos fouilles d'autres tumulus, nous nous servons de ces appellations. Ce cas, du reste, est parfaitement applicable aux fouilles exécutées récemment par notre collègue, M. E. Huber, dans neuf tumulus des forêts de Cadenborn et de Rouhling, près de Sarreguemines. Les cromlech's couverts ou non couverts de dalles y existent comme à Mackwiller, et ce qui donne encore plus de similitude à ces monuments, c'est la parfaite ressemblance de bon nombre d'objets trouvés dans les deux localités.

Ainsi, à Mackwiller, on a retiré de l'une des tombes du tumulus n° 1, un collier en bronze uni de 0m14 de diamètre et trois bracelets de 0m04 de diamètre ornés de ciselures ; dans une autre, on a trouvé un grand collier de même métal, de 0m16 de diamètre, brisé en plusieurs morceaux et, en régalant les terres extraites de l'intérieur du *tumulus*, on a découvert une jolie fibule.

Le collier et les bracelets sont semblables à ceux que l'on rencontre habituellement dans les *tumulus* de la plaine d'Alsace ; mais la fibule a une forme inconnue jusqu'à présent dans nos contrées. Il en existe une, une seule, à peu près semblable au musée de

Mayence à laquelle le savant Conservateur de ce musée attribue une origine *étrusque*.

Au *tumulus* n° 2, on a trouvé dans l'une des cavités qui avoisinent le foyer de combustion, deux anneaux de substance ligneuse (1) et, dans l'autre, trois petits groupes formés chacun de trois bracelets en bronze ciselés et symétriquement placés aux trois angles d'un triangle équilatéral.

Dans deux autres cavités plus profondes que les précédentes, on a trouvé encore deux de ces anneaux ou coulants en bois (lignite?) et divers fragments d'objets en bronze, parmi lesquels on distingue une petite fibule avec un ressort en spirale et les débris d'un ornement de forme courbe, au milieu duquel paraît un fil de cuivre entouré de mastic. A la surface des deux fragments, le chimiste Oppermann a constaté l'existence d'un émail mince parsemé de quelques paillettes d'or.

Dans une des huit tombes du tumulus n° 3, on a découvert un petit anneau en bronze au milieu d'une terre grasse mêlée de charbons.

Le tumulus n° 4 a fourni deux lourds anneaux en bronze et une urne brisée, d'une pâte grise et grossière, qui était remplie de cendres dans lesquelles on a trouvé quelques ossements d'animaux en fragments trop petits pour que l'on ait pu déterminer exactement leur espèce. Aucun ossement humain ne s'y trouvait.

---

(1) Ces anneaux ont été soumis à l'examen de M. Oppermann qui a reconnu qu'ils ressemblaient aux objets fabriqués en Angleterre avec le bois de chêne provenant des tourbières d'Islande.

Le tumulus n° 5, qui n'a pas été fouillé complétement, a néanmoins produit un fragment d'une délicate épingle en bronze avec son étui.

Tous ces détails des tumulus du Todtenberg de Mackwiller servent donc :

1° à constater l'existence de *cromlech's* dans nos pays ;

2° à montrer de quelle manière les fouilles doivent être faites pour devenir réellement fructueuses (1).

3° à conduire, par les divers modes de sépultures et le mobilier funéraire qui peut y être rencontré, à la connaissance la plus sûre des costumes, des mœurs, des rites, des croyances, des éléments de parure ou de luxe des peuples qui se sont successivement succédé les uns aux autres dans nos contrées.

Pour les mêmes motifs, nous rapporterons tous les détails touchant les fouilles exécutées en 1885, par M. E. Huber, à Cadenborn et à Rouhling, avec l'indication des objets découverts.

Nos successeurs, se trouvant de cette manière en présence des textes qui relatent les découvertes de leurs devanciers et pouvant y ajouter d'autres découvertes dont il est, présentement, impossible de se faire une idée, seront peut-être à même de formuler des conclusions différentes, plus explicites et plus complètes que les nôtres.

Tumulus n° 1.

Forêt de Cadenborn. 10 Février 1885.

A Cadenborn, dans le tumulus désigné sous le n° 1, de 20m de diamètre sur 3m80 de hauteur, que

---

(1) Voir pour l'exploration des tumulus : *l'extrait du 3. fascicule du Bulletin de la Société d'Archéologie du Châtillonnais* 1882, par M. Ed. Flouest.

la tradition désigne communément sous le nom de *la sépulture du chef gaulois assassiné*, M. E. Huber (1) a trouvé, à 0^{m}80 de profondeur, un anneau assez semblable, pour la forme, à un rond de serviette de 0^{m}06 de diamètre intérieur, de 0^{m}025 millimètres de largeur et de 0^{m}015 millimètres d'épaisseur. Son poids est de 75 grammes et, en raison de la texture, on le dirait fait de corne noire. (2)

Cet anneau, en tout semblable à ceux de Mackwiller, est, d'après l'indication de M. Huber, un bracelet de type gaulois dont l'Alsace, la Bourgogne, la Franche-Comté et la Suisse romande ont fourni un grand nombre de spécimens. Il était placé presque sur la ligne médiane du tumulus ; à gauche de la même ligne, se trouvait un bracelet mince en bronze dont une simple tigelle de métal contournée en cercle fait tous les frais. A peu près au même niveau du tumulus, mais au côté opposé, se trouvaient des débris de vases plats en terre noire, des poteries blan-

---

(1) Rapport présenté et lu en séance, à l'Académie de Metz, et tiré à 200 exemplaires, en dehors de ceux des Mémoires de l'Académie. 1890.

(2) Mais cette origine est peu probable, car rien n'établit jusqu'ici que les anciens aient connu l'art de fondre la corne pour l'assouplir à des usages analogues à ceux auxquels nous l'employons aujourd'hui. Les analyses chimiques pratiquées sur des bracelets similaires, ont paru tout d'abord accuser une provenance végétale, et, pendant un certain temps, on a cru que cet objet était emprunté au bois d'if. Mais des recherches plus minutieuses ont montré depuis, que le règne minéral a concouru avec le règne végétal à en favoriser la multiplication. On en reconnaît en chiste bitumineux, en lignite ou jayet et même en argile traitée d'une certaine façon pour obtenir, avec une solidité suffisante, la faculté de se prêter à un polissage agréable à l'œil.

CHAPITRE IV. — LIEUX DU CULTE ET MONUMENTS. 105

ches et minces ressemblant à du plâtre. A un mètre, à gauche de la ligne médiane, et à 1m10 au-dessus d'un squelette humain, gisait un grand anneau en bronze lisse de même diamètre que le bracelet métallique signalé plus haut, mais notablement plus massif. Son vide intérieur mesure 0m15 et le désigne, autant que sa figuration générale, comme étant un torques ou collier rigide, très probablement à usage de femme. Au centre de l'emplacement circonscrit par ce torques, s'est montré un anneau de bronze, de la dimension d'une bague, dans lequel un autre anneau, beaucoup plus petit encore, se trouvait enfilé. Tout autour de ces deux derniers objets, gisaient sept dents humaines, teintées en vert-bleu par l'oxyde de cuivre ; des traces ligneuses, trouvées au-dessous, semblaient indiquer qu'elles ont dû être déposées sur un plateau de bois ; elles semblent aussi avoir été rompues à la base et provenir d'une personne âgée.

Un crâne humain, sans dents, parut plus bas, ainsi qu'une dalle en grès vosgien de 1m16 de longueur sur 0m45 de largeur et de 0m10 à 0m15 d'épaisseur, portant comme inscription, en caractères romains majuscules, les lettres T.ALVN, au-dessous desquelles est figurée une espèce d'ancre ou de croix à plusieurs croisillons, avec les lettres MDV et un double trait tracé en zigzag.

Cette dalle très inclinée vers le corps, couronnait un grossier empierrement (un cromlech) fait de pierres brutes, ramassées dans les champs voisins, et formant un enrochement rectangulaire à angles arrondis, de 3m50 de long sur 3m de large, et se terminant en dôme.

Le squelette, que ces pierres recouvraient, était

étendu sur le sol préalablement nivelé au moyen de quelques pierres plates. La tête était dirigée vers le Sud, les pieds vers le Nord.

Ce tertre, de grandes dimensions, ne contenait qu'un seul corps, indépendamment du crâne sans mâchoire inférieure signalé plus haut, et, chose singulière, il ne se trouvait auprès du squelette ni bracelets, ni fibules, ni armes. Le crâne de ce corps avait toutes ses dents, un peu usées, avec une molaire gâtée, et le corps semble avoir appartenu à un homme de 45 ans, de 1m66 de taille. La tête, de grosseur moyenne, présentait, comme particularité remarquable, des arcades sourcillères très proéminentes.

Dans toute la masse du tumulus, se trouvaient des traces de charbon de bois et des débris de poteries grossières ; on a toutefois recueilli des fragments d'un vase en poterie fine, à bord évasé, de 0m075 de hauteur et de 0m12 d'ouverture, qui pouvait servir de vase à boire.

Cette dissémination, comme au hasard et à tous les niveaux, d'objets de parure, de restes de foyers et de tessons de poteries, n'est pas d'une explication facile, et M. Huber a fait plusieurs suppositions à cet égard.

La plus plausible de ces suppositions toutefois, en présence d'un tumulus de physionomie essentiellement gauloise, et renfermant des objets évidemment gaulois, avec d'autres d'une époque postérieure, semble être celle qui suppose, dans le principe, une inhumation gauloise suivie, comme cela s'est vu ailleurs, d'inhumations faites d'après d'autres rites, comme semble l'indiquer la présence de la stèle avec son inscription.

N. Box.   LES PAYS DE LA SARRE   Planche XXII.

Ch. Bernhoeft. Ph. Luxembourg.   Ch. Martin del.
RAVIN DE STEINBACH
Ancien chemin de Heckenransbach au gué de Steinbach.
(près de Sarreguemines).

Si ce n'étaient ces quelques vestiges d'une œuvre qui ne peut avoir eu d'existence qu'après la conquête romaine, rien n'empêcherait de considérer le tumulus comme remontant à un siècle ou deux avant la venue de César, tant il est semblable pour le détail, comme pour l'ensemble, à ceux que l'on rattache avec le plus de certitude, en d'autres contrées, à la Gaule autonome. Mais il est daté en sens inverse, par cette inscription, avec une précision à laquelle il faut se rendre et on doit désormais aussi admettre que, dans certaines régions éloignées des grands centres et même assez longtemps après l'établissement de la domination romaine, on a continué, en Gaule, à pratiquer les coutumes anciennes dans les inhumations et qu'il existe des tumulus à physionomie essentiellement gauloise, postérieurs cependant au premier siècle de l'ère chrétienne.

Cette seconde supposition, toutefois, n'infirme pas la première qui admet une sépulture d'époque réellement gauloise, et, ultérieurement, à une époque éloignée, une sépulture gallo-romaine, même franque, dans le même tumulus.

Tumulus n° 2.
Forêt de Cadenborn. 25 Février 1885.

Le tumulus n° 2 de la forêt de Cadenborn, de 16^m de diamètre et de 1^{m}40 de hauteur, a montré, sur sa crête, une pierre calcaire taillée, de 0^{m}65 de largeur, ayant l'angle supérieur cassé sur la droite comme cela s'est présenté au tumulus précédent sur le fragment de stèle que l'on y a trouvé. Cette pierre calcaire était couchée sur la butte et à moitié enfoncée dans la terre, dans la direction du Sud au Nord. L'angle ébréché regardait l'Ouest.

Au-dessous de cette pierre, à 0m40 de profondeur, on a trouvé six pierres plates formant deux lignes parallèles composées chacune de trois pierres et distantes, l'une de l'autre, de 1m20. Ces lignes se dirigeaient du Sud au Nord. Un massif de pierres sous-jacent (un cromlech), se trouvait au-dessous de ces deux alignements et présentait entre eux une légère dépression indiquant deux constructions parallèles, élevées côte à côte, dans une juxtaposition assez parfaite pour les solidariser étroitement. En effet, après l'enlèvement des six pierres, les deux sépultures ne formaient plus qu'un seul massif circulaire de 3m sur 3m50 et d'un mètre de hauteur.

Après l'enlèvement de quelques pierres, on trouva un bracelet de substance noire, peut-être en jais, de 0m06 de diamètre intérieur, de 0m025 millimètres de hauteur, de Cm015 millimètres d'épaisseur, semblable au bracelet déjà décrit au tumulus n° 1, avec cette différence toutefois qu'on y remarque un joint de raccord taillé en biseau, *fait absolument exceptionnel*. Ce bracelet ou coulant pèse 65 grammes, huit grammes de plus que celui du tumulus n° 1 lequel pesait 57 grammes.

A 0m20 plus bas, des débris de bois de chêne semblaient indiquer les restes d'un plateau ayant supporté les cinq objets suivants :

1° Un revêtement de ceinture en bronze très mince et d'une fort belle patine verte brillante comme de l'émail. Il est décoré de dessins exécutés au repoussé traçant des cercles concentriques et combinant avec symétrie, dans le style dit géométrique, trois lignes pointillées réunies comme en faisceau et toujours parallèles entre elles qui se coupent sous divers angles, pour former des compartiments d'une disposition élégante. L'extrême fragilité de la feuille de bronze consacrée à cette belle pièce, en a amené la rupture en un grand nombre de parcelles, mais on reconnait aisément en elle un similaire des admirables plaques qui font la gloire du cabinet de M. Nessel à Haguenau, du musée de Besançon et de plusieurs collections publiques et privées formées dans les territoires des anciens Séquanes ou des Helvètes;

2º Une boucle d'oreille en bronze, (peut-être un bracelet d'enfant), de 0^m04 de diamètre, dans l'anneau de laquelle est enfilée une belle perle d'ambre de forme très régulière de 0^m011. Cet objet de parure pèse en tout 5 grammes ;

3º Une seconde boucle d'oreille plus vraisemblable, cette fois, par le faible diamètre (0^m025) du cercle qui la constitue. Elle est faite également d'un fil de bronze retenant aussi une mignonne perle en ambre de 9 millimètres de diamètre. Le tout est du poids de 2 grammes;

4. Une magnifique épingle en bronze de très belle patine. Elle mesure 11 millimètres de longueur; la tête est formée par le partage de sa tige en deux brins s'enroulant en plan, en tours contigus et symétriques, pour fournir la double spirale à éléments opposés, si souvent rencontrée dans le célèbre cimetière de Halstatt.

Cette épingle pèse 5 1/2 grammes ;

5º Un bracelet mince en bronze uni, de 6 centimètres de diamètre, semblable au bracelet du tumulus nº 1.

A 0^m20 en dessous du plateau, on a trouvé une sorte de disque en bronze très aplati, du poids de

68 grammes, ayant une ouverture centrale et circulaire dans laquelle un poignet peut facilement se mouvoir. Aussi est-ce un bracelet de *forme rare*, dont la tranche proéminente de 0m065 devait être souvent incommode par cette saillie exagérée. Le bord externe est agrémenté de trente-trois perles de bronze aplaties et disposées comme les dents d'un engrenage.

Ce singulier type de bracelet s'est déjà montré en plusieurs lieux, notamment dans les sépultures gauloises de Droupt-Saint-Basle, arrondissement d'Arcis-sur-Aube, et on en voit de belles paires aux musées d'Epinal et de Troyes. Celle de ce dernier musée retient même encore, avec d'autres bracelets qui lui avaient été associés, les os de l'avant-bras du défunt qui s'en parait durant sa vie.

Plus bas encore, se trouve un anneau en jais? comme celui du tumulus n° 1. Il est percé de deux trous : l'un en travers de la couronne, l'autre dans le sens de la hauteur.

Ce sont les traces d'une réparation ancienne provoquée par quelque fêlure. Un fil de bronze, que l'oxydation aura fait disparaître, avait été introduit et serré dans ces perforations pour maintenir les parties menaçant de se désunir. On a de nombreux exemples de ce procédé de conservation. Une seconde hypothèse serait que les deux trous auraient servi à retenir quelques amulettes.

Enfin, au bas de la fouille et toujours du même côté, on a rencontré le second bracelet disciforme et denté qui constitue la paire avec celui dont il a été question tout à l'heure. On rencontra aussi, au même endroit, un grand torques fait d'une tige ronde de bronze lisse de 0^m13 de diamètre d'ouverture comme le précédent.

Sur le sol de ce tumulus et au fond de la fouille, gisaient des débris de vases de pâte jaune et friable, probablement non cuite, et d'extérieur noirâtre (c'était la couleur ordinaire).

Sur la droite du tumulus, s'est trouvée une assiette de terre également noirâtre de 0^m25 de diamètre. Elle s'est brisée en morceaux dès qu'on a voulu la soulever. Un peu plus bas, se présentaient des débris de deux bracelets *en fer*, puis, une pointe de lance à douille de même métal. Cet objet, rompu en trois morceaux, mesure 0^m10 de largeur.

En rejetant la terre dans la fouille, on trouva encore deux fragments d'un second torques en bronze de 0^m125 de diamètre, d'aspect semblable au précédent.

Le mobilier funéraire de ce tumulus est de caractère essentiellement gaulois et rien ne s'oppose à ce qu'il puisse être considéré comme plus ancien que le premier, voire même de beaucoup antérieur à l'établissement de la domination romaine.

Le groupement sur un plateau de bois d'un certain nombre d'objets de parure, et, au contraire, la dispersion des autres dans les parties basses de la construction sont bien de nature à faire croire à deux inhumations distinctes. Le nombre total des objets recueillis excéderait d'ailleurs ce que la physionomie générale des sépultures de la contrée comporte pour un seul et même mort. Il paraît d'ailleurs probable, par un grand nombre d'observations déjà faites, qu'on ne portait qu'un seul bracelet en jais, passé au bras gauche : puisque le tumulus en a fourni deux, c'est un indice de plus de l'ensevelissement de deux défunts.

Il n'est point question de rencontre d'ossements faite dans ce tumulus.

Tumulus n° 3.
Forêt de Cadenborn, 2 mars 1885.

Le tumulus n° 3 de la forêt de Cadenborn, de 20^m de diamètre sur 2^m de hauteur, a fait voir, après l'enlèvement de 0^m60 de terre de la partie supérieure, un mélange de terre et de pierres calcaires, provenant des champs voisins, de 1^m de hauteur, de 3^m de largeur du Sud au Nord et de 4^m de l'Ouest à l'Est. Cet amas de forme ovalaire laisse voir la sépulture à 1^m40 au-dessous du sommet de la butte, et cette sépulture est caractérisée par l'existence d'un de ces compartiments quadrangulaires en pierres dressées de champ, communément désignés dans la terminologie archéologique, sous les noms de *coffre, cist* ou *loculus*. Il mesure 1^m50 de largeur sur 2^m de longueur. Les pierres, originairement plantées verticalement dans le sol, sont maintenant inclinées vers le dehors par le poids de la masse superposée. L'axe de la sépulture est du Sud au Nord.

Après l'enlèvement des pierres délimitant la sépulture proprement dite, on rencontra dans le sol, à 1^m des parois du sud, une cavité qui semblait provenir de la consomption d'un crâne dont on ne trouva qu'une partie du maxillaire gauche avec une seule grosse dent. Les quelques ossements rencontrés dans cette agglomération de terre argileuse, indiquent un squelette de forte dimension. A mesure qu'on descendit, on rencontra de plus grandes quantités de charbon de bois et de terre, témoignant de l'influence d'un feu ardent. Il est certain que l'établissement d'un foyer purificateur a précédé le dépôt du cadavre.

A gauche du corps, à 1m50 de la paroi Sud et à la hauteur du fémur, on trouva, d'abord, un fragment avec forte arête médiane, puis, un peu plus loin, le reste d'une de ces longues et lourdes épées en fer dont les Gaulois faisaient usage, vers les derniers temps de leur indépendance, et que les anciens désignaient sous le nom de *Spatha*. L'oxydation a puissamment réagi sur le fer de cette arme et en a fort altéré les caractères. Quelques fibres ligneuses, pénétrées et conservées par la rouille, sur la partie supérieure, sont les seuls vestiges de son fourreau de bois. Rapprochés, l'un de l'autre, les deux tronçons donnent une longeur de 0m90, avec une largeur de 0m05 à 0m06. Ce sont exactement les dimensions moyennes de ces belles épées de la station de la Tène, que l'on a prise pour type du modèle adopté après l'abandon de celui de Hallstatt.

Il est à remarquer que, contrairement à l'indication de Diodore de Sicile, (elle n'a pas du reste une portée exclusive), que le Gaulois, à qui appartenait cette arme, la portait à gauche et non à droite. C'est, en effet, le long de la jambe gauche qu'elle s'est montrée, lors de la découverte.

Près de l'épée, on releva un collier de 0m13 de diamètre intérieur, fait, comme ceux des tumulus précédents, d'une simple tige ronde en bronze lisse.

A côté, gisait une boule creuse en bronze d'un centimètre de largeur et allongée en manière de tintinabulum. Elle servait probablement d'ornement au collier de bronze et y formait pendeloque.

Il est généralement admis que, dans les sépultures gauloises de la Champagne, on ne rencontre le torques ou collier que dans les sépultures de femmes. La coutume qui en faisait ainsi l'apanage du sexe féminin chez les Catalauni n'existait donc pas chez les Médiomatrikes. La grande épée qui vient d'être signalée atteste clairement, en effet, la sépulture d'un guerrier, et puisqu'il ne s'y est révélé qu'un seul squelette ; Il faut bien admettre que le torques, recueilli près de l'épée, faisait partie d'une parure masculine.

Aux pieds du squelette, se trouva un débris de bronze entièrement oxydé, n'offrant plus qu'une écaille cylindrique, et cinq morceaux de poterie jaune, enfumée et mal cuite. Ces débris provenaient d'une assiette à fond plat de 0^{m}30 de diamètre qu'on n'a pu retirer entière.

Ici, comme dans tous les tumulus précédents, le charbon de bois a été rencontré à tous les niveaux de la fouille.

Tumulus n° 4.
Forêt de Cadenborn, 7 mars 1885.

Ce tumulus de la même forêt de Cadenborn était très peu apparent et totalement couvert de broussailles. Son diamètre était de 10^m environ et sa hauteur de 1^m. Après un dégagement de 0^{m}50 de hauteur de terre, on rencontra un empierrement, constituant le noyau du tumulus, de 3^m de long du Nord au Sud, sur 2^m de l'Ouest à l'Est.

Au milieu de cet empierrement, règne, du Sud au Nord, un vide allongé de 0^{m}50 de largeur, ménagé pour le dépôt d'un corps. Les pierres qui en forment le parement interne se présentent à plat et non debout comme dans le tumulus n° 3. Toute la construction est faite de pierres attestant l'action du feu ; le lit d'argile, sur lequel a reposé le corps, est entièrement noir et durci par la cuisson, et il y a partout des charbons de bois.

Au centre du réduit et à la surface de la couche d'argile, à droite du corps, on a trouvé un beau bracelet en bronze massif de brillante patine. Il est de type ouvert, avec extrémités renflées en bourrelets et sa face externe est décorée de légères protubérances contiguës, disposées trois par trois, tantôt perpendiculairement, tantôt obliquement à la direction du cercle, de façon à fournir, dans une de ses variétés, ce motif du *chevron* qui, dans la haute antiquité, a joui d'une si grande faveur.

Sous ce bracelet, existait une épaisse couche de bois pourri ou carbonisé.

A 0^{m}40 de la paroi opposée, par conséquent à la gauche du corps, on rencontra, sur le même fond de la sépulture, un autre reste de plateau en bois pourri d'au moins trois centimètres d'épaisseur, sur lequel reposait un bracelet pareil à celui qui vient d'être décrit La patine en est également fort belle et son poids atteint 127 grammes. Il est comme emboîté dans un de ces bracelets non métalliques qu'on dirait fait de terre cuite sans consistance. Aussi est-il brisé en quatre morceaux. Son adjonction au bracelet de bronze témoigne une fois de plus de la coutume de favoriser le bras gauche d'une parure plus riche, au moins par l'abondance, que celle affectée au bras droit.

Enfin, sous l'argile et sur le sol vierge de la forêt, à 0m80 de l'extrémité Nord de la fouille, on a découvert un fragment de poterie noirâtre, mal cuite, friable et paraissant avoir été alterrée par le feu.

La grande abondance des produits de combustion rencontrés dans ce tumulus et l'absence de tout vestige d'ossements portent à penser que l'on est ici en présence d'un *ensevelissement par incinération*.

Le mobilier funèbre, qui y a été déposé après l'extinction, ne se rattachant qu'à la parure, peut faire supposer que cette sépulture est celle d'une femme.

Néanmoins et malgré la beauté des objets trouvés dans cette sépulture, celle-ci doit être considérée comme fort ordinaire, appartenant même à la classe des sépultures pauvres. Ailleurs, dans la Marne, par exemple, on rencontre des sépultures d'où l'on retire parfois de 30 à 40 pièces de parure toutes plus belles les unes que les autres.

Tumulus n° 5.
Côté gauche de la forêt de Cadenborn,
13 mars 1885.

La butte, d'environ 16m de diamètre et 1m05 de hauteur au-dessus du sol de la forêt, montra, à 0m30 de profondeur, quelques pierres indiquant le commencement d'un noyau central. Dès l'enlèvement de quelques pierres, on rencontra les ossements d'un corps ne conservant plus leurs relations anatomiques, comme si une main sacrilège les avait remués. Cette supposition est cependant inadmissible, puisque le sommet du tumulus s'est présenté, comme ses flancs, avec tous les caractères d'une intégrité parfaite. Cette fois, ce sont bien les animaux rongeurs qui paraissent être responsables du dérangement.

Après l'enlèvement des terres, la construction de ce tumulus attira l'attention par sa forme oblongue et quadrangulaire, mais surtout, par sa largeur relative. Le fait s'explique par l'existence, dans le même massif, de deux *loculus* distincts, assez éloignés l'un de l'autre et de niveau différent. Le plus élevé au-dessus du sol, servant d'assiette à l'ensemble de la sépulture, a été strictement réduit aux proportions du corps humain ; l'autre a été prolongé d'environ un tiers, du côté des pieds, pour fournir la place nécessaire au dépôt des offrandes. Tous deux, avec une construction très soignée, présentent, pour l'emplacement de la tête, une disposition analogue à cette espèce de chevet par retrécissement qui apparaîtra, plus tard, si fréquemment dans les grands sarcophages du XIIe et XIIIe siècles.

En descendant à 0^{m}50, du côté Est, au-dessous de la surface de la construction, on trouva, dans le plus petit des deux compartiments, un squelette bien conservé, couché sur des pierres formant le fond du loculus et constituant une sorte de cuvette. Il s'y trouva également des cendres et du charbon de bois ; les pierres sont noircies, mais non brulées. A la hauteur de l'oreille droite, se montrait une plaquette de fer mince et plate ayant servi d'agrafe. Elle fixait sans doute, de ce côté et suivant l'usage, le *sagum* ou manteau national de nos ancêtres. Sous le manteau apparaissaient d'importants débris d'un volumineux torques en fer. Les machoires sont celles d'un individu de belles proportions.

A l'Ouest du deuxième corps et à 0^{m}25 plus bas,

soit à 0m75 de la surface supérieure de l'empierrement, se trouva un troisième corps ayant subi, plus que le second, l'action du feu. Les mâchoires sont nettes et semblent provenir d'une personnalité vigoureuse, à crâne épais et large. Sous le menton, un objet creux en bronze, de 0m02 de largeur et ovale, était probablement le dernier vestige du revêtement d'un collier de fer lui servant d'âme et dont on n'a recueilli que des fragments avec quelques grains de fer percés au centre. La main gauche reposait sur une large pierre plate, où se voyaient aussi le radius et le cubitus engagés dans un bracelet rond en jais d'un centimètre d'épaisseur et de 0m065 d'ouverture. Ce bracelet a été rompu par la pression des matériaux qui ont pesé sur lui ; de vertical qu'il était, il a dû se placer horizontalement.

La gaîne ou rigole en pierre qui a reçu ce troisième squelette, avait 2m50 de long; elle se terminait, du côté des pieds, par une partie bien appareillée présentant des parements verticaux de 0m15 de hauteur sur 0m40 de largeur. Dans l'angle Ouest, on a rencontré une assiette plate en terre noirâtre, de 0m30 de diamètre. Elle s'est brisée en morceaux dès qu'on a voulu l'enlever. Sa pâte est remplie de petites parcelles pierreuses blanches ; elle a dû contenir la part réservée au défunt dans le repas des funérailles.

Le loculus du squelette n° 2, plus réduit que le précédent, avait aux épaules une largeur de 0m50, sa longueur était de 1m80. La partie Nord, du côté des pieds, était, comme dans l'autre, large de 0m40, et ressemblait à une fouille qui aurait reçu un sarcophage de momie égyptienne.

Les trois corps étaient orientés du Nord au Sud

et l'empierrement s'étendait, dans la même direction, sur 3m75, tandis que, de l'Est à l'Ouest, il ne mesurait que 1,60.

Une notable quantité de grains de fer oxydés et de morceaux de poteries en parties calcinées a été constatée dans toute la masse du tumulus. Les têtes étaient distantes de 1m de la face verticale, côté Sud, de l'empierrement.

Tumulus n° 6.
Forêt de Cadenborn, 20 mars 1885.

Il est situé au côté droit de la route de Rouhling à Cadenborn; son diamètre est de 25m avec une partie centrale de 4m de diamètre, circonscrite par une construction en pierre sèche disposée en rond (un cromlech). Il ne contient aucune trace de sépulture et n'est composé que de terre. Sa construction annulaire a 1m50 de largeur et 0m45 de hauteur au-dessus du sol vierge. Elle est entièrement dissimulée par la masse de terre du tumulus, sous la surface duquel on la rencontre à 0m30 de profondeur.

Dans sa partie Ouest, on rencontre, sur les premiers moellons, une pierre calcaire de 0m80 de long sur 0m50 de large. Allongée dans la direction du Nord au Sud, cette pierre présente, comme les pierres (probablement indicatrices) des tumulus n° 1 et n° 2, une échancrure à sa partie droite qui regarde le Sud-Ouest. Cette échancrure est de 0m20 sur 0m25.

Au Sud, à Cm40, et toujours à la surface de l'empierrement, on trouva une pierre à dessins bizarres, imitant des lettres et des chiffres romains.

Cette dernière pierre à moitié polie vient certainement d'un ruisseau voisin et elle a paru probablement assez curieuse et singulière aux constructeurs de cette petite enceinte pour mériter d'y être conservée sur la crête de l'enrochement.

Au reste, ce tumulus ne renferme que des charbons de bois et des cendres, d'où il y a lieu de conclure à une *incinération complète*.

S'il a été édifié pour une sépulture, ce dont l'absence de tout mobilier funéraire permet de douter, serait-ce, comme on a eu quelque fois sujet de le supposer, un monument simplement commémoratif érigé en l'honneur d'un personnage important, mort loin de son pays ?

A la suite de la découverte, dans ce tumulus, de cette pierre à dessins bizarres, il y a lieu de remarquer que ce goût, pour les objets qui attirent l'attention et finissent par prendre une place de quelque importance dans l'imagination des populations rurales, se manifeste souvent dans les tumulus dont nous rendons compte.

Au tumulus n° 8, il sera fait mention de deux pierres de grès, les seules de l'espèce, qui figurent dans un empierrement exclusivement calcaire. Elles sont placées, l'une à côté de l'autre, *au milieu de la première rangée* de pierres du parement gauche et dans le voisinage du corps, ce qui est l'indice d'une attention réfléchie. Au tumulus n° 9, on signalera, somme particularité exceptionnelle, un caillou bien poli, presque de la dimension d'un œuf d'autruche, évidemment recueilli comme objet rare et précieux. Dans le même tumulus, on a déposé, près de la main droite du mort et à côté de son vase à boire, des pierres calcaires d'une configuration étrange, en manière de rognons ajourés, qui ressemblent à la colonne vertébrale et aux côtes d'un ruminant.

TUMULUS N° 7.
Forêt de Cadenborn.

La butte formée par ce tumulus, mesure 40ᵐ de diamètre Située à l'ouest du tumulus n° 1 et voisine du tumulus n° 6, elle appartient au même système de construction, c'est-à-dire qu'un enrochement de pierres brutes, haut de 0ᵐ75, large de 2ᵐ50, disposé en rond sous forme annulaire (un cromlech), laisse libre, à la portée centrale, un espace de 8ᵐ de diamètre où il n'existe que de la terre, comme sur les pentes de la butte. Seulement cette similitude ne va pas plus loin et il existe, au contraire, entre les deux tumulus, cette différence que le n° 6 n'a fourni aucune trace de sépulture, tandis que le n° 7 en présente deux, aménagées, du côté de l'Est, dans le même enrochement annulaire.

L'enrochement, de 0ᵐ75 en hauteur est recouvert d'une couche de terre de 0ᵐ30 d'épaisseur.

Dans la première de ces sépultures, gît un corps entier, mais bouleversé, ayant, à côté de lui, un fragment assez important d'une corne de cerf.

A 2 mètres plus loin, vers le Sud, apparaît le second squelette, également complet, étendu à la base même de l'enrochement.

Au-dessous de la tête, dirigée vers le Sud, est placée une dalle de 0ᵐ60 sur 9ᵐ35 et de 0ᵐ07 d'épaisseur ; aux deux bras, se présente une paire de bracelets de bronze fermés, ronds, lisses, du type le plus commun de 0ᵐ07 de diamètre, de 8 millimètres d'épaisseur et du poids de 88 grammes.

Les deux os des bras sont encore engagés dans ces bracelets qui ont gardé la station verticale du premier jour. Les dents sont intactes et l'ensemble de l'ossature révèle un homme de 35 ans, fortement constitué, d'une taille de 1m80.

L'assiette de la construction est profondément calcinée.

Sur le côté Sud de l'enrochement, est placée une grosse poterie de pâte grise noircie extérieurement. On y rencontre beaucoup de charbons de bois et des grains de fer comme ceux qui se sont montrés dans les tumulus précédents.

Ayant ouvert une tranchée dans la partie centrale du tumulus jusqu'au sol de la forêt, il n'y a pas été trouvé de pierre, mais un fragment de bracelet mince en bronze très oxydé et une petite plaque en argent, de forme carrée de 0m017 sur 0m019 de côté, épaisse de 0m005 et pesant 12 grammes avec une densité de 10,6. Sur l'une des faces, existe un commencement de sillon nettement gravé, et, sur l'une des tranches, on aperçoit une série de 18 traits de scie. Cet objet d'une conservation parfaite a pu servir de poids.

Enfin à l'Ouest et à l'intérieur du vide circonscrit par l'enrochement, à 0m20 en dessous de la partie supérieure de la terre du tumulus, il s'est trouvé un grand bronze jaunâtre, assez fruste, de l'Empereur Trajan.

Il n'est dès lors pas plus douteux que pour le tumulus n° 1 que l'érection du monument est postérieure à l'établissement de la domination romaine. La petite plaque d'argent suffirait, au surplus, à l'indiquer ; car le métal qui l'a fournie, n'était guère en usage dans la Gaule autonome que pour la frappe des monnaies.

La fouille de ce tumulus n'a pu être continuée vers le Nord et l'Ouest. Cette partie de la forêt, faisant face au village de Cadenborn, est occupée par de grands arbres qu'il eût fallu abattre.

Tumulus n° 8.

Ce tumulus se trouve dans la forêt de Grosbliederstrof, partie voisine des bans de Rouhling et de Welferding, en face des *Heidenhyser* (maisons des païens).

L'affleurement de quelques pierres a révélé son existence; car la butte est à peine visible.

Au-dessous de ces pierres, se présenta immédiatement une sépulture double dont l'empierrement, autour des corps, comporte 3m40 sur 2m. La hauteur de cet empierrement ne dépasse pas de 0m50 le sol sur lequel reposent les corps.

Des charbons de terre parurent en abondance à la hauteur des bassins de ces corps; ils étaient, au contraire, assez clairsemés dans les pierres trouvées au-dessus et à l'entour des squelettes.

La maçonnerie, en pierres et terre, était bien faite; les parois internes du loculus étaient surtout parfaitement dressées. Du côté des pieds, le parement se composait de trois pierres, à angles bien droits, dont l'une mesure 0m80 sur 0m15, l'autre 0m50 sur 0m25 et la troisième 0m25 sur 0m25. Au milieu de ce parement et à l'extérieur, tout à fait contre les massifs, une autre pierre plate, dans une position verticale et profondément enfoncée en terre, était posée là, comme pour servir de contrefort.

Ces pierres sont moins aplanies et ont des dimensions plus fortes que celles des tumulus de Cadenborn.

A la droite des deux corps, deux pierres de grès, les seules de tout le tumulus, figurent au milieu du parement de même côté. Elles ont été placées ainsi à dessein et doivent être notées.

Le crâne du squelette, placé dans l'axe de la sépulture, à 0m80 du parement Ouest, semble avoir appartenu à une femme. La mâchoire inférieure porte des incisives minces et longues, assez irrégulièrement disposées quant à leur niveau. Cette particularité semble indiquer que ces dents n'ont jamais subi d'usure, les incisives supérieures ayant dû manquer. Nous trouvons ensemble les quatre incisives, l'œillière et la première molaire de droite. Un autre débris de la même mâchoire porte la première molaire de gauche; la seconde semble avoir manqué du vivant de la personne, laquelle a dû être de taille assez grande.

A 0m70 de la tête, on a découvert sur le squelette une grande *boucle* de fer avec son ardillon et une mince plaque de fer lui ayant sans doute servi de contre-plaque. Au cou, se montrèrent deux gros morceaux d'ambre rose percés d'un trou, puis, des débris de grains de la même matière accompagnés de deux grosses perles en terre cuite décorée de onze lentilles jaunes. On rencontra encore une troisième perle de même nature où les lentilles jaunes sont surmontées d'une lentille verte, et, enfin une série d'annelets jaunes percés de trous au centre, isolés ou accolés par groupes. A côté, se trouvait une petite clochette en bronze de douze millimètres à la base. Le tout a dû, jadis, constituer un de ces colliers dont tant de collections offrent des specimens.

Le deuxième squelette est placé à la gauche du premier, un peu plus bas que lui, bien que sur le même plan. Le crâne est épais et grand. Il a dû appartenir à un homme.

A la hauteur de l'abdomen, se trouva un *scramsaxe* de 0^{m}20 de long, soie comprise; la pointe de la lame, posée bien à plat, est légèrement tournée vers le Sud. Elle est à 0^{m}80 du haut du crâne et, par conséquent, à 1^{m}20 du parement Est de la sépulture; du côté des pieds, on constata également la présence de la boucle et l'agrafe destinées à retenir le ceinturon porteur de ce couteau.

Cette double sépulture est évidemment bien moins ancienne que les précédentes. Elle trahit très nettement, par son mobilier, l'avènement déjà très avancé de l'époque dite mérovingienne. On ne saurait la faire remonter au-delà du vi^e siècle de l'ère chrétienne. Deux ou trois siècles, au moins, la séparent du groupe sépulcral de la forêt de Cadenborn. Aussi les rites funéraires ont-ils notablement changé : l'orientation des corps n'est plus du Nord au Sud, mais de l'Ouest à l'Est. Dans les tumulus de tradition gauloise, on rencontrait de grossières poteries massives, grises ou noirâtres montrant des grains blancs siliceux noyés dans une pâte sans consistance.

A Cadenborn, se trouvaient souvent, aux pieds des morts, des assiettes mal cuites qu'on ne pouvait retirer qu'en débris. Ici, point de vases, point d'assiettes; sous les corps, on ne voit que des débris de tuiles rouges en pâte solide, bien colorée par une forte cuisson. On aperçoit même, ainsi que le fait s'est produit au cours de l'exploration du tumulus donnant lieu à ces remarques, quelques fragments de belle poterie rouge, mince, vernissée et décorée de traits se rattachant à la tradition de la poterie dite samienne.

Tumulus 9.

Le tertre de ce tumulus, placé dans la même forêt de Grosbliederstrof, est haut de 1m50 avec un diamètre de 20m.

Il a été attaqué au midi. A 3m du centre et à 1m de profondeur, on rencontra des charbons et quelque débris de poteries; puis, vint un lit de pierres plates de 1m en carré, sur 0m20 de hauteur. Après l'enlèvement d'une nouvelle couche de terre interposée, de 0m40 de hauteur, apparut un second lit de pierres plates, également avec débris de charbons et de poteries, puis un troisième amas de terre de même épaisseur sur lequel reparaît encore un nouveau lit de pierres plates établi, cette fois, sur le sol de la forêt.

Les débris de ces poteries, de douze millimètres d'épaisseur, étaient sans consistance. Elles contenaient des parcelles de silice blanche ayant jusqu'à cinq millimètres de longueur.

Les trois lits successifs de pierres plates ont dû servir, l'un après l'autre, de foyers pour l'accomplissement de quelque rite difficile à préciser.

En dehors de l'emplacement de ces foyers, un peu vers le Nord, on a recueilli une épingle en bronze à tête décorative et en cône surbaissé de onze centimètres de longueur et puis, un caillou bien poli en forme d'œuf de 0m85 de diamètre, pesant 450 grammes: la régularité de son galbe l'aura fait recueillir comme objet de curiosité, peut-être comme amulette.

A 0m50 des lits de pierres et dans la direction du Nord, s'est présenté l'enrochement de la sépulture qui vient d'être indiquée. Il est formé de pierres plates et mesure 1m de largeur, 0m50 de hauteur et 2m20 de longueur. La sépulture y est orientée du Sud au Nord et elle repose directement sur le sol de la forêt. Les pierres du côté Sud ayant été enlevées, une tête bien conservée parut dans l'axe de la sépulture; une couche de terre glaise semblait y représenter les chairs et son amoncellement donnait l'illusion d'un corps non encore consumé ayant la face légèrement tournée vers l'Orient.

Le corps repose sur un lit de pierres plates très minces; au côté droit du cou, se trouvent deux petites fibules à ressort en bronze du type à bossette terminale; au bras gauche, un large anneau en bronze, de 0m10 de diamètre extérieur et de 6 millimètres d'épaisseur, conservant un talon de fonte, a dû servir à disposer, selon les besoins divers, les manches d'un vêtement.

A 0m50 de la tête, gisent, sur le côté droit de la fouille, les débris d'une petite poterie de 4 millimètres d'épaisseur, à cassure gris-noir, ayant contenu des morceaux de charbon de bois avec des parcelles d'os de petits animaux. Cette poterie que son décor et sa forme peuvent faire rentrer dans la catégorie des vases à boire, repose sur un amas de charbons qui a pu lui communiquer la teinte noire dont elle est revêtue. Elle était à proximité de pierres calcaires aux formes les plus bizarres et trouées de différentes façons. Elles étaient placées sur le sol vers le milieu du parement Est de l'empierrement.

En bas et au côté droit de la sépulture, se trouvait une grande quantité de cendres et de charbons de bois.

Deuxième corps. — Au Nord, à 2m60 de la tête du premier corps et à 0m90 de profondeur, c'est-à-dire à 0m60 du sol de la forêt, on trouve, hors de tout empierrement, la boîte cranienne d'un être humain. A 1m20 plus bas, vers le Sud, on rencontre une couche noire avec les deux os de l'avant-bras droit engagés dans deux bracelets toriques du type ordinaire, en bronze lisse et réunis ensemble. Ils ont six centimètres et demi de diamètre et quatre millimètres d'épaisseur. Puis, à 0m15 plus au couchant, on trouve les os de l'avant-bras droit engagés dans un gros anneau en bronze également torique et uni (diamètre intérieur 0m55, extérieur 0m75); les os qui y demeurent engagés sont plats et réduits en quelque sorte à l'état de filaments. Près de là, une fibule en bronze de forme sphérique dont il n'existe que des débris.

Troisième corps. — Toujours absence de pierres.
A 1m10 de profondeur, et à 0m40 des deux bracelets du deuxième corps, apparait une mince plaquette cuivreuse, sans doute un ornement de ceinturon,

placée sur des résidus charbonneux avec une partie des os du bassin. Elle est constituée par quatre feuilles de bronze réunies par des rivets de même métal. Les dessins sont en creux et paraissent avoir été obtenus au moyen d'une roulette. Près de cette pièce, une fibule en cuivre mince et sur elle, deux bracelets à 0m15 l'un de l'autre. On remarque dans leur vide des filaments verdâtres provenant des parties des os de l'avant-bras conservés par l'oxyde de cuivre. Le premier de ces bracelets a un diamètre intérieur de 0m55; le diamètre extérieur est de 0m75; le deuxième a 0m07 de diamètre intérieur et 0m08 de diamètre extérieur.

Quatrième corps. — Deux grands anneaux pareils, toujours formés d'une tige torique et lisse comme tous ceux qui viennent d'être énumérés. Ils ont 0m12 de diamètre extérieur et 0m10 de diamètre intérieur.

Un petit fragment d'os subsiste dans le milieu de ces deux anneaux; quelques restes du plateau de bois; pas de traces de crâne ni d'autres ossements.

Cinquième corps. — Toujours des couches de charbon très appréciables; un petit anneau se montre vers le milieu du corps et quelques pierres sont rangées autour du squelette. Un petit disque de cuivre se relie peut-être au petit anneau dont il vient d'être question et dont il est voisin. Il a dû appartenir à une boucle de ceinturon et tombe en poussière dès qu'on le touche. Ossements très réduits; crâne écrasé, environ treize dents. Fragments de poteries au-dessus du corps. Une pierre de 0m25 sur 0m40, posée à plat, à 0m10 de la tête.

A 1m20 de la tête du premier corps, se trouvait une grande urne en terre noire et grossière renversée, mais bien conservée. Elle est tombée en poussière au contact de l'air. Le fond avait 0m20 avec un bourrelet à la base, la panse, large de 0m45 et haute de 0m25, à l'intérieur, enveloppait, en lui servant de couvercle, une petite urne en pâte noire plus fine avec dessins normalement posés sur un fond. Elle ne contenait que de la terre sans ossements ou autres matières.

A droite de la grande urne, existe un troisième petit vase en terre rouge fine. Il était brisé et les fragments reposent près d'un quatrième vase également en terre rouge fine.

A 0m05 au-delà de la grande urne, gît une grosse pierre de 0m55 sur 0m30, posée à plat. Quelques petites pierres sont groupées à côté d'elle.

Telle est, dans son ensemble assez compliqué, la physionomie de ce tumulus que l'ordre des fouilles a fait explorer en dernier, mais qu'il serait logique de mentionner avant le précédent, parce qu'il lui est certainement antérieur. Il ne serait pas impossible qu'il remontât aussi loin que quelques-uns de ceux de la forêt de Cadenborn ci-dessus décrits; rien, dans les vestiges qu'il a livrés, ne s'oppose à ce qu'on le rapporte au temps où la Gaule était encore maîtresse d'elle-même. Le décor des poteries exhumées de sa masse, bien que de style et d'exécution déjà très perfectionnés, n'en est pas moins de type purement géomètrique et reproduit sans cesse ce motif de la *dent de loup* ou *chevron*, si chers aux populations de race celtique. En tout cas, s'il se rattache à la Gaule autonome, il a dû précéder de peu le moment où les légions de César allaient si violemment pacifier les querelles de l'aristocratie gauloise, en l'asservissant à Rome.

Il en va peut-être de même pour les tumulus n°s 2, 3, 4, 5 de la forêt de Cadenborn; mais il importe de ne pas perdre de vue que trois autres de ces tumulus 1, 6, 7 appartiennent nécessairement à une période postérieure à la conquête, de par quelques-unes des épaves qu'on a recueillies. C'est une constatation de haute valeur et on ne peut trop retenir le fait de cette survivance des pratiques anciennes, en un temps où, sur une foule de points, le changement de régime s'affirmait profondément au regard des habitudes nationales.

Nous avons rapporté en entier la description de ces diverses sépultures fouillées par M. Huber, comme nous avons fait précédemment pour les tumulus de Mackwiller. Nous aurions voulu abréger et n'insérer ici que des extraits. Mais nous nous exposions à laisser, dans l'ombre, des détails, de peu de valeur en apparence et qui cependant, rapprochés d'autres, ont une valeur importante. Nous risquions aussi de ne satisfaire qu'une partie de nos lecteurs en citant tels détails plutôt que d'autres.

Du reste, dans ces descriptions, les moindres de ces détails ont de la valeur, tant par la nature des objets mis à jour que par les époques d'ensevelissement qu'elles permettent d'entrevoir.

Dans tous les cas, les vrais archéologues nous en voudront d'autant moins que, en dehors des 300 exemplaires, avec planches, que M. E. Huber, en sa qualité de Président de l'année 1889-90, a bien voulu offrir à l'Académie pour ses Mémoires, il n'a été tiré que 200 autres exemplaires relatant les détails des fouilles de Cadenborn et de Rouhling.

Ce travail de M. E. Hubert, fait avec tous les soins d'une minutieuse rédaction, élaborée en face de tous les objets décrits, a d'autant plus de valeur qu'il a été revu et contrôlé par M. Maxe Werly, et M. Ed. Flouet.

Ayant donc, à la fois, sous les yeux, les textes des fouilles de Cadenborn et de Rouhling et celles de Mackwiller, il sera possible d'établir, par de judicieuses comparaisons, certaines observations importantes, d'après le plan de M. le colonel Morlet, sur l'origine et la valeur de ces tumulus (1).

Ces caractères distinctifs sont :

1° à Mackwiller: Relief très faible — maximum 1m15 — minimum 0m50 ;

le n° 1 avait 1m05 de hauteur et 16m de diamètre,
— 2   0m74   —   10m   —
— 3   1m   —   14m   —
— 4   0m90   —   11m   —
— 5   0m55   —   9m40   —
— 13   1m15   —   9m   —

à Cadenborn et à Grosbliederstrof, en réunissant les tumulus n°s 2, 3, 4, 5 et 9, en apparence les plus anciens, on a :

pour le n° 2 (C) 1m40 de hauteur et 16m de diamètre,
— 3 (C) 2m   —   20m   —
— 4 (C) 1m   —   10m   —
— 5 (C) 1m05   —   16m   —

---

(1) *Bulletin de la Société pour la conservation des monuments historiques d'Alsace*, p. 89. Vol. 111, 1865. *Mémoires.*

CHAPITRE IV. — LIEUX DU CULTE ET MONUMENTS. 133

pour le n° 9 (GB) 1m05 de hauteur et 20m de diamètre, et pour les autres, nos 1, 6, 7, 8, on a trouvé :
pour le n° 1 (C) 3m80 de hauteur et 20m de diamètre,
— 6 (C) 4m — 25m —
— 7 (C) 0m75 — 40m —
— 8 (GB) presque invisible ? —
Relief maximum pour les premiers 2m, minimum 1m05?
— — les autres 4m, — 0m25?

2° Emploi exclusif de la pierre brute (dite aussi pierre vierge, seule en usage dans les monuments des peuples primitifs de l'Orient (1); — La stèle du n° 1 avec l'inscription T. VLVN, ainsi que les objets en fer des nos 7 et 8 sont de provenances moins anciennes.

3° Un cercle de pierres fichées dans le sol (2) se trouve constamment dans leur intérieur;

4° Tous les tumulus sont funéraires; ils ont subi l'action d'un feu ardent, sans toutefois qu'il y ait aucune indication de la sépulture par ustion, c'est-à-dire de celle qui consistait à brûler les corps et à recueillir leurs cendres dans des vases, telle qu'on le pratiquait dans la Gaule, quand elle fut devenue romaine, jusqu'à la fin du second siècle de notre ère;

5° Absence complète d'outils et d'armes en pierre;
6° Le bronze seul y paraît à l'exclusion du fer.

---

(1) Cette prescription est formellement exprimée dans les traditions des peuples sémitiques; on la retrouve chez les Hébreux : « Si tu m'élèves un autel de pierre, tu ne le feras pas avec des pierres taillées : si tu y mets le fer, il sera souillé. » Exode, ch. XX, v. 25.

(2) Les *cromlech's* de la Bretagne sont fixés dans le sol, comme ceux du Todtenberg; les cercles de pierres en Algérie sont plantés sur la surface courbe des tumulus comme en Suède et en Danemark. A Cadenborn, les pierres sont de toutes dimensions et simplement couchées sur le sol.

Les objets de ce métal sont à attribuer à d'autres sépultures de dates plus récentes ;

7° La similitude des objets découverts : coulants ou bracelets de jais, bracelets ciselés et autres, torques, fibules avec de notables exceptions particulières.

A côté de ces caractères communs, nous signalons, avec M. le colonel Morlet, des différences bien marquées entre la construction des tumulus, bien que les cromlech's et les plateformes ou tables y dominent.

D'ailleurs, les savants ne sont pas entièrement d'accord sur l'origine des cromlech's, des menhirs et des dolmens.

Pour aider à éclaircir ces questions par les caractères que les tumulus de la Sarre pourraient présenter, M. Huber a eu la patience de faire refouiller quelques-uns de ces monuments déjà visités, il y a quelques années, et même, il en a encore fouillé treize autres. Ses investigations portent ainsi sur vingt-deux tumulus. Comme les caractères des nouveaux sont identiques avec ceux des anciens et identiques aussi avec ceux de Mackviller, on peut se demander, d'accord avec M. le colonel Morlet, si « réellement (1), ces monuments, ainsi qu'on l'avait « supposé, jusqu'à présent, sont des *monuments* « *gaulois* appelés communément *celtiques* du nom « d'une des principales confédérations de la Gaule : « ou s'il faut les attribuer à des peuples anti-« historiques, premiers possesseurs du sol, ainsi « que le propose M. Alex. Bertrand, dans un

---

(1) Morlet, *Bulletin de la Société pour la conservation des monuments historiques de l'Alsace*. Vol. III. 1864-65. *Mémoires*, p. 90 et suiv.

« savant mémoire, couronné récemment par l'Ins-
« titut (1).

« Les tumulus de Mackwiller ne peuvent, pas plus que ceux de Cadenborn et de Rouhling, éclaircir cette question, attendu qu'ils ne renferment ni le dolmen, objet spécial des recherches de M. Bertrand, ni les outils et armes de pierre, attributs probables des âges antihistoriques.

Mais ils contiennent, les uns et les autres, le cercle que le druide traçait et dont la terre était purifiée par le feu pour y recevoir les corps. Ce cercle était couvert de pierres et celles-ci représentent le véritable cromlech qui, dans le symbolisme religieux des Gaulois, signifiait la *courbe qui n'a ni commencement ni fin*, c'est-à-dire l'*infini*, le *Dieu suprême*, *Esus;* dans les chants des bardes kymriques, le cromlech représente *l'univers entier* (2).

Les tombelles ou tumulus du Todtenberg concourent donc, avec les tumulus de Cadenborn et de Rouhling, a démontrer une *origine purement gauloise*.

Toutefois, comme dit M. Morlet, si le cromlech leur assigne une date très ancienne, rien ne prouve que les sépultures renfermées dans ces tumulus, remontent *toutes* à une égale antiquité. Il est probable, au contraire, que bien des générations ont laissé leurs morts dans ces mêmes tumulus.

Quant aux dissemblances de nos tumulus avec ceux d'autres provinces de la Gaule, elles ne sont

---

(1) *Mémoires sur la distribution des dolmens sur la surface de la France,* par M. Alex. Bertrand.
(2) M. Henri Martin : chant kymrique : « *Ma langue dira mon chant de « mort au milieu du cercle qui enferme le monde.* » Le *Siècle,* octobre 1864.

probablement que le résultat des modifications qu'apportent nécessairement à un type primitif, les rapports avec les tribus voisines et surtout le génie particulier des diverses confédérations de la grande famille aryenne.

N'avons-nous pas déjà constaté précédemment, au chapitre III, des changements plus importants touchant les croyances religieuses des premiers peuples?

A la suite de ces trouvailles faites à Mackwiller et, près de Sarreguemines, à Cadenborn et à Rouhling, il importerait de signaler aussi les autres découvertes faites ailleurs dans d'autres endroits du Bassin de la Sarre; car, de l'existence de ces objets dans le pays, il est possible d'obtenir les données les plus certaines pour le costume, les armes, les instruments, les ornements antiques dont nous avons à nous occuper.

Mais, à l'heure qu'il est, le nombre de ces objets est déjà bien considérable, comme on peut s'en convaincre en consultant les ouvrages qui en rendent compte (1).

---

(1) Ph. Schmitt, *Der Kreis Sarrelouis und seine nächste Umgebung unter den Römern uud Celten*, 1850, Trèves.

Dr F. Schröler, *Mittheilungen über die röm. Niederlassungen in der Römerstrassen in den Saargegenden*, 1852-1867. Sarrebruck.

Dr C. Mehles, *Studien zur ält. Geschichte der Rheinlände*. Leipzig, 1875.

Bavaria, *Revue du Palatinat*.

Dr F. Hettner, *Westdeutsche Zeitschrift*. — Corresp. Blatt. La Revue d'Alsace.

Mémoires de l'Académie de Metz, Mémoires de la Société d'archéologie lorraine de Nancy, Mémoires de l'ancienne Société d'archéologie et d'histoire de Metz 1858 à 1870.

Dr F. X. Kraus, *Kunst. u. Alterst. in Els.-Loth.*

Bulletin et Mémoires de la Société pour la Cons. des Mon. hist. d'Alsace.

L. Benoît, *Répertoire arch. de l'arr. de Sarrebourg.*

Par cette raison, nous n'en retenons présentement que les trouvailles d'objets exceptionnellement remarquables par leur nature et leur forme, en rappelant, pour le reste, ainsi que nous l'avons déjà fait précédemment, que, dans le Bassin de la Sarre, le nombre de tumulus est considérable, surtout dans les plaines et le long des anciennes voies de communication. Nous ajouterons toutefois que, en dehors des tumulus, on trouve partout, dans les champs, de nombreux échantillons de meules, de pierres éclatées et de pierres polies de toute forme, de tout calibre.

Parmi ces pierres, en nature de silex pyromaque, de grünstein, de siénite, de trapp, de serpentine, de jade, on rencontre des scies, des racloirs, des couteaux, des pointes à flèches, à lances, des harpons, des ciseaux, des haches. On estime surtout ces dernières; on les croit tombées du ciel à la suite des coups de foudre qui, pendant les orages, les enfoncent en terre jusqu'à certaines profondeurs d'où elles s'élèvent progressivement d'année en année jusqu'à la surface. On leur attribue, entre autres, le pouvoir surnaturel de préserver de la foudre et de certaines maladies. Pour ces raisons, il arrive aussi fréquemment que, dans les successions, on brise ces amulettes pour en partager les fragments aux divers membres de la famille.

A côté de ces objets en pierre, on trouve, en outre, dans nos tumulus, ou aux environs de tumulus détruits par la culture, des perles de verre diversement colorées, du corail, des fragments d'ambre et d'ivoire; des poteries de diverses natures; des ornements et des instruments en or, et surtout en bronze, représentant des épingles, des fibules, des chaînes, des bagues, des bracelets, des boucles d'oreilles, des torques, des épées, des ciseaux et des haches de toutes tailles et de toutes formes.

Parmi ces dernières, et à la suite des quinze beaux spécimens que possède M. de Musiel, au château de Thorn, et qui proviennent de la forêt du Schwarz-Brouch, près de Tunsdorf, il faut ranger, parmi les meilleurs échantillons connus à ce jour, celle qui a été trouvée à la ferme de Colmen, près de Bouzonville, par M. Péan, de Thionville; celle qui vient de la forêt du Durenberg, en face de Lemberg, dans le pays de Bitche et qui se trouvait au pied de roches de grès vosgiennes, marquées de signes emblématiques inconnus; celle de Sarreguemines (1) enfouie dans la berge de la rive droite de la Sarre, en face de la faïencerie, et enfin, les quatre belles pièces de Vaudrevange dont l'une a la forme d'un ciseau avec boîte.

Ce qui relève notamment la trouvaille de ces haches de Vaudrevange, c'est qu'elles étaient accompagnées d'un moule qui a dû servir à les couler; d'une épée dont la poignée et la lame sont d'une seule pièce; d'un grand cercle plat accompagné de deux autres cercles plus petits suspendus au premier chaînon par une tringle mobile; il y avait aussi d'autres cercles de la dimension des précédents et passés deux à deux dans des fils de cuivre; deux autres petits anneaux encore, dans chacun desquels il en était passé trois autres; deux boucliers minces et

---

(1) Ce bel échantillon, à ailerons, orne, comme serre-papiers, le bureau de M. Léon Jaunez, à la faïencerie de Sarreguemines; il a été trouvé à 3 m de profondeur et à 2 m. environ de la rive actuelle; poids 283 grammes.

N. Box.   LES PAYS DE LA SARRE   Planche XXII.

Ch. Bernhoeft. Ph. Luxembourg.   LE SOMMET DU GRAND DONON   Ch. Bernhoeft. Ph.
EN 1895

CHAPITRE IV. — LIEUX DU CULTE ET MONUMENTS. 139

circulaires ayant intérieurement une bélière méplate pour les suspendre; quatorze armillæ ou bracelets ayant tous la même forme, mais des dimensions différentes ; une plaque à jours, de gros boutons de forme hémisphérique avec anneau au dedans pour les fixer; quatre tubes ornés à leur surface par des anneaux, les uns en relief, les autres en creux; des fils de cuivre cordelés ou torsades, se terminant à chaque extrémité par une ouverture ronde; des ressorts circulaires très minces; des ornements formés chacun par un fil de cuivre enroulé concentriquement et, enfin, quatre pièces cylindriques ou petites tringles, légèrement arquées, ayant une ouverture au centre et une bélière à chaque extrémité.

Tous ces objets étaient enfouis sur une petite éminence (probablement un reste de tumulus) entourée de marais, à une profondeur d'environ soixante centimètres. L'épée, qui occupait la partie supérieure, était tellement rapprochée de la surface du sol, qu'en piochant, pour arracher des pommes de terre, un coup de hoyau la brisa. Cette arme était placée sur les deux petits boucliers et ceux-ci sur le grand cercle. Les autres objets furent trouvés au-dessous. Il est à remarquer qu'un des oreillons d'une des haches était engagé dans l'oreillon d'une autre hache. Cela dénote que, lors de l'enfouissement, ces instruments n'avaient pas de manches.

Ces renseignements ont été fournis par MM. de Jubécourt et Auguste Jaunez qui ont établi le protocole de ces objets et l'ont communiqué à M. Victor Simon. Ce dernier en a fait le rapport à l'Académie de Metz (1), en ajoutant que : « Le pays, où cette décou-

---

(1) *Mémoires de l'Académie de Metz*, antiquités trouvées, près de Vaudrevange.

« verte eut lieu, présente, sur la rive gauche de la
« Sarre, une position remarquable limitée par les
« côtes abruptes qui, de Vaudrevange, s'étendent vers
« Bérus. Dans cette sorte d'enceinte, formée, par ces
« côtes et par la Sarre, des éminences (1) sont dé-
« fendues par des marais, et le nom de Beaumarais,
« donné à un village voisin de Vaudrevange, dénote
« que ce lieu était encore, autrefois, plus aquatique.
« La plupart des rochers qui dominent cette contrée,
« paraissent avoir été taillés en muraille pour la dé-
« fense du pays. Bérus, ancienne localité romaine, et
« le Château du diable (Château du Schlossberg) s'op-
« posaient à l'accès de ces lieux escarpés.

« Des haches, des moules de haches, des épées,
« des coins ou ciseaux et de petites faucilles en
« bronze ont été découverts dans les Gaules, en Ita-
« lie, dans divers pays du Nord, en Suède et en
« Norwège. Ces instruments sont semblables à ceux
« qui ont été trouvés dans nos contrées, et l'on
« peut, à ce sujet, reproduire ici cette observation
« remarquable que les objets dont la forme semble
« remonter aux temps primitifs de l'espèce humaine,
« se trouvent dans beaucoup de pays, et ont entre
« eux une parfaite ressemblance. Ce qui paraît bien
« indiquer que *les premières croyances et les pre-
« miers usages ont puisé leur origine dans une
« même contrée.* »

A la suite de cette conclusion, n'est-il pas aussi
permis d'admettre que ces objets similaires, trouvés
en ces lieux divers, y ont été transportés par un
même peuple ?

---

(1) Voir Tom 1er, *les Pays de la Sarre*, par Box, p. 314, 381, 441, 412, 516.

A notre point de vue, cette assertion est de la plus haute importance, comme on le verra plus loin.

Outre ces objets qui constituent en quelque sorte *le contingent ordinaire des trouvailles de nos pays*, il convient de mentionner également, et par des raisons impératives, les objets rares et exceptionnels rencontrés jusqu'ici.

Il faut citer particulièrement et comme spécimens formant types :

1º Une *pointe de lance* ou de *javelot*, en pierre à fusil ou silex pyromaque, de forme triangulaire mesurant un centimètre dans sa plus forte épaisseur, moins de quatre centimètres dans sa plus grande largeur et douze centimètres de longueur effective; mais cette dernière a dû être, dans le principe, d'environ quatorze centimètres, vu que la pointe est actuellement émoussée. Dans la longueur des douze centimètres actuels, il faut comprendre trois centimètres pour la tige d'attache pleine, qui remplace la douille ordinaire. Deux petites saillies, ménagées au bas de la tige, ont dû servir à assujetir et mieux fixer cette pointe de lance ou de javelot à la hampe destinée à la recevoir.

C'est comme jouet que ce bel échantillon a été distingué et ramassé par Mademoiselle Jeanne Schwartz au milieu des cailloux de la Sarre à Sarreguemines.

Il est déposé dans la riche collection de M. Émile Huber, à Sarreguemines.

2º Une *boucle ou agrafe de bronze*, en forme d'anneau ouvert, de trois centimètres de diamètre et de quatre millimètres de section, avec une aiguille ou ardillon terminé à son point d'attache par une boule qui tourne dans une alvéole creusée à l'endroit où les deux branches se réunissent pour fermer le circuit annulaire.

Trouvée dans de la grève de la Sarre, dans un jardin à Sarreguemines, et déposée à la collection E. Huber.

3º Dans l'une des deux tombes du tumulus nº 1 de Mackwiller, M. le colonel Morlet dit avoir trouvé un *collier en bronze* uni, de 0^m14 de diamètre, et trois bracelets de 0^m04 de diamètre, ornés de ciselures; dans l'autre tombe, il y avait un grand collier de même métal, de 0^m16 de diamètre, brisé en plusieurs endroits et, en réglant les terres extraites de l'intérieur du tumulus, on a découvert une jolie fibule.

Le collier et les bracelets sont semblables à ceux que l'on rencontre habituellement dans les tumulus de la plaine d'Alsace; mais la fibule a une forme inconnue jusqu'à présent dans nos contrées. Il en existe une, à peu près semblable, au musée de Mayence à laquelle le savant conservateur de ce musée attribue une origine étrusque.

Cette rareté est déposée au musée de Strasbourg? ou au musée de Saverne créé par le capitaine Morlet.

4º Dans le tumulus nº 2 de Mackwiller et autour du foyer de combustion, on a rencontré deux cavités dans l'une desquelles se trouvaient *deux anneaux de substance ligneuse* (1); dans l'autre, il y avait

---

(1) Ces anneaux semblables à ceux de Rouhling, ont été soumis à l'examen de M. Oppermann qui a reconnu qu'ils ressemblaient aux objets fabriqués en Angleterre avec le bois de chêne provenant des tourbières d'Irlande.

CHAPITRE IV. — LIEUX DU CULTE ET MONUMENTS. 143

trois petits groupes, formés chacun de trois bracelets en bronze ciselés et symétriquement placés aux trois angles d'un triangle équilatéral.

En continuant les fouilles, on a encore découvert, dans deux cavités plus profondes, *deux autres coulants* en bois ou lignite et divers fragments d'objets en bronze, parmi lesquels on distingua une petite fibule avec un ressort en spirale, et les débris d'un ornement de forme courbe, au milieu duquel paraît un fil de cuivre entouré de mastic. A la surface des deux fragments, M. Oppermann a constaté l'existence d'un émail très mince parsemé de quelques paillettes d'or.

Jusqu'ici, l'usage de ces anneaux de lignite ou de jais est encore inconnu. Ils servaient peut-être à y introduire des pans de vêtements. Dans tous les cas, ils sont trop étroits pour avoir servi de bracelets.

5° A Zerf et à Urexviller, la fouille de tumulus a produit un *bracelet d'or*, avec des fibules de fabrication étrusque et gauloise.

6° Un tumulus ouvert à Remmesviller, dans le cercle de Saint-Wendel, a fourni *un vase, en forme de broc ou bouilloire, de fabrication étrusque* dont l'anse latérale était ornée d'une palmette; une fibule avec deux fers de lance; une épée en fer avec fourreau également en fer, lequel était recouvert à la partie antérieure d'une plaque mince de bronze; des anneaux d'attaches et deux petites plaques d'or. L'épée était entourée de fils de différents tissus.

7° A Schwarzenbach, à peu de distance du ring d'Otzenhausen, deux tumulus ont produit:

L'un, un *broc ou bouilloire étrusque* dont l'anse, à

la partie supérieure, représente un personnage nu, renversé sur le dos, et tenant, dans les mains levées, deux tresses de cheveux; la partie inférieure de cette anse est ornée de deux personnages, vêtus et agenouillés, tenant une épée dans la main droite et, dans la main gauche, les cornes d'un taureau ;

L'autre tumulus renfermait : un *bracelet d'or* que possède M. Böking, de Birkenfeld; des débris de différentes armes; l'anse et le déversoir d'une cruche en bronze; une belle urne en bronze contenant des restes d'ossements avec les débris d'une couronne d'or et divers fragments d'ornements du même métal.

Cette belle trouvaille était, naguère, attribuée au Hérapel, où, jusqu'ici, il n'a été trouvé que des monnaies gauloises, avec quantité de beaux objets dont la dénomination et la provenance sont à déterminer.

Les détails, concernant ces importantes trouvailles sont rapportés par Lindenschmitt A. d. h. V. 1. 2. 3. *Jahresb. der Geschich.*, 1850, avec dessins et dans *Archeol. Zeitung*, 1856, Friederichs, Berlin's antike Bildwerke Nr. 674, Bonner Jahresb. 23.

8. La butte du Fuchshübel, près de Tholey, fouillée en 1835, a mis à jour un *bracelet en or*, creux, non orné, ainsi qu'une bague également sans ciselures, deux pointes de lance de vingt centimètres, des fragments d'une cruche en bronze et d'un cercle de voiture.

9° Un tumulus, fouillé, en 1851, à Wieskirchen-sur-Sarre, dans le canton de Merzig, a enrichi la collection de M. Boch, de Metlach, d'un magnifique *vase en bronze* dont l'anse se termine inférieurement par la représentation d'un lion qui saisit deux chevreuils; au bord supérieur du vase, se tiennent deux panthères assises. Le même tumulus a encore fourni un poignard en fer, acier ? dont la partie antérieure du fourreau est également en fer, tandis que le côté opposé est en majeure partie doublé d'airain fixé au moyen de rivets imitant des clous, avec traces d'émail. L'anneau du baudrier, qui fixait ce poignard, était orné de rosettes et de divers ornements remplis de mastic. Il y avait, en outre, une ornementation représentant une figure fantastique; un autre ornement composé de minces plaques d'or sertissant un bouton d'ambre; une fibule avec trois têtes de fantaisie; des pointes de lance; un couteau et une agrafe de ceinturon en bronze ornée d'une tête d'homme fantasque et de quatre animaux ailés, émaillés, rappelant les traits d'un lion.

10° A Hermeskeil, dans le district, appelé « Irrthum », un tumulus fouillé contenait un *vase étrusque*, le rebord d'une cuvette de bronze à deux anses ornées de lignes ondulées, une broche, des pointes de lance, des débris d'une épée et d'un grand chaudron de bronze.

11° Enfin, on retira, à Bessering-sur-Sarre, d'un tumulus déjà fouillé, un *vase de bronze*, un *bâton garni de bronze*, un *anneau de bronze*, 9 *anneaux* semblables de forme et de taille en bronze, avec des restes d'émail, des *ornements en feuilles de bronze*, des *demi-anneaux* qui ont probablement servi comme garnitures d'un meuble. Mais ce qui constitue la véritable valeur des trouvailles de ce tumulus, c'est *un collier de femme, en or*, décoré de figures d'oiseaux peu marquées ou effacées par l'usure.

A la suite de ces détails et comme conclusion finale, il y a lieu d'arrêter que les peuples qui ont fait usage de ces divers objets de pierre, d'or, de bronze, de fer, dans les Pays de la Sarre, ont dû nécessairement se trouver en relations avec les peuples d'où leur venaient ces objets. Ou hantaient-ils eux-mêmes ces pays et, dans ce cas, ces objets seraient-ils de fabrication indigène au lieu d'être d'importation ou d'échange ?

Reste à savoir, de plus, si ces objets sont réellement *gaulois;* si les tumulus, qui les ont conservés, jusqu'à notre époque, sont réellement *gaulois;* si les habitants, qui ont établi ces tumulus, sont *gaulois...*

En attendant, il est démontré, sans conteste possible, que ces tumulus appartiennent à différentes époques pré- et post-romaines; que les Gallo-Romains et même les Mérovingiens utilisèrent les tumulus gaulois pour y inhumer leurs morts; que, à l'époque gallo-romaine, les habitants du pays de la Sarre élevaient encore des tumulus suivant le rite gaulois oublié, ailleurs, depuis longtemps !

CHAPITRE V

LA PHYSIONOMIE DES HABITANTS

« Recta sapere. »

Les indications de l'Histoire, de l'Archéologie et de la Linguistique, que nous avons déjà évoquées plusieurs fois, ne suffisent pas pour la complète détermination des races humaines. Il en serait de même de la physionomie qui est très complexe et qu'il serait impossible d'aborder, d'une manière quelque peu scientifique, sans le concours des caractères physiques et anatomiques que nous devons, présentement, à l'Anthropologie aidée de l'interprétation des hiéroglyphes d'Égypte, des caractères fournis par les momies et surtout par les peintures trouvées naguère dans le tombeau de Rhamsès-Meïamoum. Grâce au concours de ces derniers éléments, nous connaissons maintenant, outre la physionomie, la taille, et même le type caractéristique du peuple des Pharaons, et, chose bien remarquable ! il y a lieu de constater, par comparaison, que le type de ce peuple a persisté, malgré des milliers de générations, et se retrouve encore, de nos jours, chez les descendants de cette race sémitique.

Ce fait de persistance des types primitifs chez les descendants, à de si longs intervalles, peut paraître étrange ; mais, examiné de près et sans parti pris à l'avance, il l'est moins en réalité qu'en apparence. Il témoigne, de plus, en faveur de l'*unité de l'espèce humaine*, comme il témoigne, en même temps, en faveur de la stabilité des modifications, devenues fixes et caractéristiques dans certaines conditions, chez les membres des premières familles humaines, comme chez les membres d'une famille particulière quelconque.

Séparées, en effet, pendant des séries de siècles, et habituées à une vie plus ou moins indépendante, avec des usages imposés par les climats, des croyances et des institutions particulières, les premières agglomérations humaines ou familles se sont constituées avec des types caractéristiques particuliers que les mélanges avec d'autres races, les migrations, même les alliances par le sang, n'ont su altérer en totalité (1).

Comme exemple de cette fixité, on peut rappeler que, malgré la vie commune depuis des siècles, malgré l'homogénéité des diverses peuplades qui, en France, est plus grande que chez aucune autre nationalité, on démêle encore, néanmoins, au milieu de certains caractères communs à tous les Français, les types lorrains, champenois, franc-comtois et bourguignons. En Angleterre, on reconnaît de même les types écossais, gallois, irlandais, et cela, parce que l'expression invétérée des mœurs, des traditions, des usages, des institutions de ces nationalités, se retrouve dans le langage, le caractère physique et moral, et jusque dans l'organisme et la figure des habi-

---

(1) Dr Godron, *De l'Espèce*, Nancy.

CHAPITRE V. — PHYSIONOMIE DES HABITANTS. 149

tants dont certains traits se reproduisent fidèlement et ne s'effacent jamais entièrement.

Cette persistance des types, jointe aux caractères anatomiques, est donc un moyen plus précis que tous les autres, pour le but que nous nous proposons. Or, à côté des Sémites, reconnaissables au teint mat et brun, à la chevelure noire, aux membres nerveux et aux attaches fines, ces peintures égyptiennes, représentent des hommes à tête allongée, au teint blanc, aux yeux bleus, aux longs cheveux tressés, blonds ou roux. « Les Égyptiens nommaient
« ces derniers *Tahennou* ou *Tamehou*, et les subdi-
« visaient en *Rébu* ou *Lébu*, les *Lybiens* proprement
« dits des Grecs, et en *Maschnasch* ou *Massuas*, les
« *Maxyes* d'Hérodote. Ces peuples occupaient la côte
« septentrionale d'Afrique, le long de la Méditerranée,
« jusqu'au voisinage de l'Égypte; ils étaient cultiva-
« teurs, éleveurs de bestiaux, cavaliers et très guer-
« riers.

« Nous pressentions, en eux des parents, comme
« dit M. Henri Martin, mais, il fallait un point fixe,
» un terrain historique, pour oser tenter de con-
« clure. Aujourd'hui, il nous semble toucher à ce
« point fixe et mettre le pied sur ce terrain. Notre
« illustre égyptologue, M. de Rougé, a récemment
« traduit une inscription relevée sur la muraille du
« grand temple de Karnak (1) par un égyptologue,
« M. Durmichen. Il y est dit que, sous le fils de
« Ramsès II (Meïamoun), c'est-à-dire du grand Sé-
« sostris, vers le temps de Moïse, les Tamehou, les
« Lybiens, les hommes blonds aux yeux bleus, men-

---

(1) Karnack, Haute Égypte, occupe une partie de l'emplacement d'un temple de l'ancienne Thèbes.

« tionnés tout à l'heure, se liguèrent, pour attaquer
« l'Égypte, avec divers peuples maritimes, les *Saka-*
« *las*, les *Sardina*, les *Tursa*, les *Akoinas* et les
« *Léka*, dans lesquels M. de Rougé reconnaît les
« Sécules, les Sardes, les Thyrrhéniens, les Achéens
« ou Grecs et les Lyciens (1). »

D'après ces caractères mis en lumière et d'après ce que nous savons d'ailleurs, ces peuples appartiennent, les uns, à la race de Sem, les autres, à la race de Japhet et nous reconnaissons, à côté des Ibères, les Pélasges ou les Gaulois aborigènes dont l'arrivée en Gaule se perd dans la nuit des temps, et dont le type le plus pur serait représenté de nos jours par le type géorgien et celui des Aryas ou Iraniens d'Irlande.

Du même coup donc, nous découvrons ainsi les types des deux plus anciens peuples de la nation gauloise. Mais, après ces premiers Gaulois et après les Ibères, la Gaule a été peuplée, ainsi que nous l'avons établi précédemment, par les Celtes, les Cimbres ou Kimris, les Bolgs ou Belges et encore par d'autres qui, eux aussi sont devenus Gaulois par le fait de leur séjour sur le territoire de ce peuple et y ont pris les caractères communs et typiques sous lesquels César, et les auteurs anciens, les ont connus et décrits.

Mais, nous le répétons encore : tous ces Gaulois se rattachent, les uns, à la *Race sémitique*, les autres à la *Race japhétique*.

La première, appelée aussi race tourangienne et mongole, renferme les *Juifs*, les *Ibères*, les *Lydiens*,

---

(1) Henri Martin, de l'origine des Monuments mégalithiques. *Mémoires du Congrès celtique* de Saint-Brieuc, p. 188, 1867.

les *Syriens*, les *Arabes*, les *Perses Élamites*, les *Arméniens* et les *Assyriens*.

La race de Japhet compte seize familles distinctes, suivant les affinités, les lieux occupés, etc. Ce sont : les *Pélasges*, les *Grecs ou Hellènes*, les *Macédoniens*, les *Ciciliens*, les *Thraces*, les *Scythes*, les *Mèdes*, les *Celtes*, les *Cimbres*, les *Belges*, les *Teutons ou Germains*, les *Scandinaves*, les *Slaves*, les *Caucassiens*, les *Turcs* et les *Indous*.

Dans ces peuples, nous avons à signaler, comme premiers et anciens types des habitants des Pays de la Sarre, avant l'occupation romaine :

1º Parmi les Sémitiques :

    1º les *Juifs*,

    2º les *Ibères*,

2º Parmi les Japhétiques :

    1º les *Pélasges*,

    2º les *Grecs*,

    3º les *Celtes*,

    4º les *Cimbres*,

    5º les *Belges*,

    6º les *Mèdes*.

Les caractères généraux distinctifs des deux groupes sémitique et japhétique sont déjà connus en partie. Pour les compléter, il convient de rappeler que, dans la race de Sem, le teint est blanc nuancé de brun, la taille petite, le corps maigre et nerveux ; le visage, ovale avec des pommettes saillantes, le menton petit et rond ; la face est projetée en avant ; les cheveux sont foncés et les yeux bruns ; la tête est brachycéphale, c'est-à-dire, ronde plutôt que longue, d'après les indices céphaliques (1).

(1) Par *indice céphalique*, il faut entendre le rapport de la largeur maxi-

1° *Les Juifs et leurs caractères particuliers.* — Appelés aussi Hébreux ou Israélites (de l'hébreu Ibrim, Benei, Yisrael, Vehudim), les Juifs représentent le premier peuple qui, dès l'aube de l'histoire, parut sur les bords de l'Euphrate, du Jourdain, du Nil, et dont les descendants se trouvent aujourd'hui disséminés partout.

Le premier événement historique de ce peuple est relaté dans le premier livre du Pentateuque ; c'est l'émigration, vers l'an 2000 avant Jésus-Christ, du sémite Abraham, descendant d'Eber. En cette qualité, il reçut le nom d'Ibri (Hébreu) ou immigrant, venant d'au-delà (éber) de la grande rivière. Le nom d'Israélites fut donné à ce même peuple à cause du surnom d'Israël porté par Jacob, et le nom de *Vehudim* ou Juifs fut adopté généralement, vers 712 avant Jésus-Christ, quand la maison de Juda représenta le peuple tout entier.

La plus grande partie des parents d'Abraham, étant devenus idolâtres, il se sépara d'eux, et passa de la Mésopotamie au pays de Chanaan ou Palestine. Il y mena la vie d'un riche nomade, adorant le Créateur du ciel et de la terre, au service duquel il se consacra, lui, et sa famille, et tous ses descendants, par le pacte de la circoncision.

Le peuple juif ne s'étant jamais mêlé, par le sang, avec d'autres peuples, il n'est pas étonnant de retrouver, chez lui, les caractères les mieux arrêtés de la race primitive.

Le fait est facile à constater, même de nos jours,

mum du crâne à sa longueur maximum qui est constamment représentée par 100. Ainsi, quand l'indice céphalique est de 75, on entend indiquer que la largeur du crâne est les 75/100 de sa longueur.

par comparaison, dans les Pays de la Sarre, où il existe relativement beaucoup de familles israélites, à Sarreguemines, Puttelange-lès-Sarralbe, Hellimer, Insming, Forbach, Saint-Avold, Boulay, et dans beaucoup d'autres localités en amont et en aval de la rivière.

2º Les *Ibères*, venus d'Asie, dans le Sud-Ouest de l'Europe, par la Grèce et l'Italie, en partie par l'Afrique septentrionale, se distingue par les mêmes caractères généraux, mais plus tranchés. De nos jours, ils sont particulièrement représentés par les peuples espagnols, les Aquitains ou autres habitants établis à l'Ouest de la Garonne, par les Basques ou Euskariens placés sur les deux versants des Pyrénées occidentales, par les descendants des Ligures (montagnards) et des Sicanes d'Italie et de Sicile qui en étaient issus. Mais il en existe, en outre, dans toutes les régions de l'ancienne Gaule.

La race de Japhet est caractérisée, en principe, par sa stature robuste et haute, la peau blanche, le visage rond ou peu allongé, les cheveux châtain-clair ou blonds, les yeux bleuâtres et irradiés, la tête dolichocéphale ou longue plutôt que large.

Ces caractères se sont plus ou moins modifiés chez les divers peuples de cette race jusqu'à constituer de nouveaux types fixes et distinctifs.

1º Les *Pélasges*, dont nous connaissons déjà l'historique par ce que nous avons cité d'après Hérodote, et qui, sortis de la Troade, ont abordé, après de longues et incessantes pérégrinations, sur presque

---

(1) Cette dénomination vient de la région appelée *Touran*, située en Asie, entre la Sibérie, l'Afghanistan, la mer Caspienne et la mer d'Aral où ces peuples avaient pris position.

toutes les côtes de l'Europe, présentent l'ensemble des caractères précités. Leur union, pendant bien des siècles avec les Ibères, a produit la race pélasgique des Gaulois autochtones ou aborigènes connus sous les noms de *Gals* ou *Gaëls*.

3º Les *Grecs* qui ont suivi les Pélasges et qui, au temps de César, 59 ans, avant Jésus-Christ, étaient représentés par les Phocéens et les Romains, ces derniers représentant eux-mêmes les Ligures, les Ombriens, les Étrusques, les Osques et d'autres peuplades d'Italie venues de Grèce et d'ailleurs, appartenant, les unes au type pélasgique, les autres au type ibérique avec des modifications variées.

3º Les *Celtes* qui ont envahi la partie septentrionale de l'Europe, le Nord, l'Est et l'Ouest de la Gaule, y sont venus en plusieurs bans séparés et à des époques différentes.

Henri Martin fait remonter, au moins, à une vingtaine de siècles, avant notre ère, l'arrivée du premier ban des Celtes en Europe.

4º Le second ban des Celtes, conduit par Hésus et connu sous le nom de *Kimris* ou *Cimbres*, rejoignit les premiers, six siècles avant Jésus-Christ, et il est à remaquer qu'ils différaient aussi par la langue, les mœurs et les autres caractères anatomiques et physiques de leurs congénères qui les ont précédés. C'est de là que M. Henri Martin a déduit ce qu'il appelle la *dualité des langues* qui existait à l'époque de la conquête romaine et qui existait aussi pour les types des habitants: les premiers avaient des cheveux bruns ou noirs; ils étaient de taille moyenne et bruns de couleur. La tête était généralement ronde, le front bombé; les pommettes de la face étaient saillantes ; le nez était droit à lobule arrondi, le menton rond et petit. Mêlés au type gaélique (croisé d'ibère et de pelasgique), ces premiers Celtes se retrouvent spécialement, de nos jours, en Auvergne et en Armorique. Leur immigration en Gaule, d'après la croyance généralement admise, aurait eu lieu de 614 à 587 avant J.-C.

Les derniers bans des Celtes, de date moins ancienne, qui se sont mêlés avec le dernier ban des *Cimbres* ou *Kimris* étaient blonds de chevelure et de taille plus élevée ; le teint était pâle, la tête étroite et longue, le nez recourbé avec les ailes relevées, la pointe prononcée et dirigée en bas ; le menton était étroit et saillant.

En général, la physionomie de ces derniers Celtes se rapproche de la physionomie des Pélasges, autant que celle des premiers présente de l'analogie avec celle des Ibères.

5° Les *Belges* qui sont entrés en Gaule, entre 350 et 280 avant J.-C., et que l'on a considérés quelquefois comme Germains, ne le sont point. Leur confédération se composait, au contraire, du reste des Kimris qui, venus en dernier, lors de l'invasion des premiers représentants de leur race, n'ayant pas trouvé place sur le territoire de la Gaule, se sont fixés sur la rive droite du Rhin. Là, se fixèrent aussi les Volces Tectosages, (ainsi nommés de *tectus sago*, parce qu'ils étaient couverts de la saie). Ils étaient frères des Volces Arécomikes (Volcæ Arecomici), qui, en 587 avant Jésus-Christ, pénétrèrent en ces lieux sous la conduite de Sigovèse; après avoir franchi la Forêt Hercynienne, et descendaient, comme eux, des anciens Volces ou Volsques du Latium.

Le nom de *Belges* n'est autre que celui de ces *Volces* qui, mêlés aux derniers *Celtes-Kimris*, restés sur la rive droite du Rhin, et à quelques autres peuplades, sont rentrés en Gaule après qu'ils en fussent sortis depuis près de deux siècles.

Le nom primitif de *Volces*, *Volks*, *Bolgs* a été successivement transformé en celui de *Wœlsch*, *Welche* et *Belge*. De nos jours, les Allemands donnent encore le nom de *Welsche* aux Français et à tout ce qui est de provenance française.

Ces *Belges*, composés du dernier ban des premiers Kimris et des *Volces*, ont conservé leurs types respectifs, c'est-à-dire, que les Kimris ont conservé le type propre aux premiers Kimris et les Volces, le type gaulois de la Narbonnaise.

L'historien Tite-Live (1), qui est né à Padoue, et a vécu de 59 ans avant J.-C. à 19 ans après J.-C., a fourni des détails bien circonstanciés sur les pérégrinations de ces Volces. Pour fournir plus de lumière à ce que nous en avons dit, pages 20, 21 et 22, et justifier, au mieux, notre manière de voir dans cette délicate et importante question, si souvent controversée, nous citons textuellement ce qu'il en dit : « Ambigat, prince puissant et roi de toutes
« les Gaules, vivait du temps de Tarquin l'Ancien,
« vers l'an 164 de Rome ou 590 ans avant J.-C. Il
« avait deux neveux, fils de sa sœur. Ces princes
« se signalèrent par la fondation de colonies, telles
« que celles des Berryers, Auvergnacs, Autunois,

---

(1) Tite-Live, 1, 5. Dupleix. *Mémoires des Gaules*, l. 2, c. 28.

« Senonais, Chartrains et autres des pays voisins.
« Se trouvant trop à l'étroit dans les possessions de
« leur oncle, ils en sortirent en masse pour aller
« chercher de nouvelles terres. Sigovèse, l'un de
« ces héros, passa en Allemagne, et Bellovèse, son
« frère et émule, descendit dans la Province, où il
« secourut les Phocéens, nouveaux habitants de Mar-
« seille, contre les Saliens. Depuis, il entra en Italie,
« se rendit maître de cette partie que nous appelons
« Lombardie, et y bâtit les villes de Milan, de Bresse,
« de Bologne, de Crémone, de Bergame. Il favorisa
« le passage d'autres Gaulois qui allèrent s'établir
« dans ce pays et fut cause, par ses victoires, qu'on
« donna le nom de Gaule Cisalpine à la meilleure
« et à la plus fertile partie de l'Italie, On met ordi-
« nairement la sortie de Bellovèse des Gaules à l'an
« 164 de Rome, et à 590 ans avant J.-C. » — (Nous
« disons 587 avant J.-C.)

« Sigovèse (1), ayant passé le Rhin, traversa la
« grande Forêt Hercynie ; il logea une partie de ses
« troupes dans la Bohême, une autre, sur les bords
« du Danube, et la troisième vers l'Océan, dans la
« Frise et la Westphalie, d'où sortirent, depuis, les
« Français sous Pharamond et Clodion » (2).

D'après la *tradition*, qui est aussi ancienne que
la parole et plus ancienne que l'art d'écrire, c'est le
refoulement de la population gallique, dans le Centre
et l'Ouest de la Gaule, qui nécessita ces émigrations
des Volces de la Narbonnaise. On estime à 300,000
hommes, la force des deux armées de Sigovèse et

---

(1) Tite-Live, liv. 5. Cordemoy, *Histoire de France*.
(2) Ces deux citations sont extraites du *Dictionnaire historique* de Moréri.

de Bellovèse. Celle de Sigovèse, renforcée par les Liguriens, établis sur les rives du Rhône, et d'autres tribus de la Séquanie et de l'Helvétie, se composait de guerriers, de femmes et d'enfants ; elle sortit de la Gaule par le cours supérieur du Rhin (par les gués de ce fleuve, en Alsace, sans doute) ; elle se dirigea vers la Forêt Hercynienne et par les colonies qu'elle sema sur sa route, elle fut la souche des tribus nombreuses et puissantes qui peuplèrent, dans la suite des temps, la rive droite du Danube, les rives du Neckar, du Main et celles d'autres cours d'eau le long du Rhin, entre ce fleuve et l'Elbe, jusqu'à la Mer du Nord. C'est ainsi que tous les peuples transrhénans se rattachent à ce second rameau gaulois. C'est ainsi que la Bohême a été habitée par la nation gauloise, appelée la race des Boii, à côté de laquelle Justin signale encore des *Kimbri*, voisins des Bastarnes et des Sarmates. L'existence de ces nations kimbriques, échelonnées depuis le Bas-Danube jusqu'à l'Elbe, établit, ce me semble, dit Amédée Thierry, que tout le pays entre l'Océan et le Pont-Euxin, en suivant le cours de ce fleuve, dût être possédé par la race des Kimbri, antérieurement au grand accroissement de la race germanique.

« Mais sur les rives du Pont-Euxin, entre le
« Danube et le Tanaïs (le Don), avait habité autre-
« fois un grand peuple, connu des Grecs sous le
« nom de *Kimmerii* (Κιμμέριοι) dont nous avons fait
« les *Cimmériens*. Outre les rivages occidentaux de
« la Mer Noire et du Palus-Méotide, il occupait la
« presqu'île appelée, à cause de lui, *Kimmérienne*,
« aujourd'hui *Krim* ou *Crimée*. Les mœurs, les

« usages *connus* de ces *Cimmériens*, dit le même
« écrivain, ressemblent aux mœurs, aux usages des
« Cimbres de la Baltique et des Gaulois ; tout semble
« révéler, entre ces peuples, le lien d'une origine
« commune. »

Selon Amédée Thierry, ces Cimmériens se seraient transportés des rives de la Mer d'Azow aux rives de l'Océan hyperborien, d'une extrémité du continent européen à l'autre ; il précise même la date de leur départ, et la fixe à 631 ans avant notre ère. Il croit pouvoir invoquer Hérodote à l'appui de son système.

Cette époque fut féconde en bouleversements dans l'Occident de l'Asie et dans l'Orient de l'Europe. « Les Scythes nomades, chassés de l'Asie par les
« Messagètes, franchirent l'Araxe (le Volga) et vinrent,
« comme une tempête, fondre sur les bords du Palus-
« Méotide et de l'Euxin, semant partout la terreur
« sur leur passage. En face d'un si grand péril, les
« Cimmériens s'assemblèrent sur les rives du fleuve
« Tyras (le Dniester), pour délibérer sur le parti à
« prendre. Les avis furent partagés : le peuple,
« effrayé par le nombre des ennemis et reconnais-
« sant l'impossibilité d'une lutte évidemment inégale,
« voulait céder la place et se retirer sans combat ;
« les rois, au contraire, et la noblesse demandèrent
« que l'on fît face aux envahisseurs et qu'on leur
« disputât le terrain, préférant, disaient-ils, s'ense-
« velir sous les ruines de la patrie, plutôt que de
« fuir avec la multitude. Les rois ne voulurent pas
« céder au peuple, ni le peuple aux rois ; deux
« camps se formèrent, de force à peu près égale,
« et l'on en vint aux mains. Les rois et leurs par-

« tisans furent battus ; et, du temps d'Hérodote
« encore (484-406 avant J.-C.), on montrait, sur les
« bords du Tyras, le lieu où les Cimmériens, vain-
« queurs dans cette lutte fratricide, avaient enseveli
« leurs frères. Libre, après cette triste victoire,
« d'exécuter son projet, le peuple tout entier sortit
« du pays, et quand les Scythes arrivèrent, ils purent
« s'établir, à leur gré, sur cette terre déserte et
« abandonnée ; tel est le récit simple et naïf d'Héro-
« dote » (1).

Mais où les Cimmériens fugitifs portèrent-ils leurs pas ? Fût-ce en Asie ? Fût-ce en Europe ? — Selon Hérodote, ils auraient pris le chemin de l'Asie, sous la conduite de Lydamis, et auraient été poursuivis par les Scythes. Mais ces derniers, en les poursuivant, se seraient égarés et auraient abouti en Médie. Les Cimmériens leur auraient échappé.

Il est certain que les Cimmériens ont échappé aux Scythes, puisque, plus tard, quand les nations scytiques ou teutoniques, chassées en masse par d'autres nations fugitives, envahirent les bords du Palus-Méotide et du Pont-Euxin, ces dernières chassèrent, plus avant dans l'Occident, une grande partie des peuplades kimriques dépossédées. Celles-ci remontèrent le Tyras et, poussant devant elles leur avant-garde, déjà maîtresse du pays, la forcèrent à chercher, vers le Sud-Ouest, un autre territoire. Ce fut alors que, suivant les traditions nationales, une armée considérable de Kymris, mêlée au second ban des Celtes, conduite par Hu ou Hésus, pénétra dans la Gaule, 590 ans avant J.-C. (ou 587 avant J.-C.)

---

(1) Hérodote, liv. IV, chap. XI, XII.

CHAPITRE V. — PHYSIONOMIE DES HABITANTS.

L'effort de cette invasion porta sur le littoral de l'Océan, appelé *Armorike* dans l'idiome des Kimris comme dans l'idiome des Galls. Elle s'avança dans la direction du Nord au Sud et de l'Ouest à l'Est, soumettant une partie de la population et refoulant l'autre au pied des montagnes qui coupent diagonalement la Gaule, du Nord-Est au Sud-Ouest, depuis les Vosges jusqu'aux monts Arvernes (de l'Auvergne).

Le refoulement de la population gallique dans le centre et l'Ouest de la Gaule, nécessita les émigrations de Bellovèse et de Sigovèse, signalées plus haut.

6° Les *Mèdes*. Nous avons déjà cité les immigrations des divers peuples jusqu'à la confédération agglomérée des Belges. Il reste le puissant groupe des Mèdes, formant le sixième type des habitants des Pays de la Sarre, représentés par les *Sarmates* et les *Sigynnes*.

On peut être étonné de trouver ces noms parmi les peuples qui ont constitué la nation gauloise, avant César, et, si étrange que cela puisse paraître, de les trouver, aujourd'hui encore, dans nos régions.

Il est à remarquer, spécialement, que ces peuplades, tout en émigrant en masse, ne se sont fixées que par bandes isolées, s'infiltrant, en quelque sorte, comme les Juifs, par tribus ou familles. Elles sont néanmoins restées longtemps sans se confondre au milieu des autres nations.

Suivant Bouillet (1), « la Sarmatie, Sarmacia,
« ainsi nommée par les anciens, était une vaste
« contrée qui s'étendait, en Europe et en Asie, entre
« la Mer Baltique et la Mer Caspienne, au Nord du
« Pont-Euxin. Pour les uns, la Sarmatie n'est qu'une
« portion de la Scythie, la partie occidentale ; pour
« les autres, elle en diffère et se place à l'Ouest de
« cette contrée. Quoiqu'il en soit, on distinguait la
« Sarmatie occidentale ou européenne, entre la Vis-
« tule et le Tanaïs (le Don), comprenant tous les
« pays qui forment, de nos jours, la Russie et la
« Pologne ; la Sarmatie orientale ou asiatique, s'éten-
« dant à l'Est du Tanaïs jusqu'à la Mer Caspienne.

« Les *Sarmates* ou *Sauromates* étaient une nation
« distincte des Scythes. Ils paraissent être sortis du
« Turkestan actuel (la Tartarie), et avoir séjourné
« longtemps au Nord du Caucase. Ils conquirent,
« sur les Scythes, les contrées auxquelles leur
« nom est resté, et dominèrent longtemps sur ce
« peuple. Ils furent, à leur tour, subjugués par les
« Goths (aux III° et IV° siècles de Jésus-Christ). Ils
« se joignirent aux Huns pour détruire l'Empire des
« Goths (376), et prirent part aux invasions des
« Huns dans l'Europe occidentale, au V° siècle. »

Pendant que les Pélasges, les Ibères et autres peuplades ci-dessus dénommées, se répandirent avec
leurs diverses tribus dans cette partie de la Gaule
qu'on appelle actuellement les Pays de la Sarre, il
se fit en Orient d'autres mouvements d'immigrations
et d'émigrations entre d'autres peuplades, qui ne

---

(1) Bouillet. *Dictionnaire d'histoire et de géographie.*

CHAPITRE V. — PHYSIONOMIE DES HABITANTS. 163

cessèrent de se déverser vers l'Occident et le Septentrion. Dans leurs marches en avant et leurs contre-marches, elles se succédèrent périodiquement et se déplacèrent, en quelque sorte, systématiquement.

Les Mèdes, ou Arii, prirent position sur les bords du Tanaïs, et, en y mêlant leur sang au sang des Scythes, ils se sont appelés *Sarmates* ; de même qu'en s'établissant sur les rives de l'Ister (le Danube), et en y mêlant leur sang au sang des Égyptiens, qui y étaient colonisés, ils prirent le nom de *Syginnes*. C'est de ces deux positions géographiques et sous ces deux noms de Sarmates et de Sigynnes qu'ils se sont répandus, peu à peu, sous la pression de nouveaux arrivants, ou par d'autres motifs, sur *presque toute la face* du continent européen.

Jusqu'à ce jour, cette proposition a été peu mise en lumière ; aussi contraste-t-elle, quelque peu, avec les idées actuellement admises. Mais elle n'est pas moins vraie et, pour montrer combien elle est irréfragablement vraie, nous transcrivons, comme témoignage de ce que nous avançons, les récits des premiers historiens de l'antiquité, d'Hérodote (486 ans avant J.-C.), de Diodore de Sicile (60 ans avant J.-C.), qui ont *vu* ou *entendu*, sur les *lieux mêmes*, tout ce qu'ils ont transmis à la postérité.

« Diodore de Sicile nous apprend l'origine et le
« sort des *Sarmates*. En parlant, en effet, de l'agran-
« dissement prodigieux des Scythes et de tous les
« peuples qui en sont sortis ou qu'ils ont transportés,
« des pays conquis dans d'autres, d'Asie en Europe,

« ainsi que cela se pratiquait, il dit que les deux
« plus fortes colonies qu'ils ont tirées de l'Asie, sont
« celles qui proviennent, *l'une des Assyriens*, pour
« l'envoyer dans les terres situées entre la Paphla-
« gonie et le Pont, et *l'autre des Mèdes*, pour l'éta-
« blir le long du Tanaïs. Cette dernière a formé le
« *peuple sarmate* qui, après avoir triomphé des
« Scythes et de Cyrus lui-même, ne s'est pas seu-
« lement rendu maître des pays circonvoisins ;
« il a, de plus, étendu ses conquêtes sur une
« *grande partie de l'Europe.* »

Strabon, qui naquit 50 ans avant J.-C., signala la
présence des Sarmates sur les bords du Danube.

« Hérodote, plus de quatre siècles auparavant,
« avait signalé sur le Danube, au Nord de la Thrace,
« des Mèdes, sous le nom de Sigynnes. »

Ces Mèdes attestaient leur origine par leurs coutumes et leur langage, par leurs mœurs et leurs traditions de famille ; mais d'où leur venait le nom
étranger de *Sigynnes* qui ne se trouve nulle part
dans l'ancienne Médie ?

Ce nom ne peut leur avoir été donné que par
quelque vainqueur, et l'histoire n'en montre qu'un
qui est égyptien. C'est le grand Sésostris, qui a
dominé toute l'Asie et une grande partie de l'Europe ; il est parvenu, en Europe, jusqu'au-delà des
Scythes et de la Thrace, et il avait l'habitude, pour
attester sa gloire, de laisser, dans les pays conquis,
des monuments, et surtout des colonies.

CHAPITRE V. — PHYSIONOMIE DES HABITANTS. 165

Or, Ctésias et après lui, Étienne de Byzance, qui vécut au v° siècle de Jésus-Christ, « nous montrent, « dans l'Égypte, un peuple ou une cité du nom de « *Sigynne* », et ce qui démontre que cette nation, trouvée par Hérodote sur les bords du Danube, renfermait des Égyptiens, c'est que le culte de la principale divinité de l'Égypte s'y est établi à côté du Dieu des Perses et des Mèdes, et y a même prévalu.

« Tacite, en effet, nous montre, chez la plus grande « et la plus ancienne nation de la Germanie, chez les « Suèves, dont le nom et la situation rappellent si « bien les Sigynnes, *Isis* adorée sous la forme d'un « *vaisseau ?* »

De cette station sur les bords du Danube, les Sigynnes se sont répandus, d'un côté, par la Vénétie, le Tyrol, la Rhétie et les Alpes, en Italie ; de l'autre, par la vaste forêt Hercynienne et le Rhin, dans la Gaule.

Ce qui prouve, en effet, cette assertion, ce sont les dénominations qu'ils ont laissées sur leur passage, aux lieux et aux fleuves où ils ont séjourné.

Les choses se présentent, de cette façon, dans toutes les migrations de l'antiquité.

Ces noms, depuis le temps, se sont certainement modifiés au milieu des divers idiomes par lesquels ils ont passé, ou bien par les traductions. Néanmoins, il en reste assez pour les reconnaître.

Pour procéder avec ordre, il est nécessaire d'établir que les tribus des Mèdes ou anciens Arii, étaient, d'après Hérodote, les *Bouses*, les *Struchates*, les *Parétacènes*, les *Arizantes*, les *Budiens*, les *Mages*.

Ajoutons-y les Hyrcaniens, leurs plus proches voisins, et concluons, avec M. Boyer (1), que « si « les Sigynnes étaient réellement des Mèdes, nous « devons retrouver toutes ces tribus dans leurs « rangs. Eh bien! Les *Bouses* (Βοῦσαι) ne sont-ils « pas ce que ce mot veut dire, en grec, sous la « plume d'Hérodote, le *peuple pasteur ou bouvier ;* « les *Boii* qui ont donné leur nom à la Bohème et « à la Bavière *(Boiohemum* et *Boïaria)*, et que « l'on retrouve aussi dans la Gaule et dans l'Italie ? « Qui ne reconnaît, dans les *Struchates*, les *Étrusques ?* « et, dans les *Parétacènes*, les frères des Étrusques, « les *Rasènes*, les *Rètes*, qui, avec eux, ont peuplé « le Tyrol et la Rhétie, sans doute aussi les Pays « de la Sarre et l'Alsace, avant de passer en Italie? « Et les *Budiens*, leur appellation nationale ne se « retrouve-t-elle pas dans les *Budiens* du Borysthène « et dans les *Budiens* du Danube? Bude, la capitale « de la Hongrie, n'a pas une autre origine. Les « *Arizantes* ne rappellent-ils pas les *Arii*, les pre- « miers Mèdes, d'après Hérodote aussi, les *Arii* que « Tacite retrouve en Suévie et dont la dénomination « se reproduit dans celle d'*Aar*, ou d'*Arare*, donnée « à tant de rivières sur le passage des Sigynnes ? « Enfin, les *Magyars* de la Hongrie, auxquels on a « cherché, sans succès, une origine jusque chez les « Hioung-Nou de l'Asie orientale, amenés tout exprès « pour cette métamorphose de la muraille de la « Chine, sur les rives de la Theiss ; les *Magyars*

---

(1) Boyer. *Histoire d'Alsace.*

« sont ils autre chose que le peuple-roi des Mèdes,
« les *Mages* ? Plus près de nous, Magdebourg
« (Magetoburgum), Mayence (Maguntiacum), dans
« la Gaule, *Magelobria* ou Amagetobria, ville des
« Sequani, célèbre par la victoire d'Arioviste sur
« les Éduens (63 ans avant J.-C.), paraît être *Amage*,
« à l'Est de Luxeuil, et tous les Magstadt n'ont pas
« une autre origine (1). Et la Forêt Hercynienne,
« les Monts Hercyniens, ne sont-ils pas un souvenir
« l'*Hyrcanie* et des *Monts Hyrcaniens* ?

« Et ce ne sont pas là de simples rapprochements
« de mots ou de consonnances, dont l'identité de
« provenance n'a aucun étai dans l'histoire, ce sont
« des mots mèdes trouvés sur les lieux mêmes qu'ont
« dû habiter des Mèdes, au témoignage du plus res-
« pectable des historiens, de *l'exact et pénétrant*
« *Hérodote*, pour nous servir de la qualification même
« que lui donne le savant Wiseman.

« Il y a plus : le rapport n'existe pas seulement dans
« les noms, mais dans les usages, les mœurs, le langage,
« le costume, les armes, enfin, dans ce que les peuples
« ont de plus intime et de plus caractéristique, la
« religion ; oui, partout, où nous avons signalé l'élé-
« ment égypto-médique, en Germanie, en Italie,
« dans la Gaule, partout, nous avons retrouvé les
« dieux de l'Égypte et de la Médie, *Isis* et *My-*
« *thra* (2).

« Mais ce n'est pas tout encore ; sur le territoire
« même, où cet historien a signalé les Sigynnes, que
« trouvons-nous d'abord ? *Médiasch, Segeswar, Segeth,*
« les *Tschinganes*, les *Segulones, Segestica, Sissia,*

---

(1) Maxstadt. Voir tome 1er, page 460.
(2) Voir Mithra. Tome I, page 205.

« *Segesiena ora* et tant de noms qui rappellent les
« Mèdes et les Sigynnes ; moins loin de nous, sur
« une des routes qu'ont dû suivre les Mèdes du
« Danube pour arriver en Italie, se présentent, dans
« Strabon, les *Medoaci*, et ces dénominations an-
« ciennes du Bacchyglione et de la Brenta, le *Me-
« doacus major* et le *Medoacus minor*, plus avant
« encore, *Medullia*.

« En arrivant en Gaule, quelle a dû être la pre-
« mière halte des Mèdes-Sigynnes? Le territoire qui
« s'étend entre le Rhin et la Saône ; plus tard, ils
« seront arrivés sur les rives de la Seine. Eh bien !
« la première halte s'est appelée *Médiomatricie*, la
« seconde, *Séquanie*, et, des deux rivières dont ils
« ont peuplé les bords, l'une a pris le nom de
« *Sigynna*, et l'autre, celui de *Sequana*, c'est-à-dire,
« de Saône et de Seine.

« *Médiomatricie* veut dire, en sanscrit, la Mère
« des Mèdes : et qui ne reconnaît, dans la Séquanie,
« l'appellation même de Sigynes ou Sigunes, modi-
« fiée en s'éloignant de la source et en passant par
« la bouche des Gaulois ?

« La migration, en suivant le cours de la Saône,
« a dû atteindre le Rhône ; et, en effet, sur les rives
« de ce fleuve, et, sur la même voie en deçà comme
« au delà des Pyrénées, comme partout en Gaule,
« que sont tant d'appellations qui rappellent les
« Mèdes et les Sigynnes, sinon la trace des séjours
« de ces peuples ? » (1)

---

(1) Nous avons fait cette longue citation pour donner plus de poids à
notre assertion, et montrer aussi que nous ne sommes pas seuls pour
donner cette interprétation au texte d'Hérodote.

Ainsi nos *Sequani* ne sont autres que les Sicani de Thucydide, les Secani de Ptolémée, autrement dit, des Sigynnes.

Quant à la migration des Mèdes (Sarmates et Sigynnes), vers l'Occident, nous trouvons donc, à leur point de départ, *Médiasch* (Mégyes, ville de Transylvanie) et *Segeswar* (ville située également dans la Transylvanie, Autriche), et, à leur point d'arrivée, en Gaule, la *Médiomatricie* (1) et la *Séquanie*. Et c'est de cette manière que les éléments médique et égyptien se sont mêlés aux éléments gaulois déjà réunis dans le même pays devenu pour tous, finalement, la *patrie commune*.

Telle était la nationalité gauloise avant l'invasion romaine, c'est-à-dire, 59 ans avant Jésus-Christ, et, ce qui est à retenir, c'est que, par la suite, cette *nationalité commune ne s'est plus modifiée sensiblement*.

L'élément gaélique, provenant de la fusion des

---

(1) Médiomatricie « la mère des Mèdes ». En effet, dans la langue des Mèdes, *Mader*, dont est issu *Mater*, veut dire *mère*.

C'est au moins une explication que l'on peut appeler raisonnable, donnée de ce nom de Médiomatricie, qui est demeuré jusqu'ici une énigme pour nos historiens, de même, du reste, que pour le mot de Séquanie expliqué par la présence des Sigynnes.

Quel horizon nouveau ne se dégage-t-il pas de cette origine sanscrite, si simple et si naturelle ? que deviennent, devant elle, les étymologies de nos R. P. Bénédictins, dans leur *Histoire de Metz* ; de M. A. Houzé, dans son *Étude sur la signification des noms des lieux en France* ; du R. P. Bach, dans ses Études sur les origines de Metz, etc. ?

Selon nous, la lice nouvelle est ouverte présentement, pour les dénominations locales des Pays de la Sarre, pouvant être déduites des noms médiques, soit par les Sigynnes, soit par les Sarmates ou Sauromates, où se reconnaissent si bien le nom de la Sarre et ceux de tous les noms composés ou transformés, et même la *rue des Sarmates*, à Scherviller.

Voir, plus loin, aux *Étymologies des noms* des Pays de la Sarre.

Pélasges avec les Ibères, a successivement absorbé les éléments celtique, cimbrique et belge. Il en est résulté le caractère national déjà signalé. Néanmoins, le nombre des Ibères, ou les bruns-foncés, dominait au delà de la Loire ; les Pélasges et les Cimbres ou les blancs étaient en majorité à l'Est et au Nord-Est ; les Celtes, ou les bruns-clairs, occupaient le centre et, en grande partie, les régions de l'Ouest et du Sud-Ouest ; les Belges, ou les mêlés, étaient au Nord et au Nord-Ouest, depuis le Rhin jusqu'en Bretagne. Les Mèdes et les Sigynnes dont les premiers étaient blancs, comme issus de Japhet, les autres bruns-foncés, comme descendants de Sem, se trouvaient à peu près partout, par petits groupes, sans constituer une nationalité particulière et groupée. Les Sigynnes cependant, avaient, aussi bien que les Israélites, conservé leur type particulier, et bien que, de nos jours, leur nombre se soit sensiblement réduit, et qu'ils soient comme fondus dans les autres nationalités, la hauteur de leur taille, la blancheur de leurs dents et leur teint basané accusent, néanmoins, une provenance orientale semblant révéler qu'ils sont l'expression dégénérée d'un beau type.

En Bohême, en Angleterre, en Suède, en Italie, en Espagne, où aucune pression politique ne s'est exercée sur eux, et où ils sont connus sous les noms d'Égyptiens, de Tartares, de Zingaros, de Gitanos, ils tiennent encore leur ancien et digne rang patriarcal, quoique vagabonds ou nomades ; mais dans nos contrées, comme en Allemagne, où ils sont appelés Tziganes ou Zigeuner, leur lignée ne rappelle plus guère la noblesse de leur origine.

N. Bor.   LES PAYS DE LA SARRE   Planche XXIII.

Ch. Bernhoeft. Ph. Luxembourg.   Blanche Ducros del.

MARE DE BUCHHOLTZ
A SARREGUEMINES.

CHAPITRE V. — PHYSIONOMIE DES HABITANTS.

Ils en sont bien loin, au contraire, ces faux Bohémiens que nous rencontrons sur tous nos chemins, et qui habitent même nos villages. Ils portent un nom usurpé et leur sang est aussi faux que la tête qu'ils se font pour en imposer aux passants.

Il y a quelques années, quand il existait encore, dans nos pays, de véritables descendants de la noble race médique — et comme il en existe encore dans nos familles sous des noms nullement sigynnes, — nous avons eu personnellement occasion de visiter les derniers vrais survivants qui séjournaient dans la partie allemande de la Sarre : à Hellering, près de Hombourg-l'Évêque, à la Vieille-Verrerie près de Forbach, à Obrick près de Grostenquin, et surtout dans le pays de Bitche, à Philippsbourg, à Bærenthal, aux alentours du château de Lichtemberg. Ces localités avaient été choisies de préférence, probablement, à cause de la proximité des frontières et à cause des grands bois (1), où il leur était plus facile de se cacher.

Dans nos excursions du côté de ces stations, nous avons eu occasion de connaître et d'examiner de près les véritables et anciens Bohémiens ; il nous est même arrivé de partager, en nous tutoyant, le pain et le sel avec leur Wadja (2), qui avait conservé le type normal et toute l'originalité de sa tribu. C'était un beau vieillard, réellement imposant par sa pres-

---

(1) Voir le Varndt, Tome I, p. 307, 311, 393, 511.
(2) *Wadja* et *Wajrode*, nom esclavon du chef des Bohémiens. Quelques tribus lui donnèrent le titre de Grand Coërse que le roi des Ribauds prenait au xve siècle.

tance calme et digne, par son grand air de probité partagé par toute la caste, ce qui est, du reste, affirmé par ce fait judiciaire que jamais, jusqu'au 22 août 1826, il n'y avait eu, dans nos pays, de condamnation d'aucune sorte, prononcée contre des Bohémiens.

Cette date, hélas ! semble être le point de départ de cette espèce de dégradation morale qui se remarque dans ces quelques familles nomades et vagabondes dont il a été question plus haut.

La condamnation prononcée, le dit 22 août 1826, contre nos Bohémiens, jusque-là si irréprochables, l'a été pour vols. Ils étaient quatorze qui furent condamnés aux travaux forcés. Il a été constaté qu'alors, quand, après le prononcé du jugement, on les amena dans la salle voisine de l'audience, la désolation des femmes était telle qu'elles se roulèrent sur le plancher, en poussant des cris affreux, se tordant les bras, s'embrassant les unes les autres. Pendant ce temps, les hommes, au contraire, les condamnés, contemplaient ce spectacle de sang-froid, la pipe à la bouche.

Ce phlegme particulier est encore un caractère typique de cette ancienne race.

L'édit de Louis XIV, du 31 juillet 1682, contre les Bohémiens, leurs femmes et ceux qui leur fournissaient un asile, porta le dernier coup à leur prestige. Poursuivis alors par les agents forestiers et obligés, depuis 1793, de se faire inscrire à l'état-civil et de se choisir une demeure stable, ils se sont

---

(1) N. Denis, *Notes manuscrites.*

dispersés dans les localités ci-dessus indiquées et, peu à peu, ils ont changé de religion. Quelques-uns même se sont mariés avec des personnes du pays ; ceux-ci sont devenus propriétaires fonciers et ils ne sont plus reconnaissables que par leurs traits médiques qui ne disparaissent pas plus chez eux que chez les descendants d'autres nationalités dont le type primitif et invariable se reproduit et peut être reconnu après deux ou plusieurs générations. On peut même dire, à cette occasion et pour mieux faire ressortir cette évolution dans le genre humain que les choses s'y passent, comme dans certains végétaux à *feuilles alternes* dont, après un nombre déterminé de spires, les feuilles se retrouvent dans la même position que sur la spirale primitive ou typique.

Nos derniers Bohémiens bien connus n'étaient déjà plus nomades ; mais ils demeuraient par familles isolées dans des huttes ou des anfractuosités de rochers où nous les avons visitées. Elles y demeuraient par la froide saison ; mais dès les beaux jours, elles partaient après avoir planté leurs pommes de terre dans des terres abandonnées et ne revenaient qu'en automne pour la récolte.

Entre temps, toutes les bourgades et tous les coins habités, à plusieurs lieues à la ronde, furent visités et de quelle manière ? On ne s'arrêtait jamais qu'à l'entrée de ces localités près d'une source ou sous quelqu'autre abri. On se rendait là avec une cariole, rappelant les anciens coucous (1), dans laquelle on

---

(1) Voir Tome Ier, coucous, page 255 ; ils forment présentement de véritables maisons roulantes, qui caractérisent nos bandes nomades de Bohémiens, comme ils les caractérisaient, 450 ans avant Jésus-Christ, quand Hérodote les a vus sur les rives du Danube, répandus au-delà d'un vaste désert, sur un territoire immense.

séjournait nuit et jour. Ce véhicule, véritable capharnaüm, gardé par un chien attaché au-dessous, était traîné, à tour de bras par les uns et par les autres, ou par quelque haridelle qui prélevait un droit de pâture partout où elle passait; ce qu'on lui octroyait, du reste, par pitié.

D'ordinaire, le lieu de séjour était choisi par les femmes. Pour cela, elles précédaient le gros de la bande avec quelques enfants pendus à leurs vêtements ou portés sur le dos à l'aide d'une écharpe nouée au-dessous des seins. Une légion d'autres enfants de tout âge et de tout sexe tourbillonnait autour d'elles. Ce qui caractérisait cette avant-garde c'est que tous, les mères et les enfants, étaient pieds nus, à demi ou à peine vêtus et l'on ne pouvait se lasser d'admirer l'entrain extraordinaire de cette jeunesse: elle folâtrait, sautait, dansait, gambadait, faisait la roue, accompagnait les passants, tendant la main, simulant la faim et couvrant la route à distance.

Arrivée à destination et après son installation, toute cette société se répandait de même dans la localité à exploiter.

Le jour, les femmes circulaient et réunissaient, sans mendier, de quoi nourrir la caste, en offrant en vente des corbeilles ou autres ouvrages de fantaisie en jonc, en osier ou en branches de nerprun qu'elles savaient confectionner artistement; elles vendaient aussi pour les amateurs des philtres magiques, évoquaient les esprits, disaient la bonne aventure et recevaient en échange de la monnaie, du pain, du lard. Le lard surtout était l'objet de leur prédilection; elles le mangeaient cru et s'en frottaient tout le corps pour relever le lustre de leur chevelure de jais et de leur teint olivâtre de sigynne. Ainsi graissés, les hommes et les femmes s'exposaient aux rayons du soleil et c'est de là que leur venait probablement cette odeur particulière de caste qui se remarquait à leur approche et qui même se faisait sentir en plein air dans leurs rochers de Bœrenthal.

Le soir et surtout les jours de fête, tout ce personnel n'était plus reconnaissable; les haillons étaient déposés et les femmes trônaient dans les salles de bal ou sur les places publiques, etc., parées et métamorphosées à l'orientale, en reines ou en odalisques. Elles exhibaient leur talent musical pour faire danser; elles pinçaient de la harpe, maniaient habilement la guitare et tiraient de leurs violons crasseux et vermoulus des sons extraordinaires pour accompagner leurs maris ou d'autres comparses qui, d'ordinaire, jouaient de la clarinette. Cette musique était étourdissante et on ne pouvait s'empêcher d'être entraîné par le rhytme particulier auquel ils se conformaient ponctuellement et qui donnait à la danse une animation extraordinaire.

Ce talent musical était inné chez tous et, dès le bas âge, ils s'appliquaient, par goût, à le développer (1).

A un certain âge, on s'exerçait aussi avec frénésie à des tours de prestidigitation, de cartes et de

---

(1) On peut se rappeler la musique des Tziganes de la dernière Exposition universelle de Paris, et puis, qui ne connaît pas les quadrilles, les galops et les valses entraînantes de Waldteuffel, cet enfant des bois qui n'est autre que le fils d'un de nos Bohémiens ?

dés, en même temps que les jeunes gens développaient leurs muscles par des tours d'acrobates sur des perches ou des cordes, en maniant des poids et portant des fardeaux.

Comme occupations plus sérieuses, ils faisaient des paniers, réparaient les parapluies, repassaient les ciseaux et autres instruments tranchants, recollaient la vaisselle de porcelaine, pratiquaient l'étamage de la ferraille et la refonte des assiettes, des cuillers et des fourchettes en étain.

Les plus vieux ou les *pharaons*, comme on les appelait dans certaines castes, surveillaient ces exercices, tout en faisant faire, pour se distraire et amuser les enfants, l'exercice à des chiens; en apprenant à parler à des sansonnets et fumant leur pipe de bohémien laquelle servait tour à tour aux hommes, aux femmes et aux enfants, car, dès le bas âge, tout le monde fumait.

Comme caractères distinctifs, il est à remarquer que chez le véritable *Tzigane* ou *Bohémien*, le nez est aquilin; leurs yeux sont grands, noirs, à fleur de tête, animant leur physionomie dont les traits sont nobles et réguliers. Leur voix est grêle et leur langue ou plutôt leur jargon est un composé de mots indous, hébreux, valaques, esclavons, allemands, hongrois, français qu'ils débitent avec beaucoup de vivacité et une mimique remarquable presque aussi accentuée, aussi nerveuse que celles des Israélites.

Ils ne professaient aucune des religions du pays et, en fait de prières, on ne leur connaissait que certains cris aigus et quelques chants qu'ils entonnaient, le matin, debout et tournés vers l'Orient, pour saluer le soleil.

Pour compléter, il reste à ajouter que rien n'était émouvant et curieux comme le répertoire d'une bohémienne quand, poussée par la colère, elle débitait à l'adresse de la personne à qui elle en voulait, tout ce qu'elle savait, selon ses croyances, de l'effet des sorts, des maléfices, des objurgations, des malédictions, pendant que les hommes ou les autres femmes demeuraient calmes et tranquilles comme des statues.

Puisqu'il est constaté, par les considérations précédentes, que l'élément médique doit occuper une place notable dans nos Pays de la Sarre comme dans le Pays messin et dans presque toutes les autres régions de la Gaule jusqu'en Espagne, il est important de constater l'introduction de cet élément dans ces contrées.

D'après Hérodote, qui a trouvé ce peuple à chariots 450 ans avant Jésus-Christ, il faut admettre que les Sigynnes ou du moins leurs colonies les plus avancées, s'étaient, depuis bien longtemps transportées dans la Gaule et que c'étaient leur arrière-garde et le restant de la population qui restaient encore échelonnés sur les bords de l'Ister. Il est probable, par suite, que depuis longtemps aussi, ils s'étaient avancés jusqu'au delà des Alpes, après leurs premiers établissements en Séquanie.

CHAPITRE VI.

LE CARACTÈRE GAULOIS.

Nous ne reviendrons pas sur ce que nous avons dit de la physionomie et des caractères particuliers des diverses nationalités qui ont successivement constitué la nationalité gauloise dans laquelle il faut comprendre la nationalité des habitants des Pays de la Sarre (1).

Nous concluons, avec M. le Dr Godron, que malgré les différences organiques, physiologiques et psychologiques des diverses peuplades mises en présence; que malgré les modifications qu'il est possible de constater entre ces peuplades, il n'existe qu'une seule espèce d'*Homme*, qui, dans son organisation, présente certains caractères fixes et typiques et certains caractères susceptibles de variations.

Dans la partie fixe, il y a à compter la physionomie avec les traits originels propres à chaque famille et à chaque peuple; dans la partie variable, se rangent, au contraire, les mœurs, les habitudes, les occupations qui finissent par prendre des allures nouvelles, uniformes, susceptibles de devenir fixes et d'imposer des caractères particuliers typiques.

---

(1) *Pays de la Sarre*, T. II, p. 151 et suiv.

C'est ainsi que toute la population de la Gaule, quoique composée d'éléments hétérogènes, a pu, à la longue, acquérir un caractère général et que des caractères particuliers ont pu se constituer, en outre, dans chacune des diverses agglomérations de peuples suivant les positions climatériques ou d'autres conditions particulières.

Ce sont ces caractères que César a retracés, dans ses *Commentaires.* pour la nation gauloise d'au-delà de la *Province romaine* et les peuples gaulois qu'il a appelés *Acquitains*, *Belges* et *Celtes* ou *Gaulois* (*Celtes*, dans leur langage particulier et *Gaulois*, dans la langue de César).

« Toutes ces races (2) diffèrent, entre elles, par le
« langage, les coutumes, les lois. Le fleuve, nommé
« Garonne, sépare les Gaulois des Aquitains, la
« Marne et la Seine les séparent des Belges.

« De toutes ces nations, les Belges sont les plus
« vaillants, parce qu'ils restent complètement en de-
« hors de la culture et de la civilisation de la *pro-*
« *vince*, que les marchands ne passent que très rare-
« ment dans leur pays, et n'y portent point les den-
« rées qui amollissent les courages ; de plus, ils
« touchent aux Germains (3), qui habitent au-delà
« du Rhin, et ils leur font une guerre continuelle.

« La région occupée par les Gaulois commence au

---

(1) *Cæsaris Commentarii de Bello gallico*, lib. 1.

(2) Les auteurs romains ont appelé *Germains* tous les peuples compris entre le Rhin, le Danube, les frontières des Daces et des Sarmates et la mer Baltique ; de même, ils avaient nommé *Gaulois* tous les peuples vivant dans l'espace compris entre le Rhin, les Alpes, la Méditerranée et l'Océan.

(3) Que peuvent signifier ces paroles à un certain point de vue ?

« Rhône ; elle est comprise entre la Garonne, l'O-
« céan, les frontières des Belges, s'étend du côté des
« Helvètes et des Séquanes jusqu'au Rhin et regarde
« le Nord. Les Belges commencent à l'extrémité de
« la Gaule ; ils s'étendent jusqu'au Rhin inférieur, et
« sont placés au Nord et à l'Orient. L'Aquitaine est
« comprise entre la Garonne, les Pyrénées et la par-
« tie de l'Océan qui avoisine l'Espagne. Elle est si-
« tuée entre le Couchant et le Nord. »

On voit que César dans son appréciation du caractère gaulois ne l'a fait qu'au point de vue stratégique. Il aurait cependant pu ajouter, pour le moins, qu'outre la bravoure et le courage dont les Gaulois ont fait preuve dans les longues et sanglantes guerres qu'il a eu à soutenir pour les soumettre, ils se sont montrés pleins de force et de valeur, intrépides, infatigables, exacts à la discipline, ayant des chefs remplis de talents et qui n'avaient de barbare que le nom.

Nous savons par d'autres écrivains que les Gaulois étaient inconstants, légers, caustiques, spirituels, superstitieux et surtout curieux ; leur bravoure était proverbiale, ainsi que leur fureur de combattre et de vaincre, mais s'ils étaient prompts à suivre leurs avantages, ils ne l'étaient pas moins à se rebuter lorsqu'ils éprouvaient de la résistance. Uniquement jaloux de la liberté et de l'honneur, ils méprisaient la vie quand ils devaient la passer dans l'esclavage, ou sans pouvoir se distinguer par quelques actions de valeur. « Aussi (1) dès qu'ils étaient menacés de
« perdre cette liberté, ou qu'ils devenaient inca-

---

(1) Les R. P. Bénédictins: *Histoire de Metz*.

« pables d'agir, soit par le grand âge, soit par leurs
« blessures ou les maladies, ils se donnaient la mort,
« ou engageaient leurs amis à la leur donner, comme
« l'unique ressource contre le malheur de tomber
« entre les mains de leurs ennemis. Assiégés dans
« quelque ville, quand ils ne pouvaient plus se défendre,
« ils prenaient souvent le parti de tuer leurs femmes
« et leurs enfants, et de se rendre ensuite le même
« service les uns aux autres. Ils en usaient de même
« envers leurs malades et leurs blessés, lorsque dans
« une retraite précipitée, le défaut de voitures ne
« leur permettait pas de les emmener avec eux. Ils
« ne se faisaient aucun scrupule de les massacrer
« de leurs propres mains; et loin de regarder cette
« action comme inhumaine, ces malheureuses vic-
« times la sollicitaient comme une grâce.

« Un si ardent amour de la liberté n'était pas res-
« treint aux hommes seuls, les Gauloises se sont
« rendues si fameuses par cet endroit, qu'on peut
« dire d'elles qu'elles ont non seulement égalé, mais
« même surpassé les Lacédémoniennes. « Quand
« elles voyaient leurs maris ou leurs fils lâcher pied,
« elles s'armaient de haches et de tout ce qui leur
« tombait sous la main, et jetant d'horribles cris,
« elles attaquaient les fuyards et les ennemis: les
« premiers comme traîtres à la patrie, et les autres
« comme ennemis de leur liberté. Ces dispositions
« étaient naturelles à l'un et à l'autre sexe, et les
« enfants suçaient ces principes avec le lait. »

On a beaucoup vanté la bienveillance des Gaulois
envers les étrangers et leur grande hospitalité. Sans
les connaître, ils allaient au-devant d'eux pour les
inviter à se rendre dans leurs habitations et enviaient

le sort de ceux qui obtenaient la préférence. Quoique la curiosité fut innée chez eux, ils ne s'informaient du nom et du pays de leurs hôtes qu'après les avoir bien régalés; alors, seulement, ils leur faisaient toutes sortes de questions. Celui qui était convaincu d'avoir manqué aux devoirs de l'hospitalité envers un étranger, s'attirait non seulement un mépris général, mais était encore condamné à l'amende par le magistrat.

Ces caractères étaient généraux; mais à côté se montraient les caractères particuliers des diverses peuplades de la Gaule. César connaissait ces peuplades; mais pourquoi a-t-il préféré sa division géographique à une division ethnographique? Aurait-il eu des motifs pour le faire? Nous le découvrirons, par la suite, peut-être.

Finalement, il est à remarquer que de tout temps, la jalousie, la vanité, la gloire, l'amour-propre, l'esprit de domination et de lutte ont hanté le caractère gaulois. De là cette rivalité continuelle entre les divers peuples de la même nation; de là les guerres intestines et fratricides; de là cette antipathie de peuple à peuple, de province à province, d'individus d'une cité aux habitants d'une autre, comme cela se remarque encore de nos jours malgré la civilisation et tous les efforts d'une confraternité mieux comprise.

Pour de plus amples détails, ajoutons avec M. le comte de Las Cases, que les Gaulois étaient d'humeur joviale, aimant à chanter et à plaisanter, comme ils étaient prompts à venger une injure et plus prompts encore à chercher querelle. Leur turbulence n'a jamais été niée, pas plus que leur franchise, leur candeur et leurs vertus hospitalières. Ils ont toujours été difficiles à satisfaire, frondant l'autorité qui les conduisait, la harcelant comme une ennemie, au lieu de la défendre ; accomplissant les plus beaux faits par sentiment bien plus que par devoir; faisant tout pour la gloire et le mépris du danger, peu ou rien du tout, pour la cause commune et le bien public.

Répétez, ce qui a déjà été mentionné, que les Gaulois étaient spirituels, aimables, frivoles, loyaux, francs, gracieux, et convenez que si le portrait n'est pas exact pour le Gaulois d'autrefois, il l'est au moins pour ceux que l'on peut appeler les Gaulois modernes.

CHAPITRE VII.

HIÉRARCHIE GAULOISE.

Dans toute la Gaule, il n'y avait que deux classes d'hommes comptés pour quelque chose et possédant les honneurs :

les *Druides,*
les *Chevaliers.*

Les premiers étaient exempts d'impôts et n'allaient point à la guerre. (Voir pages 27 et suiv.).

Les chevaliers, au contraire, prenaient, tous, les armes aux diverses guerres offensives ou défensives qui, avant l'arrivée de César, étaient très fréquentes.

Le reste de la population, tenu comme en servage, n'osait rien par lui-même, n'était jamais consulté. Accablés de dettes, écrasés d'impôts, la plupart des hommes de cette catégorie se mettaient au service d'un *Grand* pour se soustraire aux violences des autres (1). Ceux qui se soumettaient à cette triste condition, étaient traités par leurs maîtres comme s'ils eussent été de condition servile. On les appelait *Ambactes, Clients, Dévoués, Solduries.* Plus les chefs étaient puissants, plus ils avaient de Clients. Ceux-ci avaient bonne ou mauvaise fortune comme

---

(1) Cœsar, *Bell. Gall.* VI. 13.

ceux qu'ils servaient. Ils suivaient le même sort jusqu'à mourir. César a écrit, que jamais il ne s'était trouvé un seul Client qui eût manqué à ce devoir (1).

Ces clients n'étaient pas seulement des individus, mais des villes et des états qui s'étaient soumis à d'autres pour en être protégés et ceux-ci étaient ainsi leurs patrons.

Le peuple, composé de personnes non libres, formait deux classes : les vrais serfs et les hommes de poëte. (L'étymologie de ce mot paraît être le mot latin *potestas*, puissance, pouvoir).

Les serfs étaient attachés à la glèbe, c'est-à-dire à l'héritage et vendus avec lui; ils ne pouvaient s'établir ailleurs, ni se marier, ni changer de profession sans la permission de leur maître, et ce qu'ils gagnaient était pour lui.

Les hommes de poëte n'étaient pas dans les mêmes conditions. Ils dépendaient bien aussi d'un autre, mais celui-ci ne pouvait disposer à son gré, ni de leur vie, ni de leurs biens. Leur servitude consistait à lui payer certains droits et à faire pour lui des corvées.

Dans le III⁰ volume des *Mémoires de la Société d'Archéologie et d'Histoire de la Moselle*, le R. P. Bach a dit que « la Nation gauloise pourrait être
« représentée par un homme : La tête serait l'as-
« semblée des Druides : à eux l'intelligence et la
« doctrine, la direction spirituelle et morale de toute
« la nation.

« La poitrine, le cœur, les bras représenteraient

---

(1) Cæsar, *Bell. Gall.* lib. III, cap, 22.

« la caste des guerriers avec le prince à leur tête.
« Ils avaient pour eux la force et leur fonction était
« la défense de la patrie.

« Le ventre était formé par la caste des agricul-
« teurs et des commerçants chargés de faire circuler
« la vie dans tous les membres (hommes de poëte).

« Enfin les artisans, les manœuvres, les domes-
« tiques destinés au service du reste du corps, en
« pouvaient être considérés comme les jambes et les
« pieds.

« Tous les membres dépendaient ainsi les uns des
« autres, mais ils ne formaient qu'un seul corps,
« comme disait Saint Paul, en parlant des premiers
« chrétiens. »

Sur le monument de Vercingetorix élevé par Napoléon III sur la pointe Nord-Ouest du mont Auxois, on lit ces paroles de Vercingetorix : La Gaule formant une seule nation d'un même esprit peut défier l'univers.

CHAPITRE VIII.

VÊTEMENTS CIVILS DES GAULOIS.

C'est par des restes d'anciennes sculptures que nous connaissons le costume civil des Gaulois.

Jusqu'à l'invasion de la Gaule par César, il était des plus simples, et consistait en une *tunique* de couleurs variées, généralement éclatantes, dont les manches descendaient jusqu'aux poignets. Chez les femmes, ce premier vêtement, descendait jusqu'aux talons; chez les hommes, au contraire, il n'allait que jusqu'aux genoux.

Sur cette tunique, se mettait une espèce de *blouse*, appelée par les Romains *sagum gallicum* ou *saie à manches*, que portaient également les Perses et les Mèdes d'Orient.

Cette blouse était d'étoffe rayée et ornée de bandes de pourpre très étroites; c'est pourquoi on l'appelait aussi *sagum virgatum*.

A la suite des temps, ces deux vêtements, saie et tunique, furent décorés de fleurs, de disques, d'ornements variés, de figures de toutes espèces et même de broderies d'or et d'argent chez les riches.

La blouse ou le sarreau des paysans de quelques parties de la France actuelle peut donner une idée de la *saie :* espèce de manteau formé de deux pièces carrées, avec manches, percé d'une ouverture pour passer la tête, couvrant le dos et les épaules et s'attachant sous le menton avec une agrafe en métal.

Les dernières classes du peuple remplacèrent la saie par une peau de bête fauve ou de mouton, ou par une couverture en laine grossière, appelée dans les dialectes gallo-kimriques, *l'inn* ou *lenn* (linna).

Pour les voyages et en hiver, on se servait encore d'un petit manteau richement décoré ainsi que de courtes vestes à manches *(cerampellines)*, ouvertes par-devant, teintes d'une belle couleur rouge et fabriquées principalement chez les Belges-Atrébates, dont la capitale était Arras. Les couleurs brillantes, étaient les plus recherchées. Les Atrébates fabriquaient aussi des saies nommées *cuculles* ou *bardocuculles,* manteaux à capuchon ou chaperon, pareils aux *capes* du Béarn que l'on conserve encore dans le Bigorre et dans les Landes.

La sculpture de *l'homme* et de la *femme*, sur le rocher de la route de Vaudrevange, fournissent le meilleur modèle de ce double costume primitif.

Il faut y ajouter la *chemise* et la *braie* qui se sont introduites avec le perfectionnement des premiers tissus et comme vêtements complémentaires.

La *braie* ou *pantalon* (bracca ou braga) était large, flottante et à plis multipliés chez les races kimriques. Chez les peuples d'origine gallique, particulièrement dans la Gaule méridionale que les Romains avaient surnommée *bracata*, il descendait en général jusqu'à la cheville du pied où il s'attachait par deux lannières de cuir qui partaient de la ceinture et se croisaient de là sur le vêtement jusqu'à la cheville.

Dans les temps reculés, quand, comme dit Lucrèce, (v. 970—1004), « le robuste conducteur de la charrue
« courbée n'avait pas encore paru ; quand les hom-
« mes trouvaient la nourriture de leur corps sous
« les chênes porteurs de glands, etc., etc., on se cou-
« vrit de peaux de bêtes sauvages et la saie se
« fermait avec une ceinture et des lanières de cuir.
« Mais, peu à peu, ces peaux se remplacèrent par
« des tissus de fils, d'abord tressés, puis tissés et
« ajustés au moyen de crochets de bois, d'os et de
« métal qui furent le précurseur de l'ingénieuse
« *fibule gauloise*, restée typique dans son genre. »

Le costume des femmes se rapprochait beaucoup de celui des hommes et, comme elles étaient grandes et fortes, cela leur donnait un air quelque peu masculin. Celles de la classe riche se fardaient, en outre, de rouge, ce qui, avec le teint roux et leur chevelure jaune d'or, produisait un aspect absolument singulier.

Leur tunique était large et plissée avec des manches longues et étroites. Ceinte au-dessus des hanches, elle laissait à découvert le haut de la poitrine et les épaules et descendait jusqu'aux pieds ; les riches l'ornaient de bandes de pourpre et d'or.

Par-dessus cette tunique, à la ceinture de laquelle elles attachaient une pièce d'étoffe en forme de tablier, elles endossaient, principalement en hiver, ou des manteaux semblables à ceux des hommes et qui s'ajustaient sur l'épaule, ou elles portaient des espèces de mantelets assez longs pour cacher les bras et les mains, et peu différents du camail de nos évêques.

Dans les premiers temps, la chaussure a dû être inconnue ; car les sculptures, représentant les deux sexes, montrent généralement les pieds nus.

Les riches portaient cependant des espèces de babouches, des bottes et des guêtres.

Et la coiffure ? et l'ornementation du corps ? Qu'étaient-elles ?

La parure du corps a précédé le vêtement.

D'après tous les documents traditionnels et autres, et sous toutes les latitudes, l'homme s'est peint le corps et le visage avec le suc des plantes ; il a orné sa chevelure de plumes, de fleurs, de feuilles, avant de songer à se vêtir, et l'usage du collier et du bracelet a même précédé la grossière peau de bête, adoptée par nécessité. Cette peau, il fallait le temps de la préparer et il était plus facile d'enfiler des coquillages, des fragments d'os ou de pierre taillés avec des silex.

Dans les cavernes et sous les rochers qui abritèrent les premiers hommes, on retrouve ces bijoux qui ont fait leur joie et leur orgueil.

Plus tard, quand on sut préparer les peaux et faire des tissus, on se fabriqua d'autres vêtements et d'autres ornements de tête avec des dents de chien, d'ours, de sanglier.

Sur une peinture égyptienne du temps de Sesostris, représentant les peuples de l'Occident, on remarque

CHAPITRE VIII. — VÊTEMENTS CIVILS DES GAULOIS.

un personnage, le tambou, tatoué en bleu, et vêtu d'un manteau de laine.

Le tatouage, en effet, paraît avoir été pratiqué dès les temps les plus reculés. Ceux qui ne voulaient pas se décorer de cette façon douloureuse se faisaient peindre toutes sortes de figures sur le corps, et ce sont ces figures bariolées de toutes sortes de couleurs, représentant des anneaux, des losanges et des feuilles de fougères, qui ont été reproduites plus tard, sur les étoffes, quand ils devinrent habiles à les fabriquer et à se créer ainsi le monopole de cette industrie.

La chevelure, chez nos pères gaulois, était la marque et le symbole de la dignité humaine. Elle était l'objet d'une sorte de culte ; on la laissait croître ; on l'entretenait avec amour. « Point d'orne-
« ments comparables alors à des cheveux blond-roux :
« on savonnait la tête avec de l'eau de chaux, ou on
« l'enduisait d'une pâte composée de cendres de hêtre
« et du suc de diverses plantes pour obtenir ces
« cheveux rouges, cheveux terribles dont la couleur
« approchait de celle du sang..... »

Les hommes partageaient les cheveux au sommet de la tête, par une raie, et les portaient, ou flottants dans toute leur longueur, ou liés en touffes. Le peuple se laissait croître la barbe ; les nobles se rasaient le visage, à l'exception de la lèvre supérieure, où ils entretenaient d'épaisses moustaches.

Les femmes séparaient également leur chevelure sur le front, mais elles les relevaient en tresses ou les rattachaient par derrière. Une simple coiffe carrée, en étoffe, les couvrait.

Quelques femmes portaient un long voile qui ne couvrait point le visage, mais seulement une partie du front et le derrière de la tête, d'où il revenait pour couvrir les épaules et le sein. Les plis qu'il formait s'arrangeaient parfaitement avec les tresses de la chevelure et les draperies du manteau.

Les jeunes filles avaient une coiffure qui se rapproche assez de celle de nos villageoises. Leur tunique, qui ne descendait que jusqu'à mi-jambes, était découpée en pointes par le bas, en manière de frange. Elles portaient aussi un tablier, à la ceinture, comme leurs mères qui complétaient ainsi leur costume avec des poches ou sacs de cuir. Ces accessoires sont encore en usage dans certains villages du Languedoc, où on les appelle *bouls* ou *boulgites*.

La Gauloise pauvre allait tête nue.

Les Gauloises riches, au contraire, portaient, ainsi que nous venons de le dire, un petit morceau d'étoffe coupé en carré, ou un voile à demi relevé sur le front. Ce qui les distinguait surtout, c'était la longueur plus grande du vêtement, la finesse de l'étoffe, les couleurs bleues et rouges, la richesse des dessins et des ornements, les colliers, les bracelets, les épingles d'ambre et de corail pour les cheveux, et le fard pour le visage.

Chez l'homme, quand, l'hiver, la chevelure ne suffisait plus, pour garantir la tête, il se couvrait d'un bonnet d'étoffe ou de poil, comme le faisaient les Mèdes et les Phrygiens ou Pélasges de la Thrace. La forme de cette coiffure nous a été léguée d'âge en âge et nous la retrouvons, autour de nous, dans certaines provinces de France et, même sur les bords de la Sarre, dans l'humble bonnet de coton, ou casque à mèche, que nous connaissons tous.

Les Druides portaient une couronne de chêne à feuilles d'or sur les cheveux, ce qui, avec leur longue barbe, leur longue et ample tunique de laine blanche que nous leur connaissons, formait un costume à la fois simple, riche et imposant.

Ajoutez, à ces caractères, la robuste et haute stature commune à tous les Gaulois, avec le teint blanc, les yeux bleus, les traits absolument réguliers, et le portrait physique de ces hommes renommés de l'antiquité sera complet.

CHAPITRE IX.

COSTUME MILITAIRE DES GAULOIS.

Pour se procurer ces grossiers vêtements de peaux qui couvraient si peu nos premiers ancêtres, il fallait lutter et se rendre maître des animaux sauvages ; il fallait les découvrir, ces animaux, les poursuivre, les abattre et, pour cela, de quoi disposaient-ils ? D'un lacet, d'une mauvaise fronde, d'un fragment d'os ou de pierre, d'une branche d'arbre brisée, et, d'un costume, léger, le moins gênant possible pour faciliter les mouvements.

Cet état de choses rudimentaire dura autant que durèrent *les âges de la pierre taillée* et *de la pierre polie*, établis par les archéologues et, durant ce long intervalle, on ne disposait, outre les instruments indiqués ci-dessus, que de haches et de couteaux en pierre, en os ou en coquillages, de massues, de marteaux, d'épieux durcis au feu qu'on nommait *gais* et d'autres appelés *cateies* (en langue gallique, dard brûlant), qu'ils lançaient enflammés sur l'ennemi. Avec *l'âge de bronze* qui fournit des haches, des couteaux, des poignards et des lances de ce métal, aussi bien que les agrafes, les épingles, les crochets, les bracelets, les torques et autres ornements, l'ajustement devint aussi plus raffiné.

Les chaussures grossières qui, dans le principe, n'étaient que des morceaux de cuir ou de bois, attachés par des lanières, devinrent de véritables chaussures pour les hommes comme pour les femmes. C'étaient les *galoches* ou *galliques*, cette chaussure nationale et indigène, comme le nom l'indique. C'étaient des souliers de cuir à semelles épaisses en bois ou en liège, médiocrement élevés de l'empeigne et attachés avec des lanières de cuir.

La saie, toujours à manches, en lin, en laine ou en cuir, se garnissait, par luxe ou pour la défense, de légers boutons et même de lamelles ou écailles en bronze; elle devint cotte de maille, d'invention prétendue gauloise, et même une cuirasse métallique indépendante de la véritable saie; elle se portait par-dessus et garantissait le corps, depuis le cou jusqu'aux genoux, ainsi que les épaules et une partie des bras. Au-dessus des coudes et pour défendre le reste du bras et l'avant-bras, on se parait d'anneaux en spirales ou bracelets en bronze auxquels on ajoutait de forts brassards du même métal d'une forme singulière, renflés et couverts de petits ornements gravés. Un large baudrier de cuir, richement fourni de gros clous ou d'autres ornements étincelants, portait, en sautoir et au côté droit, la *spatha* ou longue épée à un seul tranchant. Un ceinturon, également en cuir ornementé, ou massif en bronze ciselé, serrait la taille et facilitait les mouvements. On y fixait ordinairement un couteau de défense de petite dimension ou un poignard. Enfin, une large pièce d'étoffe de couleur voyante, descendant jusqu'aux genoux, et retenue au-dessous du cou par une agrafe ornementée, couvrait tout le corps ou flottait librement à l'entour.

Ce dernier accessoire ne contribuait pas peu à relever l'ensemble de tout ce costume d'une apparence réellement militaire. Un casque en cuir ou en bronze, ayant la forme de la tête, achevait ce cachet. Il s'attachait sous le menton par des jugulaires de cuivre et un couvre-nuque se voyait par derrière. De nombreuses pointes de bronze, plantées dans le cuir, rendaient cette coiffure singulièrement étincelante, plus même que les casques tout en métal ; mais ceux-ci étaient rehaussés par un panache de longues plumes flottantes de toutes espèces de couleurs. Parfois, ce cimier de parade était remplacé par des cornes de bronze ou des cornes naturelles d'élan, de buffle, de cerf, comme, d'après Homère, on en voyait à la guerre de Troie.

Le casque était le signe distinctif des chefs, ainsi que le collier ou torque, la hachette et la bague du commandement portée au doigt du milieu. Les soldats étaient tête-nue et des cercles de bronze retenaient leurs cheveux pendant le combat.

Un grand bouclier en osier, tressé comme un panier et recouvert de peaux, complétait le costume et contribuait à garantir celui qui le portait. D'ordinaire, ce bouclier n'avait pas d'ornementation ; mais, chez les chefs, il était renforcé par de minces bandes de bronze qui, extérieurement, se croisaient sous un *umbo* ou bosse saillante également en bronze.

On clouait aussi des figures de bêtes, à plat ou en bosse, sur ces boucliers qui étaient allongés ou quadrangulaires et peints, en-dessous et en-dessus, des plus vives couleurs. C'étaient des devises ou emblèmes au moyen desquelles chaque guerrier cherchait à caractériser son genre de courage ou à frapper son ennemi de terreur.

Ces accoutrements singuliers, rehaussés par les couleurs les plus riches et les plus variées, donnaient à ces hommes, à longues moustaches rousses et typiques, un aspect gigantesque et grandiose. Leurs baudriers et leurs ceinturons, magnifiquement brodés d'or, d'argent et de corail, étalaient, en outre, un luxe et une richesse somptueuse complétée par des colliers, des bracelets, des anneaux autour des jambes et des bras et par tous les autres objets précieux, rapportés par ces guerriers de leurs expéditions lointaines, et qu'ils se faisaient un véritable orgueil d'étaler à tous les yeux.

C'est donc avec raison que l'introduction du bronze et son emploi dans les objets d'un usage journalier d'armes, d'outils et d'ornements, a toujours été considéré comme l'événement le plus important des temps passés.

A cause de cette importance, il est également curieux de rechercher la première provenance de ce métal. Où et dans quelles circonstances, les hommes découvrirent-ils qu'en associant, dans certaines proportions, l'étain au cuivre, on donnait à celui-ci plus de résistance, tout en augmentant sa fusibilité ?

On prétend qu'en Amérique, le bronze, ou l'alliage, de cuivre et d'étain, a été rencontré, jadis, à l'état natif, à la surface de la terre où il faisait l'office de blocs erratiques. Il a pu en être de même sur le continent européen ; mais cela n'est pas très certain et le fait, quoique rapporté par des auteurs sérieux, semble n'être qu'une supposition. Rien ne prouve, d'ailleurs, que ces trouvailles eussent été suffisantes pour les besoins de l'époque.

Il est plus probable que le premier bronze a vu le jour, là où la rencontre des deux minerais de cuivre et d'étain s'est faite fortuitement dans un brasier assez ardent pour faire sortir ces métaux de leurs gangues et produire la fusion.

Mais où cette rencontre a-t-elle pu être possible ? En Europe, le cuivre est assez commun, mais l'étain ne se trouve qu'à l'extrémité occidentale du continent et, ailleurs, il n'en existe qu'à l'extrémité orientale de l'Asie.

On le trouve en Angleterre, dans le Devonshire, dans les Cornouailles et les îles Silly; en France, dans quelques départements du Centre et de l'Ouest; en Espagne et en Portugal, dans les provinces de Tra-os-Montes. Mais il n'est abondant qu'aux confins extrêmes et orientaux de l'Asie, dans la péninsule indienne, à Ceylan, dans la Birmanie, le Siam, aux îles de la Sonde, à la presqu'île de Malacca et au Tonkin. En Chine, surtout, il abonde avec le cuivre dans les sables stannifères. C'est donc là qu'a pu se faire cette rencontre fortuite, ainsi que la fusion présumée.

Connu des Chinois, le bronze a pu se répandre chez les peuples voisins avec lesquels ils étaient en relation. Il passa aux Japonais en même temps qu'il pénétra chez les Mongols et les Aryens d'où vinrent les Celtes qui l'ont apporté en Europe.

Jusqu'à ce jour, toutes les découvertes, faites par les ethnographes et les archéologues, même en combinant les révélations des sciences naturelles avec celles de l'Histoire et de la Linguistique, ont concouru à donner à notre hypothèse le caractère d'une vérité scientifique : pour cette raison, il faut l'admettre comme telle.

Quant au costume précité, il a été reconstitué d'après les vestiges les plus sûrs et les plus anciens. Mais depuis le premier juste-au-corps, appelé la *saie gauloise* de fourrure ou de gros tissu jusqu'à la tunique de lin ou de laine, ornée et élégamment fixée par une ceinture de prix, il y a eu bien des modifications. Le casque a le moins varié, quoique existant à toutes les périodes de l'âge de bronze. C'était une pièce rare réservée aux chefs et on l'ornait pour la mettre en vue dans les foules.

Le sagum ou blouse et le pantalon étaient constamment confectionnés avec ces étoffes rayées, à fleurs, qui ont tant excité l'admiration des Romains.

A la fin de notre xixe siècle, la couleur bleu-foncé est la couleur dominante ; il n'y a que les jeunes gens et les enfants qui portent des blouses et des pantalons en cotonnades, unies ou rayées, de couleurs claires, sans se douter qu'ils sont ainsi habillés, à peu près, comme leurs ancêtres des âges les plus reculés.

CHAPITRE X.

ARMES DES GAULOIS.

Les armes des deux premiers âges, dits : *âge de la pierre taillée* et âge de la *pierre polie*, ou des âges *paléolithique* et *néolithique* des Anglais, étaient :

La *pierre* brute de toute provenance, les *os* des animaux, les *branches* d'arbres brisés, la *massue*, la *fronde* et l'*arc*.

A la suite des temps, les armes, en bois et en os, ont disparu, mais les pierres de silex, de jade, de serpentine, etc., taillées en pointes de flèches, et en haches de toutes dimensions sont restées. Découvertes, pour la première fois, par John Frère, dans les alluvions de Hoxne (Suffolk), retrouvés par Boucher de Perthes, dans celles d'Abbeville (Somme), enfouis avec les os d'éléphants et de rhinocéros, ces instruments se présentent habituellement sous la même forme générale ; un morceau de pierre plus ou moins allongé avec une extrémité épaisse et arrondie, tandis que l'autre extrémité a été rendue tranchante et amincie en pointe, à l'aide de chocs nombreux produits par un percuteur.

D'après Boucher de Perthes, on admet que ces pierres, pour pouvoir servir à une fin quelconque, devaient être emmanchées ou fixées par un lien. Une disposition de ce genre devait être indispensable, surtout, pour des pièces de fortes dimensions. En était-il de même pour les autres? On le suppose aussi; mais à quoi pouvaient servir ces petites hachettes, taillées comme les grandes, mais sans aucun tranchant?

Pour celles-ci, souvent percées d'un trou, il est admissible qu'elles ont dû servir d'amulettes ! D'amulettes, et à quelle fin?

Entre toutes les suppositions, plus ou moins plausibles, il en est une, qui a été proposée par Dom Mabillon, dans sa Lettre d'Eusèbe Romain à Théophile François, sur le culte des Saints baptisés. Dom Calmet a admis cette proposition et l'a développée, dans une longue dissertation sous cette formule, *sub ascià dedicavit*. Cette inscription est présentée quelquefois en abrégé par les lettres S. A D., quelquefois aussi, elle l'est par une hache gravée, une doloire, un instrument tranchant recourbé, à manche aussi recourbé. « Le supplice de la hache, continue Dom
« Calmet, était autrefois en usage, et il l'est encore
« aujourd'hui; il consiste à couper la tête, le poing
« ou la main à certains malfaiteurs. J'ai vu, dans
« quelques cours franches d'Alsace, une hache avec
« la main coupée, en peinture, pour avertir que qui-
« conque violerait la franchise de ce lieu, serait
« condamné à avoir le poing coupé. J'ai vu aussi une
« main gravée sur une fontaine et sur la porte
« d'une chapelle, pour signifier la même chose. »

Dans le même ordre d'idées, une hache placée sur une tombe signifierait qu'on punirait de ce supplice les profanateurs. Portée par une personne ou sur une personne, elle signifierait, peut-être aussi, que cette personne était à respecter sous peine d'être puni de la même manière, *sub pœnà asciæ*.

Ces âges de pierres ont duré un laps de temps immense, qu'il est impossible de mesurer, même approximativement, et pendant tous ces temps, nos aïeux n'avaient que ces simples armes et outils de pierre, d'os et de bois pour pourvoir à leur subsistance, construire des abris quand les grottes ou anfractuosités faisaient défaut et se défendre au besoin, contre les agressions.

Ce qui étonne encore davantage, c'est que ces mêmes hommes, disposant seulement d'agents aussi faibles, se soient élevés de leur primitif état de misère, à un certain degré de civilisation. Réunis en tribus et même en peuplades, ils avaient construit des habitations, créé des villages, des rings ou enceintes fortifiées, érigé des monuments étonnants par leurs dimensions tels que les dolmens, les menhirs, les cromlech's, les allées couvertes, etc. Ils connaissaient l'agriculture, l'élevage des troupeaux, le tissage des étoffes, la batellerie; ils avaient dompté le chien et le sanglier.

Ces lignes qui sont vraies pour certaines parties de la Lorraine (1) pourraient paraître exagérées et ne point convenir aux Pays de la Sarre. Il est vrai, nous n'y trouvons pas des milliers de silex taillés, en place dans les alluvions anciennes, en compagnie d'ossements d'animaux de l'époque quaternaire ; en fait d'atelier de fabrication de ces sortes

---

(1) F. Barthélemy, *Recherches arch. sur la Lor. avant l'histoire*.

LES PAYS DE LA SARRE.

N. Box.   PlancheXXIV.

Béha, Impr.   P. Denis, del.
Habitation Gauloise, il y a 1900 ans. (Bretagne).

de silex, abstraction faite de la région du Hundsrück, dont les roches grauwackiennes pourraient avoir été utilisées à cette fin, nous ne connaissons que l'atelier de Raon-l'Étape, au pied du Donon, où il existe aussi un gisement de trapp et de grauwacke, et où se fabriquaient des échantillons de cette nature. Encore, cet atelier ne nous appartient-il pas précisément, puisqu'il est placé sur une des rives de la Plaine. Nous n'avons pas non plus de grottes ou fissures, moins encore des *palafittes* comme en Suisse, ou des *Kjœkenmœddings* comme en Danemarck, bien que notre contrée embrasse une assez grande étendue de terrain. De plus, la position topographique du pays n'a pas dû être favorable à des établissements humains. Entouré, depuis le plateau du Hundsrück jusque de ce côté-ci du Donon, d'une clôture de roches de grès vosgien et de grès bigarré, le Bassin de la Sarre ne laissait plus accessible que les deux bandes, l'une à peu près aussi large que l'autre, de muschelkalk et de keuper et, autrefois même, le terrain, occupé par ces deux bandes, n'était que forêts et marais.

Malgré ces conditions défavorables, malgré le petit nombre d'établissements et d'échantillons typiques connus, nous sommes néanmoins fondé à admettre, que les Pays de la Sarre ont été habités, aux temps les plus reculés, et nous étayons cette présomption sur les précieuses trouvailles faites à Sarreguemines et à quelques autres stations voisines, à Rouhling, au Hérapel, à Morsbach, à Mackwiller, etc. Partout, les fouilles ont produit des trouvailles remarquables. Outre les tumulus et leur mobilier funéraire, (voir p. 97-131 de ce volume,) nous avons surtout à relever, cette pointe particulière, de lance ou de javelot, en silex pyromaque, trouvée dans les alluvions de Sarreguemines, citée page 241 de ce volume, et placée à l'Exposition de 1895, de Strasbourg, Section des antiquités, au premier rang des objets rares en pierre, remontant à la période chelléenne de l'époque quaternaire.

Puisque donc, la station de Sarreguemines, à peine effleurée, a fourni des échantillons de cette valeur, nous nous croyons autorisé à conclure que d'autres localités, fouillées, produiraient au moins les mêmes résultats, d'autant plus que les moindres de ces localités ont à exhiber des pierres à tonnerre, comme on les appelle, ou haches à tonnerre (*Donner-Aexle, Donner-Keule*). Les familles conservent ces objets pour des motifs que nous avons déjà indiqués, page 137 et suivantes. Malheureusement, tout ce qui est de la nature du silex, n'importe de quelles variétés, a été souvent réduit en fragments minuscules, afin de faire du feu sous le briquet, et de s'éviter la peine de courir, parfois le matin, de maison en maison, pour se procurer une pelletée de braise ardente, avant l'invention de notre précieuse petite allumette suédoise, qui a détruit tous les briquets à gaz, ou à phosphore, en même temps que l'antique et désagréable allumette de bois ou de chanvre soufré.

En résumé, les premières armes des Gaulois étaient, jusqu'à l'introduction du bronze, des fragments de pierre, fournis d'abord par la nature, puis, éclatés et polis artificiellement. Elles font connaître les conditions d'existence des premiers habitants du pays et leurs relations avec les peuples voisins. A ce double point de vue, il est important d'en faire une étude spéciale.

Par la *pierre taillée*, on a obtenu des *lames tranchantes*, des *couteaux*, des *haches*, des *racloirs*, des *scies*, des *pointes* de *flèches*, de *javelots*, de *lances*, outre les *marteaux*, les *massues* et les *percuteurs* qui ont servi à leur confection.

La *pierre polie* a fourni les *haches polies* de toutes dimensions et de toute nature, les *herminettes* et les *gouges* qui ne diffèrent de la hache que par une face presque rectiligne, n'ayant de biseau que d'un seul côté, les *ciseaux*, les *marteaux forés*, les *bracelets*, et autres *bijoux* en pierre, en os, en corne, en coquilles, en ambre et en terre cuite. Les objets en terre cuite se retrouvent même partout, pendant l'âge de la pierre, sous forme de *pesons*, de *fusaïoles*, de *perles* et surtout de *poteries*; car l'art de travailler et de cuire la terre, paraît avoir été connu depuis les premiers temps de la période néolithique.

Ainsi que nous l'avons déjà établi, le nombre de ces objets découverts dans les Pays de la Sarre, est relativement peu considérable, à cause du nombre très restreint de stations fouillées ; mais les trouvailles faites, à ce jour, suffisent, pour établir les dates d'habitation, l'état et l'usage du mobilier des habitants ; leurs armes, leurs mœurs et leurs relations avec leurs voisins.

Comme documents et preuves irréfragables de ce que nous avançons, nous citons de nouveau, la pointe déjà mentionnée, à la page 141, trouvée dans les alluvions de Sarreguemines. Elle est en silex pyromaque, taillée et devenue opaque par l'âge, de manière à ressembler à de la corne ou à du vieil ivoire. L'extrémité est cassée et ce qui en reste en longueur, jusqu'à la naissance de la tige, mesure 0^m,075; la tige compte 0^m,015, de sorte que la longueur totale est de 0^m,09 sur 0^m,037 de largeur maxima. La largeur de la tige mesure 0^m,025 et l'épaisseur maxima est de 0^m,01.

Cette pièce, très rare pour l'Est de la France, semblable en tout, par ses éclats anguleux, à celles qui ont été découvertes à Chelles (1), dénote pour la contrée, notamment pour Sarreguemines, (?), une station habitée dès les premiers temps humains.

Une autre pièce, également en silex pyromaque, mais entièrement translucide, a été trouvée dans les fouilles opérées aux *Maisons payennes* de Roubling. Cet échantillon, découvert dans l'unique sépulture de l'endroit, présente, par sa grande lame tranchante, de 15 centimètres de long, un rasoir ou un couteau. Pour l'âge, elle peut être rapportée à la même période chelléenne.

Il est présumable, qu'outre ces échantillons typiques, il s'en trouvera encore d'autres, bien qu'il soit reconnu que, à cause de leurs nombreuses anfractuosités, ces sortes de pierres ont dû être cassées plutôt que les pierres polies, dans un pays où l'usage du tabac et du briquet, a été en vogue plus qu'ailleurs.

Les pierres polies sont, en effet, beaucoup plus nombreuses autour de nous. On peut même dire *qu'il en existe partout de toutes formes et de toutes tailles.* Elles témoignent aussi en faveur de l'occupation humaine, mais à des temps moins éloignés de l'époque actuelle.

---

(1) Chelles, bourg (Seine-et-Marne).

Comme objets particuliers d'ornements en pierre polie, il y a lieu de remarquer les deux curieux anneaux plats, signalés, en 1841, dans les Mémoires de l'Académie de Metz. L'un est en serpentine, l'autre en granit ; ce sont probablement des bracelets, comme il s'en trouve beaucoup en Alsace. Seulement, ces derniers sont tous en euphotide.

Pour compléter nos preuves, par les armes et autres objets en bronze, nous rappelons également encore, et en première ligne, la belle hache de M. Léon Jaunez, déjà signalée, page 138, en ajoutant que cet échantillon, à deux rebords longitudinaux ou oreillons en son milieu, mesure 0^m,15 de long sur 0^m,03 de large et pèse 283 grammes. Il paraît être modelé d'après le moule trouvé à Vaudrevange.

Nous citerons aussi, d'après M. le curé Schmit, la trouvaille faite au Hanseberg, près de Vaudrevange, de trente haches en bronze, rangées en cercle autour d'une autre hache plus grande et en même métal.

A cette trouvaille, nous ajouterons l'autre trouvaille faite encore à Vaudrevange, en 1851, dont M. Victor Simon a rendu compte et dont nous avons énuméré, page 138 et suiv., les divers objets, pour montrer en quoi peuvent consister ces trouvailles qui, toutes, ne sauraient être énumérées ici.

Outre huit grands bracelets, en bronze, de même grandeur et de même forme, trouvés dans les alluvions de la Bliese, à Schweyen, près de Sarreguemines, nous renvoyons au long et important répertoire des nombreux objets, trouvés dans les fouilles de tumulus à Roubling, à Cadenborn, à Mackviller, parmi lesquels figurent des échantillons de provenance étrusque. (pages 96 et suiv.)

Enfin et pour en finir, nous ajouterons que, jusqu'à nos jours, des objets de bronze, de fer, d'os, de corne, ont été trouvés dans presque tous les centres d'habitations actuelles, notamment vers l'Est du Bassin de la Sarre. On y a rencontré déjà jusqu'à 5 espèces de moules à haches et à coins. Malheureusement, tous ou la plupart de ces objets sont éparpillés, et il est difficile d'établir des comparaisons.

Ces dernières assertions deviennent encore plus évidentes devant le répertoire d'objets préhistoriques, rédigé par le D^r. Moser, décédé médecin militaire à Sarreguemines. Son travail est consigné dans 54 feuillets manuscrits, de 4 pages par feuillet, ce qui équivaut à 216 pages, et toutes les trouvailles faites, dans le Bassin de la Sarre, du côté de la Bavière rhénane, ont été inscrites, avec marques particulières, sur une carte du Palatinat. Ce répertoire est fort curieux.

Néanmoins et après l'examen des nombreux objets des âges préhistoriques, appartenant aux confins de la Sarre, il faut convenir que nous sommes pauvres en comparaison des riches et nombreux documents fournis par les régions du Sud et de l'Ouest de la France.

Malgré cela, nous répétons, que cette infériorité peut n'être que relative et provient vraisemblablement du petit nombre de fouilles et de recherches faites à ce jour.

Naguère même, nous ne possédions absolument rien ; et voilà que, déjà, nous sommes à même d'établir des données certaines et de répondre péremptoirement à de vagues suggestions, comme, par exemple, pour celle de l'existence du culte de Mithra dans nos contrées.

Nous avons signalé ce fait pour le monument de Schwarzerden. La récente trouvaille de M. Fisenne, à Sarrebourg-Haut, confirmée par l'éminent archéologue, M. Cumond, professeur à l'Université de Gand, met fin à toute hésitation, et prouve, que nous avons véritablement à compter avec l'élément médique dans la composition du personnel des premiers habitants du Pays de la Sarre, ainsi que nous l'avons fait pressentir précédemment.

CHAPITRE XI.

NOURRITURE ET BOISSON DES GAULOIS.

Faute de données suffisantes spécialement applicables aux Pays de la Sarre, nous traitons cette question, pour tous les anciens peuples de la Gaule, d'une manière générale.

Pendant les âges de pierre, surtout aux débuts, la nourriture dut être d'une frugalité extrême. Elle consistait cependant, paraît-il, en chair, puisque les os des animaux l'attestent, en fruits et en légumes.

Le sanglier étant déjà domestiqué, c'est le porc qui a dû fournir les prémices de la table, avant le gibier, avant la volaille.

Les fruits, déjà assez variés, mais peu raffinés, consistaient en diverses espèces de glands, en faînes, en noisettes, en poires et pommes sauvages (1), en plusieurs sortes de prunes acerbes, en sorbes, nèfles, alizes, airelles, mûres, framboises et fraises.

Les légumes aussi devaient être rares : les racines de la carotte, de la chicorée et d'autres plantes semblables, n'avaient pas encore pris leurs développements pulpeux, dus à la culture progressive et savante.

---

(1) On cite une certaine pomme, dite *pomme gauloise*.

A ces fruits et à ces légumes, il faut ajouter des farines extraites de différents grains ; car les Gaulois connurent le blé, et le millet, d'où les Marseillais leur apprirent à obtenir la farine par le broyage dans des meules de grès, dont les fragments se rencontrent fréquemment dans nos champs.

La culture gauloise avait même fait des progrès, tels qu'une grande exportation de blé se faisait, en Italie, avec les peuples de la péninsule.

Dans l'origine, la charrue n'était qu'un morceau de bois très long et recourbé, de manière qu'une partie entrait dans la terre et l'autre servait à l'attelage. Plus tard, ce premier instrument de culture se fit en deux pièces ; l'une longue pour l'attelage, l'autre courte pour entrer dans la terre ; c'était une espèce d'ancre.

La culture, par suite, était difficile et produisait peu. Mais une grande révolution a dû se produire, dans le régime alimentaire, quand le feu du ciel y eut apporté son puissant concours. On présume que c'était aux tout premiers temps de l'âge de pierre. Plus tard, le feu du silex, remplaça le feu du ciel.

L'immixtion du sel et de certaines plantes, à saveur acerbe ou amère, avait déjà opéré un progrès sensible, dans la préparation alimentaire ; la cuisson acheva de tout modifier. Après l'introduction de la vigne, six siècles avant J.-C., la fabrication du vin et l'art culinaire gaulois, eurent même de la réputation. On exporta de la viande de porc, qu'ils savaient accomoder, dit-on, de cinquante-cinq façons différentes et, en même temps, il y eut un grand commerce de vin, qu'on livrait aux étrangers.

La bière est, après le vin, la plus ancienne boisson artificielle. Son invention est attribuée aux habitants de Péluse, ville d'Egypte. On dit que, ne pouvant cultiver que des grains dans leurs terres, parce que celles-ci étaient, chaque année, inondées par les eaux du Nil, les Pélusiens trouvèrent, en l'an du monde 2107, l'art de se faire, avec ces mêmes grains, une boisson et, selon l'expression de Pline, *ils forcèrent l'eau de leur fleuve, à les enivrer.* Cette découverte fut considérée comme un bienfait, qu'on attribua au dieu Osiris.

Chez les peuples septentrionaux de l'Europe, l'invention de l'hydromel, qui est aussi fort ancienne, a été également attribuée, par reconnaissance, au dieu Odin.

Il paraît que la bière des anciens n'était qu'une simple infusion et qu'on faisait macérer les grains dans l'eau: aucun auteur ancien ne nous apprend qu'elle fût cuite.

Quand on voulait cette bière-là forte et aromatique, on y mêlait du piment, de la résine des arbres verts et des baies. On l'appelait *cervaise.*

Saint-Augustin dit quelque part que le *cidre* est la plus ancienne boisson des hommes. Elle se fait effectivement, comme le poiré, de la manière la plus simple — en écrasant les pommes et les poires, douces ou acerbes — en exprimant leur jus qu'il suffit de laisser fermenter. Par l'adjonction de prunelles ou de mûres sauvages, on leur donnait une couleur de vin capable de tromper l'œil.

Nous ajoutons sur la foi de nos R. P. Bénédictins (1) :

« A la plus gracieuse réception, les Gaulois se pi-

---

(1) RR. PP. Bénédictins, *Histoire de Metz.* L. 1, p. 27.

CHAPITRE XI. — NOURRITURE DES GAULOIS. 213

« quaient de joindre la bonne chère. Leurs mets
« ordinaires étaient du laitage et des viandes de
« différentes espèces, surtout du porc frais et salé.
« Ils s'asseyaient sur des peaux de loups et de chiens
« étendues par terre. Les plus jeunes enfants de la
« maison apportaient les plats, et les meilleurs mor-
« ceaux étaient pour les plus qualifiés des convives.
« La bière, alors en usage, n'était pas épargnée dans
« ces repas, où celui qui tenait le premier rang bu-
« vait toujours le premier. Lorsqu'il avait bu, il pré-
« sentait, à son plus proche voisin, la coupe qui fai-
« sait ainsi la ronde. La même servait à tous, et il
« était également défendu de boire avant son tour et
« de refuser quand il était venu.

« (De là vient apparemment, disent les auteurs de
« l'*Histoire Universelle*, imprimée à Leipzick, la cou-
« tume de boire l'un à l'autre.) Au reste, on peut
« juger de la frugalité et de la sobriété des Gaulois
« par l'amende à laquelle étaient soumis ceux dont
« l'embonpoint passait une certaine mesure. »

Puisqu'il est démontré que les Pays de la Sarre
étaient habités dans les temps préhistoriques, les
Gaulois de la contrée durent suivre le régime alimentaire commun pour les boissons, comme pour le
reste de la nourriture. Il n'existe aucune raison plausible pour supposer le contraire.

CHAPITRE XII.

HABITATIONS DES GAULOIS.

Jusqu'à nos jours, on n'a pu découvrir d'habitation des premiers Gaulois, pas plus sur la Sarre qu'ailleurs, dans l'ancienne Gaule. On en est donc aux conjectures pour cette question, comme pour tant d'autres pour lesquelles le temps et d'heureuses trouvailles ont à fournir de meilleures solutions.

Il nous reste, cependant, dans les forêts, conservées jusqu'ici quelque peu intactes, quantité d'*ouvertures* ou *fosses*, les unes, remplies d'eau stagnante, les autres à sec. Toutes portent, suivant les localités, des noms particuliers : de *mares*, de *margelles* ou *mardelles*, de *trous-de païens*, du *diable*, de *sorcier*, etc. Leur diamètre est variable et la profondeur, au-dessous du niveau du sol, est rarement de plus d'un à deux mètres; mais leur aspect et ce qu'on y constate, par le creusement, est presque identique, et dénote un même système suivi dans leur établissement. Sous une couche de tourbe boueuse, de charbons, ou de charbons et de fragments de bois noircis par le feu ou le temps, on constate avec quelques débris de poterie grossière, de petits os d'animaux; parfois quelque silex ou outil de fer oxidé. Partout, sous ces premières couches, il se montre un cône renversé, de terre glaise battue, dont le sommet plonge à plus d'un mètre dans le sol. Souvent même, cette terre, qui se rencontre invariablement, est étrangère au pays et ne se rencontre même qu'à d'assez grandes distances.

Cette particularité dénote aussi une intention préméditée qui, parfois, se confirme encore par la présence de restes de poutrelles ou de rondins de bois, fixés à l'entour de la base du cône.

Depuis longtemps, on a cherché à expliquer ces singulières dispositions qui ne se justifient mieux qu'en les considérant comme des fondations de primitives habitations gauloises, ainsi que nous l'avons déclaré, il y a plus de quarante ans.

En effet, M. l'ingénieur Hirsch, chargé de la construction du Canal des houillères, y a trouvé, au bord d'une mardelle attaquée par les travaux de déblaiement, près de Mittersheim, une hache polie en silex blanc laiteux; de plus, le fond vaseux de cette mare contenait de forts troncs de chênes, grossièrement équarris, sur lesquels se reconnaissaient fort bien les traces d'instruments tranchants.

A Inswiller, dans le canton de Fénétrange, l'ancien fermier du Grünhoff, en pratiquant des travaux de dessèchement, a retiré de l'une de ces mares la charpente d'une toiture conique analogue à celle des cabanes de bûcherons.

En 1888, le fermier du Grünehof-Hotterhoff, dans la même région, ayant fait dessécher une mare pleine d'eau, trouva le fond rempli de démolitions de tous les temps.

A l'appui de ce que nous avançons, nous ne citons que ces seuls exemples, empruntés à des personnes étrangères, en ajoutant que ces mardelles sont nombreuses dans les forêts du Muschelkalk et du Keuper. Il n'en existe point dans les grés.

« Mais toutes les excavations de nos contrées ne
« datent pas, dit M. F. Barthélemy (1), du dernier
« âge de la Pierre, et toutes n'ont pas servi d'habi-
« tations. Le plus grand nombre ne remonte pas
« au-delà de l'âge des métaux, c'était encore la de-
« meure des Gaulois au temps de César ; et quelques-
« unes, qui ont jusqu'à quarante mètres de diamètre,
« sont beaucoup trop vastes pour avoir été recou-
« vertes d'un toit. Ces dernières ne seraient que des
« réservoirs pour l'eau de pluie, et on les rencontre
« précisément dans les plaines argileuses dépourvues
« de sources à débit constant. L'âge et la destina-
« tion de ces mardelles ne peuvent être établis que
« par des fouilles méthodiques qui sont encore à
« faire. »

On a longtemps prétendu que ces mardelles se groupaient régulièrement trois par trois. Il n'en est absolument rien ; pour leurs distances de séparation, il en est de même : elles se plaçaient suivant les expositions et, selon les apparences, à des espaces indéterminés.

Toutes ces habitations rurales, étaient circulaires, légèrement enfoncées dans le sol ; elles étaient surmontées d'un toit conique avec une ouverture supérieure pour recevoir le jour et donner issue à la fumée. Les murs, dit Vitruve, et toute la construction étaient faits en bois, avec des branches ou des troncs d'arbres très rapprochés ; les interstices étaient

---

(1) M. F. Barthélemy, *Recherches archéologiques sur la Lorraine*, page 65.

reliés par de la terre glaise mêlée de paille, et des gazons, mêlés à des mottes de terre, garnissaient tout l'extérieur depuis le sol jusqu'en haut, absolument comme les huttes de charbonniers de nos bois. Ordinairement, cette construction n'avait qu'une seule ouverture (Voir Planche XXIV) pour les entrées et les sorties, et encore ces passages étaient-ils barrés par des piquets de quatre-vingts centimètres pour empêcher les animaux de pénétrer.

Une remarque générale à faire est celle qui est due en premier à M. l'abbé Cochet : c'est que « toutes ces *marges*, irrégulièrement placées dans les « plaines, dans les taillis, sur le flanc des collines, « vers la crête, quelquefois groupées en grand « nombre dans un petit espace, ne laissent apperce- « voir, dans les environs, aucune trace de déblai au- « quel leur construction a dû donner lieu, et cepen- « dant le volume de ce déblai se monte pour quel- « ques-unes à onze mille mètres cubes (1). »

Le même fait se constate dans les Pays de la Sarre.

La construction des habitations des villes n'était pas la même à ce qu'il paraît. Car puisque « toutes « les habitations gauloises, dit le R. P. Bach (2), « étaient semblables, où sont les anciens groupes « qui ont dû former non seulement des villages, « mais encore des villes ? Ne devrait-on pas trouver « un plus grand nombre d'excavations circulaires? « Non. Partout où le terrain a été livré à la culture,

---

(1) *Instruction du Comité historique des arts et monuments.* 1892-1849. (Arch. gallo-romaines, p. 17).
(2) R. P. Bach, Mémoires de la Société d'archéologie et d'histoire de la Moselle et V. *Habitations gauloises.*

« la charrue n'a pas tardé à remuer cette argile et
« à niveler le sol. Il n'a dû rester d'excavations que
« dans les terrains abandonnés, dans des landes et
« dans quelques bois. Telles sont toutes celles qu'on
« a signalées. » Les habitations groupées ont dû,
pour leur défense, s'entourer d'une seule enceinte
et quelques-unes de ces enceintes qui ne sont pas
réellement devenues des villes, ne seraient-elles pas,
les rings entourés de pierres qui nous restent? Tels
les rings d'Otzenhausen, de Haspelschiedt, de la
Birg, de Walscheid, de la Vallette et de ces autres
circonvallations de la *Ville perdue* du pays de Bitche,
derrière le Breitenstein, qui s'étendent à plusieurs kilomètres de rayon, jusqu'à Rosheim, entre les sources
de la Moder, dont les eaux se rendent au Rhin, et
celles de l'Eichel, qui vont à la Sarre.

Certaines élévations artificielles, considérées parfois
comme des sépultures, ont été reconnues aussi comme
représentant les débris d'anciennes habitations. Les
fouilles seules ont pu faire découvrir cette destination.
Le cas s'est présenté aux portes mêmes de Sarreguemines, dans les quinze tumulus que M. Thilloy a fait
fouiller à Folpersviller : il s'y est trouvé quelques
vestiges d'habitation, mais rien de ce qui pourrait
être rapporté à une trace d'ensevelissement quelconque.

D'après les idées les plus accréditées des écrivains
grecs et latins, la plupart des habitations étaient
ainsi construites, sans pierres, sans fenêtres ; mais
c'étaient les maisons des pauvres.

Il n'en était pas de même des demeures des riches
pour lesquelles César emploie l'expression *ædificia*.
Elles étaient aussi couvertes de chaume, mais elles

CHAPITRE XII. — HABITATIONS DES GAULOIS.

avaient des fenêtres, d'après un antique bas-relief en bronze, qui a appartenu à feu M. Jean Raynaud et dont on a conservé la gravure.

Nous terminons ce chapitre par la description d'une habitation gauloise de luxe, telle qu'elle a pu être figurée, d'après ce que l'on sait du genre de construction, du goût d'ornementation et de l'ensemble des mœurs des habitants.

« Cette maison, un peu rebâtie à la moderne,
« avec sa toiture fortement inclinée à cause de notre
« climat, était, selon M. Alfred Rambaud (1), une
« sorte de grand hangar couvert en chaume. Elle
« comprenait un vaste *hall*, au rez-de-chaussée, et,
« parfois, ce qui était rare, un étage supérieur.
« Elle était construite en troncs d'arbres enfoncés
« en terre, reliés par des poutrelles entre-croisées,
« et dans les intervalles des bois, on avait pressé de
« l'argile pétrie avec de la paille hachée.

« La maison était plus haute à un bout qu'à l'au-
« tre. Aussi l'immense toit de chaume présentait
« une étrange inégalité. De loin, ce palais rustique
« ressemblait à un bœuf qui rumine, le garrot haut
« et la croupe basse ; de grandes perches émergeant
« du pignon le plus élevé, lui donnaient même des
« cornes, et, avec les cigognes qui flânaient sur le
« faîte, cela faisait penser à Tarvos Trigaran, le dieu
« à tête de taureau, sur la crinière duquel se pro-
« mènent trois grues.

« Le chaume habillait toute la maison comme d'une
« peau de bête ; il débordait et projetait une sorte
« d'auvent sur la porte ; si haute que fut celle-ci,

---

(1) A. Rambaud, *Souvenirs d'un soldat de Vercingétorix*.

« le rebord du toit obligeait les hôtes à se courber
« pour entrer.

« La ligne de faîte avait été renforcée d'argile
« battue et de mottes de gazon, et sur cette argile
« et ce gazon, poussaient les herbes folles : les pa-
« riétaires, les giroflées, les iris, les joubarbes ;
« tout un jardin aérien y fleurissait.

« Des ouvertures, en guise de fenêtres, étaient
« percées çà et là, en haut, en bas, plus petites,
« plus grandes, car nos ancêtres n'avaient aucune
« idée de la ligne droite et de la symétrie, si chères
« aux architectes de Rome.

« La fumée du feu passait par un trou du toit,
« mais après s'être amassée et amusée dans l'inté-
« rieur, jusqu'à faire, de ses âcres morsures, pleurer
« les yeux des serviteurs et des servantes qui s'ac-
« tivaient autour du foyer.

« Le sol du grand hall était jonché de bottes de
« paille. Pendant le jour, elles servaient de sièges
« pour manger et pour causer ; pendant la nuit, on
« les amoncelait pour servir de lit.

« Quand on recevait à coucher des hôtes de dis-
« tinction, on étendait sur cette paille des peaux de
« loup, de renard et d'ours.

« Au milieu de cette simplicité agreste, brillaient
« l'acier et le bronze des glaives, des lances, des
« casques, des boucliers disposés en panoplies étin-
« celantes.

« Çà et là étaient accrochés des plats et des vases
« d'or, d'électrum et d'argent, tout le butin que le chef
« de famille et ses aïeuls avaient rapporté de leurs
« campagnes.

« Dans un coffre de chêne, recouvert d'une peau

« de sanglier avec toutes ses soies, d'autres richesses
« étaient enfermées : des aiguières et des hanaps en-
« richis de pierreries ; des vases d'argile peinte rem-
« plis de monnaies d'or, d'argent et de bronze.

« L'étage supérieur était réservé à la mère de
« famille.

« On y remarquait à la lumière des fenêtres sans
« vitres, plus d'élégance et plus d'ordre que dans le
« reste de la maison. Il y avait un grand lit de
« chêne sculpté, des sièges en bois de la forme la
« plus recherchée, des tapis de laines multicolores sur
« le plancher mal équarri, et les murailles étaient
« revêtues de tissus quadrillés et brodés comme il
« s'en fabrique au pays d'Armorique.

« Tout ce qu'on pouvait acquérir d'objets rares
« et précieux était pour ce logis de la mère : tor-
« ques, colliers, bracelets, fibules, étoffes de lin ou
« de laine finement travaillées.

« La porte d'entrée était décorée des crânes des
« ours, des loups, des aurochs et des élans tués à
« la chasse et aussi des crânes des guerriers enne-
« mis, tués à la guerre. Plus il y avait là de têtes
« humaines clouées dans le pisé avec des broches
« de bois, plus l'hôte admis dans cette demeure
« comprenait qu'il entrait chez un grand chef, fa-
« meux par ses exploits.

« C'étaient les annales de gloire qui se dessinaient
« ainsi sur la façade du manoir.

« Seulement, on n'exposait aux injures de la pluie
« et du soleil que les têtes des ennemis sans impor-
« tance, des simples guerriers.

« Celles des grands chefs étaient traitées avec plus
« d'égards. On les faisait bouillir pour détacher

« des os la chair et la peau ; le crâne, soigneuse-
« ment poli, frotté d'onguents précieux, enveloppé
« des étoffes les plus riches, était déposé dans un
« coffre, parmi les aiguières d'or et les casques ci-
« selés. Il faisait partie du trésor, on ne l'en tirait
« qu'aux grands jours pour le faire admirer par des
« hôtes illustres.

« Tout autour de la maison et du jardin, enclos
« d'une haute haie d'épine noire et de chèvrefeuilles,
« se dressaient des chaumières et des huttes ; les
« unes semblables à la nôtre, mais plus petites, pour
« les guerriers; les autres bien plus humbles, pour
« les paysans libres et les esclaves.

« De celles-ci, il y en avait de toutes formes :
« tantôt des baraques en troncs d'arbres bruts ;
« tantôt des chaumières dont le chaume descendait
« jusqu'à terre, si bas qu'il fallait se mettre à quatre
« pour se glisser sous le toit ; tantôt, toutes rondes,
« formées de perches liées par le haut, revêtues de
« paille ou de terre, et ressemblant à d'énormes
« ruches d'abeilles ; tantôt, simples abris de branches
« vertes que supportaient des pieux.

« Et chaque hutte, avec son jardin, s'entourait
« d'une haie fleurie. C'était là notre village.

« La plupart de ses habitations se composaient
« d'un seul réduit, sans cheminée, sans fenêtres et
« presque sans porte. Les gens y passaient la nuit
« pêle-mêle, entre les jambes des chevaux et des
« vaches ; parmi les moutons et les chèvres.

« Le village était ceint d'une palissade plantée à
« mi-côte d'une colline, avec une seule porte qui se
« fermait sur une barre de bois. Cela suffisait pour
« empêcher une surprise pendant la journée. Pen-

« dant la nuit, l'enceinte était gardée par d'énormes
« chiens, aussi féroces que les loups des forêts. Elle
« était aussi gardée par des porcs, à moitié sauvages,
« matinés de sangliers, et qui, toute la nuit, rôdaient,
« grognant et fouillant la terre du groin. Le malen-
« contreux voleur, qui aurait réussi à escalader la
« barrière de poteaux, eût été déchiré par les chiens,
« et les porcs n'en eussent pas laissé vestige. »

Ces détails suffisent pour se faire une idée des anciennes habitations gauloises à la ville et à la campagne.

CHAPITRE XIII.

SÉPULTURES DES GAULOIS.

Cette question de sépultures et de monuments mégalithiques (tumuli, menhirs, etc.) est, sans contredit, la question la plus intéressante qui puisse être traitée à notre point de vue, et c'est à cause de la connexion qui existe entre ces deux éléments que nous les réunissons dans ce chapitre.

L'obligation de donner la sépulture aux morts a été considérée de tout temps, par les peuples civilisés, comme un devoir de religion ; de tout temps, on se serait cru coupable de crime si l'on n'avait donné la sépulture, même à des étrangers.

Sur ce principe, tout le monde était d'accord ; mais on différait pour le mode d'exécution. Celui-ci a varié avec le temps, comme aussi selon les idées que chaque peuple se faisait de la vie future et du sort des âmes. Les Egyptiens, qui nous ont laissé les sépultures les plus grandioses, embaumaient leurs morts, afin d'en assurer la conservation ; les Juifs, les déposaient dans des sépultures, c'est-à-dire, dans des endroits particuliers creusés dans le roc, ou dans un ouvrage spécial de maçonnerie où le corps reposait dans un cercueil ou enveloppé d'un simple linceuil ; les Grecs brûlaient les corps, recueillaient les cendres pour les jeter au vent, ou les placer dans des urnes et les conserver ainsi dans leurs habitations, ou dans des tombeaux érigés spécialement à cette fin.

L'usage de mettre les corps en terre, et faire ce qu'on appelle l'*inhumation*, emprunté aux Juifs, s'est répandu partout avec le Christianisme. Elle se faisait d'abord dans les églises, pour les martyrs ; plus tard, cet honneur fut accordé aux personnes de distinction, surtout aux dignitaires ecclésiastiques. Mais, l'usage étant devenu presque général, et les édifices de religion s'étant, en quelque sorte, transformés en cimetières, on décréta l'interdiction, en 1777, pour cause de salubrité publique.

Tous les lieux de sépulture portaient une marque extérieure de reconnaissance. Le sépulcre des Juifs était fermé par une large dalle horizontale, ou verticale, en pierre.

Dans les églises, ou dans des clos spéciaux, les inhumations étaient également couvertes de dalles, avec inscriptions.

On entourait de pierres les urnes contenant des cendres, pour les garantir ; on les couvrait aussi de pierres voûtées, ou de mottes de terre, jusqu'à former des tombelles (tumuli) avec, ou sans pierres dites celtiques, ou mégalithiques (1).

La manière de préparer l'emplacement et de former ces tombelles, variait autant que leurs dimensions, leur décoration extérieure et leur mobilier funéraire, suivant les croyances des divers peuples,

---

(1) C'est-à-dire, les pierres ou monuments antérieurs à l'occupation romaine, frustes et non transformés par l'industrie humaine.

(page 53 et suiv.). Il en est résulté un cachet particulier pour ces sépultures, et ce cachet, étudié et comparé, met à même d'en faire connaître les auteurs et même de classer ces auteurs par époques de leur existence et de leur séjour dans le pays.

C'est ainsi qu'en présence des nombreux instruments de la primitive et grossière industrie humaine, on a pu établir une classification des âges préhistoriques. On adopta, pour point de départ, un âge de *pierre éclatée*, ou travaillée par éclats, qu'on a subdivisé en plusieurs autres âges dont le dernier était celui des cavernes dans lesquelles on rencontre des outils finement travaillés et des figures d'animaux tracées sur l'os, ou la pierre, avec une certaine justesse de forme et même une certaine élégance.

Ces premiers âges étaient suivis de l'âge de la *pierre polie*, de l'*âge de bronze* et de l'*âge de fer*.

Par suite de ces considérations, il devint possible de déterminer la provenance des divers tumulus.

Ainsi, la présence de ces grandes épées de fer, parfois ployées en deux, dont parlent les historiens latins et qui appartenaient aux Gaulois des derniers temps de l'indépendance, assignent, sans conteste, une origine gauloise aux tumulus qui les renferment.

De même, les armes de bronze du modèle et de l'ornementation de ces armes de fer, doivent être attribuées aussi bien que les tumulus où elles se trouvent, à l'époque gauloise qui a précédé ces armes de fer.

Les tumulus, renfermant des armes, ou d'autres objets en bronze, ont été élevés par les Celtes, ou les

CHAPITRE XIII. — SÉPULTURES DES GAULOIS.

Cimbres, puisque c'est à eux que revient l'introduction de ce métal.

Faut-il leur attribuer aussi les autres tumulus à dolmens couverts ou découverts, ainsi qu'on l'a fait pendant un certain temps ?

Pour cela, il faudrait admettre que le peuple celte eût été *universel*, puisqu'il y a des dolmens en Palestine comme en Amérique. Cela n'est pas admissible. D'ailleurs les monuments de l'Orient, si bien décrits par la Bible, ne sont même pas des tombeaux. Les uns sont des autels, les autres, des pierres de témoignage, des monimenta (p. 50 et suiv.).

En Occident, au contraire, le plus grand nombre de monuments, à forme de dolmen, ont une destination funéraire et n'ont pas été élevés par les Hébreux.

Sont-ils dus aux Celtes ? Pas davantage. L'histoire, l'archéologie, l'anthropologie et la légende signalent, à leur place, et ont toujours signalé au Sud-Ouest de l'Europe, les Ibères ; peuple antérieur aux Celtes et dont les rameaux les plus anciens seraient ceux des Ligures et des Finnois.

Les premiers étaient fixés au Midi, les autres au Nord ; mais la conformation du crâne a amené les anthropologistes à considérer ces deux peuples comme étant de même origine.

D'après les appréciations actuellement admises, les Ligures et les Finnois ont précédé les Celtes en Occident.

Selon M. Henri Martin, on incline même, de nos jours, à croire que la race finnoise aurait vécu, sur notre sol, durant ce très grand nombre de siècles, qui ont dû s'écouler depuis le premier âge de la pierre jusqu'au dernier âge du renne et des cavernes.

Cependant, il est difficile d'accorder aux Finnois ou aux Ligures, unis ou séparés, l'âge de la pierre polie, en identifiant cet âge avec l'âge des dolmens.

Cela ne serait admissible qu'au cas où l'on rencontrerait des dolmens dans les pays qui ont été habités par les Finnois, par les Ligures ou les Ibères seuls, à l'exclusion de tout autre peuple.

Le cas se présente pour les îles de la Méditerrannée qui ont été habitées par les Ibères et non par les Celtes, aussi bien que pour les pays du Nord de l'Europe qui ont été habités par les Finnois, à l'exclusion de tout autre peuple. Dans les îles et dans les pays cités, il n'y a pas de dolmens. Par suite, il n'est pas possible de faire remonter l'âge de la pierre polie par de là les Finnois et ceux-ci peuvent être considérés, tout au moins, comme contemporains des derniers âges de la pierre éclatée et probablement même des premiers.

Pour trouver l'origine des tumulus correspondants à l'âge de la pierre éclatée, il faut donc supposer que, avant les âges finnois et ibérien, il a existé, en Occident, un autre grand peuple, ainsi que le veut la *tradition irlandaise* qui attribue «les grands tumulus
« à dolmens, partie à un ancien peuple de haute
« taille, aux cheveux blonds et aux yeux bleus (très
« certainement celte), appelé la *race des dieux de Da-*
« *naan (Tuatha-de-Danann)*, et partie à une popula-
« tion plus ancienne encore, de moindre taille et à
« cheveux bruns, portant un nom également celtique,
« celui de *Fir-Bolgs*, » (qu'il ne faut pas identifier

CHAPITRE XIII. — SÉPULTURES DES GAULOIS.

« avec les Belges de la Gaule, beaucoup plus récents et de type très différent).

Au-delà des *peuples des dieux de Danaan* et des Fir-Bolgs, la même Tradition irlandaise place « une « race de patriarches celtiques du nom de *Neimhead*, « qui désigne, dans tout l'ancien monde celtique, ce « qui est sacré, ancien, primitif ».

Les principaux tumulus à signes symboliques, appartiendraient au peuple des dieux de Danaan, et les tumulus tout à fait primitifs appartiendraient aux Neimhead, (némèdes ou nimides).

D'après les historiens grecs et latins, deux époques successives sont à rapporter à l'existence de ces deux peuples et dans la seconde de ces époques, la prépondérance des *druides* a été remplacée par celle de l'autorité ou l'aristocratie militaire.

A ces deux peuples correspondent aussi deux types de sépulture : celui des petits tumulus d'époque relativement récente et celui des tumulus qui appartiennent et qui n'appartiennent pas à ce que l'on appelle aujourd'hui les monuments mégalithiques.

Les petits tumulus, ceux-mêmes qui renferment des armes de fer, gardent les traces des rites funéraires qui les relient aux temps anciens, c'est-à-dire qu'on y remarque l'usage d'allumer un feu consacré, au moment de l'ensevelissement, et la disposition circulaire du foyer de ce feu ; sous le tumulus circulaire, il y a un petit cercle de pierres, s'il n'y a point de cercles extérieurs et, en haut du tumulus, il y a fréquemment, debout, une ou plusieurs pierres, suivant la tradition de l'ère des dolmens.

Les grands tumulus du *peuple des dieux de Danaan* ne sont pas nécessairement et universellement de plus grande dimension que ceux de l'âge plus récent, ainsi qu'on a voulu l'établir. Il existe de très petits dolmens très antiques, entourés de très petits cercles de pierres, comme on peut s'en assurer à Paris, au Musée des Thermes.

Ces grands tumulus, généralement formés de pierres vierges et élevés par les soi-disant *Némètes*, ne peuvent donc appartenir qu'aux *Gaëls* ou *Celtes primitifs* dont les peuples des Dieux de Danaan ne peuvent être qu'une sous-branche postérieure. Sous les premiers, le druidisme était très florissant ; sous les seconds, au contraire, comme César l'indique, le druidisme était comme affaibli en Gaule où, en fait, les chefs militaires cimmériens disposaient à peu près de tout.

Ces Gaëls, on se le rappelle, sont les Celtes primitifs, ou le premier ban des Celtes, qui ont envahi la Gaule et se sont, à la longue, confondus avec les Pélasges !

On ne sait déterminer à quelle époque, les Pélasges sont arrivés en Gaule ; c'est pourquoi, ils se disaient indigènes.

On ne connait pas non plus à quelle époque s'introduisit l'usage de brûler les corps. Pendant les âges de la pierre, on enterrait les morts ; plus tard seulement, s'établit l'incinération qui, vraisemblablement aussi, est venue de l'Asie. Ce mode de sépulture a dominé à l'époque du bronze ; mais il n'était pas exclusivement usité. On a trouvé de cette époque de nombreuses sépultures à inhumation ; la plupart étaient recouvertes d'un tertre artificiel plus ou moins

CHAPITRE XIII. — SÉPULTURES DES GAULOIS.

élevé, c'est pourquoi l'on appelle encore cette époque, *l'époque des tumuli*.

Et les tumuli de cette même époque se reconnaissent aux objets qui peuvent y être rencontrés.

Selon un rite religieux, encore en usage chez différents peuples, on enterrait le défunt avec ses habits, ses bijoux, ses armes et tous les objets qu'il affectionnait pendant sa vie ; on déposait près de lui, des vases contenant des aliments, des boissons, des offrandes.

Ces objets retrouvés, permettent non seulement de reconstituer le costume et l'armement de l'homme, mais au moyen des caractères de son crâne, on peut lui restituer sa physionomie, reconnaître son origine et suivre les itinéraires parcourus par sa race depuis l'Asie, son point de départ, jusqu'à son lieu d'arrivée.

Il est véritablement curieux de reconnaître ainsi les tumuli, et l'époque et les auteurs de leur formation par les objets qu'on y rencontre.

Selon M. Henri Martin, l'arrivée des premiers bans des Celtes, en Gaule, se perdrait également dans la nuit des temps et il se serait aussi passé un grand nombre de siècles, entre leur venue et celle du second ban celtique, des Cimmériens, Cimbres ou Bretons.

Selon l'histoire, les deux grands rameaux de cette race celtique ont possédé le Druidisme sous deux formes différentes :

1° Chez les Celtes primitifs, il existait, sous la forme de tribus sacerdotales ;

2° chez les Cimmériens, sous la forme d'une corporation savante, se recrutant sans distinction d'origine ; ce sont les Druides des derniers siècles, connus des historiens grecs et latins.

Il résulte de ce qui précède, que les Pélasges et les Celtes de tous les temps ont élevé des monuments mégalithiques, et que, parmi ces monuments, les principaux groupes de dolmens appartiennent aux plus anciens âges du monde celtique.

Selon d'autres archéologues, cette opinion de M. Henri Martin, serait exagérée.

Si, selon eux, l'arrivée des Pélasges en Gaule remonte à une haute antiquité, dont le terme ne peut être fixé, celle des Ibères, Ligures et Finnois remonterait au plus à vingt et quelques siècles. (Pages 18 à 22.)

L'arrivée des premiers Celtes se fixerait entre le dixième et le huitième siècles ; celle des Cimbres entre 638 et 587 avant J.-C.

L'immigration des Belges se serait faite entre 638 à 587 d'abord, puis de 350 à 280, et à 113 ans av. J.-C., et la construction des tumulus n'a jamais cessé depuis les premiers arrivants jusqu'aux derniers.

Quant à l'âge de ces tumulus, il peut se déterminer d'après leur mobilier funéraire ; cependant il se présente des particularités qui rendent cette tâche très difficile, sinon impossible. C'est le cas de quelques-uns de nos tumulus de Rouhling, où sous le même tertre, il se présente plusieurs inhumations avec un pêle-mêle fortuit des objets employés. Autrement et dans leur état normal, les tumulus, les plus anciens sont ceux dont le mobilier correspond, en cas de crémation, à l'usage de serrer les cendres dans des vases ou des cavités spéciales et, en cas d'inhumation pure et simple, où, le plus souvent, le mort habillé, paré de ses ornements, ou muni de ses armes, était placé dans un cercueil de bois dont il reste parfois des fragments. Dans beaucoup de tombes, il y a peu ou point de métal et beaucoup de vases. Tels sont les caractères des tombes les plus anciennes.

Pour les tombes de l'âge de bronze, il y a pour les hommes, des haches, des poignards, des couteaux, de grandes épingles destinées à retenir les vêtements ; dans les tombes des femmes, on rencontre des bracelets en fils de bronze tournés en spirales de beaucoup de tours, des anneaux de pied formés d'une lame mince, terminée en disques enroulés de fils, des colliers d'ambre ou d'autres menus ornements et beaucoup d'épingles, de fibules et d'autres objets de toilette.

Dans la période suivante, le métal devient encore plus abondant et plus massif : les bracelets et les torques, sont des pièces pesantes coulées, mais presque sans ornementation. Celle-ci semble avoir été réservée pour la période suivante où l'industrie indigène, correspondant à l'époque de Hallstadt (1) des archéologues, a pris un développement considérable. Le martelage du bronze remplace le moulage. Au lieu de l'épingle pour attacher les vêtements, se présente la fibule gauloise sous toutes les formes possibles, agrémentées de toutes espèces d'ornements : pour les femmes, des colliers en quantité, des épingles à cheveux avec ou sans têtes d'ambre, des bra-

---

(1) Hallstatt, *vaste nécropole*, découverte en Autriche au Sud d'Ischl.

celets et des plaques de ceinture en bronze laminé et orné d'estampages ou de gravures au burin, des pendeloques et des verroteries les plus diverses ; pour les hommes, il y eut également quantité d'ornements en métal massif : des casques sculptés, des cuirasses ciselées, des baudriers et des poignets d'armes de la plus haute élégance, pouvant soutenir la comparaison avec toutes les productions similaires des époques modernes. Les statues des divinités, notamment celles de Mithra, représentées sous la forme multiple des Mercures grecs, romains et gaulois, étaient surtout modelées sous des traits anatomiques et des expressions à faire réfléchir les anatomistes modernes. Il en était de même pour les objets en bronze de petites dimensions, représentant des éléphants (l'éléphant du Hérapel), des vaches, des béliers, et d'autres curiosités propres à décorer les habitations, et à être offertes en *ex-voto* aux divinités locales.

A propos de cette *fibule gauloise*, restée typique, M. l'abbé Fourot dit, dans son travail sur l'*Oppidum du Châtelet* (1) : « Il existe peu d'objets qui se soient
« mieux prêtés aux capricieuses inventions de l'artiste
« que la fibule gallo-romaine ; elle ne ressemble
« plus à celle dont les Gaulois se paraient avec une
« coquetterie de bon goût. Celle-ci, malgré les mille
« modifications apportées par l'ouvrier, a toujours,
« comme élément principal, une *torsade* qui donne
« à l'épingle assez d'élasticité pour qu'elle joue par-
« faitement, après deux mille ans de séjour dans la
« terre, au milieu des substances le plus souvent

---
(1) M. l'abbé A. Fourot, *l'Oppidum du Châtelet avec les fouilles de Grignon*. St Dizier.

LES PAYS DE LA SARRE

Table XXV.

TEMPLE DE MITHRA
à
Schwarzerden

« humides et parfois corrosives. La fibule gauloise
« dont notre épingle à nourrices est une faible, mais
« correcte imitation, est d'une seule pièce, si bien
« agencée dans le nombre et la disposition des spi-
« rales que l'aiguille qui forme une des extrémités,
« vient s'arrêter juste dans la petite excavation ou
« cuiller qui doit la retenir. Qu'elle n'ait pour res-
« sort qu'une spirale ou deux, ou qu'elle en ait
« douze ou seize, comme la fibule de la Franche-
« Comté, ou de la partie méridionale de la Haute-
« Marne, l'adaptation des deux extrémités est tou-
« jours aussi parfaite. »

La connaissance de cet objet, à la fois de luxe et de haute nécessité, est importante pour les recherches archéologiques; elle fait époque, et dans une trouvaille d'objets antiques, son apparition aide à trancher bien des incertitudes, à empêcher bien des hésitations.

Par ce qui précède, on voit de quelles manières se faisait l'enterrement des morts par *inhumation*, ainsi que le pratiquaient les druides et les peuples qui se sont plus ou moins complètement conformés à leurs rites religieux.

Pour les autres peuples qui, en dehors de l'influence du druidisme, ont rendu les derniers devoirs à leurs morts par l'*inhumation* ou la *crémation*, Virgile fournit d'intéressants détails.

Au IIIe livre de son poème, intitulé l'Enéide, il représente Enée (prince troyen, dont la patrie a été conquise par les Grecs), abordant à « ces plaines « immenses que cultivent les Thraces » (aujourd'hui la Roumélie). C'est le pays où Polydore, fils de l'infortuné roi de Troie, a été assassiné par celui-là même qui lui avait donné l'hospitalité. Enée est

pressé de fuir cette terre inhospitalière ; mais auparavant, « il rend à Polydore les honneurs funèbres
« dont son ombre avait été privée. Il lui élève un
« monument ; des autels sont dressés à ses mânes
« et tristement ornés de bandelettes bleues et de
« noirs cyprès. Les Troyennes, selon l'usage, vien-
« nent pleurer à l'entour, les cheveux épars. On ré-
« pand sur la tombe des vases remplis d'un lait écu-
« mant et des coupes pleines du sang des victimes.
« Enfin, on enferme, dans le lieu de son repos,
« cette âme infortunée et on lui dit, à haute voix,
« le dernier adieu. »

La ville de Troie ou Ilion, ayant été d'origine pélasgique, ce mode d'inhumation de Polydore, raconté par un auteur qui était à même de le connaître, est d'un grand poids pour établir la manière de procéder à la sépulture des morts chez les peuples d'origine non celtique.

Virgile constate encore l'existence d'un tombeau de gazon et de deux autels consacrés aux mânes d'Hector, où « Andromaque offrait, avec ses larmes,
« aux mânes de son époux, les mets funèbres et les
« offrandes annuelles. » Le même poète raconte aussi les cérémonies funèbres qui ont accompagné la *crémation* d'un des fidèles compagnons d'Enée,
« du brave Misène qui n'eut jamais d'égal dans l'art
« d'animer les guerriers et d'allumer l'ardeur mar-
« tiale par les sons de l'airain belliqueux. »

Misène avait été jeté à la mer par les dieux jaloux et ses compagnons alarmés n'avaient retiré qu'un cadavre des flots.

Les Troyens s'empressèrent de rendre les derniers devoirs aux dépouilles de ce guerrier. « D'abord, ils

CHAPITRE XIII. — SÉPULTURES DES GAULOIS. 237

« élèvent une pyramide immense de pièces de chênes
« et de bois résineux. Aux côtés s'entrelacent de lu-
« gubres feuillages ; on plante, au-devant, des cyprès
« funèbres. Des armes brillantes décorent le sommet
« du bûcher. Des soldats apportent l'eau qui bouil-
« lonne dans de grands vases d'airain, y lavent le
« corps glacé et l'embaument. Alors se font enten-
« dre des cris lamentables. Après avoir arrosé de
« larmes ces déplorables restes, ils les placent sur
« le lit funèbre ; ils étendent dessus des habits de
« pourpre, dépouilles, hélas ! trop connues. D'autres,
« suivant l'antique usage, s'avancent au pied du bû-
« cher ; douloureux ministère ! ils approchent la
« torche enflammée, en détournant les yeux. Le feu
« dévore le corps, avec le bois, l'encens, la chair des
« victimes et l'huile d'olive qu'on y verse à grands
« flots. Lorsque le bûcher est consumé et que la
« flamme est éteinte, on en retire les os encore brû-
« lants ; on lave dans le vin ces restes calcinés et
« on les enferme dans une urne d'airain. Enée, pre-
« nant un rameau d'olivier et faisant le tour de l'as-
« semblée, répand sur ses compagnons une légère
« rosée d'eau pure. Après les avoir ainsi purifiés, il
« prononce les dernières paroles ; il fait ensuite éle-
« ver à son ami un superbe monument, avec ses
« armes, sa rame et sa trompette, au pied d'une
« montagne qui porte encore aujourd'hui, et conser-
« vera, d'âge en âge, le nom de Misène. »

Au XIe livre de l'Enéide, Virgile décrit encore les obsèques solennelles des soldats tués à l'ennemi. La scène est imposante, et l'on y trouve, avec les discours funèbres, quelques détails supplémentaires qui complètent ce qui a été rapporté plus haut.

CHAPITRE XIV.

LA LANGUE DES GAULOIS.

Le moyen le plus rationnel de reconnaître la langue primitive d'un peuple qui a émigré, à distance et depuis longtemps, c'est de suivre cette langue dans les étapes de migration de ce peuple et d'y constater les métamorphoses de sa linguistique au contact des peuples parlant d'autres langues.

Une méthode inverse, qui consisterait à découvrir, dans une langue parlée actuellement, les emprunts faits successivement à d'autres langues, dans des stations et des conditions déterminées, pourrait conduire au même résultat.

Dans tous les cas, les changements qui peuvent se produire dans une langue primitive, sont lents et il faut des siècles de contact, d'échange de mots et d'expressions pour que, des divers idiomes, il sorte une langue nouvelle.

Le fait a dû se présenter pour les Pélasges et les Ibères qui, dans le principe, et à leur point de départ de l'Asie, parlaient le *pélasge*, et qui, après leurs longues évolutions, à travers l'Europe et le Nord de l'Afrique, ont fini par se rencontrer, avec leurs langues modifiées ou dialectes, sur le sol gaulois, où leur contact, plusieurs fois séculaire, a fait naître le *gaulois*. — Et ce gaulois, ou langue des

Galls ou Gaels, ou gallique, a dû être l'unique langage parlé pendant les siècles écoulés, depuis la fusion des Pélasges et des Ibères, jusqu'à l'arrivée de nouvelles invasions de peuples asiatiques. Ceux-ci, après avoir remonté le Danube jusqu'à sa source, puis, après avoir franchi le Rhin et les Alpes, ont également apporté, en Gaule, un langage qui, puisé à la même source que le langage de leurs devanciers, dut facilement s'incorporer avec lui. Cet élément de parenté avec le pélasge, est le *sanscrit*, la langue des Perses et des Mèdes, et les peuples qui mêlèrent cette langue à la langue gauloise et aux autres langues européennes, qui se parlaient de là Scythie aux Pyrénées et au-delà, ont reçu dans l'histoire le nom générique de *Celtes*. La partie même de la Gaule, habitée par ces peuples, a été appelée *celtique*, comme l'a indiqué César.

Par son contact avec la langue germanique ou teutone, comme avec la langue gauloise, cet élément nouveau dit *celtique*, est devenu commun au gaulois et au germain.

On pourrait dire aussi que, par son action, sur le gaulois et le germain, cet élément pourrait être appelé l'*élément gallique* pour le *germain* et l'*élément germanique* pour le *gaulois*. C'est lui qui commença la première alliance de la famille gallique et de la famille germanique ou scythique. Dans cette alliance, toutefois, les deux éléments, en se rapprochant, ne se sont point absorbés : là, où l'élément germanique devint prépondérant, surgit une *confédération germaine*; là, au contraire, où l'élément gallique prévalut, il y eut une *confédération gauloise*. La confédération germaine eut pour expression la *langue germaine* ou *tudesque* qui, mêlée à la langue des Cimbres, produisit le *cymraèg* dont le *gallois* et l'*armoricain* ou *bas-breton* sont des dialectes. La fédération gauloise, au contraire, donna naissance au *français* avec ses dialectes, tels que le *thusque vulgaire* qui se parlait en-deçà et au-delà des Alpes, sur les bords du Rhin, sur les bords de la Saône, etc., et le *wallon* ou *romand* que l'on retrouve encore en France, après des siècles, dans sa pureté native, sous la dénomination modeste du *patois* de nos montagnes, des vallées et des lieux inaccessibles (1).

Le *français* peut donc être comparé à un ouvrage de marqueterie dont le *sanscrit* formerait le fond et dont les pièces ajustées appartiendraient aux idiomes *pélasge*, *ibérien* et *celte*.

Le français ne nous vient donc pas du latin, comme on le prétend depuis longtemps. Nous le nions complétement. Mais, ce n'est pas le cas de soutenir ici cette thèse. — Elle l'a été avant nous, par Fallot et d'autres. Nous nous contentons, de répéter après M. l'abbé Girard, que « ce n'est pas aux emprunts,
« ni aux étymologies qu'il faut s'arrêter pour con-
« naître l'origine et la parenté des langues; c'est à
« leur génie, et en suivant, pas à pas, leurs progrès
« et leurs changements. »

Et puis « si nous tenons du latin un grand nom-
« bre de mots, nous n'en tenons pas notre syntaxe,
« notre construction, notre grammaire, nos articles
« *le, la, les,* nos verbes auxiliaires, l'indéclinabilité
« des noms, l'usage des pronoms dans la conjugai-

---

(1) La vieille langue parlée dans ces contrées, s'appelait, le *thusque*, en Italie : le *wallon ou romand*, dans la Gaule.

CHAPITRE XIV. — LANGUE DES GAULOIS.   241

« son. » Fallot dit que l'on peut encore ajouter : « nos « .e de trois espèces et tous les gallicismes de notre « langue (1). »

Nous nous rangeons, avec une entière conviction à l'avis de Fallot et de M. l'abbé Vion, notre honorable collègue, et nous concluons avec eux que le français est sorti de la langue des Gaulois (2), de ce vieux langage gallique qui a tant de ressemblance avec presque tous les *patois* de France ; qui est toujours semblable à lui-même et presque invariable ; qui se parle aujourd'hui, comme il se parlait, il y a mille ans et bien des siècles auparavant, sur la rive gauche du Rhin, en Lorraine, en Franche-Comté, en Alsace, aux environs de Liége jusqu'à Trèves, et dans toutes les provinces non occupées par des Allemands, depuis les gorges de la Suisse jusqu'aux confins de la Batavie (3).

Sans doute, il se trouve dans le français énormément de mots qui se rencontrent aussi dans le latin. Doit-on en conclure que l'une de ces langues vient de l'autre ? — Nullement, tout au plus peut-on admettre que ces mots ont été puisés à la même source. Mais le génie de l'une de ces deux langues est opposé au génie de l'autre, autant que leur cons-

---

(1) Fallot, *Recherches sur le patois de Franche-Comté, de Lorraine et d'Alsace*, p. 13. Édition Montbéliard, 1828.

(2) Mémoires de l'Académie de Metz, année 1894.

(3) Le nom de *patois* paraît venir du mot *thiois*, qui, sous les deux premières races des rois de France, servait à désigner le langage rude et grossier que les Francs avaient apporté dans les Gaules. Pour distinguer, de cette langue des Francs, l'ancien langage des campagnes, également rude et grossier, on l'appela le *thiois du pays*. C'est ce que paraît signifier le mot *patois*. Dans beaucoup d'endroits, on dit encore, le pa ou *paï* pour le pays. De *Pathiois* ou *Paëthiois* est sorti *patois*, par contraction, pour désigner le langage du peuple et des campagnes.

truction, les formes grammaticales, les déclinaisons, les conjugaisons, l'euphonie même y sont opposées.

« Quand on observe, dit encore le savant abbé
« Girard, le prodigieux éloignement qu'il y a du
« génie de ces langues (le français, l'italien, l'espa-
« gnol) à celui du latin ; quand on sait que les peu-
« ples subjugués avaient leurs langues ; lorsqu'on
« voit aujourd'hui de ses propres yeux ces langues
« vivantes ornées d'un article qu'elles n'ont pu pren-
« dre de la langue latine où il n'y en eut jamais, et
« diamétralement opposées aux constructions trans-
« positives et aux inflexions des cas ordinaires à
« celle-ci, on ne saurait, à cause de quelques mots
« empruntés, dire qu'elles en sont filles, ou il faudrait
« leur donner plus d'une mère . . . ».

En disant, à l'instant, qu'il ne fallait pas, à cause du grand nombre de mots semblables qui se rencontrent dans le français et dans le latin, conclure de ce fait que l'une de ces langues vient de l'autre, il faut, tout au plus, admettre que ces mots ont été puisés à la même source, et en cela, nous n'énonçons pas une opinion hasardée, puisqu'il est établi que les Gaulois, sous les noms d'Ombriens, de Sicaniens ou Sicules, d'Etrusques, de Rètes ou Rasènes, ont, les premiers, peuplé l'Italie, et que c'est de leur sein que s'est élevée l'ancienne Rome. Nous avons dit aussi que c'est du sein de ces peuples qu'est sortie la langue primitive gauloise, appelée le *thusque*, et que c'est de ce thusque combiné, avec une autre langue aux formes dites romaines, c'est-à-dire à *inversions*, comme le grec et l'allemand, qu'est sorti le latin.

On peut admettre que dans les deux langues, latine et française, les mots soient les mêmes, sauf une désinence différente ; que, dans les deux langues, les racines de ces mots soient identiques. Mais, comme dit M. Boyer, ces racines se sont fixées, sur des terrains, des canevas différents, et ce sont ces terrains ou canevas qui constituent l'essence de la langue. Ainsi le *pélasge*, en s'alliant à une *langue à inversions*, a formé le *latin* ; en s'alliant à une *langue sans inversions*, il a formé le *gaulois* avec les idiomes primitifs de l'Italie, de l'Espagne et d'une partie de l'Europe. Il s'est opéré à Rome et dans le Latium, le même phénomène qui s'est produit à Athènes et dans l'Attique : le *pélasge* s'est fondu dans une *langue à inversions*, celle des *Hélènes ;* d'un côté, il a produit le *grec*, de l'autre le *latin*.

CHAPITRE XV.

INSTRUMENTS ET ORNEMENTS.

L'ère des tumulus a cessé à l'invasion des Romains qui, selon Pline (1), confiaient, de tout temps, leurs morts à la terre et ne les brûlaient point. Cette coutume de crémation était celle des Grecs (2) avant la guerre de Troie ; elle était aussi pratiquée par les Thraces qui l'avaient reçue des Scythes et l'ont transmise aux Pélasges. Par ces derniers, elle passa en Gaule et elle y a été employée dans le but de purifier l'âme de la souillure qu'elle avait pu contracter, parce qu'elle avait été dans les corps. (3)

Tous ces tumulus sont donc *gaulois*. Il n'est guère admissible que, sous une autre administration ou un autre rite, on en ait élevé de nouveaux, bien qu'on ait cependant profité de la présence des anciennes sépultures pour y ajouter de nouvelles. Le cas est réel pour quelques tumulus à Mackwiller et à Rouhling, ce qu'il est d'ailleurs facile de constater par les objets qu'on y rencontre et dont plusieurs accusent même le savoir-faire des trois premiers siècles après J.-C.

---

(1) Pline, *Hist. nat.* liv. VIII. c. 54.
(2) Homère, *Iliade*, liv. XXI. Rites observés aux funérailles de Patrocle.
(3) Boulard, *de l'origine de la crémation*. Paris, 1821.

CHAPITRE XV. — INSTRUMENTS DES GAULOIS.

Les tumulus d'origine gauloise pure ne renferment donc que des objets réellement gaulois, ce qui est attesté par Polybe, Pline, Tite-Live. Les écrits de ces écrivains dépeignent les habillements des Gaulois et leurs coutumes. Ils montrent leurs chefs combattant sur leurs chars. Ils décrivent le collier qu'ils portaient au cou, en signe de commandement. Ils nous apprennent qu'en 360 avant J.-C., Manlius, vainquit en combat singulier un Gaulois, lui enleva son collier et porta, à cause de ce trophée, le nom de Torquatus. Ils nous affirment encore qu'en Gaule on se servait habituellement de vaisselle en bronze et qu'après une défaite, les Romains vainqueurs chargèrent et emportèrent des chariots de vases en bronze. En un mot, tous les renseignements donnés par ces auteurs sur les ustensiles et autres objets des Gaulois, sont justifiés par les trouvailles des tumulus.

De ces faits ressortent, au point de vue de l'histoire, des conclusions fort graves. Ces sépultures gauloises ne se trouvent pas seulement sur les bords de la Sarre et même de ce côté-ci du Rhin. Il s'en trouve également, et dans les mêmes conditions, sur la rive droite de ce fleuve, dans tout le bassin du Danube et au-delà, c'est-à-dire que, aux temps de ces tumulus, les Gaulois ont occupé les pays qui représentent une partie de la Germanie et du centre de l'Europe, comme le racontent les écrivains anciens. Tite-Live (1) a signalé les Gaulois de Sigorèse dans ces contrées. César (2), de son côté, rapporte que, à son époque, les Volces-Tectosages, occupaient

---

(1) Tite-Live, v. 24.
(2) César, de B. G. VI. 24.

le pays de la Forêt-Hercynéenne. D'où l'on peut comprendre comment les Romains ont pu appeler *Germains* tous les peuples compris entre le Rhin, le Danube, les frontières des Daces et des Sarmates et la mer Baltique ; autrement dit, ils appelaient *frères* les peuples vivant dans l'espace compris entre le Rhin, les Alpes, la Méditerrannée et l'Océan, et leur donnaient le nom de *Germains*. En terme de jurisprudence, on appelle *Germains* les frères et sœurs nés d'un même père et d'une même mère, par opposition à ceux qui sont nés seulement de l'un ou de l'autre (3).

De notre côté, nous disons que tous ces peuples, les uns, comme les autres, sont Gaulois, abandonnant cette espèce de *fraternité* qui peut n'être qu'une conjecture.

Mais, outre ces tumulus et leur mobilier funéraire qui nous ont conduit à cette conclusion, il y a encore à signaler d'autres curiosités, d'autres ornements rencontrés jusqu'ici dans nos pays. Ce sont les ornements de fabrication étrusque et les nombreuses statues ou statuettes de Mercure de toutes espèces de modèles. Les premiers de ces objets dénotent les relations de nos ancêtres avec le peuple étrusque. Quant aux statues de Mercure d'origine gauloise, et dont plusieurs étaient environnées de la *tortue*, du *serpent*, du *sanglier cornu*, du *bélier*, de *l'ours*, du *taureau*, du *poulain* ou *chevalet*, du *loup* ou de la *panthère*, elles peuvent fort bien se rapporter au dieu des Perses et des Mèdes auquel appartiennent plusieurs de ces attributs, sinon tous.

---

(3) *Dictionnaire de l'Académie.*

CHAPITRE XV. — INSTRUMENTS DES GAULOIS.

Le principal Dieu des Gaulois, et notamment des Séquanais ou Séquaniens, des Médiomatriciens et des Rauraques, était, en effet, Mercure, à en juger par le grand nombre de statues trouvées au Donon et ailleurs. C'est ce qui fait dire à l'auteur de *la religion des Gaulois* que, dans leur esprit, Mercure et Mythra étaient identiques et même, que Mercure, le Soleil et Apollon ne sont qu'une seule et même divinité. Mythra portait le caducée comme Mercure; comme lui, il était souvent représenté sans sexe ; tous deux étaient surnommés *abactor boum* ou *abigens*.

S'il fallait une preuve de plus, sinon de l'identité de Mithra et de Mercure, au moins de l'alliance que les anciens faisaient de ces deux divinités, on peut rappeler que dans la ville d'Edesse, consacrée au Soleil, Mercure était toujours représenté dans le char du dieu, assis à côté de lui, et, pour achever la démonstration, on peut citer cette inscription à Mercure-Soleil, donnée par Spon :

MERCVRIO SOLI
ET SILVANO.
SANCTISSIMO
SACRUM
Q. VIVIVS VOLSCINI
VSPROC - COLLEG.
AVRIGARIORVM
IIII FACT.

Jusqu'ici, les Pays de la Sarre n'avaient qu'une station se rapportant au culte du dieu Mithra. C'était, près de Schwarzerden ; mais des travaux de construction, entrepris à Sarrebourg, viennent d'en révéler une seconde, sans compter celles auxquelles on n'a pas, jusqu'ici, prêté une attention suffisante.

A Schwarzerden, au revers occidental des Vosges, on voit, d'après Schœpflin (1) « aux deux côtés d'un « bas-relief, deux enfants revêtus de tuniques et « coiffés comme Mithra. Chacun d'eux porte une « torche allumée ; celui de gauche, la tient élevée, « celui de droite, la tient renversée ; tous deux sont « debout sur une tête de taureau. A gauche du « tableau et dans l'angle supérieur, s'aperçoit une « troisième tête de taureau ; à droite, apparaît le « disque du soleil entouré de ses rayons. Le tau-« reau semble blessé et haletant ; cependant, un « chien lui mord les flancs, et un scorpion lui serre « les parties sexuelles dans ses pinces. A ses pieds « rampe un serpent ».

Les Grecs et les Romains ont toujours confondu Mithra avec le Soleil et ils l'ont considéré comme principe générateur et comme image de la fécondité qui perpétue et rajeunit le monde. On le représente ordinairement, sous la figure d'un jeune homme, coiffé d'un bonnet (que les Perses ont emprunté aux Mèdes, et qui ressemble au bonnet phrygien (2),) vêtu de la tunique et du manteau, (la chlamyde perse ou plutôt mède) flottant sur l'épaule gauche ; assis sur un taureau furieux : d'une main, il le saisit aux naseaux et de l'autre, il lui plonge un glaive ou couteau dans le cou.

Ordinairement, les bas-reliefs, représentant Mithra, se gravaient dans le roc ; les adorateurs croyaient ce

---

(1) Schœpfln, *Alsatia illustrata*, t. 1, p. 50, § CXXII.
(2) Hérodote, Armée de Xerxès. Lucien, *in concilio Deorum*.

dieu sorti de la pierre ; c'était le feu qui jaillit du silex. Les trois mots magiques, prononcés par les initiés étaient : θεὸς ἐκ πέτρας, *deus ex petrâ,* et ils n'ont pas d'autre origine.

D'après les dessins de Schœpflin que nous reproduisons, Tab. XXV, l'espèce de chapelle qui abritait le relief de Mithra, s'adossait au rocher sur lequel le relief était gravé au vif. C'était une caverne plutôt qu'un monument. Du reste, on appelait *spælea* ou *cavernes,* ces sortes d'édifices. Des trous, taillés dans la pierre, indiquent d'une manière précise quels ont dû être les dimensions et le contour tant intérieur qu'extérieur : « En hauteur, CE, elle avait neuf pieds,
« deux pouces, et en largeur, GF, six pieds, quatre
« pouces ; elle formait une espèce de chambre, où
« n'étaient admis, comme dans un lieu redoutable,
« que les initiés du culte de Mithra. Au fond de cet
« antre, on apercevait le bas-relief, dont la hauteur,
« IK, est de trois pieds, sept pouces et la largeur,
« de quatre pieds, quatre pouces. Un mur extérieur
« ou *périptère* entourait cette caverne ; peut-être les
« novices ou ceux, qu'on voulait initier, pouvaient-ils
« franchir cette première enceinte ; mais l'accès en
« était interdit aux profanes. La hauteur totale CA,
« était de dix pieds, quatre pouces, la largeur, DB,
« de onze pieds, deux pouces.

« L'initiation aux mystères de cette divinité était
« terrible ; il n'était pas rare de voir les novices y
« succomber. Il fallait que les récipiendaires sup-
« portassent, entre autres tortures, la faim, la soif,
« la flagellation, et ce n'était qu'après avoir résisté
« à ces épreuves, presque surhumaines par leur re-
« pétition et leur durée, qu'enfin, exténués et san-

« glants, ils étaient admis au sanctuaire et osaient
« approcher des autels ou plutôt s'enfoncer dans ces
» antres, trop souvent baignés par le sang de vic-
« times humaines » (1).

Suivant nos idées, le *Sieg* qui reproduit si bien le nom des Sigynes, le Neckar et le Mein dont les eaux se portent au Rhin, ont dû arrêter la migration de ces peuples et ceux-ci ont dû y laisser des monuments ou des débris attestant le culte de Mithra, leur divinité.

Il existe effectivement, sur les rives de ces rivières, et surtout sur celles du Neckar, des inscriptions, des bas-reliefs, des figures qui rappellent cette divinité médique; seulement, on y voit encore d'autres figures : le corbeau, le griffon, le soldat de Mithra, le lion, Persée et Bacchus. Toutes ces figures sont allégoriques et représentent probablement les divers attributs de Mithra surnommé l'*invincible* par ses adeptes.

Plus près de nous, une image de Mithra a été trouvée en 1826, dans la forêt de Haguenau. Dans son *Codex Inscriptionum Romanorum Rheni*, Steiner en a publié, p. 91, n° 125, l'inscription suivante :

DEO MED(R)V MATV
TINA COBNERT.
Deo Medru Matutina Cobnerta.

Cette inscription s'étant trouvée avec l'image, il est évident qu'il faut la traduire par les mots : *au dieu Mithra, Matutina Cobnerta.*

Une description détaillée de ce bas-relief a paru,

---
(1) Schœpflin, *ibid.*

CHAPITRE XV. — INSTRUMENTS DES GAULOIS. 251

en 1826, dans le *Kunstblatt* d'un journal allemand, le *Morgenblatt*, n° 80.

M. Schweighæuser a fait dessiner ce bas-relief. On y voit que l'R du mot *MEDRV* est renfermé dans le D. Le dieu, coiffé d'un bonnet de forme particulière (se rapprochant de la forme du bonnet phrygien représenté, de nos jours, par le bonnet de coton, ainsi qu'il a été dit précédemment), tient dans la main gauche une pique; sa main droite repose entre les cornes d'un taureau qui se trouve à côté de lui. Cette attitude pacifique n'apparait pas fréquemment dans les bas-reliefs où, d'habitude, Mithra est représenté au moment où il tue le taureau.

Des traces du culte de Mithra ont été également trouvées aux environs de Remiremont.

En 1887, un troisième *Mithræum* (vestiges d'un temple voué à Mithra) fut trouvé à Heddernheim, près de Francfort-sur-le-Mein. Il en est rendu compte à la page 37 et suiv. de la *Westdeutsche Zeitschrift für Geschichte und Kunst*, publiée par MM. F. Hettner, de Trèves, et J. Hansen, de Cologne.

Le rapport, concernant cette troisième découverte d'un sanctuaire de Mithra, à Heddernheim, a été inseré, dans cette feuille, par MM. les Professeurs G. Wolff, de Francfort et François Cumont, de Gand, et si nous nous y arrêtons particulièrement, c'est :

1° parce que nous y trouvons quelques indications touchant les édifices et les divers attributs du dieu Mithra, dont des vestiges se rencontrent aussi dans les *Pays de la Sarre ;*

2° parce que, en présence de ces vestiges bien

déterminés, nous tenons à confirmer, de plus en plus, l'existence dans ces pays, de l'*élément médique*, introduit par les Sigynnes et surtout par les Sarmates dont la *Sarre* et tous les mots composés de Sar ou Sarre, portent le nom, et dont le vieux chemin du val de Villé, qui conduit de la Lorraine en Alsace, a conservé la dénomination de « *la route* » ou « *la chaussée des Sarmates*», pour qu'aucun doute, dirait-on, ne fût possible à cet égard (1);

3° parce que ce troisième Temple de Heddernheim, est en partie identique, pour la construction et l'ornementation, à celui de Sarrebourg. Il n'en diffère essentiellement, comme de tous les autres édifices du même genre, découverts jusqu'ici, que par son entrée qui est latérale. Jusqu'à cette découverte, on avait constamment admis que les entrées se trouvaient en face du *bas-relief principal* et au milieu du front de la construction.

On a également appris, par cette dernière découverte de Heddernheim, que le sol, en terre-glaise battue, de la nef du milieu, auquel on parvient par

---

(1) Ce nom de *Route des Sarmates* figure sur les anciennes cartes du pays.

Dom Calmet, dans son Histoire de Lorr. Tome I, page 258, Preuves, cite aussi cette *Strata Sarmatarum*, dans l'acte de fondation de Senones, en 661, par le Roy Childéric (fils de Clovis II) et dans l'acte de confirmation des Privilèges de cette abbaye par l'empereur Othon 1er, en 949.

Le nom des Sarmates figure dans plusieurs autres chartes dont nous devons l'indication de quelques-unes à la complaisance de M. le Dr Wolfram, de Metz, archiviste de la Présidence et secrétaire de la Société d'Archéologie et d'Histoire de Lorraine ;

Edict. Theodosianus p. 30, 12 : Quisquis igitur Laetus, Alamanus, Sarmata vagus....

Hieronymus, Epistola 123 ad Agirarchiam : Quidquid inter Alpes et Pyrenæum est, Quadus, Wandalus, Sarmata.... vastarunt.

Jordanis, Get. 36 : Hi enim, adf. Franci, Sarmatæ, etc.....

un escalier de plusieurs marches, n'est pas de même niveau partout ; qu'il est plus élevé à l'entrée qu'à l'extrémité opposée, devant le bas-relief principal placé contre le mur, au milieu de la nef, où il existe un *podium*, ou marche plus élevée, ainsi que cela se présente souvent, le long des murs latéraux, où ces marches forment socle ou parapet.

Par suite de ces dispositions, il a pu être établi, comme principes :

1º qu'il n'existe nulle part de véritables temples de Mithra, construits avec ornementation architecturale grecque ou romaine, mais de simples réduits appelés *spelæa* ou *cavernes* ;

2º que ces cavernes, peu spacieuses, n'appartenaient qu'à un nombre très restreint de participants : ce qui explique comment, dans une même localité, comme à Heddernheim, il a pu s'en trouver plusieurs ;

3º que le relief principal, établi presque toujours en face de l'entrée et à l'autre bout de l'édifice, occupait une superficie d'environ quatre mètres carrés mesurés sur une seule roche ou pierre naturelle ;

4º que la découverte d'un relief pareil, ou d'une partie seulement, est l'indice certain de l'existence d'un spelaeum auquel il a appartenu.

D'ordinaire, les lieux choisis pour le culte de Mithra sont des grottes naturelles appropriées à leur destination particulière. A défaut de ces dispositions naturelles, on a utilisé les sous-sols ou caves des habitations (c'était le cas dans cette troisième découverte de Heddernheim), ou bien, on a établi des constructions spéciales de toutes pièces, dans des terrains quelconques, conformément aux exigences prescrites. Celles-ci, classiques, pour ainsi dire, avaient comme types de construction, à peu près fixes, 2 à 2 1/2 mètres dans la largeur de l'édifice, sur 7 à 11 mètres de longueur, avec des banquettes latérales et une banquette médiane devant le relief principal ; le tout précédé d'un vestibule simple προναος, ou à plusieurs compartiments dans lesquels était pratiqué l'escalier conduisant au souterrain.

Les attributs de Mithra découverts à Schwarzerden se trouvent tous représentés dans le cadre principal et leurs positions respectives sont ainsi assurées; à Heddernheim, l'arrangement se composait, paraît-il, de diverses pièces séparées, mais renversées à côté des stèles qui semblent leur avoir servi de supports, ce qui ne fournit aucune certitude, quant à leurs places respectives ; à Sarrebourg, tout se présente aussi, comme à Heddernheim, quant à la dégradation, quant à la dislocation. Heureusement qu'une main habile a su y mettre ordre pour les dégradations.

La pièce principale de la découverte de Sarrebourg, ou le relief principal, suivant le langage adopté, est en grès rouge, et mesure 3m65 de haut sur 2m41 de large.

Elle représente Mithra (la tête manquait) à cheval sur le taureau au moment où il lui lance le coup mortel. La sculpture est à haut-relief, bien fouillée, et de grandeur presque naturelle. Ce premier groupe est entouré des douze mois de l'année, représentés symboliquement, entre deux pilastres verticaux dominés par une frise partiellement détériorée.

Au milieu et au-dessus de cet ensemble, une

tête énorme, de 70 centimètres de haut, à chevelure bouclée, forte et épaisse, semble avoir existé; la sculpture est en assez bon état de conservation et, d'après certains indices, cette tête a dû être entourée de rayons métalliques divergents. Elle est en parfait état de conservation.

Tout en bas, se trouve l'inscription suivante, sur une seule ligne :

IN. H. D. D. DED. INVICTO MARCELLEVS MAMOSUS POSVIT.

Le cadre intérieur qui contient le taureau avec Mithra et les principaux attributs, le lion, le chien, le scorpion, le vase et le serpent, a 1^{m}78 de haut sur 1^{m}86 de large. Il renferme aussi, latéralement, à droite, le long du pilastre de ce côté, deux têtes nues, l'une placée en haut, l'autre en bas, avec un éphèbe entre les deux ; le côté opposé, le long de l'autre pilastre, porte en haut une tête nue sans barbe, un éphèbe et une tête barbue en bas. Ces deux pilastres, placés de chaque côté à l'extérieur et parallèlement, sont hauts de 1^{m}70 sur 0^{m}22 de largeur et sont formés, chacun, de cinq petits cadres à reliefs. La frise, posée sur ces deux pilastres fait voir aussi plusieurs personnages et des fragments de personnages assez bien sculptés : Zeus ou Jupiter est assis au milieu, entouré de Mercure, d'Apollon ? . . . ; le reste est à peu près fruste.

La découverte de tous ces objets a été faite dans le jardin Leclerc, près de Sarrebourg, sur le versant oriental de la côte du Grand-Rebberg, à une centaine de pas de la vieille route de Hesse qui commence à la *Porte-Lupin*.

Lupin ou Luping est le nom d'un village détruit ;

ce n'est pas sur l'emplacement de cet ancien village que la trouvaille a été faite, mais plus près *des remparts*, à 30 centimètres sous terre, en creusant des fondations pour la construction de nouvelles casernes.

A la dite profondeur, on a également rencontré les restes d'un bâtiment d'une étendue de 5^{m}48 sur 6^{m}20 ; et, dans les décombres, on trouva des pierres dont les unes étaient taillées d'une façon architecturale, les autres présentaient des sculptures, comme celles du grand tableau à relief. La tête et le bras droit de Mithra étaient rompus, mais il a été possible de les rajuster. On a pu de même mettre en place presque tous les autres fragments trouvés épars ; présentement, le dieu apparaît en entier, revêtu de la tunique et d'un ample manteau flottant ; il monte, par l'arrière sur le taureau affaissé, et, s'appuyant sur la cuisse gauche, il plonge sa main gauche dans la gueule de l'animal. De la main droite, il tient le poignard encore enfoncé dans la nuque du taureau dont la queue relevée est terminée en épis. Le scorpion et le serpent complètent la représentation typique connue d'après les autres monuments. Un petit bloc ovale montre le chien lapant le sang de la plaie. A droite du tableau, à côté du char de la lune, se voit, dans le premier des petits cadres du pilastre de droite, un second taureau sur lequel on remarque Mithra à cheval avec manteau flottant au vent. Cette petite sculpture, parfaitement conservée, achève de donner, avec le relief de Schwarzerden, la véritable représentation figurée du dieu Mithra.

En dehors de ce grand et beau tableau, se trouvait cette tête colossale dont il a été question et qui, d'après les traces des points d'attache, a dû être posée au-dessus et au milieu du tableau. C'est la première fois qu'une apparition de ce genre est signalée.

Parmi les autres débris de sculptures, parfaitement taillées et généralement de demi-grandeur naturelle, on a pu reconnaître dans les deux éphèbes, les porteurs de torche, trouvés ailleurs, dans des temples de Mithra. On a également trouvé, mais non encore classé, beaucoup de figures en haut-relief, de 25 à 30 centimètres de haut et beaucoup de parties sculptées non encore reconnues, mais semblant devoir être rapportées au même monument principal. Un certain nombre de ces fragments font même supposer qu'entre les pilastres dont il a été déjà question, le tableau principal était entouré d'un autre cadre orné de petites représentations en relief. Parmi les morceaux d'architecture, il s'en trouvait quelques-uns en forme d'autels ou de stèles, malheureusement sans inscriptions ; cependant le travail des murs de raccordement fait supposer qu'ils étaient couverts de gypse ou de peinture. Une seule plaque, provenant probablement de l'autel placé au-dessous du relief de Mithra, présente un commencement de consécration, avec le mot DEO, suivi des lettres IANUS et D. L. Une sorte de sarcophage, placé sous le cadre de Mithra, contenait un squelette, dont les pieds enchaînés étaient tournés vers l'Orient. Tout près de la tête, se trouvaient des pièces de monnaie, des IIe, IIIe et IVe siècles, dont quelques-unes seulement sont bien conservées.

D'après la « Gazette de Sarrebourg » du dimanche 16 juin 1895, à laquelle nous avons emprunté un grand nombre de ces détails de la première heure, après la découverte faite de M. de Fisenne, l'architecte de la garnison, les figures appartenant au relief de Mithra attestent une destruction qui n'a pas eu uniquement la chute des bâtiments pour cause ; elles font plutôt croire à une démolition systématique. Ce qui confirme cette supposition, ce sont surtout les dégradations faites aux têtes ; car, on a abîmé les figures en enlevant des écailles dont une grande partie a été trouvée dans les décombres. Il est à supposer que ce temple a été voué à la destruction, comme tous les lieux où se célébrait le culte païen, sous le règne de Valentinien II. C'est pourquoi, le temple n'a pas été pillé, mais seulement détruit, de l'an 424 à l'an 455.

Malgré ces nombreux détails, il est néanmoins regrettable que, dans toutes ces découvertes, à Sarrebourg, comme ailleurs, on n'ait pas apporté plus d'attention à l'emplacement et aux dispositions intérieures des édifices qui constituent ce que l'on est convenu de désigner sous le nom de temples de Mithra. Pour les dispositions de l'entourage immédiat du dieu, le relief de Schwarzerden donne des indications suffisantes, ainsi que sur les places occupées par les porteurs de flambeaux ; mais il existe la plus grande incertitude sur les dispositions et l'emplacement des autres statues, stèles ou autels, trouvés tant à Heddernheim qu'à Sarrebourg, et se rapportant à d'autres divinités.

De plus, il reste à déterminer le genre de culte que l'on rendait à Mithra et à interpréter le sens des allégories qui entourent et accompagnent son image.

M. Wolff a recherché ce qui a été trouvé dans d'autres temples de Mithra, à Grosskratzenbourg sur le Mein, à Kroisbach (Rakos) en Hongrie où le grand relief était aussi taillé dans le roc, à la Grotta del Matrimonio (Grotta di Mitromonia ?); à l'île de Caprée dans le golfe de Naples ; à Epidaure en Grèce ; à Spolète ; à Ostie ; à Varhely (Sarmizetusa). Tout ce qui a été rencontré dans ces divers édifices, comme dans les édifices des rives du Rhin, à Fehlbach, à Neuenheim, à Osterbrücken, est conforme à ce qu'on a trouvé à Heddernheim et dans nos parages, à Schwarzerden et, enfin, à Sarrebourg.

Pour le troisième édifice de Heddernheim, nous avons même le plan de l'ensemble du bâtiment avec coupes en longueur et en largeur, indiqué au travail de M. Wolff, page 49 du XIII volume 1894, de la *Westdeutsche Zeitschrift*. C'est une donnée précieuse que celle de ce plan ; elle est à étudier et à compléter lors de nouvelles découvertes analogues.

Le travail de M. Wolff fournit aussi la description détaillée de toutes les pièces qui semblent devoir concourir à former le mobilier typique et l'ornementation ordinaire des temples de Mithra découverts à ce jour.

Dans le même volume de la *Westd. Zeitschrift*, M. F. Dumont a repris la description de ces mêmes pièces et il y ajoute celle d'une statue représentant un *homme à tête de lion* et d'une stèle qui offre un intérêt particulier aux habitants de Metz, en ce sens qu'elle paraît être un ex-voto déposé par un Messin au temple de Mithra à Heddernheim. Cela est attesté par une inscription tracée sur un bloc de basalte, étranger par sa nature aux autres pierres du temple qui, toutes, taillées ou non, sont en grès blanc de Vilbel.

Ce monument, établi en forme de stèle, mesure 94 cm. en hauteur, 30 cm. en largeur et 21 cm. en épaisseur. Une des faces est fruste et atteste le placement contre un mur ou un pilier. La face opposée ou antérieure, représente, en relief, la naissance de Mithra de la pierre (Mithra's Felsengeburt) θεὸς ἐκ πέτρας avec les mots :

DEO IN MI

placés au-dessus. Au-dessous de cette sculpture, on lit :

P. GENERICEM

et en-dessous, sur le fut :

SENILIVSCAR
ANTINUS
. C . MEDIO
M . V . S . L . L M

En bas, sur le socle, il y a :

SIVECRACISSIVS

La seconde ligne complétée : P(etram) G(e)NE(t)-RICEM, est suivie du nom du personnage et le tout se traduit par Deo IN (victo) MI(thræ) SENILIVS CARANTINUS C(ivis) MEDIOM(atrigus) V(otum) S(olvit) L(ibans) M(arito) et un peu en-dessous SIVE CRACISSIVS, ce CRACISSIVS représentant le nom gaulois double de SENILIVS CARANTINUS.

Les faces de cette stèle sont terminées supérieurement en forme de toits triangulaires ; leur réunion forme une pyramide quadrangulaire, dont les quatre coins sont ornées de têtes joufflues, figurant les vents des quatre points cardinaux.

La face qui représente le dieu, montre un enfant chevelu dont la partie supérieure du corps sort d'une pierre. La main droite de cet enfant est levée; elle tient un couteau et une torche; la main gauche porte simplement une torche. C'est bien l'interprétation de l'inscription P(etram) G(eni) T(ricem).

Les autres faces de droite et de gauche, et dans une niche flanquée de pilastres, comme cela se présente sur la face qui vient d'être décrite, se trouvent les deux porteurs de torches qui accompagnent partout la statue de Mithra et dont on a trouvé trois paires dans le troisième temple de Heddernheim.

Le socle du jeune homme de gauche porte les lettres CAVTE, et le socle de l'autre jeune homme qui abaisse sa torche, porte les lettres CAVTP, pour CAVTOPATI, comme cela se trouve écrit ailleurs : à Friedberg, par exemple, où l'on voit sous l'un de ces porteurs de torches : D(eo) I(nvicto) M(ithræ) CAVTOPATE. A Aquineum, on a également rencontré deux piedestaux portant, l'un, l'inscription CAVTE ou CAVTI, l'autre celle de CANTOPATI. De là vient que, dans le langage habituel des archéologues, on appelle, *Cautes* le porteur qui élève sa torche et *Cautopates* celui qui baisse la sienne.

M. Cumont s'étend longuement sur l'explication de toutes ces figures rencontrées jusqu'à présent dans les édifices dédiés à Mithra. Il éloigne absolument toute idée d'explication purement astronomique. Selon lui, le culte de Mithra, sur lequel les anciens auteurs ont fourni peu de renseignements parce qu'ils le connaissaient peu, a été conservé au sein de la terre avec ses statues et ses attributs, tandis que, dans les temples de toutes les autres divinités, où elles étaient placées à la surface, leurs emblêmes ont disparu. Il est ainsi donné aux archéologues de retrouver, à la suite des siècles, après le bouleversement des édifices, des races et des nations, et de connaître les mystères de religion que les prêtres du Paganisme ont caché aux profanes avec tant de soins et pendant les longues périodes de l'antiquité....

Mais si les prêtres païens sont parvenus à cacher leurs mystères, les peuples, qui ont subi leur influence et suivi leurs doctrines, n'ont pas oublié leurs rites et certaines de leurs réjouissances.

Les Gaulois, nos ancêtres, Sarmates, ou Syginnes, célébraient, en effet, au premier Janvier, comme à l'époque du carnaval, l'anniversaire prétendu de la naissance de Mithra et, à cette occasion, tout était permis comme en Perse et en Médie. Le Roi même pouvait s'enivrer ! Quant aux prêtres et aux initiés, ils se déguisaient en femmes, en monstres représentant toutes sortes de bêtes, principalement celles qui figuraient dans les mystérieuses cérémonies de Mithra, c'est-à-dire, du feu ou du soleil.

Elles s'appelaient *Mithriaques*, ces fêtes, ou encore *Léontiques*, *Coraciques*, *Griffiques*, etc., suivant que l'on faisait paraître les images de ces animaux dans les cortèges, c'est-à-dire, suivant que les initiés ou associés s'affublaient spécialement de masques et de costumes rappelant le lion, le corbeau, etc.

Dans tous les cas, ces fêtes se passaient en festins, en orgies, en débauches, en mascarades dont nos carnavals les plus horripilants de Venise, de Rome, de Nice et de Cologne qui précèdent le carême, ne sont, paraît-il, que de bien faibles images.

La découverte du remarquable monument de Mithra eût, à elle seule, suffi pour donner, à Sarrebourg, un nouvel et brillant éclat à ajouter à son antique renommée comme station routière de la voie de Metz à Strasbourg. Mais il y a mieux encore : les mêmes travaux de fondation ont aussi mis à jour, à peu de distance de l'endroit où la découverte de Mithra a été faite, une autre découverte de non moindre importance à un autre point de vue.

Celle-ci consiste dans la trouvaille de deux autels, en grès gris, parfaitement intacts : l'un représentant en relief deux personnages, un homme et une femme ; l'autre ne représentant qu'un seul sujet, mais identique au personnage féminin du premier autel.

L'homme du premier autel, facilement reconnaissable, est le dieu *au maillet gallo-romain*, accompagné d'une divinité féminine. Ce couple même est connu, et, depuis longtemps, *le dieu au maillet*, c'est-à-dire le dieu de cet autel, est considéré comme le dieu suprême des Gaulois, le *Dispater* de César. Il est connu comme ayant été rencontré souvent, seul ou accompagné d'une divinité féminine ; mais jusqu'ici, aucune inscription n'avait encore relevé les noms des personnages ainsi groupés.

Pour la première fois, l'autel de Sarrebourg, apprend aux antiquaires qu'ils s'appellent *Sucellus* et *Nantosvelta*.

L'autel, en effet, haut de 1^{m}265 sur 0^{m}46 de large, et de 0^{m}32—0^{m}24—0^{m}32 d'épaisseur au fût, porte cette inscription parfaitement conservée et lisible :

    DEO SVCELLO
    NANTOSVELTE
    BELLAVS SVSMAS
    SEFILIVS. V. S. L. M.

L'homme, barbu, outre son maillet à long manche qui ne touche pas terre, porte une cruche à la main gauche. Il est vêtu du sagum court, avec ceinture, et porte un petit manteau sur les épaules ; ses jambes sont nues et chaussées de bottes courtes.

La déesse, placée à sa droite, porte aussi une espèce de maillet, non encore bien défini, à la main gauche ; de la main droite, qui tient un vase en forme de jatte, elle verse le contenu de ce vase sur un autel à sacrifices. Elle est amplement drapée et les longues et épaisses touffes de sa chevelure semblent être retenues, sur le haut de la tête, par une sorte de diadème.

Un corbeau est figuré, sous ce couple, dans un champ particulier. On l'attribuerait, à cause de sa position, aux deux divinités, s'il ne se retrouvait, seul, sur le second autel, avec la déesse.

Pour nos pays de la Sarre, la découverte de ces autels est un véritable trait de lumière qui nous permettra de dénommer, autrement, l'homme et la femme de Vaudrevange, les personnages de la fontaine de Lemberg, et tant d'autres, groupés ou isolés à travers le pays, peut-être même le cavalier de Merten et d'autres endroits que de Beaulieu a baptisé du nom de la divinité inconnue ou du dieu inconnu.

CHAPITRE XVI.

MONNAIES DES GAULOIS.

Lés monnaies des Gaulois étaient fort grossières : on en rencontre en or, en argent, en *electrum*, en bronze et en *potin*.

L'*electrum* est *l'or vert* des bijoutiers et consiste en un alliage particulier d'or et d'argent. Sa couleur est d'un vert d'eau agréable : fondu, il est jaune pâle.

Le *potin* est un alliage de cuivre jaune, de plomb et d'étain.

La plupart des monnaies gauloises sont coulées et non frappées; quelques-unes sont convexes d'un côté, concaves de l'autre. Elles ont ordinairement pour types une roue de char, un cheval libre, un sanglier, un porc, un urus, un bœuf ou quelque animal fantastique. On n'y remarque aucun caractère d'écriture.

Les Gaulois ont été fort longtemps sans monnaie particulière. Leurs transactions commerciales se faisaient en produits agricoles et industriels. Les monnaies grecques étaient en usage chez eux, et c'est ainsi que s'explique la trouvaille d'une monnaie de Philippe de Macédoine, faite à Creutzwald, dont M. de Humbert, parent de M. Schlincker, notre sympathique collègue, est détenteur.

Au sujet du monnayage gaulois, il y a lieu de remarquer, que procédant tout autrement que l'art grec, il a débuté par des produits fort remarquables. Toutefois, les premières médailles gauloises n'ont pas été des chefs-d'œuvre ; mais si l'on réfléchit que l'on n'a guère commencé à frapper monnaie qu'au moment du plus grand épanouissement de l'art grec, cent ans avant J.-C., on comprendra plus aisément comment il se fait que, au rebours de la marche de l'art chez les peuples antiques, c'est au début même du monnayage qu'il faut chercher les types relativement les plus parfaits.

Ainsi, la dégénérescence du dessin, l'abandon des accessoires, l'abaissement du titre de métal, fournissent des indices à peu près certains et concordants d'un monnayage postérieur.

C'est le sanglier ou *sus gallicus* des archéologues qui se reproduit avec le plus de constance sur les monnaies d'Avignon, de Nimes, de Cahors, de Poitiers, de Paris, d'Evreux, de Châlons, de Tournay ; sur les monnaies gauloises d'Angleterre, d'Espagne, d'Illyrie, de Galatie ; en un mot, non seulement chez toutes les populations du territoire de la Gaule, mais encore dans tous les pays qui reçurent des colonies gauloises. En mainte occasion, on le rencontre à l'état d'enseigne militaire.

Si l'on rapproche de ce fait, la mention de Valérius Flaccus, relative aux Coralles (1), peuple situé à l'embouchure du Danube, on conclura que d'un bout de l'Europe à l'autre, et même au-delà de ces limites, tout ce qui était gaulois se servait de ce

---

(1) M. de La Saussaye. *Revue de numismatique*, 1846, p. 344 et suiv.

AUTELS DE SARREBOURG

signe comme d'un symbole à la fois militaire et national.

Les monnaies gauloises façonnées au moule sont peu régulières et ne semblent pas avoir eu de titre déterminé. Elles durent être évaluées au poids, comme les sicles, les drachmes, ou autres monnaies antiques.

Ainsi donc, d'une part, les diverses populations de la Gaule affectaient, dans certaines localités, des signes distinctifs ; d'autre part, un emblème général, le sanglier, était une sorte de symbole commun à tous les peuples de la famille gauloise.

La première monnaie réellement gauloise consistait en petites *rouelles de cuivre* à plusieurs branches.

Plus tard, les Leucks frappèrent du billon représentant un guerrier, le javelot et le gai d'une main, le lasso de l'autre ; au revers est un lièvre, l'oreille tendue, sous un arbre.

Les Médiomatricks remplacèrent les rouelles par une monnaie représentant un guerrier casqué avec une aigrette et, au revers, un cheval.

Les Trévirs avaient de la monnaie en bronze avec un guerrier sur un char à un cheval d'un côté ; un triangle encastré dans deux cercles dentelés et perlés de l'autre. D'autres monnaies tréviroises portaient un œil et, au revers, un cheval et des étoiles ; d'autres, un cheval sur les deux faces.

En général, les monnaies gauloises de nos pays portaient, au revers, le cheval médiomatrick, le taureau trévir, le lièvre leucquois et le sanglier éburon.

La monnaie frappée à Trèves porte d'ordinaire la marque T R V.

CHAPITRE XVII.

MESURES DES GAULOIS.

L'unité la mieux connue, de toutes les mesures gauloises, est la lieue (leuca). Selon Bouillet, Dictionnaire, article *Mesure*, elle valait 2216^m,35 et, en moyenne, 2210^m selon les uns, 2222^m,22 selon d'autres.

C'est cette mesure qui fut adoptée par les Romains, pour remplacer leurs milles dans les Gaules. Cela est confirmé par cette annotation de la Carte de Peutinger, qui avertit que, à partir de Lyon, comme point central de toutes les voies de la Gaule, les chiffres placés, le long des routes, sur des pierres plus ou moins hautes, indiquent des lieues gauloises et non des milles romains.

L'historien Ammien Marcellin fait la même observation.

Cette mesure de 1500 pas gaulois s'appelait Leach (prononcez Leuch, comme les Bretons et les Gallois).

L'unité de la lieue gauloise, était le *pas*, évalué à trois pieds d'homme.

Le *pied* se comptait aussi par la longueur des deux poings, ou mains fermées, posés bout à bout.

Le *poing* comptait douze largeurs de *pouce*, et le pouce valait douze *lignes*.

CHAPITRE XVII. — MESURES DES GAULOIS.

Pour les nombres, on comptait par dix doigts ou vingt doigts, c'est-à-dire par dizaines ou par vingtaines.

Les jours se comptaient d'une nuit à l'autre, de minuit à minuit, et, pour la durée du temps, ils comptaient par mois lunaires, puis par saisons, puis par six mois et enfin, par années.

Les Égyptiens passent pour avoir été les premiers qui s'aperçurent que douze révolutions de la lune ramenaient les mêmes saisons et la même température de l'air.

Dès avant Moïse, l'année se comptait par douze mois et 360 jours.

On ne sait si les Gaulois ont compté de la même manière.

Chez les Grecs, l'année était aussi divisée en 360 jours, et leurs mois comptaient trente jours. Ce sont eux qui ont commencé à intercaler des jours, pour régulariser les saisons et les mettre d'accord avec les mouvements solaires. Mais cette régularisation n'a été accomplie que plus tard par Jules César et le pape Grégoire VIII.

Comme mesures de capacité et de poids, on faisait généralement usage des mesures grecques, car il n'existait pas, en Gaule, d'unités spéciales de ce genre.

CHAPITRE XVIII.

VOIES ET MOYENS DE COMMUNICATION.

CHEMINS GAULOIS.

Dans l'ouvrage intitulé « *Sainte-Odile et le mur payen* », Colmar 1855, M. Louis Levrault dit, pages 114 et 115, que :

« Pour se rendre à leurs sanctuaires ou à leurs
« lieux d'assemblées, il fallait aux Gaulois des che-
« mins frayés. Peut-être serait-il encore possible de
« reconnaître ceux de ces chemins qui conduisaient
« à ces places de réunions et surtout aux sanc-
« tuaires?

« Lorsque, sur les flancs d'une montagne, aux
« vestiges mégalithiques, un chemin très encaissé,
« ce qui est presque toujours un signe de haute
« antiquité, décrit des circuits nombreux et souvent
« inutiles, on est fondé à conjecturer que ce chemin
« ne doit pas son origine aux ingénieurs romains,
« mais au culte inauguré par les Druides. Des échan-
« tillons de ces antiques chemins creux, à bizarres
« détours, enroulés aux flancs d'un mont, comme
« un long serpent, se rencontrent encore assez fré-
« quemment dans les Vosges, et nous croyons pouvoir
« ranger, dans cette classe, ce double chemin de

« ceinture qui, à Sainte-Odile, se dessine depuis
« les pentes du Mennelstein sur le versant méri-
« dional de la Bloss, en allant de l'Est au Sud et
« du Sud à l'Ouest. »

Il en existe aussi ailleurs, de ces vieux chemins creux, et, dans le Bassin de la Sarre, on peut citer, entre autres, le chemin qui descend du versant oriental du Hérapel vers Morsbach. Ce sont généralement des chemins actuellement abandonnés. Partout ailleurs, où ces chemins établissaient des passages fréquentés, ils ont été transformés en routes ou chaussées carrossables.

On les appelait *Stréat,* en gaulois, au singulier; *Stréadon* ou *Strédon,* au pluriel, et encore *Kem* ou *Kemins.*

Dans le principe, la construction de ces chemins était fort imparfaite et il n'a pu en subsister d'autres traces que celles de leurs directions et des matériaux dont ils étaient formés. Les routes, qui étaient les chemins les plus parfaits et qui reçurent le nom de *Stréadon* étaient pavées, ou, au moins, couvertes de pierres aux endroits fangeux. Elles étaient aussi, comme il a été dit plus haut, bordées de ces pierres de taille, à peu près brutes, d'assez grandes dimensions, appelées *leach*, et espacées de 1500 pas. D'après Ammien Marcellin, le mesurage de ces distances était tellement régulier et exact que les Romains, après leur occupation de la Gaule septentrionale, les ont adoptées pour remplacer leurs milles à partir de Lyon.

Cette annotation a été indiquée sur la Carte de Peutinger et l'Itinéraire d'Antonin, c'est-à-dire sur les *livres de poste* qui furent en usage aux premiers temps de l'occupation romaine. C'est grâce aux indications de ces livres, que nous connaissons les routes principales qui existaient alors et avaient été établies par les Gaulois.

La Carte, dite de Peutinger, a été achetée, au XVIe siècle, pour 41 florins, par un érudit allemand, qui la légua à Peutinger. A la mort de celui-ci, elle fut trouvée dans sa bibliothèque. Elle a passé jusque dans ces derniers temps, pour dater du temps de Théodose, ce qui l'a fait surnommer « Carte théodosienne », mais il est reconnu, à présent, qu'elle est plus ancienne. Elle a été copiée, en 1265, par un moine de Colmar, sur un original qui doit dater d'Alexandre Sévère, vers l'an 230 de notre ère. C'est probablement une reproduction de l'image du monde qu'Agrippa, gendre d'Auguste, avait fait peindre sur un portique, au centre de Rome, avec les routes nouvelles qu'il avait fait établir (63-12 av. J.-C.).

La Carte de Peutinger est une copie très fautive de l'original qui est déposé à la Bibliothèque impériale à Vienne.

Le livre de poste que l'on est convenu d'appeler l'*Itinéraire d'Antonin*, ne peut être attribué à aucun Antonin, car il y est fait mention de villes qui n'ont reçu que plus tard les noms sous lesquels elles sont annotées. Il paraît devoir être rapporté à la seconde moitié du IVe siècle, vers 364. Il fut découvert en 882 à Oviédo, par Luitprand, évêque de Crémone, qui l'a attribué à Antonin.

L'Itinéraire et la Carte ne mentionnent que les routes militaires où le *Cursus fiscalis* avait ses stations. C'étaient d'anciennes routes gauloises et, selon

Schœpflin, Granddidier, Perreciot, Schweighæuser, Golbéry et Clerc, la lieue gauloise indiquée par les pierres milliaires était de 2222m,222, et le mille romain de 1483m,483.

En prenant les mesures de ces routes encore existantes, et, en les comparant avec les indications de l'Itinéraire et de la Carte de Peutinger, on trouve que la lieue gauloise est de 2210m et le mille romain de 1479m,26.

La construction des voies gauloises paraît être restée la même sous les Romains. Elle était assez solide pour résister à l'injure des temps et des saisons. « Les unes, dit Schœpflin, étaient formées
« de blocs de pierres vives rapportées des mon-
« tagnes ; d'autres étaient consolidées par un pavage ;
« d'autres étaient établies sur des terrassements ;
« d'autres se reliaient par des ponts; d'autres enfin,
« étaient ornées de magnifiques monuments, et toutes
« étaient semées de nombreuses colonnes milliaires,
« qui, sous la domination romaine, comptaient leurs
« distances à partir du Mille doré, placé à Rome,
« au milieu du Forum.

« Quelques-unes étaient composées de deux couches ;
« quelques-unes en comptaient trois ou même quatre;
« le plus grand nombre en comptait quatre. Le
« premier rang était composé de pierres brutes
« reliées ensemble avec ou sans ciment, mais toujours
« très solidement ; il servait de base, de fondement
« aux autres couches ; on l'appelait le *rudus*, le
« radier. Le second était un lit de gravier ou de
« pierres plus petites, unies quelquefois avec du
« ciment ; c'était le *nucleus*, le nœud. Enfin, la
« partie supérieure de la route, la croûte du dessus,

« *summa crusta*, était formée par un pavage de
« cubes de grès taillés symétriquement. Ces mots
« sont ceux qu'ont employés les anciens architectes ».

Les quatre couches présentaient une épaisseur totale de 60 à 70 centimètres.

Des stations qu'on appelait *Mutationes* et *Mansiones* s'échelonnaient le long de toutes ces voies et dataient des Gaulois.

Les *Mutationes* servaient de relais, où les voituriers changeaient de chevaux, de bêtes de somme, où les voitures se remplaçaient elles-mêmes.

Les *Mansiones* offraient aux voyageurs une hospitalité convenable. Elles servaient aussi d'étapes aux soldats, qui y trouvaient des vivres, et y couchaient; les distances, qui séparaient, ces étapes étaient de 20.000 pas correspondant à une journée de marche militaire.

Le service de la poste était confié au chef du fisc.

Et c'est pour cette raison qu'on l'appela *Cursus fiscalis*, poste fiscale. Il a reçu aussi le nom de poste véhiculaire, de service des voitures publiques, de transport en voiture, etc. Car ce service n'était pas fait seulement par des messagers publics placés dans les stations et courant à pied ; on y employait principalement des chevaux.

Les chevaux destinés à porter des hommes, ou des fardeaux, ou à traîner des chars, s'appelaient *veredi*, quand même ils ne transportaient que des hommes. Lorsque les nécessités du service ou de la poste l'exigeaient, on employait les chevaux des particuliers à titre de *parangaria*, de réquisition ou de corvée ; on les appelait alors *paraverdi*, chevaux de louage. Souvent, cependant, les chars étaient traînés par des mules, des ânes ou des bœufs.

Les véhicules étaient de différentes sortes : il y avait ceux à deux roues, les chaises de poste, *cisia*, — les chariots de voyage gaulois, appelés *rhedæ*, — les trains *carpenta*, — les litières *carruca*. Les voitures d'osier, *clabulæ*, étaient le plus souvent traînées par des bœufs ; aussi, ce moyen de transport était-il considéré comme le moins noble de tous ceux qu'employait la poste ; il était appelé *tardigradus*, marche lente, en opposition avec le *velox gradus*, la poste rapide.

La clabula se distinguait de la rheda et du quadrige en ce qu'elle n'était adoptée que pour le transport des objets qui ne demandaient point, ou ne supportaient point une expédition accélérée.

Les stations étaient régies par des officiers publics, qui recevaient du prince la solde et la nourriture. Aussi ne pouvaient-ils exiger aucune rétribution pour le service de la poste. Ils n'avaient pas le droit non plus de disposer des moyens de transport uniquement destinés aux chefs de l'État, aux courriers, à quelques officiers du palais et, entre autres, à ceux qui portaient les dépêches diplomatiques.

Les préposés de la poste s'appelaient *mancipes* ; lorsqu'ils avaient accompli un service de cinq ans, ils étaient honorés de la dignité de *perfectissimus*. Ils avaient sous leur direction des écuyers, des muletiers, des palefreniers, des vétérinaires et bien d'autres employés, de fonctions et de noms différents.

L'antique cité de Metz, appelée « Divodurum » et autrefois, l'une des plus anciennes villes de la Gaule-Belgique, était la capitale du pays des Médiomatriciens. Pour cette raison, elle dut être en relation avec Reims, Trèves, Toul et autres capitales des pays voisins ; elle dut aussi se trouver en communication avec les centres populeux ou religieux de la province : Tincry, Salival et Salone, Tarquimpol, Sarrebourg, la Canceley, la Vallette, le Donon, Saverne, Strasbourg, le Hérapel, Wœrschweiler, la ville perdue du Breitenstein, Mayence, Boucheborn, Varsberg, Bérus, Pachten, Litremont, Vahlen, la Birg, Schauembourg, Schwarzerden, le Hundsrück.

Les Itinéraires et la Carte de Peutinger, qui équivalent à des cartes géographiques, indiquent quelques-unes de ces localités avec leurs distances respectives, les mansiones et les mutationes, sous les numéros I, II et III. qui suivent :

Voie de Metz à Strasbourg (de Divoduro ad Argentoratum). — Selon le texte de la *Carte Théodosienne* ou *de Peutinger*, la distance entre ces deux villes est indiquée de cette manière : (I)

DIVODURO	Mill. Pass.	Metz.
DVODECIMO	XII	Delme.
DECEM PAGIS	XII	Dieuze.
PONTE SARVIX	X	Sarrebourg.
TABERNIS	XII	Saverne.
ARGENTORATVM	XII	Strasbourg.

LVIII = 58 lieues

Pour la même distance, l'Itinéraire d'*Antonin* donne deux autres indications différentes.

La première porte : (II)
DIVODORO. . . .
DECEMPAGIS. . . . M. P. XX
TABERNIS. . . . . M. P. XX
ARGENTORATVM . M. P. XXIII ou XXIV
d'après la copie de Schœpflin.

LIII = 53 ou 54 M. P.

La seconde indique une seule station entre Metz et Strasbourg : (III)
TREVEROS. . . . M. P. XXXXIV.
DIVODVRVM . . . M. P. XXIV
PONTEM SARAVIX. M. P. XXII

LXXX.

En retranchant la distance de Trèves à Metz, il reste pour la même distance, entre Metz et Strasbourg, XXXXVI ou 46 lieues.

Cette voie est donc plus courte que les deux précédentes, lesquelles pourraient coïncider, puisqu'il n'y a que trois ou quatre lieues de différence, et celle-ci pourrait provenir d'une erreur de copie ; car il existe de nombreuses variantes dans les copies faites pendant le moyen-âge.

C'est donc aux traces encore existantes de ces voies, sur le terrain, qu'il faut recourir pour découvrir si ces indications postales se rapportent aux mêmes voies ou à des voies de directions différentes.

Une ancienne voie empierrée sortait autrefois de Metz, par l'ancienne Porte-de-Seille, où se trouve actuellement le pont Sailly. Elle se prolongeait, selon

M. de Bouteiller (1), sous la rue dite de *Mazelle* (souvenir d'un *macellum* romain).

Selon M. Abel, qui a particulièrement étudié cette voie, elle était établie à 2 mètres 50 au-dessous du sol, devant la maison n° 35, et à 2 mètres, devant celle du n° 10.

Elle se composait d'un lit de grosses pierres de lias posées de champ ; au-dessus se trouvait une couche de gros gravier de la Moselle, et par-dessus, une couche de menu gravier mélangé avec une espèce de glaise blanchâtre tirant sur la chaux. L'épaisseur de chaque couche est en moyenne de 10 à 15 centimètres. On n'en connaît pas la largeur parce qu'on n'a pu la mesurer que dans les tranchées creusées pour l'aqueduc de la ville.

Elle passait tout à fait au-dessus du cimetière de l'Est par le *Chemin vert*, et elle franchissait la Seille pour gravir la colline de Queuleu, dont le nom semble venir du mot latin *aculeum*, promontoire. Le terrain en contrefort présente, en effet, cette configuration.

De Queuleu, la route se dirigeait sur Grigy, en laissant la ferme de Bévoy à droite.

Du même endroit, la voie se bifurque, et les fermes de la Haute et de la Basse-Bévoy pourraient bien devoir leurs noms à cette particularité.

De Grigy, l'une des voies, la plus méridionale, s'infléchissait vers la droite, on le suppose du moins, puisqu'on la retrouve plus loin, vers Pontoy, où elle est très apparente jusqu'au bois de Luppy. Elle laissait Solgne, sur sa droite, et Moncheux, sur sa gauche,

---

(1) *Dictionnaire topographique du département de la Moselle.* E. de Bouteiller, Paris 1874.

se dirigeant par Juville sur Delme ou plutôt sur le camp de Tincry, où se rencontrent de nombreux silex de toutes dimensions, taillés et disposés à servir d'armes offensives et défensives.

Delme semble être la station indiquée sur la carte, sous le nom de AD DVODECIMVM et devait se trouver au douzième mille, c'est-à-dire à 26 kilomètres 220 mètres.

Delme est à 32 kilomètres de Metz, et la différence indiquée par la carte fait admettre que la voie ne se rendait pas à Delme même, mais à Tincry, par un chemin plus court que celui de la route actuelle.

De cette localité, la voie se dirigeait sur Dieuze par les terrains salés sur lesquels se trouvent Salival, Haraucourt et Marsal, où elle traversait la Seille sur un pont.

Dieuze doit être le Decempagi indiqué comme deuxième station de la Carte ; mais ce nom pourrait aussi ou plutôt se rapporter à Tarquimpol. — L'inscription, en l'honneur d'un Quatuorvir, qui a été trouvée, en 1633, à Dieuze, ne prouve pas le contraire. On sait que les Quatuorvirs étaient chargés de l'entretien des routes dans les villes, tandis que les Duumvirs avaient soin des routes en dehors des villes.

De Dieuze, la voie se rendait, au-delà, à Tarquimpol et à Assenoncourt, d'où partent deux voies se dirigeant sur Saverne.

L'une, la plus longue, ne passait pas par Sarrebourg. Elle gagnait d'abord Azoudange, puis Romécourt, Gondrexange, Herzing, Lorquin, puis Harzviller, Biberskirch (Trois-Fontaines), Harrebourg,

Hommert, Haselbourg, Garrebourg, Hüttenhausen, puis la vallée de la Zorn, où elle se confondait avec l'autre voie de Decempagi à Saverne par Sarrebourg.

De Lorquin, un diverticulum se portait sur Aspach, Hattigny, dans la direction de Blâmont d'un côté; de l'autre côté, elle suivait la crête des montagnes formant la ligne de partage des eaux entre la Vezouze et la Sarre, et arrivait au Donon par le chemin actuel des Allemands et le chaume de Requival.

De Trois-Fontaines, un autre embranchement se portait sur Walscheid, suivait la Bièvre jusqu'à la cime des montagnes, formant, vers l'Orient, la ligne de partage des eaux de la Sarre et de la Zorn, d'où elle arrivait également au Donon par le chemin qui couronne les sommets et les proéminences entre le Grossmann, le Noll, le Haut de Narion, l'Engin, et le le flanc du Petit Donon.

La voie la plus courte, entre Decempagi et Saverne, passait par Sarrebourg. C'est sans doute la voie de Peutinger et celle du premier tracé de l'Itinéraire.

D'Assenoncourt, elle se rendait à Fribourg, puis à Langenberg, à Diane-Capel, à Rinting, et, par le bois de Rinting, à Sarrebourg.

De Sarrebourg, elle gagnait Hommarting, Lutzelbourg où elle prenait la vallée de la Zorn jusqu'à Saverne.

Du même Assenoncourt, se détachait une troisième branche, ce qui prouve en même temps l'importance de Tarquimpol dont la vraie position est encore indéterminée.

Cette troisième voie gagnait Guermange d'où elle se soudait, d'un côté à Zommange, en passant entre l'étang de cette localité et l'étang de Lindres. De l'autre côte, elle passait à Bisping, que bien des antiquaires considèrent comme occupant l'emplacement de Tarquimpol; elle traversait la forêt de Bambach, atteignait ensuite Saint-Jean-de-Bassel et Berthelming où elle prenait la vallée de la Sarre et se rendait à Sarrebourg en passant par Bettborn, Oberstinzel, Sarreck et Sarre-Altroff.

De Sarre-Altroff, se détachait encore une petite voie qui se rendait à Hilbesheim, aux deux Lixheim, à Hérange, Mittelbronn et Phalsbourg où elle joignait la grande voie de Sarreguemines à Saverne par les Quatre-Vents.

C'est ainsi que Dieuze se trouvait relié une seconde fois à Saverne, sans passer par Sarrebourg, et cette ligne pouvait être celle de l'Itinéraire. Cela est d'autant plus probable qu'elle est plus courte que celle qui passe par Saverne, plus courte surtout que celle qui passe par Lorquin.

Les archéologues ne sont pas non plus d'accord sur le tracé de la voie qui, venant de Metz, se rendait, en droite ligne, à Strasbourg.

M. Schweighæuser, de Strasbourg, malgré les actives recherches auxquelles il s'est livré, n'a pu trouver des traces positives de cette voie, à l'Ouest de Saverne. « Une tradition assez confuse, dit-il, porte
« qu'elle était un peu plus septentrionale que la
« route actuelle; mais, il paraît plutôt qu'elle était
« la même que celle qu'on connaît encore dans la
« montée sous le nom de *Vieille Route*, qui est très
« près de la grande route actuelle et avec laquelle
« elle se confond au haut de la montagne. »

La vieille route de M. Schweighæuser est celle qui passe au pied du rocher du *Saut du Prince Charles*. Le colonel Ulrich est du même avis et pense que la voie montait au sommet du plateau, en laissant la nouvelle route à droite; elle suivait le fond du Thalweg à gauche, passait au pied du rocher du Prince Charles et rejoignait la route nouvelle à son débouché sur le plateau même.

D'après M. D. Fischer (1), cette voie traversait Saverne dans toute sa longueur, par la rue appelée « Kaiserstrasse », prenant au sortir de la ville la direction Nord par le chemin d'Eckartswiller, dit aussi Herrenweg, puis elle tournait brusquement vers le Nord-Ouest, se dirigeait au Nord de la route actuelle et, par une pente peu sensible au pied de la côte appelée Heidenbuckel, elle s'escarpait aux flancs de cette montagne en rampes inégales et ardues.

Parvenue au sommet du plateau, elle courait, en droite ligne et toujours au Nord de la route actuelle, par le Hoberhof jusqu'à Durstel, d'où partait une voie secondaire qui se rendait à Trèves par la vallée de la Sarre. Elle est encore appelée *le vieux chemin de la côte, der alte Steigweg ou Steinweg*, se continuant par Sarreguemines, où ce chemin porte encore ce même nom de Steinweg.

Il ne faut pas cependant confondre ce chemin avec l'ancienne route qui passe au pied du rocher du Saut du Prince Charles: il est ordinairement suivi par les piétons et il en existe encore deux fragments assez bien conservés.

---

(1) *Le rocher du Saut du Prince Charles et la côte de Saverne*, par Dagobert Fischer, 1878.

De *Berthelming*, la ligne de Dieuze descendait aussi la vallée de la Sarre, le long de la rive gauche, par Romelfing, Fénétrange, Nieder-Stinzel, Gerolseck, Diedendorf, Pistorf, Zollingen et *Sarrunion*.

De *Dieuze* à *Sarrunion*, il existait une voie beaucoup plus courte que cette dernière qui passait par Berthelming et Fénétrange.

Cette autre voie se dirigeait de *Dieuze* vers Lindres-Haute, passait à Zommange où elle se soudait à la ligne déjà indiquée de Guermange. De là, elle passait à Cutting, à Loudrefing, à Mittersheim, à la Bonne-Fontaine, où ses traces se perdent pour se retrouver à Vibersviller et à Altwiller; de là, elle se dirigeait, par les pâturages communaux de Bissert, vers Harskirchen où elle semble se confondre, en plusieurs endroits, avec la route actuelle de ce bourg à Sarrunion. Dans les pâturages de Bissert, elle est faite de gravier et souvent, dans les bas-fonds, ce gravier est actuellement à plusieurs pieds au-dessous de la terre végétale.

Un peu au-dessous de Sarrunion, elle traversait la Sarre sur un pont dont on voit encore les piles et elle se soudait à la ligne de Sarralbe à Sarrunion, par Keskastel, qui se continuait même plus loin que Sarrunion, en amont, par Durstel, Rimsdorf ou par Berg, pour se joindre, par là, à la grande voie de Metz à Saverne par Sarrebrück, le Halberg, Sarreguemines, Herbitzheim, le pont de Völlerding près de la Heidenmauer « le mur des païens » de Domfessel, Diemering, Mackviller, la montagne des morts, Adamsviller, *Durstel*.

Les deux voies, réunies à partir *de ce lieu*, se portaient, par une ligne unique, passant entre Assweiler et Druling, sur les hauteurs des affluents de la Zinzel savernoise, vers Craufthal, le Noberhof situé au pied du grand Pfahlberg, Eckartsweiler et *Saverne*.

Dans la direction de l'Est, la route de *Dieuze à Sarrunion*, partant aussi de Sarrunion, se dirigeait vers le Rhin en passant par Domfessel, Lorentzen, entre Bitten et Dehlingen, par la vieille église près de Schmitviller, Bining, Rohrbach-lès-Bitche, Bettviller et *Rimling*.

Cette voie, généralement connue sous le nom de *Ritterstrasse* « la route des chevaliers », conduisait à Rimling et aux autres voies qui se détachaient de ce poste; mais elle desservait probablement aussi les fortifications de *la Burg* de Ratzwiller et *la Schantz* du Scheidterwald qui étaient à proximité et pouvaient la protéger.

La Burg ou enceinte fortifiée dont il s'agit, et qui, plusieurs fois déjà, a été signalée dans cette région, est située à huit kilomètres de Diemering. Elle couronne le sommet aplati d'une montagne dont le pied est arrosé, d'un côté, non par la rivière de l'Eichel, ainsi que l'a indiqué M. le pasteur Ringel, de Diemering, mais par le Spiegelbach ou Spielsbach, un affluent de cette rivière et qui s'y perd, sous le nom de Mühlbach, au-dessous de Hambach. Le flanc Nord de cette antique enceinte s'incline faiblement vers la montagne adjacente, le Heidenkopf, et forme un vaste boulevard triangulaire, nommé le faubourg (die Vorderstadt). La partie comprise dans l'enceinte même, porte le nom de *Versunkene* ou *Verlorene-Stadt* (la ville engloutie ou perdue). De beaux hêtres recouvrent ces ruines, ainsi que les profondes vallées qui les environnent. Pourtant le mur de défense peut encore être suivi dans son pourtour. Il mesure, selon M. Ringel, 1072 m. dans sa périphérie culminante, 12 m. de large à la base, et 7 m. de haut. Les pierres qui le composent sont d'un grain de sable très fin et très dur et ne portent aucune empreinte de taille. A ses pieds, s'ouvre un fossé large et profond, au-delà duquel se dessine un rempart composé d'énormes blocs de roches qui, sans doute, en ont été extraits.

Plusieurs de ces blocs mesurent jusqu'à 3 m. de long sur 2 m. de large. Une tranchée, pratiquée à la partie du mur qui regarde le glacis, marque l'emplacement de la porte principale. Du côté de l'Est, deux autres ouvertures donnent accès à deux chemins.

M. le pasteur Ringel qui a particulièrement étudié ce pays, cite les diverses traditions qui se rattachent à ces lieux et dont la plus importante est, sans contredit, celle qui mentionne une défaite que César, pendant son expédition des Gaules, aurait eu à supporter dans la vallée et sur les bords de l'Eichel, l'ancienne *Aquila* des temps mérovingiens.

De *Rimling*, qui paraît avoir été une station importante, une mansio? se détachaient deux voies, se rendant : l'une à Deux-Ponts, par Guiderkirch, Medelsheim et Altheim de la vallée de la Bickenalbe ; l'autre franchissait les vallées du Schwolb et de l'Eichel du Palatinat et allait jusqu'à *Pirmasens*.

Du même *Rimling*, la quatrième branche des chemins qui s'y croisaient, passait à Bettviller d'où elle gagnait les hauteurs de Heiligenbronnen, d'Enchenberg, de Gœtzenbrück et du *Breitenstein*, dernière limite et point culminant du Bassin de la Sarre de ce côté.

Depuis le *Breitenstein*, les traces de cette voie se perdent dans les forêts; mais comme à leurs sorties sur le Spiegelbach, et du côté de Winmenau, situé sur la Moder, on en rencontre des traces bien marquées, il est plausible que des bifurcations se sont aussi portées d'un côté, vers la *Schantz* du Scheidtwald, la *Burg* de Ratzwiller et la *ligne de Sarreguemines*-Herbitzheim, Mackviller-*Saverne;* du côté opposé, d'autres bifurcations ont probablement aussi desservi les localités de la Moder dont les eaux se portent au Rhin par Haguenau, Bischwiller et Drusenheim.

Voie de Metz à Strasbourg et à Mayence. A cette voie principale de Metz à Strasbourg par Delme, Sarrebourg et *Saverne* correspondait presque parallèlement une seconde voie de Metz vers la Sarre.

Elle se détachait près de *Grigy* d'où elle passait près de la Grange-aux-Bois, comme fait la route actuelle de Metz à Courcelles-sur-Nied; elle pénétrait ensuite dans la forêt de Mercy-le-Haut où elle est encore visible; puis, elle passait à Ars-Laquenexy où l'on a trouvé l'ex-voto suivant dédié à Mercure :

```
MER.
T. S. A.
V. S.
```

Elle franchissait la Nied à Pont-à-Dommangeville, s'avançait dans le bois entre Bazoncourt et Pange. A sa sortie, elle rencontrait un terrain glaiseux qu'elle traversait sur de larges pierres; elle longeait ensuite Vaucrémont, passait à Chanville dont le nom primitif semble avoir été *chæmini villa* (la villa du chemin). Deux inscriptions latines ont été trouvées de ce côté. L'une, fruste, est restée à Chanville; l'autre, très lisible, a été donnée à la Société d'Archéologie de la Moselle, par M. Belfoy, Inspecteur des forêts. Elle est déposée au Musée de Metz et porte cette inscription :

> DEO MERCV
> RIO SILIANA
> SILVESTRIS. F.
> V. S. L. M.

De Chanville, la voie pénètre dans la forêt de Rémilly, où elle longe les ruines du château de la Reine Oda et l'ancien prieuré de Faux-en-Forêts. Elle dépasse Seutry, où se voit un fût de colonne d'ordre corinthien (1), puis Herny où se trouve un reste de temple dédié à Diane. La voie apparaît ensuite très nettement sur le territoire des villages d'Arriance, Chémery, dont le radical *chem* rappelle le nom que les gens du pays donnent à ce chemin. A Thionville, on dit Kem et Kim.

Après Chémery, la voie ou *chemin* traverse l'étang du Bischwald pour atteindre le plateau de Bistroff, où se remarquent les ruines d'un ancien camp.

De *Bistroff*, la voie gagnait Gros-Tenquin, Petit-Tenquin et Ueberkinger où il est très facile de

---

(1) Ce beau et grand reste d'un monument de grandes dimensions a été creusé intérieurement et sert de margelle à un puits du village. On peut l'apercevoir devant une maison, en passant en chemin de fer.

suivre ses traces à travers champs jusqu'au hameau de Steinbach. Elle se perd vers Guéblange. Malgré cela, il est généralement admis, qu'elle se dirigeait, par Keskastel, sur Oerming pour atteindre le pays de Bitche où elle reparaît effectivement entre Schmitviller et *Rahling*.

M. Thilloy, dans son étude sur Herbitzheim, déclare qu'il a des raisons pour ne pas admettre cette indication. Il est persuadé que la direction de la voie était différente. Selon lui, de Steinbach près Guéblange, elle gagnait sur les hauteurs de la montagne de Sarralbe, l'ermitage de l'Albener-Berg, au-dessus de la ville de Sarralbe. Elle franchissait l'Albe et la Sarre sur ce point et rejoignait, à Herbitzheim, la voie d'Oerming à Sarreguemines ainsi que le fait encore la route actuelle par Silzheim.

Le motif qui a guidé M. Thilloy, mais qu'il n'a pas exprimé, est probablement la supposition généralement adoptée que la dite Montagne de Sarralbe est un ancien poste romain, sinon gaulois.

Cette montagne, élevée artificiellement par la main de l'homme, à la tête d'un étang actuellement desséché mais dont la digue existe encore, renferme des substructions qui dénotent que, avant l'établissement de l'église actuelle, il y avait eu là, sinon un oratoire des chevaliers du Temple (une croix grecque ou byzantine, dite « croix pattée », se trouve encore encastrée au-dessus de la porte d'entrée), du moins une très ancienne église construite dans le style romano-bizantin, laquelle avait remplacé un temple païen qui s'élevait, en ce lieu, dans l'enceinte d'une fortification. Au bas du versant occidental de l'épaulement ou du rempart en terre qui règne autour du cimetière et de l'église, et près du sentier qui conduit à la digue de l'étang desséché, M. l'abbé Ledain, qui a longtemps habité Sarralbe, a trouvé plusieurs fois des tessons d'une poterie de couleur grise, semblable à la poterie qui est ordinairement enfouie dans les plus anciens lieux de sépultures. Des ossements humains cassés, mais encore durs, étaient avec ces morceaux de poterie. La tradition veut, d'un autre côté, qu'une très ancienne voie reliait autrefois, par Guéblange, les villes de Sarralbe et de Puttelange, et les mettait en communication directe avec le poste de Decempagi et celui du Hérapel, près de Forbach.

La même tradition affirme qu'un oratoire païen a existé jadis sur la Montagne de Sarralbe.

C'est entre Steinbach et *Guéblange* que semble aboutir le vieux chemin du *Hérapel*, appelé *Harreweg* ou *Herrenweg* (chemin des armées) (1). Il passe au-dessous du vieux village de Holving, où l'on a trouvé, en 1849, les ruines d'un temple dédié à Appollon, comme l'indique le commencement d'une inscription, et déposé présentement au Musée de Metz sous le n° 78.

```
                        I N
          H  D  D
      DEO APPOLLONE
    A CASSIVS NOBILIS
```

La voie passe entre Hirbach et Holving et se tient

---

(1) Dans le langage du pays la lettre *e* se transforme généralement en *a*. On dit *masser* pour messer, *Harreweg* pour Herrenweg.

sur les escarpements de la rive droite du Moderbach ou Mutterbach, en passant près d'une mare remplie d'eau où, selon la croyance populaire, est englouti un couvent dit le *Couvent noir*. On n'en connaît que l'emplacement et le nom. A Rémering, dès l'entrée du village, un embranchement se détache de ce Harreweg pour se diriger sur Grundviller, Heckenransbach, Rodt et Sarreguemines, tandis que la voie-mère se continue à travers toute la longueur du village pour passer derrière le château de Puttelange, franchir l'un des affluents du Moderbach, vis-à-vis du Thiergarten de Puttelange, monter ensuite, par Loupershausen, à la vieille église de Farschwiller et atteindre Théding où aboutissait aussi la voie qui monte de Sarreguemines par Rouhling, Cadenborn et Théding, pour de là passer au-dessous du village détruit de Guirling, gagner Folckling et le Hérapel.

Le camp de Kescastel *(Cœsaris Castellum)*, se trouvant à moitié chemin de Sarralbe et de Sarrunion, dut être nécessairement desservi par une voie allant de l'une à l'autre de ces villes. Les traces de cette voie n'ont pas été retrouvées à ce jour.

A *Sarrunion* passe aussi une voie se détachant de la voie de *Dieuze* à Assenoncourt et se rendant par Zommange, Mittersheim et la Bonne-Fontaine, à Vibersviller, Altviller, Harskirchen, Sarrunion et, de là, par Lorentzen, Rahling, la Vieille-Église, Rohrbach-lès-Bitche, à Petit-Rederching, à Bettviller et à Rimling.

C'est la *Voie des Chevaliers* déjà décrite et connue.

Voie de Metz à Strasbourg et à Mayence par le Hérapel, d'après l'Itinéraire d'Antonin, et dite **la Deuxième Voie**. — Cette voie semble quitter Metz par la porte des Allemands dans la direction de la route actuelle de Metz à Sarrelouis. Elle donne naissance à de nombreux embranchements de ce côté-ci et de l'autre côté de la Sarre.

Pour plus de simplicité, nous suivrons d'abord les embranchements de la rive gauche de la rivière et, ensuite, les divisions de la rive droite.

Branche principale et ses divisions sur la rive gauche de la Sarre.

On en trouve des traces, près de Noisseville, à Rétonfey, au lieu dit « la Croix-de-Bois », où elle se fait remarquer par ses grands pavés. On la perd non loin de Glatigny, pour la retrouver près des Étangs, où elle a plus de 4 mètres de largeur. En allant vers Pontigny, où elle franchit la Nied, elle longe les bois, fait un circuit et semble éviter les débordements de la Nied. On la retrouve très intacte sur l'autre rive de ce cours d'eau, sur les territoires de Warize et de Brouck, puis à Narbéfontaine et à Boucheporn, où l'on a reconnu les traces d'un campement romain et où l'on a trouvé des armures, des mosaïques, des tuiles à rebord, une statue de Minerve en bronze et beaucoup d'autres objets. De *Pontigny,* une bifurcation partait pour Condé-Northen, Loutremange et Macker, où M. Boulangé a découvert une superbe frise d'un temple ; de Macker, ce tronçon gagnait Boulay, Denting, Téterchen, la forge de Falk (la Schmelze), Merten, Bisten et l'ancienne forteresse de *Bérus*, où il débouchait près de l'église actuelle.

La station de *Boucheporn* était importante à cause

du nombre de routes qui s'y rencontraient comme les artères d'un réseau central.

Outre la voie de Metz par Narbéfontaine, qui se continuait en droite ligne vers l'Est par les forêts de Longeville et de Saint-Avold, où elle est encore visible, surtout au district forestier de « Zang » et au Hollerloch, d'où elle passait à Hombourg-l'Évêque, à Sainte-Fontaine (1), à Fréming, à Merlebach, à Rosbruck et, finalement, au *Hérapel,* il y passait aussi une voie de traverse partant de *Boulay* et passant par Boucheporn, Baumbiderstroff, Tritteling, Téting, Guessling, pour rejoindre au *Bischwald* la voie de Metz à Guéblange-Sarralbe.

Entre la ligne de Boucheporn au Hérapel et celle de Boulay à Bérus, il y avait, en outre, quatre chemins vicinaux :

Le premier reliait *Boulay* à *Boucheporn* par les Quatre-Vents.

---

(1) C'est près de Sainte-Fontaine, appelée aussi Sept-Fontaines, que l'inscription suivante a été découverte :

```
DEAE FERONAE
MAIOR MAGIATI
    FILIVS
  V. S. L. M.
```

Dom Calmet en a conclu que Ferona (Féronie), la déesse des eaux, des bosquets et des pâturages, était adorée, en ce lieu.

Durival, dans son *Mémoire*, a déclaré avoir lu DEAE DIRONIAE. Voir les observations de MM. Abel et Prost, pages 134 et suivantes, 7e année du *Bulletin de la Société d'histoire et d'archéologie de la Moselle*.

En 1824 et 1825, on a trouvé, aux mêmes lieux, un petit Mercure en bronze et deux statues en pierre représentant l'une un Mercure, l'autre une Vénus. Précédemment, on y avait déjà trouvé des statues attribuées à Diane et à Minerve.

Le second conduisait de *Boucheporn* à *Ludweiler* par Porcelette, l'Hôpital et Lauterbach.

Le troisième mettait *Boucheporn* en relation avec *Bérus*, par le camp de Varsberg (1), Diesen-Creutzvald, la vaste forêt du Varndt et la vallée de la Bisten.

La quatrième voie se séparait de la route de *Boulay* à *Bérus*, gagnait la vallée de Dalheim, où le tracé est parfaitement visible. Elle traversait le ban de cette commune, laissant le village et le château à droite en descendant. A 150 mètres environ de l'ermitage, elle franchissait la prairie et le Weyerbach. Elle passait au moulin de ce nom pour gagner Falk sur la hauteur, d'où elle coupait la voie de Varsberg à Creutzvald. Comme elle coupait aussi toute la forêt du Varndt pour atteindre *Ludweiler* et *Wehrden* à l'embouchure de la Rosselle dans la Sarre, il est présumable que le nom de « le bois de la Croix » ou Creutzvald est dû à cette particularité.

A *Rosbruck*, au pied du Hérapel, une autre voie se détachait de la voie principale de Metz à cette station et suivait la direction du Nord par Emmerswiller, la Grande-Rosselle, Ludweiler, jusqu'au-dessous de la côte de *Werbeln*. Là, cette voie se bifurquait: l'une des branches, gagnait *Wadgasse*, en face de Bouss, situé sur la rive droite de la Sarre; l'autre, traversant la forêt de Carlsbrunnen, aboutissait à l'ancienne cité fortifiée de *Vaudrevanges*, d'où

---

(1) On croit que le nom de Varsberg, où il existe encore deux châteaux, un ancien et un moderne, et un puits d'une grande profondeur, vient de Varus, parce que ce général y a campé, avant d'aller faire massacrer ses légions par Hermann, dans la forêt des environs de Tholey, et qui, depuis, est appelée Varuswald (la forêt de Varus).

elle cheminait sur *Rehling,* protégé par le Siersberg, sur *Fremmersdorf, Hilbring* et *Dreisbach.*

De *Grande-Rosselle,* un embranchement conduisait par Petite-Rosselle, Vieille-Verrerie, Clarenthal à un *pont de la Sarre,* qui existait au-dessus du moulin dit « Fennmühle » en face de Rockershausen, ou Louisenthal sur la rive droite.

Au-dessous de Dreisbach, les traces de la voie de communication sont à peu près effacées et sa direction ultérieure est peu certaine ; mais à cause de la proximité du passage de la grande voie de Metz à Trèves, sur la rive droite de la Moselle, il est très présumable qu'elle rejoignait cette voie par les hauteurs de Nohn et d'Orcholz.

Aux mêmes environs de cette *voie de Metz à Trèves,* un embranchement se séparait dans la direction de Sarrebourg-Trèves. Les traces de cet embranchement sont visibles et conduisent au camp de *Castel,* par Weiten et Freudenbourg, en passant par *Sarrebourg,* d'où il gagnait la Preussische-Kuppe et le bois de Klein-Heide.

La grande voie de Metz à Trèves, se trouvant dans le bassin de la Sarre depuis son arrivée aux terrains fangeux des sources de la Leuck, entre Oberleucken et Butzdorf, nous la suivons jusqu'à Merzkirchen ou Martinskirche, « l'Église-Saint-Martin, » où elle est parfaitement conservée et sert de route de communication. En avant de Bilzing, près de la Croix de Sainte-Hélène, elle se partage et forme, dans son trajet depuis le pont de Conz, un *diverticulum* qui longe le Mannebach, dans le bassin de la Moselle. Après avoir arrosé Trarbach, ce cours d'eau se jette dans la Moselle au-dessous d'Oberliesch. Le *diverticulum* se soudait à la seconde grande voie de Metz à Trèves sur la rive gauche de la Moselle.

La voie du *Hérapel* se reliait, de cette façon, par Rosbruck et la rive gauche de la Sarre, aux deux grandes voies de communication entre *Metz* et *Trèves*, par les deux rives de la Moselle.

La même voie de Metz-*Boucheporn*-Rosbruck et le Hérapel se continuait au-delà par Morsbach, par les côtes du château de Forbach, du Creuzberg et de la côte de Forbach, et, laissant le Galgenberg et le Winterberg de Sarrebruck sur la gauche, elle arrivait, par les prés de Saint-Arnual, au pont du *Halberg*.

En fouillant aux alentours de ce pont qui existait au pied du Halberg, on a trouvé des monnaies romaines et de nombreuses traces de substructions faites en pierres de taille de grandes dimensions. On a également extrait bon nombre de très grosses pierres du lit de la rivière, à l'endroit où était le pont que les habitants du pays, qui parlent allemand, désignent encore sous le nom de *Heidenbrücke*, c'est-à-dire *le pont des païens*. Ils désignent de la même manière les anciennes constructions, généralement en ruines, qui existent aux environs.

Du même point du *Hérapel* d'où se détachait cette voie du Halberg, ou du *pont de la Sarre sous le Halberg*, situé sur la rive droite de la rivière, partait une autre voie dans la direction de l'Est. Elle traversait les glacis des remparts qui existent encore dans la forêt de Folckling, puis le ban de ce village, jusqu'à la sortie du bois dit Grosswald. Là, elle se scindait dans deux directions. La plus méridionale se dirigeait par Théding vers Ebring, Farschwiller, Puttelange, *Guéblange*.

Cette voie est déjà connue.

L'autre direction, depuis sa sortie de la même forêt du *Grosswald*, se montre entre Bouschbach et Tenteling ; elle allait par Cadenborn, un des points culminants du pays, par Rouhling, Halling, village détruit, et Velferding aux *gués de Sarreguemines*.

Un petit *diverticulum* se détachait de cette même branche depuis *Cadenborn* jusqu'à *Sarreguemines*. Il passait par la crête de la côte qui forme la rive droite du ruisseau de Rouhling, dit Hungerbach, et arrivait à Velferding, par la petite vallée de l'Hermèsbach, faisant suite à la vallée du Strichbach.

L'*Alte-Hof*, ou la vieille ferme de Rouhling, qui passe pour être l'emplacement d'une ancienne villa franque, *villa regia*, n'est plus qu'un tas de pierres sur le flanc de cette côte. L'*Alte-Schloss*, le vieux château du même village, était au flanc opposé ; il en reste un tas de pierrailles, un peu au-dessous des *Maisons payennes*, des Heiden-Hyser, où les fouilles de M. Huber ont mis à jour la belle villa gallo-romaine de Rouhling.

Deux autres voies partaient encore de cette ligne du Halberg : l'une à droite, l'autre à gauche.

Celle de droite mettait le *Hérapel* en communication avec *Guding*. Elle passait par le domaine de Remsing, par Œtting, par Béhren (l'ancien Péra du testament de Saint Remi), par Kerbach (l'ancien chef-lieu de la paroisse de Forbach), par Etzling et, finalement, par les hauteurs de Spichern, d'Alsting et de Hessling.

Une voie correspondante reliait Saint-Arnual, par le Stiftwald, au pont de Guding, d'où elle se portait, par Grosbliederstroff et Velferding, au gué de ce lieu et aux gués de Sarreguemines et de Steinbach.

La branche de gauche se séparait aux environs de *Forbach* et se rendait à *Guerswiller-sur-Sarre*, après avoir traversé Schöneck, les bois de Forbach et de Styring.

Pour compléter la série des anciennes voies de la rive gauche de la Sarre, il faut signaler encore le chemin de *Sarreguemines* à *Herbitzheim*, par Silzheim ; l'embranchement de *Téterchen* à *Bouzonville*, par Brettnach et Alzing, et les voies vicinales dérivées de la grande voie de Metz à Trèves sur la rive droite de la Moselle.

La première de ces dernières voies, en descendant de *Metz* à Trèves, quittait la grande voie aux environs de *Vry*, d'où elle se dirigeait, par Gondreville, entre Rabas et Befey, Villers-Bettnach, Piblange, Hestrof, Edling, sur Freistroff et *Bouzonville*.

La deuxième, venant du Hackenberg, par Saint-François, Bibiche et la forêt dite « Stockholz », joignait la voie précédente près de Freistroff et entrait avec elle à *Bouzonville*.

La troisième quittait la voie de Metz dans la vaste forêt de *Caldenhoven*, près de Kirchnaumen, d'où elle se rendait à *Bouzonville*, par Waldweistroff et Beckerholz.

La dernière voie, venant de *Ricciacum*, la deuxième station de la grande voie de Metz à Trèves, descendait aussi à *Bouzonville* par la ferme du Scheuerwald, Launstroff, Flatten, Gongelfang, Waldwisse, Biring, la ferme de Diesdorf, près d'Ober-Esch, Burg-Esch, Schwerdorff, Remmeldorf et Fitstroff.

Des hauteurs d'*Ober-Esch*, la même voie de *Ritzing* par Waldwisse, Biring, se continuait entre Guerlfangen et Führweiler jusqu'à Siersdorf, d'où elle envoyait un tronçon sur la Sarre, en face de *Pachten*, situé sur la rive droite, et un autre tronçon à *Rehling*, en face de Becking.

La ligne qui, de *Bouzonville* même, se dirigeait vers la Sarre, passait par Benting, à Aidling, à Heyning, à Sarrwellingerhof, à Sainte-Barbe et à *Vaudrevange*, d'où une voie faisait retour, d'un côté, vers Bérus, par Alt-Forweiler, et, de l'autre côté, en amont de la Sarre, sur Lisdorf-Ensdorf.

Il est à remarquer que les anciennes voies qui, aux environs de Creutzvald, de Saint-Avold et de Forbach, sont établies dans les grès, sont faites généralement, surtout à Creutzvald, avec des fragments de roches siliceuses particulières au pays. Elles sont de toutes les tailles, de toutes les dimensions et semblent avoir été lancées violemment et à l'état de fusion dans les sables où elles se seraient refroidies et agglutinées sous toutes espèces de formes. La plupart d'entre elles se présentent comme des nodules métalliques très lourds et très résistants.

On peut en voir de magnifiques échantillons chez M. Schlincker, maître de forges, à Creutzvald, qui utilise ces matériaux, dits *Eisenstein*, pierres de fer, pour ses chemins particuliers et qui en a fait une étude particulière.

C'est avec cette même pierre dure qu'est construit,

près de Creutzvald, un des rares vieux fours à tuiles ou à poteries du pays.

Ce four se trouve à l'endroit où la vieille voie du Wildperstock passe du district forestier dit « Tirole » de Lautrebach, au district forestier de Creutzvald, dit « le Bois de Nassau ». Il mesure 5 pieds de diamètre inférieur sur 3 à l'ouverture supérieure. Il est construit en entier de pierres de fer cimentées avec de l'argile. Le chauffage se faisait par un conduit voûté en pierres ordinaires de 4 pieds de long sur 2 pieds de haut et 1 pied de large.

A peu de distance, se trouvaient 4 pierres d'angles de 4 pieds de long sur 1 1/2 pied de large. C'étaient les socles des poutres du séchoir qui étaient probablement en bois, comme dans nos séchoirs actuels.

Branche principale de la voie de Metz à Strasbourg et à Mayence, par le Hérapel, avec ses ramifications sur la **rive droite de la Sarre**. — La voie de Metz à Strasbourg et à Mayence, qui ne passait pas directement par le Hérapel, mais qui pouvait cependant y arriver par le Herrenweg de Guéblange à Puttelange, a dû continuer son trajet vers l'Est par Sarralbe, où elle avait à franchir la Sarre et l'Albe pour atteindre le chemin de Kescastel à Herbitzheim et Œrming jusqu'au carrefour du pont de Völlerding. De là, le tracé, en droite ligne, par Mackwiller-Sarrebourg, est connu.

Depuis *Sarrunion*, la route, qu'on appelait la *Route des Chevaliers*, « die Ritterstrasse », est également connue depuis le carrefour de *Völlerding* jusqu'au carrefour de *Rimling*, où elle se croisait avec la route de Sarreguemines au Breitenstein, tandis qu'elle-même se dirigeait sur Medelsheim et gagnait Deux-Ponts.

Les gués de Sarreguemines étaient les points de départ de plusieurs voies.

Des gués de *Steinbach* et de *Sarreguemines* même, et sur la rive gauche de la Bliese, partait une branche, dans la direction du Nord-Est, par le vieux chemin de Græfinthal. Elle coupait, sur la hauteur, près de la croix de Neunkirch, le chemin du gué de Wéching, dit Steinweg, qui se dirigeait vers le *Breitenstein*. Au-dessus du bois de *Bliesguerswiller*, elle se partageait en deux tronçons dont l'un suivait le cours tortueux de la Bliese par Frauenberg, Blies-Ebersing, Bliesbrücken, d'où elle passait, entre les deux villages de Nieder et d'Ober-Gailbach, pour atteindre la ligne de Rimling à Deux-Ponts, près de Medelsheim. Elle passait ensuite à Pepekum, à Neu et à Alt-Altheim, et à Mittelbach, dans la vallée de la Bicken-Albe, et enfin, à Ixheim, avant d'arriver à *Deux-Ponts*.

De *Bliesbrücken*, la voie de Sarreguemines, par Frauenberg, Blies-Ebersing, se continuait jusqu'à la station importante de *Rheinheim*.

De *Rheinheim* partaient trois branches : la plus méridionale allait à *Gersheim*. Elle y franchissait la Bliese et, la longeant par Bliese-Dalheim, Breitfurth, Mimbach, Webenheim et Einöd, elle se rendait, vers le Sud-Ouest, le long du Schwarzbach, à *Deux-Ponts* et, vers le Nord-Est, par le Schwarzenacker, à *Wœrschweiler*.

La seconde voie se rendait également, par la vallée de la Bliese et en amont de *Rheinheim*, au Schwarzenacker-*Wœrschweiler*, en passant par les hauteurs jusqu'à Biesing, ensuite par Bliescastel, Lautzkirchen, Bierbach, la Bonne-Fontaine au pied de la côte de Wœrschweiler.

La troisième voie, en quittant *Rheinheim*, tournait vers l'Ouest et descendait à *Habkirchen*, en face de Frauenberg; elle se reliait à cette dernière station par un pont en pierre sur la Bliese.

De *Habkirchen*, la même voie descendait à Bliese-Mengen, à Bliese-Bolchen et au gué de Bliese-Schweyen, d'où elle s'élevait, par la petite vallée du couvent des Guillemites de Grœfinthal, aux fermes du Schœnhoff et du Laukardshoff ou « Hunacker », d'où, montant à droite, entre Wittersheim et Ehlingen, et, à gauche, entre Ormesheim et Ommersheim, elle traversait Assweiler et s'arrêtait à *Biesing*, à l'encontre de la voie précédente.

La seconde voie des *gués* de Sarreguemines et de Steinbach, qui se séparait en avant du bois de Bliese-Guerswiller, descendait sur ce village, où la Bliese était guéable ; de là elle gagnait aussi le gué de *Bliese-Schweyen*, où elle se confondait avec la voie de Habkirchen à Biesing.

Du gué de *Wéching*, une voie opposée à la Steinstrasse se dirigeait vers le Nord : elle longeait la Sarre jusqu'au gué de *Velferding* et, de là, elle passait par Hanviller, Rilching, Auersmacker, d'où un diverticulum descendait en droite ligne sur Wéching ; elle desservait Kuchling et le château de Rehling avant de se rendre à *Féching*, à *Guding* et à *Brébach*.

Une voie de correspondance conduisait de la ferme de *Wintring*, par la ferme de Hartung et sur la hauteur, à la ligne de Bliese-Bolchen-Asswiller-*Biesing*.

De *Féching*, une route joignait Ensheim et montait, par Ommersheim, à *Biesing*.

Une seconde voie quittait également *Féching* et conduisait à Hecken-Dalheim, à Niederwürzbach, à la ferme de Bornbach, à Neuhäusel, à la forteresse de Kirkel et à *Wœrschweiler*.

Kirkel était relié à *Lautzkirchen*, entre Bliescastel et Bierbach.

Wœrschweiler ou *Wernersweiler*, du nom du comte Frédéric Ier, de Saarwerden, qui y fonda un couvent de Bénédictins, est placé sur un vaste plateau entouré en partie par la Bliese, à peu de distance de Deux-Ponts.

En 1614, et après quatre cent quatre-vingt-trois ans d'existence, sous les Bénédictins de Hornbach et les abbés cisterciens de Villers-Bettnach, ce couvent disparut accidentellement dans les flammes, et, s'il en reste quelques débris, ce sont des pierres sépulcrales des derniers siècles, au milieu d'objets gallo-romains et même préhistoriques découverts depuis quelques années.

Il est donc à présumer que ce poste, riche en antiquités, était autrefois un point stratégique important, ou un lieu particulier de concentration, une *Mansio*.

Outre la voie directe qui venait de *Metz* par le Hérapel, le pont de la Sarre sous le Halberg, les gués de Sarreguemines, et qui se continuait plus loin par Hombourg, Landstuhl, Kaiserslautern, Mont-Tonnerre et le Rhin, on peut encore compter parmi les voies se dirigeant sur Wœrschweiler, les voies déjà connues de *Rheinheim-Gersheim* de la rive gauche de la Bliese ; la voie de *Rheinheim-Biesing-*

Bliescastel, par la rive gauche de cette rivière ; les voies de *Habkirchen*, du *domaine de Vintring*, de *Guding-Brébach-Féching* se réunissant par Nieder-Würzbach, à Lautzkirchen et à *Kirkel*.

A ce nombre, il faut ajouter, comme voies s'éloignant de *Wœrschweiler*, la route d'Einöd à Deux-Ponts par Ixheim-Rimling, et la vallée de la Bickenalbe ; de Deux-Ponts à Pirmasens et Lemberg dans le Palatinat, par Contwig, Stambach, Rieschweiler, Burgalben, *Waldfischbach*, d'où une ligne se portait par Merzalben sur Franckweiler, Landau, Edenkoven, Neustadt et le *Rhin ;* une troisième ligne quittait *Waldfischbach* et gagnait Kaiserslautern par la Frankenweide, et à travers la maison forestière dite « Johannis-Kreuz ».

Comme autres voies, s'éloignant du *Schwarzenacker-Wœrschweiler*, il faut noter la route de Beden à Hombourg, *Kleinottweiler*, Hoechen, Remmersfurth, Dörrenbach, le Spiemont, Oberlinxweiler-Saint-Wendel, les fermes de Wurzelbach et de Herschberg, Winterbach, Tholey et la forteresse de *Schauembourg*.

Une ligne de jonction existait entre *Kleinottweiler* et *Mittelbexbach*.

Du *Schwarzenacker-Wœrschweiler* et depuis la ferme où était située la partie fortifiée, une autre voie importante se portait sur Limmbach, Alstadt, Frankenholz et *Hoechen ;* elle coupe la ligne de Mittelbexbach à Kleinottweiler près de la maison forestière située, à peu près, au milieu de la distance entre ces deux localités.

De *Limmbach*, un chemin se dirigeait par la Goldene Bremm, par l'étang et les bâtiments de la ferme de Forbach sur *Neunkirchen*.

La voie de Brébach, en aval de Guding, se rendait à Mittelbexbach par Bischmisheim, les postes fortifiés appelés « Solscheid » la « Grande Botte » der Grosse Stiefel et le « Rode Kopf », par les fermes d'Engelt et de Sengscheidt.

De Brébach et le long de la Sarre, cette voie se continuait en aval, depuis Guding par Brébach, le pont du Halberg, Saint-Jean, Malstatt, Burbach et Rockershausen. Entre Saint-Jean et le pont du Halberg, une partie de la voie porte le nom particulier d'*Eselspfad*, le chemin des ânes. Cette partie joignait *Saint-Jean* à la voie du *Pont de la Sarre*.

Cette même voie passait, à droite, au pied du Halberg par Scheidt, le *castellum* du Bartenberg, Rentrisch, le long du menhir dit « Spilstein » ou « Grimoaldspfeile », d'où elle joignait Saint-Ingbert, Spiessen, Neunkirchen (haut), Wellesweiler et *Mittel-Bexbach*.

De Saint-Jean-Sarrebruck, la voie appelée *romaine* par tout le monde, se portait par le Rothenhof ou Rodenhof (1) jusque vers Bildstock, d'où, tirant vers le Nord par la hauteur d'Erker (Erkers-Höhe) et laissant Merchweiler et Wemmetsweiler à gauche elle passait à Stennweiler près d'Ottweiler; de là, laissant encore Mainzweiler, Remmesweiler et Winterbach à droite, et Welschweiler, Hirzweiler, Urexweiler et Marpingen, à gauche, elle atteignait la forêt de Varus, Tholey et *Schauembourg*.

En face de *Bildstock*, une voie de raccordement se portait par cette localité vers Spiessen en contournant la villa du Butterberg et en suivant la voie déjà

---

(1) Dérivé de l'allemand *roden*, défricher.

indiquée qui conduisait à *Mittelbexbach* par Neunkirchen et Wellesweiler.

La voie ci-dessus dénommée *Voie romaine* porte aussi le nom de *Rennstrasse*, *Grülingsstrasse* et *Hochstrasse;* elle est en grande partie conservée depuis le *Rodenhof* jusque vers *Bildstock;* elle se remarque par son terrassement et partiellement par son pavage. Plus loin, elle se perd parfois mais elle se retrouve à de courts intervalles suffisants pour arrêter sa direction, notamment depuis Stennweiler jusqu'à Tholey, où elle joint la route de Trèves au Rhin.

A *Sarre-Guersviller*, la voie de Forbach-Hérapel traversait la rivière sur un pont de bois dont il reste des traces de pilotis, et aboutissait, sur la rive droite, à Burbach. De ce point, on arrivait, par Heinrichshaus, Riegelsberg, le col de la ligne de partage des eaux entre les ruisseaux de Fischbach et le Köllerbach, à Göttelborn, à Merchweiler et à *Stennweiler*.

De *Göttelbronn*, près de Waldscheid et de Lummerscheid, une voie bien conservée conduisait à Humer en passant entre Kaisen, Uchtelfangen; elle se perd dans la vallée de Dirming, mais elle se retrouve dans le même état de conservation à Berschweiler d'où elle atteignait Marping et *Alsweiler*.

De *Dirming*, et même en l'absence de véritables traces d'une voie, il est admis qu'il a dû exister une communication par Illing avec la station du *Bildstock*. —?

A *Rockershausen*, la voie de Saint-Jean, jusque-là riveraine de la Sarre, s'en écarte en faisant un crochet vers Neudorf pour, de là, arriver à *Völkling-sur-Sarre*.

Du milieu de ce crochet partaient deux chemins : l'un se rendait à Ritterstrasse et au Riegelsberg où elle entrait à peu de distance du camp du Neuhaus, dans la voie déjà indiquée de Burbach-Guersviller-sur-Sarre à Göttelbronn et à Stennweiler ; l'autre joignait Püttlingen (Puttelange du Köllerthal ou Puttelange-Créhange, et se dirigeait, sous le nom de *Teufelspaway*, sur Ober-Salbach, Hirtel, Eiweiler, Hellenhausen ; de là et à proximité de Wiesbach, elle atteignait et continuait avec la grande voie de Trèves à Wœrschweiler.

Au-dessus de cette grande voie, cette route dite Teufelspaway semble se continuer par Habach, Hierscheid, Dirming, Berschweiler où elle apparaît en parfaite conservation.

Une voie partant de *Völkling* rejoignait la dite route de *Teufelspavay* à proximité de Cöln et de *Rittenhofen*.

De *Wadgasse-Bous*, qu'un pont de bois reliait, la voie, en continuation de celle de Téterchen, joignait *Völkling* en empruntant le Teufelspavay à peu de distance de ce bourg.

De *Vaudrevange*, une communication existait, en aval de la rivière qu'elle traversait à Lisdorf ; elle passait, de là, à Ensdorf et à Sprengen et à la voie de Teufelspavay au-dessous d'*Ober-Salbach*.

La voie de *Vaudrevange*, après son passage à Roden, se partageait en deux. La branche méridionale passait au-dessus de Fraulautern et de la Teufelsbrück par Schwarzenholz, puis s'élevant entre Ober-Salbach, Labach, Reisweiler, Eiweiler, elle se rendait à Spitzeich et de là à Habach et à Hierscheid, à Dirming? et à la voie de *Berschweiler-Tholey*.

De *Roden*, la branche septentrionale passait au-dessous de Saarwelling et de Labach et gagnait *Schwarzholz*. Une voie de correspondance, encore bien conservée, existe entre cette voie et la voie de Trèves, en passant entre Labach-Fahlscheid à droite; Bildsdorf, Kerprich-sur-Prims et Knorscheid à gauche, par *Eidenborn*. Cette voie semble avoir sa continuation et à partir de Jabach sur la voie de Trèves, elle passe à gauche de Lebach, à Gré-Saubach, à Limbach, à Neipel, à Dorff, Lindscheid, Niederhofen, Ueberroth, Hasborn et *Schauembourg*, peut-être aussi par *Dautweiler*, Tholey et *Schauembourg* ?

A Schauembourg, cette voie de Roden rejoignait la voie de Saint-Jean-Sarrebruck et de ce point stratégique, la communication était possible avec Trèves, avec le Rhin, à Bingen, avec la ligne, dite Rennstrasse et avec Woerschweiler.

La route de *Trèves* à *Schauembourg* apparait au Sud, à une demi-lieue de la ville, au Wolfsberg, d'où elle se porte, par la forêt dite « Mathäuser-Wald », à Pelling, à Nieder-Zerf, à Weis-Kirchen, à une *Mutatio* placée à peu de distance et au-dessous du Hochwald, à Theilen, à Wadern, à Noswendel; elle franchit la Prims au-dessous de l'embouchure du cours d'eau de Wadrill et, de là, elle passe à la ferme de Doster, à Ueberroth, à Hasborn et à *Schauembourg*.

De *Schauembourg*, une autre voie sur Trèves se rendait d'abord au Varuswald (c'est encore le chemin de voiture aujourd'hui), à la ferme d'Inzbach, à Mettnich, à Castel-sur-Prims, d'où elle se dirigeait, à l'Ouest de Nonnweiler, sur Hermeskeil et, de là, à *Trèves*.

La voie de *Schauembourg* au *Rhin* partait de Tholey vers Fronhausen près de Baumholder, se dirigeait ensuite vers Sobernheim sur la Nahe et, de là, par Creutznach, à *Bingen, Mayence, Worms, Spire* et *Strasbourg*.

Une petite voie de raccordement joignait *Schauembourg* à *Saint-Wendel*: elle empruntait la voie de Tholey à Kleinottweiler par Assweiler, Winterbach jusqu'à la ferme de Herschberg, d'où quelques traces équivoques font conclure à la continuation de la voie jusqu'à Saint-Wendel.

Une dernière voie conduisait encore de *Schauembourg*, par divers embranchements, à *Pachten*-Siersberg et à peu de distance de la forteresse de Limberg; à *Becking*, en face de Rehling; à *Merzig*, en face de Hilbring.

De Pachten, où passait, sous la protection du Limberg, la voie qui venait du Siersberg et se partageait en deux branches.

L'une, partant de *Pachten*, conduisait à Diffeln, à Nallbach, à Piesbach peu éloigné du Littermont, et à Bettstadt. Près de Kerprich-sur-Prims, elle s'élevait, dans la direction du Sud au Nord, sur la rive droite de la Prims, vis-à-vis de Primsweiler et du château de La Motte situés sur la rive opposée. De là, elle se dirigeait sur Bupperich et *Hüttersdorf* sur la Prims.

La seconde voie de *Pachten* traversait la vallée du ruisseau de Condel, y rencontrait, à proximité de Düppenweiler et près du Littermont situé à mi-chemin de Piesbach et de Düppenweiler, la voie qui de Rehling et de Becking se rendait à *Aussen*, après avoir desservi le fort du Weltersberg et, après avoir coupé la grande voie de Trèves à Göltelbronn.

Au-dessus d'*Aussen*, la même ligne se continuait par Betting, Gré-Saubach, Steinbach, Sotsweiler jusqu'à *Schauembourg*.

De *Rehling*, défendu par le Siersberg, la voie passait la Sarre et gagnait, comme il vient d'être dit, à Becking, Aussen et *Schauembourg*.

La voie de *Waldwiese-Hilbringen-Merzig*, après avoir passé la Sarre, se rendait par Merching et Honzerath, situé sur le ruisseau dit Malkbach, au carrefour formé par les voies de *Pachten*, de *Becking* et de la grande voie de Trèves.

Cette autre grande voie de Trèves n'est pas à confondre avec la voie de Trèves à Schaumbourg avec laquelle elle n'a de commun que le trajet de Trèves à Nieder-Zerf.

Là, cette voie génératrice se bifurquait en deux branches, dont l'une, se dirigeant vers le Nord, se rendait à Schauembourg.

L'autre branche, au contraire, en prenant la direction du Sud-Est, se rendait de Nieder-Zerf par la maison de Ferdinand « Ferdinands-Haus », à Scheiden, à Losheim, à Nieder-Losheim, à Wahlen, au Grand-Luckner, à la ferme de Geisweiler, puis au *carrefour* des voies de Pachten et de Becking, d'où elle passait, dans la direction du Nord-Ouest au Sud-Est, à Hüttersdorf, où elle communiquait vers le Nord, avec Aussen et, vers le Sud, avec Bupperich. En continuant jusqu'à Jabach sur la Theel, elle communiquait avec *Schauembourg* par Limbach, Neipel, Dorf, Sindscheid, Ueberroth, Dautweiler, Theley, où par un chemin plus court allant aussi à *Schauembourg*, par Neipel, Scheuren et Harborn.

Peu au-dessous de Jabach, cette voie tréviroise communiquait avec Roden-Vaudrevange par une voie qui s'en séparait à moitié chemin de Lebach à Eidenborn. La voie elle-même se dirigeait sur Weisenstock, Landsweiler et à un autre carrefour formé par une petite voie de la colonie de Hierscheid-Habach et les voies de Spitzeich-Roden par Schwarzenholz et Hölzweiler, et de Spitzeich-Roden par Labach et Saarwelling.

De la même voie de Trèves et à droite en descendant, se détachait la voie de Hellenhausen-Eiweiler-Hirtel-Ober-Salbach et se divisait en divers embranchements sur Roden, Ensdorf, Bous, Völkling et Rockershausen.

Des colonies de Limmerscheidt, la voie de Trèves se rendait à Göttelbron, puis à Merchweiler, à Bildstock, à Spiesen, aux fermes de Menschenhaus, d'Eschweiler, d'Abstaber et finalement à *Woerschweiler*.

De *Merzich* à *Dreisbach* et de là à *Trèves*, les anciennes communications sont connues. Celles de *Trèves* à *Nieder-Zerf* l'est également. Sur cette même rive droite, il ne reste qu'à signaler la voie de *Trèves* au pont de *Conz*.

Le terrain montagneux depuis Merzig-Mettlach jusqu'à Trèves, exclut toute possibilité d'existence d'une autre voie sur cette rive.

Une des principales et importantes conclusions à tirer de tous ces réseaux des voies anciennes des Pays de la Sarre, est celle qui permet d'établir que, pour le IIIe Itinéraire d'Antonin indiquant pour les distances entre Trèves et Strasbourg par Metz,

CHAPITRE XVIII. — VOIES DE COMMUNICATION.

```
TREVEROS . . . . . .
DIVODVRVM . . . . .   M. P. XXXIV(1)
PONTEM SARAVIX . .   M. P. XXIV
ARGENTORATUM . . .   M. P. XXII
                     ─────────────
                         LXXX
```

il faut entendre, non la ligne de Metz à Strasbourg par la ville de Sarrebourg, mais bien celle de Metz par le Hérapel, le Pont du Halberg, Sarreguemines (les Gués) et le Breitenstein, laissant Saverne en dehors, ou par Sarreguemines et Wœrschweiler.

Cette interprétation coïncide avec celle de Hontheim et d'Adrien Valois qui, à cause de la distance de 24 lieues gauloises (53 kilom.) entre Metz et Pontem Saravix, ont pensé que ce nom doit être traduit en français par Pont sur la Sarre (le Pont du Halberg).

De la sorte, ce Pont Sarvix ne ferait pas, comme dit M. Abel (2), double emploi avec le Pont Saravi, marqué sur la carte de Peutinger et qui semble être le Sarrebourg actuel. Dans ces deux endroits, on avait établi un pont. De cette similitude de circonstance est résultée une similitude de nom, et encore le nom est-il distinct : *Sarvix*, qui signifie bourg sur la Sarre et *Saravi*, qui est le nom latin de la Sarre.

───

Avant de terminer cette deuxième Période, il ne nous semble pas hors de propos de tirer quelques conclusions de certains chapitres, surtout du dernier.

Ces nombreuses voies de communications, qui

---

(1) Il y a erreur d'inscription à la page 277. En haut pour Argentoratum, il faut XIII et XIV au lieu de XXIII et XXIV ; de même pour Treveros, il faut un X de moins.

(2) *Mém. de la Soc. d'Hist. et d'Arch.* T. 1, 1858 p. 21.

viennent d'être énumérées, fournissent la preuve évidente de la densité de la population d'autrefois.

Il en résulte aussi que cette agglomération de peuplades étrangères les unes aux autres et réunies, quoique de mœurs et de caractères distincts, comme dans un réseau de liens communs, a produit finalement une fusion en une seule famille ayant les mêmes intérêts et un caractère particulier commun.

Ce caractère des Médiomatriciens, malgré l'infiltration d'étrangers, tels que les compagnons de Trébéta (1), les Triboques, les Vangions, les Némètes, les Caracates et d'autres compagnons de Sigovèse de la rive droite du Rhin, était absolument pacifique. Les étrangers ont conservé une partie de leur caractère national, mais ils se sont assouplis au point d'avoir pu s'entendre dans le but de vivre en paix et de faire tranquillement valoir leurs produits d'industrie, de culture, de pêche ou de chasse. Ils fabri-

(1) Il n'entre pas dans notre plan de rapporter la légende bien connue de Sémiramis et de son fils Trébéta, considéré comme fondateur de Trèves. Bien des personnes considèrent ce récit comme une fable ; mais en lisant et en étudiant le conte écrit par Kœnigshoven en 1386, en en rejetant les détails invraisemblables ou même impossibles, il s'en dégage un fait historique qu'on ne peut nier. Du reste, beaucoup d'auteurs sont de cet avis. Outre Kœnigshoven, on peut citer Sigebert de Gemblours, Othon de Freisingen, Conrad d'Ursperg, Albert de Stade, Æneas Sylvius, Naudérus, Aventinus, Trithemius, Munster, Simon Schardius, Krantz, Wasseburg, Irenicus, Kyriander et une foule d'autres.

L'ouvrage qui contient le récit de Trébéta est l'*Elsässische und strassburgische Chronick*, ch. V, p. 264 et suiv. Édition Schilter, à Strasbourg, 1698.

Il est écrit en allemand du quatorzième siècle, c'est-à-dire en cet allemand des rues et des villages que l'on appelle le patois allemand, comme on dit aussi le patois français : l'un est le germain primitif, l'autre le véritable gaulois, et c'est là qu'il faut néanmoins chercher les premiers rudiments des langues de Klopstock et de Schiller, de Racine et de Châteaubriand.

quaient même certains objets d'orfèvrerie en or (1) et en cuivre, et tout en n'ayant à leur disposition que des instruments en pierre et en bronze, ils exportaient du blé, de l'hydromel, de la cervoise, du millet, du chanvre, du lin, de la toile et surtout énormément de viande de porc.

Quelques monnaies et d'autres objets exotiques peu nombreux, trouvés jusqu'ici, ne suffisent pas pour faire présumer que les Médiomatricks ou Médiomatriciens aient pris part, soit seuls, soit en masse avec d'autres peuplades de la Gaule, à des expéditions lointaines. Rien aussi ne fait conclure à des luttes intestines ou à des luttes entre voisins, moins encore à des soulèvements autres qu'au soulèvement général de la Gaule entière sous Vercingétorix.

La vie laborieuse et pacifique de nos ancêtres du Bassin de la Sarre a donc été de tout temps leur caractère distinctif. Ils en ont joui pleinement, dans

---

(1) Et d'où venait cet or que nos aïeux prodiguaient ainsi dans leur parure? La guerre et le pillage dans de lointaines expéditions, la rançon de Rome, les dépouilles de l'Italie, l'avaient fourni d'abord ; plus tard, ils le tirèrent des entrailles mêmes de leur patrie et surtout du pays des Trabelli, c'est-à-dire de cette partie de la Gaule qui longeait les côtes de l'Océan, depuis les Pyrénées jusqu'au bassin d'Arcachon. Il était là, abondant, facile à trouver, en morceaux, presque à la surface du sol, ou disséminé en paillettes dans le lit des fleuves. *(Philostrate.* Liv. I, ch. XXVIII.)

Avides de tout ce qui brille et flatte les yeux par l'éclat, les Gaulois devaient aussi rechercher les pierres précieuses pour en rehausser l'or lui-même. De ce côté encore, ils pouvaient trouver chez eux ou sur les rivages des mers qui baignaient leur pays de quoi satisfaire leurs goûts. « En effet, dit M. Amédée Thierry, la côte des îles d'Hyère fournissait le beau corail et le continent ce grenat brillant et précieux qu'on nomme escarboucle. Les escarboucles gauloises furent tellement recherchées dans tout l'Orient, où les Massaliotes en faisaient le commerce, que du temps d'Alexandre, les moindres s'y vendaient jusqu'à quarante pièces d'or. »
Histoire des Gaulois, 1835, in-8°, tome II, p. 9.

les temps préhistoriques et même jusqu'à l'ère moderne, sous la direction des Druides qui étaient comme les chefs d'une espèce de régime républicain, et qui tenaient leurs assises sous des chênes énormes dont quelques troncs conservés en terre donnent l'idée. En fait de lieux particuliers de réunions religieuses, on ne peut guère citer que la cime majestueuse du Donon qui était aussi un lieu de vénération pour une grande partie dè la Gaule. Pour les Pays de la Sarre, on ne connaît que le Hérapel avec ses nombreuses voies de communication, ses précieux ex-voto et la tradition séculaire du peuple qui, de tout temps, à considéré ce lieu comme le sanctuaire principal du culte rendu à Baal, à Apollon! au Soleil, DEO SOLI! ou à Mythra!

PÉRIODE
GALLO-ROMAINE.

Tous les peuples de l'ancienne Gaule n'ont pas toujours eu, comme les Médiomatricks, le bonheur de vivre ainsi en paix.

Chez les Arvernes ou Auvergnats et les Eduens ou gens du pays d'Autun, comme dans d'autres contrées, il y avait discorde de peuple à peuple, de cité à cité, même de famille à famille et la guerre civile couvait sous la cendre. Il ne fallut qu'une occasion pour la faire éclater.

Cela arriva, l'an 682 de la fondation de Rome et 72 ans avant l'ère chrétienne.

Une rivalité déplorable aiguillonnait particulièrement ces deux peuples. Ils se disputaient une vaine prééminence, et les premiers, après de longs combats, craignant de voir échapper de leurs mains le sceptre de la Gaule qu'ils revendiquaient, eurent la fatale ou plutôt la criminelle pensée, d'accord avec les Séquaniens, nos voisins et leurs alliés dans cette lutte fratricide, d'invoquer l'intervention étrangère en appelant à leur secours les nations qui habitaient au-delà du Rhin.

Ce secours ne se fit pas attendre, car depuis longtemps, les peuples les plus rapprochés de la rive droite du fleuve jetaient un œil de convoitise au-delà, et attendaient, croirait-on, avec impatience, le moment de le franchir et d'échanger leurs forêts et leurs montagnes stériles contre les riantes provinces de la rive opposée.

Arioviste, chef ou roi de ces nombreuses peuplades que la Suévie (1) renfermait dans ses vastes limites, franchit le Rhin, à la tête de quinze mille hommes, et vint, en vainqueur plutôt qu'en allié, planter ses tentes sur nos bords. Entraînant tout ce que le pays pouvait contenir de combattants, il se porta immédiatement à la rencontre des Eduens. Il n'eut pas à les chercher loin, car, au premier bruit de l'alliance germaine, les Eduens, jusque-là victorieux, partagèrent leur armée en deux : une partie devait tenir les Arvernes en respect, pendant que l'autre s'est empressée de se porter en avant à la rencontre de l'ennemi, afin de tenter un coup décisif contre lui.

La rencontre eut lieu non loin d'une ville ou bourgade, dont le nom seul d'*Amagétobria* ou plutôt de *Magétobria* (2) a été conservé. La lutte ne fut pas longue, mais terrible, à en juger par les résultats ! Rien ne résista à ce premier essai de la valeur germaine sur le territoire gaulois.

L'histoire n'a pas conservé les détails de cette lutte,

---

(1) Le nom de *Sueve, Schweb, Schwab,* paraît provenir des mots teutons (zu helfen) qui furent employés pour les peuplades que la marche des Cimbres au travers de la Germanie poussa contre la rive droite du Rhin où ils furent obligés de se défendre.

(2) César, *De bello gallico.* Liv. 1, ch. XXXI.

en dehors de la terreur produite par l'air farouche et sauvage des Germains, par leur taille gigantesque qu'ils avaient encore grandie et rendue plus terrible en relevant sur le sommet de leur tête leur épaisse chevelure, en la teignant de la couleur du sang et en la faisant tenir droite et hérissée comme la crinière d'une bête féroce. Ce spectacle étrange, joint à un élan extraordinaire, a pu faire hésiter les Eduens et provoquer leur défaite.

A la suite de cette lutte désastreuse, « les Eduens « jusque là si fiers, furent réduits à accepter les con- « ditions les plus humiliantes, à payer un lourd tri- « but au vainqueur. Ils furent obligés à respecter, à « l'avenir, l'indépendance des Arvernes et des Séqua- « niens, à renoncer à toute prééminence, à aban- « donner tous les territoires conquis, à souscrire à « toutes les restitutions, à toutes les indemnités exi- « gées. Ils s'interdirent jusqu'à la faculté d'appeler à « leur secours les Romains, qui déjà dès lors, les « flattaient en leur donnant le titre pompeux d'alliés· « et de frères ; enfin, pour garantie de cette honteuse « capitulation, ils furent forcés de livrer en otages, « leurs chefs les plus illustres, les enfants de leurs « premières familles et jusqu'à leur Sénat. *(César).* »

Tels sont les avantages que les Arvernes et les Séquaniens, leurs alliés, durent au concours d'Arioviste.

Les Eduens, leurs ennemis, étaient donc écrasés, mais les vaincus et les vainqueurs apprirent, plus tard, qu'eux-mêmes n'étaient plus les maîtres; qu'ils étaient, au contraire, les uns et les autres, à la merci des Germains.

La position du pays des Auvergnats, au centre de

la Gaule, était parfaitement déterminé par la géographie. Il en était de même du pays des Eduens, puisqu'ils étaient leurs premiers voisins vers l'Est et s'étendaient jusqu'à la rive droite de la Saône. Leur pays répondait donc à une partie du Nivernais et de la Bourgogne d'aujourd'hui. Les Séquaniens occupaient le pays de la rive gauche de la Saône et s'étendaient vers l'Est et le Nord-Est jusqu'à la Suisse, jusqu'au Rhin supérieur et à une partie de l'Alsace (1) correspondant à une notable partie de la Franche-Comté.

Arioviste, ayant franchi le Rhin, se trouva ainsi, dès ses premiers pas, sur le territoire séquanien et c'est sur ce terrain que les Eduens, vainqueurs, se sont avancés et subirent leur défaite à Amagétobria ou Magétobria. (2).

(1) La plus grande partie du Haut-Rhin appartenait à la *Séquanie*, l'autre à la *Rauracie* (le *Sundgau* et le pays de Montbéliard) ; le Bas-Rhin d'aujourd'hui appartenait à la *Médiomatricie*.

(2) La racine la plus plausible de ces mots est le mot celtique *Mag* qui, d'après Bullet et ses partisans, doit signifier *habitation, ville* ou *bourg*. Mais cette origine est impossible ici et il faut absolument admettre une autre acception pour ce mot. Dans le premier sens et dans des mots tels que Magdebourg, Magstadt, l'interprétation, dans le sens de Bullet, donnerait par ces mots, la double signification, dans deux langues, *bourg-bourg* ou *ville-ville*, ce qui est véritablement absurde et impossible.

Il faut donc adopter pour *Mag* une autre signification. Nous préférons, pour notre part, le mot sanscrit ou médique *Mag* qui est le nom d'une tribu et des prêtres de la Médie. Ce mot ou cette syllabe se trouve d'ailleurs partout où les Mèdes se sont infiltrés, dans nos pays, par petites colonies et par étapes; non en masses comme les Pélasges, les Ibères, les Celtes, les Cimbres, les Belges. Nous suivons de même les étapes des Sigynnes qui ont conservé le nom de leur ville d'origine, en Egypte, et qui, après leur déportation sur les bords de l'Ister et après s'y être fondus avec les Mèdes et les Scythes, se sont répandus de là dans les pays les plus éloignés où se rencontrent leurs traces, soit comme Sigynnes purs ou *Egypto-Sigynnes*, soit, comme mêlés ou *Médo-Sigynnes*, dans les localités où ils ont séjourné et où ils ont laissé leurs noms.

Mais où trouver ce lieu? César et aucun écrivain de l'antiquité ne fixent l'emplacement et c'est aux conjectures et aux investigations des antiquaires qu'il faut le demander.

Sous ce rapport, les opinions les plus diverses ont été émises puisqu'on a été jusqu'à recourir à notre Maxstadt, près de Saint-Avold, pour faire la découverte désirée.

Dans cette recherche de l'emplacement d'Amagétobria, il y a cependant, ce nous semble, une marche plus rationnnelle à suivre, puisque Arioviste, en ce temps, n'a pu franchir le Rhin qu'en deux endroits par lesquels toutes les invasions sorties de la Germanie ont passé :

S'il avait franchi le Rhin aux environs où s'est élevée, depuis, la ville de Bâle, il eût traversé le territoire des Rauraques, les alliés inséparables des Séquaniens, et c'est de ce côté que les Eduens, vainqueurs jusqu'alors, ont dû s'avancer. La rencontre, dans ce cas, se serait opérée à quelques lieues seulement du Rhin.

Cette situation est précisément celle des *Magstadt* alsaciens.

En supposant le passage effectué à *Kembs*, le second gué du Rhin de ce côté, les mêmes conditions de distances et de localités se présenteraient encore pour fixer, aux mêmes *Magstadt*, la rencontre des parties belligérantes et le lieu de la lutte.

Ces villes, du reste, se trouvent sur la ligne ou bien près de la ligne des grandes voies anciennes qui établissaient la communication dans ces parages.

Des fouilles opérées dans ces directions confirmeraient probablement cette manière de voir.

Quoi qu'il en soit du lieu de la lutte, les Séquaniens et leurs amis, les Arvernes, ne tardèrent pas à se repentir de leur alliance et même de leur victoire. Arioviste, après la bataille, n'a point repassé le Rhin. Sous le prétexte de faire face à de nouvelles éventualités guerrières, et après avoir reçu des renforts qui ne cessaient de lui venir de la Germanie, il se fixa entre le Rhin, les Vosges et le Jura, dans cette magnifique partie du Bassin de la Seine, la *Séquana*, que César a appelée le plus beau pays de la Gaule.

Il n'y avait plus de motif pour arrêter et empêcher d'autres Germains de se joindre à leurs compatriotes. Bientôt, on en compta, dit-on, plus de 120,000.

Fort de ce renfort, Arioviste parla et agit en maître. Il l'était, en effet, dans le pays qu'il s'était attribué, mais, il voulut étendre son pouvoir au-delà. Le tiers de la Séquanie lui avait été cédé; il exigea un nouveau tiers. C'était étendre les limites de l'occupation germaine jusqu'aux portes de Besançon « Vesontio » la capitale de la province.

Pour obtenir ce résultat, il avait besoin d'isoler les Séquaniens et de se ménager, sinon l'amitié, au moins la neutralité des Romains. Il y réussit au point que le Sénat de Rome reçut le chef germain dans son alliance et lui reconnut le titre de Roi.

Il s'en suivit que la Haute-Alsace et tout ce qu'il plut à Arioviste d'y ajouter, devinrent un nouveau royaume aux dépens des Séquaniens qui purent se convaincre de plus en plus, mais trop tard, hélas! de l'énormité de la faute, sinon du crime, qu'ils ont commis d'accord avec les Arvernes, leurs alliés.

Cette bienveillance des Romains envers Arioviste

peut étonner; mais elle était forcée et habilement combinée dans le but d'aigrir les Séquaniens et même les Eduens contre Arioviste, pour s'en faire des auxiliaires, dans le cas d'une action contre lui; mais ce qui formait la plus pressante nécessité d'agir de la sorte, c'est parce qu'un nouvel ennemi surgissait à l'horizon et menaçait les plus chères conquêtes de Rome.

En effet, ce fut vers ce temps, et sans doute à la secrète instigation d'Arioviste, que les peuples de l'Helvétie, jaloux de la bonne fortune de leurs voisins de la Germanie, eurent, comme eux, l'idée d'abandonner leurs forêts et leurs montagnes pour trouver, eux aussi, une patrie meilleure que celle qui les enfermait, comme en un réduit, entre les Alpes, le Rhin et le Jura.

Peu à peu, les esprits s'enflammèrent, et, à un jour donné, les habitants du Haut-Valais, les Grisons, les Rauraques, les Bavarois et les Boii ou Boiens de la Forêt Hercynienne, s'assemblèrent à la voix de leurs druides, de leurs prophétesses et de leurs chefs. Ils s'assemblèrent en armes, selon l'usage antique, et il fut décidé que l'on irait *dans les Gaules* chercher une autre patrie et même, pour s'ôter tout espoir de retour, qu'on brûlerait les habitations et que le pays abandonné ne serait qu'un désert. On entre-choqua les armes et les boucliers en signe d'assentiment, et les échos d'alentour répétèrent l'immense acclamation des confédérés.

On devait émigrer en masse, et 368,000 hommes, femmes, enfants, vieillards quittèrent leur patrie à la lueur des flammes qui détruisirent les chaumes, les moissons et les forêts.

Les Helvètes, en envahissant la Gaule, ne faisaient que venir redemander à des frères une place dans l'héritage paternel ; car, eux aussi, en majeure partie du moins, étaient Gaulois de l'émigration de Sigovèse.

Cette mémorable résolution fut prise l'an 696 de la fondation de Rome, 58 ans avant notre ère, et l'invasion projetée visait surtout le pays des Allobroges (1).

Comme ce peuple avait été nouvellement soumis à la domination romaine et semblait peu disposé à cette soumission, les Helvètes pouvaient en quelque sorte espérer qu'ils seraient reçus comme des libérateurs et, au moins, qu'ils pourraient ne pas être empêchés de gagner le pont de Genève et le passer sans encombre.

Ils prirent donc ce chemin et, au jour fixé, le 5 avant les calendes d'avril, ils s'avancèrent vers les bords du Rhône.

Alors apparut le gouverneur de la Province romaine dans les Gaules, le fameux Jules-César !

Il était encore à Rome quand le premier bruit des projets des Helvètes s'est répandu ; mais ne connaissant pas de distances, il quitte cette ville, le 26 mars et, avec sa *prodigieuse*, son *effroyable promptitude* (2), il arrive à l'improviste à Genève et fait rompre le pont, avant l'arrivée des Helvètes.

Surpris, les Helvètes députent deux de leurs plus nobles chefs, Nameius et Verudoctius, vers César,

---

(1) Allobroges, les mots gaulois d'*all* et de *brog* signifient les lieux élevés. Ils occupaient le pays actuel de la Savoie, une partie du Dauphiné et du canton de Genève.

(2) Cicéron appelait cette activité *horribilis diligentia, monstrum activitatis*. César la peint mieux que personne par son *vini, vidi, vici* (je suis venu, j'ai vu, j'ai vaincu).

pour l'assurer de leurs intentions pacifiques et lui demander le passage à travers la Province romaine, tout autre chemin leur étant fermé.

Comme, cinquante ans auparavant, le consul L. Carrius, surpris dans son camp, avait été égorgé par les Helvètes, dans ces parages, et que ses légions vaincues et désarmées avaient été obligées de courber la tête et de passer, comme un troupeau d'esclaves, sous les piques triomphantes de l'ennemi, César était peu disposé à faciliter l'accès de pareils hôtes et à leur ouvrir la Gaule. D'un autre côté, il n'avait autour de lui qu'une légion, et pour appuyer son refus d'une force suffisante, il fallait aux troupes qu'il avait à lever dans le pays le temps de se réunir. Il répondit donc aux députés « qu'il réfléchirait à « leur demande, et que, s'ils voulaient connaître sa « résolution, ils eussent à se représenter aux ides « d'avril. »

Avec cette seule légion dont César disposait et les renforts du pays, il se hâta d'élever, depuis le lac Léman, que traverse le Rhône, jusqu'aux monts Jura, qui séparaient la Séquanie de l'Helvétie, un rempart de 19,000 pas de longueur et de 16 pieds de haut, défendu dans tout son périmètre par un large fossé.

Ce travail achevé et ses positions prises et bien fortifiées, César attendit les députés des Helvètes, et quand ils furent de retour, il leur refusa le passage, déclarant même que, s'ils tentaient de le forcer, il s'y opposerait par les armes.

Les Helvètes, déçus dans leurs espérances, essaient de passer le Rhône, les uns, sur des barques attachées ensemble et sur des radeaux, les autres à gué ou à la nage, quelquefois le jour, plus souvent la nuit ; mais, arrêtés par le rempart, par le nombre et les armes des Romains, ils sont contraints de renoncer à leur tentative de ce côté.

Un seul chemin leur restait alors encore pour atteindre le but, c'était de passer par la Séquanie, par un chemin si étroit, si difficile que s'y engager, contre le gré des habitants, c'eût été courir à une défaite, à une mort certaine..

Il fallait donc obtenir par la persuasion ce qu'ils ne pouvaient emporter de vive force. Pour cela, ils s'adressèrent à l'Éduen Dumnorix, qui passait pour être l'agent secret d'un rapprochement entre les Éduens et les Séquaniens. Il était cependant le frère du partisan le plus dévoué des Romains dans la Gaule, de l'ami particulier et intime de César, de Divitiac, le druide et le chef véritable de la République éduenne. Mais il avait épousé la fille d'Orgétorix, le chef le plus distingué, le plus influent des Helvètes. César prétend qu'il convoitait le pouvoir ; mais il est plus probable que Dumnorix était poussé par une plus noble ambition, celle de sauver son pays, et qu'il saisit l'occasion de se faire de nouveaux partisans contre l'influence anti-nationale de son frère et la puissance de Rome.

Il se chargea de la négociation et, au moyen d'otages fournis par les Helvètes et la promesse de ne pas faire de dégâts, il obtint la permission de passer à travers le pays des Séquaniens..

César, averti de cet arrangement, laisse à Labiénus, son lieutenant, la garde du retranchement ; pour lui, il se rend avec sa prodigieuse rapidité en Italie, y rassemble cinq légions, à leur tête franchit les

Alpes, non sans combat, en passant par la Tarentaise, le Mont-Cenis et Embrun ; en sept journées, il parvient au territoire des Voconces (1) ; de là, il conduit ses troupes chez les Allobroges, puis chez les Ségusiens, le premier peuple hors de la Province romaine, au-delà du Rhône.

Déjà les Helvètes avaient franchi les défilés et le pays des Séquaniens, et, arrivés dans celui des Eduens, ils en ravageaient les terres ; ils faisaient subir le même sort aux Ambares (peuple de la Bresse) et aux Allobroges.

Tous ces peuples, sous les inspirations sans doute de Divitiac, cet ami dévoué de César, implorèrent le secours des armes romaines.

César, informé que les trois quarts des Helvètes avaient déjà passé le Rhône et que le reste était encore sur la rive opposée, part de son camp, à la troisième veille, avec trois légions et atteint ceux qui se disposaient au passage. Il les attaque à l'improviste et en tue un grand nombre. Les autres prennent la fuite et se réfugient dans les forêts voisines. Ils appartenaient au canton Tigurin ou de Zurich ; c'étaient les hommes de ce canton qui avaient infligé à l'armée de Cassius l'affront de passer sous le joug.

Après ce combat, et pour atteindre encore le reste des Helvètes, César fit jeter un pont sur la Saône et la franchit avec son armée.

Les Helvètes, effrayés de cette arrivée soudaine et voyant qu'un seul jour avait suffi à César pour effec-

---

(1) Les Voconces *(Vocontii)* occupaient une partie du Dauphiné, du Venaissin et de la Provence.

(2) Le nom des Ségusiens *(Segusii)* rappelle celui des Sigunes ou Sigynnes. Ce peuple habitait alors le Forez.

tuer le passage qu'ils n'ont pu faire en vingt, lui envoient des députés et, à leur tête, Divicon, celui-là même qui avait commandé leur armée à la défaite de Cassius.

Malgré l'imminence du danger, ce digne enfant de l'Helvétie, parla un noble et fier langage au général romain; il offrit, il demanda la paix, promettant pour les Helvètes, d'aller s'établir dans les lieux que leur assignerait le peuple romain; il ajouta que si, malgré ces protestations pacifiques, les Romains persistaient à leur faire la guerre, ils eussent à se rappeler l'échec passé de l'armée romaine et l'antique valeur des Helvètes; que César, pour avoir surpris un *canton* isolé et séparé du gros de l'armée par une rivière, ne devait pas trop s'exagérer l'importance de cet avantage et moins en tirer un motif de mépriser l'ennemi qu'il avait en face; qu'ils avaient appris de leurs pères et de leurs ancêtres à se fier à leur courage plutôt qu'à la ruse et aux stratagèmes de guerre; qu'il prît garde donc que le lieu même, où ils se trouvaient, marqué par la défaite des Romains et la destruction de leur armée, n'en devînt à jamais célèbre et ne transmît à la postérité la plus reculée le souvenir de quelque grand désastre.

César, ayant demandé, pour condition de la paix, la réparation des dommages soufferts par les Éduens, les Ambares et les Allabroges et pour garantie de l'accomplissement de cette condition, des ôtages, Divicon répondit avec une noble fierté : « Nous tenons « de nos pères la coutume de recevoir des ôtages « et non d'en donner; le peuple romain doit le sa- « voir. »

Après cette réponse, il ne restait plus qu'à combattre.

On combattit, en effet, et d'une manière terrible, à environ dix-huit mille pas d'Autun, la Bibracte des Éduens; et d'après le calcul de Napoléon Ier, cette grande bataille doit avoir eu lieu du premier au quinze mai, qui correspondrait à la mi-août du calendrier romain.

Nous ne pouvons donner les détails fournis par César sur les péripéties de la lutte, dans laquelle les Helvètes furent écrasés et laissèrent parmi leurs captifs, une fille et un fils d'Orgitorix. Du côté des Romains, il y eut également de grandes pertes; car, de l'aveu de César, il leur fallut trois jours pour panser leurs blessés et enterrer leurs morts. Il rend aussi aux vaincus cette justice que, durant toute l'action, qui dura depuis l'aube du jour jusque bien avant dans la nuit, nul ne pùt voir un Helvète tourner le dos. Ce qui contribua particulièrement à la défaite de ces derniers, c'est qu'à un moment donné, ils eurent à lutter contre les Romains et contre leurs propres armes, ayant voulu combattre à la *tortue*. Ce genre de combat consistait à se couvrir de leurs boucliers. Mais grâce à leur position, les Romains purent faire pleuvoir une grêle de traits sur les rangs serrés des Helvètes. Il en résulta que leurs boucliers superposés et percés comme les guerriers eux-mêmes furent cloués et enchaînés ensemble sans pouvoir se dégager.

Après cette défaite, il restait, du côté des Helvètes, environ cent trente mille hommes dont la moitié au plus était encore capable de combattre. Ils marchèrent toute la nuit et, continuant leur route, sans s'arrêter, ils arrivèrent, le quatrième jour sur les terres des Lingons, aujourd'hui, le pays de Langres.

Là, ils furent réduits à la dernière extrémité, accablés de fatigue et mourant de faim, car César, par courriers, avait défendu aux Lingons de leur donner aucun secours, et il avait été obéi! Ils lui envoyèrent des députés pour traiter de leur soumission. Or pendant les négociations, six mille hommes environ d'un canton appelé *Verbigène* (1) sortirent du camp à la faveur de l'obscurité, et se dirigèrent vers le Rhin et les frontières de la Germanie. César ordonna aux peuples, sur le territoire desquels les fugitifs pouvaient passer, de les poursuivre et de les ramener, et César, tant était grande la terreur de son nom, fut obéi, et ces six mille Gaulois furent livrés par des frères et traités en ennemis.

Tous les autres, après avoir remis ôtages, armes et transfuges, reçurent, dit César, leur pardon!... C'est-à-dire, il leur ordonna de retourner dans les pays d'où ils étaient venus et leur enjoignit de reconstruire leurs villes et villages qu'ils avaient incendiés. C'était les condamner à la famine et à la misère, car que pouvaient-ils retrouver dans leur patrie? Les Boïens seuls furent exceptés de ce triste sort. Les Éduens, tenant à garnir leurs frontières orientales d'hommes aussi vaillants, demandèrent et obtinrent pour eux, la permission de s'établir à l'Ouest du Jura.

D'après des registres écrits en *lettres grecques*, trouvés dans le camp des Helvètes, leur nombre, avec les enfants, les vieillards et les femmes, était de 263,000 Helvètes, 36,000 Tulinges, 14,000 Latobriges, 23,000 Rauraques, 32,000 Boïens. Il y avait parmi

---

(1) Sur les bords de la Limmat autour de Baden qui s'appelait Aqua Verbigena.

eux 92,000 combattants. Le nombre de ceux qui rentrèrent dans leur pays fut, d'après le recensement ordonné par César, de 110,000. Mais beaucoup se refugièrent dans les villes gauloises et s'y établirent.

Nous nous sommes étendu sur cette guerre des Helvètes parce qu'elle atteste le caractère et le grand courage des combattants parmi lesquels il faut compter une partie de nos ancêtres les Médiomatriciens qui habitaient la Basse-Alsace et parce qu'elle montre leurs premières relations avec le peuple romain.

Nous copions, en effet, dans *César*, liv. I, CXXX : Quand la guerre des Helvètes fut terminée, les députés de presque toute la Gaule, les personnages les plus importants des cités, se rendirent près de César pour le féliciter : « Ils savaient que, bien que cette
« guerre eût puni des outrages que les Helvètes
« avaient autrefois fait subir aux Romains, cependant
« elle s'était faite autant dans l'intérêt de la Gaule
« que dans l'intérêt de Rome, car les Helvètes, au
« milieu de leur plus grande prospérité, avaient
« quitté leur pays dans le but d'attaquer la Gaule
« entière, de s'emparer de la souveraineté, de choi-
« sir, pour s'y fixer, d'après l'abondance des pro-
« duits, les lieux qu'ils jugeraient les plus conve-
« nables et les plus fertiles et de lever des tributs
« sur les autres cités. » Ils demandèrent ensuite :
« qu'il leur fut permis de fixer un jour pour convo-
« quer l'assemblée générale de la Gaule ; ils sui-
« vraient en tout la volonté de César ; mais il y
« avait certaines choses qu'ils voulaient lui demander
« avec l'assentiment de tout le pays. »

L'autorisation leur fut accordée; ils fixèrent le jour et s'engagèrent entre eux, sous la foi du serment, à ne rien révéler de ce qui se passerait dans l'assemblée, sans y être autorisés par l'assentiment général.

Quand cette assemblée eut fini de délibérer, les mêmes personnages qui s'étaient déjà présentés devant César, revinrent encore et demandèrent qu'il leur permît de l'entretenir, sans témoins et dans un endroit écarté, de leur propre salut et de celui de la Gaule. César consent, et tous, les yeux en pleurs, se jettent à ses pieds : « Ce qu'ils désirent, ce qu'ils « s'efforcent d'obtenir, ce n'est pas seulement que « leur demande soit exaucée, c'est que leurs paroles « soient tenues secrètes, car, à la moindre indiscrétion, « ils se verraient exposés au dernier supplice. » L'Eduen Divitiac prend ensuite la parole en leur nom : « La Gaule entière est divisée en deux fédé- « rations qui ont pour chefs, l'une les Eduens, l'autre « les Arvernes. Ces peuples s'étaient disputés la su- « prématie pendant plusieurs années, lorsque des « Germains furent engagés comme mercenaires par « les Arvernes et par les Séquaniens. Il y en eut « d'abord à peu près quinze mille qui passèrent le « Rhin ; mais bientôt ces hommes rudes et grossiers, « charmés par le sol de la Gaule, les mœurs poli- « cées et la richesse de ses habitants, arrivèrent en « plus grand nombre et maintenant, on en compte « environ cent-vingt mille. Les Eduens et leurs « alliés leur ont livré deux batailles, et battus par « eux, ils ont éprouvé un grand désastre, et perdu « toute leur noblesse, tout leur sénat, toute leur « cavalerie ; épuisés par ces combats et ces revers,

LES PAYS DE LA SARRE   Planche XXVII.

FAUBOURG SUD ET EST
Sarreguemines.

« les mêmes hommes, que leur courage et l'amitié
« tutélaire du peuple romain rendaient autrefois
« tout-puissants dans la Gaule, furent réduits à donner
« en otages aux Séquaniens les habitants les plus
« considérables de la cité, et à jurer que jamais ils
« ne les réclameraient ; qu'ils ne demanderaient point
« de secours aux Romains, et qu'ils se soumettraient
« pour toujours et sans murmurer à leur souverai-
« neté. Quant à lui, Divitiac, seul parmi les Éduens,
« on n'a jamais pu l'amener à prêter ce serment,
« ou à donner ses enfants en otages. C'est pour cela,
« c'est parce que, seul, il n'était point lié par sa
« parole ou des otages, qu'il était venu à Rome invo-
« quer l'appui du Sénat. Mais les Séquaniens vain-
« queurs ont été plus malheureux encore que les
« Éduens vaincus, car Arioviste, roi des Germains,
« en s'établissant dans leur pays, s'est emparé du
« tiers de leur territoire, le plus riche de toute la
« Gaule, et maintenant, il exige qu'ils abandonnent
« encore un autre tiers, attendu que, quelques mois
« auparavant, vingt-quatre mille Harudes sont venus
« à lui, et qu'il faut leur faire place, afin qu'ils
« puissent se fixer à demeure. Il arrivera, dans peu
« d'années, que tous les Gaulois seront chassés de
« chez eux, et que tous les Germains passeront le
« Rhin ; car on ne peut comparer le genre de vie
« des deux peuples. Arioviste, quand il eut battu les
« troupes gauloises, dans le combat de Magétobrie,
« se montra comme un maître fier et cruel ; il demanda
« pour otages les enfants de tous les nobles, et il
« les châtie, les torture de toute manière, quand
« ils n'obéissent pas au moindre de ses caprices.
« C'est un homme cruel, irascible, qui n'agit que

« par boutades. Il est impossible de supporter plus
« longtemps sa domination. A moins que César et le
« peuple romain ne viennent en aide aux Gaulois, il
« ne leur reste plus, à tous, qu'à faire comme les
« Helvètes, à quitter leur pays ; ils chercheront, loin
« des Germains, une autre patrie, d'autres terres ;
« ils tenteront la fortune, quelle qu'elle soit. Si
« Arioviste savait ce qu'on vient de dire, il livrerait,
« sans aucun doute, aux plus cruels supplices tous
« les otages qui sont entre ses mains. César, soit
« par son autorité ou la terreur qu'inspirent ses
« troupes, soit par sa dernière victoire, soit par le
« nom du peuple romain, peut empêcher qu'un plus
« grand nombre de Germains ne passent le fleuve ;
« il peut défendre la Gaule entière contre les vio-
« lences d'Arioviste. ».

Quand Divitiac eut parlé, tous les assistants, fondant en larmes, commencèrent à implorer l'appui de César. Il remarqua cependant que les Séquaniens ne faisaient point comme les autres, mais qu'ils étaient abattus, baissaient la tête et regardaient la terre. Il leur demande la cause de cette contenance qui le surprend ; mais ceux-ci ne répondent rien et restent dans le même abattement.

Que signifie ce mutisme, cet embarras des Séquaniens ? — Il est à croire que l'indignation, plus encore contre Divitiac que contre Arioviste, leur fermait la bouche ; et s'ils eussent relevé la tête, peut-être eût-on vu le rouge leur monter au front, lorsque le même Divitiac, se chargeant d'expliquer leur pensée, reprit la parole :

« Tel est, dit-il, le sort des Séquaniens, plus mal-
« heureux et plus intolérable que celui de tous les

« autres Gaulois ! Seuls, ils n'osent se plaindre,
« même en secret, ni invoquer de secours ; la
« cruauté d'Arioviste absent leur inspire autant d'ef-
« froi que s'il était devant eux. Les autres, au moins,
« ont la liberté de fuir, mais eux, qui ont reçu
« Arioviste sur leur terre, et dont toutes les villes
« sont en son pouvoir, se voient forcés d'endurer
« tous les tourments. »

C'était faire jouer aux Séquaniens un rôle indigne d'eux et expliquer d'une manière plus indigne encore leur attitude et leur douleur. — Ce n'était pas la peur qui retenait les paroles sur leurs lèvres, c'était plutôt la honte et la confusion. Ils ne s'étaient pas attendus à tant de pusillanimité et de bassesse ; ils regrettaient de s'être associés à la démarche de Divitiac, et leur silence, en présence de ce confident de César et de César lui-même, était la plus éloquente des protestations. Ils n'avaient pas entendu mettre aux pieds du proconsul toute la Gaule ; ils commençaient peut-être à craindre Rome plus que la Germanie et le secours de César plus que la tyrannie d'Arioviste. Le salut de la Gaule était dans la Gaule elle-même, dans la réconciliation de tous ses enfants ; ils le sentaient alors, et sans doute un noble regret se faisait jour dans leurs âmes.

L'ambition de César était d'ajouter la Gaule à ses conquêtes, et il prévoyait que défendre la Séquanie contre les Germains, c'était s'en emparer et en faire une province romaine. D'ailleurs, il ne voulait pas laisser les Germains s'habituer à franchir le Rhin ; il craignit que ces peuples, une fois en pied dans la Gaule, ne vinssent, à l'exemple des Cimbres et des Teutons, se jeter sur la Province romaine et de là sur l'Italie, d'autant plus que la Séquanie n'en était séparée que par le Rhône. Il pensait qu'il fallait au plus vite pourvoir à toutes ces choses ; Arioviste d'ailleurs avait pris une telle idée de lui-même, il affichait une telle insolence que César ne croyait pas devoir le supporter.

Nous ne continuerons pas de citer les préliminaires, les négociations et pas même les péripéties classiquement connus de la grande et terrible bataille où sombra la fortune d'Arioviste, et où tous les Germains, Harudes, Marcomans, Triboques, Vangions, Némètes, Séduses ou Séguves, Suèves (1) étaient placés par ordre de nations, à des intervalles égaux. Son armée fut taillée en pièces ; lui-même y trouva la mort avec ses deux femmes et l'une de ses filles ; l'autre fut prise.

L'une des femmes d'Arioviste était Suève de nation et il l'avait amenée avec lui de sa patrie ; l'autre, native du Norique, était sœur du roi Vocion et il l'avait épousée en Gaule.

Après cet immense désastre, que devint Arioviste ? — César le représente, entraîné dans la fuite, détachant une nacelle du rivage et s'échappant sur les flots. Cela n'est pas possible. Un homme comme Arioviste n'a pas survécu à sa défaite, à la perte de tout ce

---

(1) Les *Harudes* devaient être de la Hardt, de la Forêt Hercynienne. Les *Marcomans* ou hommes de la Marche et les Harudes devaient habiter les frontières du Rhin. Les *Triboques* s'étaient mêlés aux Médiomatriciens de la Basse-Alsace ; les *Vangions* habitaient le territoire de Worms ; les *Némètes* étaient du pays de Spire ; les *Séduces* ou descendants des Sigynes, dont l'appellation se retrouve non dans Wissembourg, l'ancien *Sebusium*, mais dans le village de *Siegen*, des environs.

qu'il avait de cher, et à ce qui dut être plus douloureux encore pour un grand cœur, à la ruine de sa gloire et de ses espérances. Réellement, si Arioviste n'avait pas trouvé la mort dans la mêlée, ou s'il ne se l'était pas donnée, se fût-il effacé au point de ne plus laisser aucune trace de son existence après ce revers ?

— Cela n'est pas admissible ; il se serait certainement montré encore dans quelque guerre contre les Romains; il aurait offert son épée, dans la Germanie ou la Gaule, à tous les ennemis, à toutes les victimes de la domination romaine.

Non, Arioviste ne s'est pas déshonoré par une faute honteuse. Respectons donc son malheur et rendons-lui toute sa gloire. Il fut vaincu, mais comme, dit Napoléon, « il ne fut vaincu que par César et cela
« parce que la bravoure a dû céder devant l'armée
« disciplinée des Romains. Il n'y a donc rien d'ex-
« traordinaire dans les succès obtenus par César
« dans cette campagne, ce qui ne diminue pas cepen-
« dant la gloire qu'il mérite... »

Arioviste a été le premier Germain qui ait régné sur une partie de la Gaule et s'y est maintenu quatorze ans ; après lui, des siècles s'écouleront avant que les Francs eurent la même gloire avec une meilleure fortune.

Où s'est livrée cette grande bataille, aussi funeste aux Gaulois qu'aux Germains, car elle n'eut, pour eux, d'autre résultat que de les faire passer d'une domination sous une autre ?

Les historiens ne sont point d'accord à cause de la distance que les fuyards de l'armée d'Arioviste ont dû parcourir avant d'arriver au Rhin. Cela provient de ce que certaines éditions des *Commentaires* de César portent *cinquante mille pas*, d'autres *cinq mille pas;* mais en se basant sur la distance qu'Arioviste a dû avoir parcourue quand, déçu de son projet de marcher sur Besançon, il s'arrêta et choisit son champ de bataille pour y attendre César, il devait être parvenu tout au plus aux environs de Cernay, de cette plaine immense appelée l'*Ochsenfeld* qui s'ouvre près de cette ville et s'étend au pied des Vosges, sur la rive droite de la Thur, entre Thann, Cernay, Wittelsheim et Aspach-le-Haut, et qui mesure dix kilomètres carrés.

Le bruit de cette victoire étant parvenu au-delà du Rhin, les Suèves, qui s'étaient déjà rapprochés des bords du fleuve, pour le passer, retournèrent sur leurs pas. César, qui avait ainsi terminé deux grandes guerres dans une seule campagne, établit son armée, en quartier d'hiver, sous la direction de Labiénus, chez les Séquaniens, et il alla, en Italie, présider les assemblées de la Gaule citérieure.

Labiénus fut donc le premier Gouverneur, ou Préfet de la Séquanie; mais, de notre côté, son pouvoir ne s'étendit encore qu'à l'Alsace supérieure. L'année suivante seulement, l'Alsace médiomatricienne fut attaquée pour les causes suivantes :

Pendant que le Proconsul romain passait l'hiver par delà les Alpes, une vaste conspiration s'ourdissait dans la Gaule-Belgique qui formait plus que le tiers de toute la Gaule et comprenait la Médiomatricie dans ses limites.

Ces peuples étaient effrayés des envahissements de Rome et, sollicités à une levée de boucliers par les Gaulois déjà soumis qui supportaient avec peine le joug romain, ils se liguèrent et ne voulurent attendre que la bonne saison pour se soulever contre leur ennemi commun.

César, instruit de ces dispositions, se hâte de lever deux nouvelles légions et les envoie sous le commandement de Quintus Padius dans la Gaule intérieure et lui-même, avec sa prodigieuse rapidité, arriva, en quinze jours, à la tête d'une armée sur les frontières de la Belgique.

On ne l'attendait pas, et personne n'aurait cru qu'on pût marcher si vite, quand les Rémois, qui sont de tous les peuples de la Gaule les plus rapprochés des Belges, lui envoyèrent en députation les personnages les plus importants de leur cité pour lui dire : « Qu'ils plaçaient leurs personnes et tous
« leurs biens sous la sauvegarde du peuple romain ;
« qu'ils ne s'étaient point entendus avec les autres
« Belges et n'avaient pris aucune part à la fédération
« contre Rome ; qu'ils étaient prêts à donner des
« otages et des secours de toute espèce. Ils pous-
« sèrent même la pusillanimité et la lâcheté jusqu'à
« fournir des renseignements sur les projets des
« Belges, leurs frères, et sur leurs forces. Ils lui
« apprirent que toute la Belgique était en armes ;
« que des Germains transrhénans étaient venus les
« joindre ; enfin, ils livrent tout le plan de cam-
« pagne à César et lui font connaître le contingent
« que, dans l'assemblée générale, chaque peuple
« avait promis pour cette guerre. »

Dans cette énumération des peuples ligués pour sauver l'indépendance de la Gaule-Belgique, ne figurent pas les *Médiomatriciens*. Ils étaient trop près de l'armée romaine et aussi de trop fidèles alliés pour prendre une part active et avouée à cette guerre. Du reste, le moindre mouvement de leur part eût suffi pour donner l'éveil à l'ennemi et attirer sur eux la première explosion de sa vengeance, même une ruine certaine, au grand détriment de la cause commune.

Ils n'avaient donc, ni paru à l'assemblée des États belges, ni promis de contingents; par suite, ils n'avaient pu être dénoncés par les Rémois, mais ils étaient trop menacés et aussi trop fiers de leur nationalité, trop jaloux de leur liberté et de celle de toute la nation, pour rester indifférents à la lutte qui se préparait, et, s'ils ne fournissaient pas ostensiblement aux confédérés des troupes et des subsides, ils les aidaient secrètement, sympathisaient à leurs projets, à leurs espérances et appelaient leur triomphe de tous leurs vœux.

Quant aux *Séquaniens* déjà envahis, ils étaient aussi, mais plus secrètement encore, de cette conspiration et de la même manière.

César encouragea, flatta les Rémois; pensant néanmoins, sans doute, que des hommes qui trahissaient leurs frères, ne pouvaient mériter beaucoup de confiance, il exigea que leur Sénat se rendît dans son camp et que des otages lui fussent livrés. Mais c'était, comme toujours, sur l'Éduen Divitiac qu'il comptait le plus pour diviser les forces de l'ennemi (suivant sa tactique) et opérer une heureuse diversion. Divitiac se prêta à ces projets, et, suivi de ses Éduens, il se jeta à l'improviste sur le territoire des Bellovaques, tandis que César marchait à la rencontre des Belges et vint asseoir son camp au-delà de l'Aisne.

Trahis, vendus par les Rémois, menacés par les

Éduens, dignes, les uns et les autres, de s'appeler les alliés et les frères du peuple romain, les confédérés voulurent au moins se venger des traîtres et vinrent attaquer, à huit milles du camp de César, Bibrax (1), une ville des Rémois. Leur manière de faire le siège était semblable à celle de tous les Gaulois. Après avoir entouré la place de leurs troupes, ils lançaient, de tous côtés, des pierres sur les remparts; quand ils en avaient écarté les défenseurs, ils formaient la tortue, s'approchaient des portes et sapaient la muraille,

Bibrax se défendit avec peine tout le jour; mais elle eût infailliblement succombé le lendemain, si, pendant la nuit, le Rémois Iccius, personnage d'une grande noblesse, très considéré, qui commandait la ville et qui avait fait partie de l'ambassade envoyée vers César pour demander la paix, n'eût prévenu le Proconsul en lui faisant savoir que s'il ne venait point à son secours, une plus longue résistance était impossible.

César y envoya un renfort de Numides, d'archers crétois et de frondeurs baléares, et la place fut sauvée.

Obligés de lever le siège, les Belges se portèrent en masse contre le camp romain; mais, pour cela, il fallait franchir l'Aisne dont César faisait garder le pont. Surpris au passage de cette rivière par la cavalerie romaine, il en périt un grand nombre par les armes et dans les flots.

Ce premier échec les découragea; d'ailleurs les

---

(1) *Bibrax* des Rémois, de même que *Bibracte*, la capitale des Éduens, doit son nom aux *Bébryces,* peuple ligurien qui a laissé des traces de son passage des Pyrénées jusqu'au Rhin.

vivres commençaient à manquer, et ils apprirent, en plus, que Divitiac et les Éduens approchaient de la frontière des Bellovaques. Ils tinrent conseil, et il fut convenu que chacun retournerait dans son pays, et, que, de là, tous se porteraient au secours de la première de leurs nations que l'armée romaine attaquerait.

Le départ ainsi résolu, au milieu de la nuit, les Belges sortirent immédiatement de leur camp, et ce ne fut qu'au point du jour que César en eut connaissance. Il lança sa cavalerie et trois légions à leur poursuite. Un instant, l'arrière-garde belge fit volteface et soutint avec vigueur un premier choc; mais, ne se voyant point secourue par ceux qui les devançaient, elle se débanda et les Romains, s'attachant aux pas des fuyards, n'eurent plus qu'à frapper et à tuer. La nuit seule mit fin au carnage.

Le lendemain, César, avant que les Belges ne se fussent ralliés et remis de leur déroute, dirigea son armée vers le pays des *Suessions*, contigu à celui des Rémois, et, arriva après une longue marche, devant la ville de *Noviodunum* (Noyon).

Sans prendre aucun repos, il essaya d'enlever cette place de vive force; mais il ne put y arriver à cause de la largeur des fossés et de la hauteur des murailles.

Après avoir retranché son camp, et préparé des mantelets, il prit toutes ses dispositions pour le siège. Mais à peine eut-il fait ces préparatifs que les Gaulois, effrayés de la grandeur des travaux, inconnus par eux, envoyèrent des députés pour traiter de leur reddition, et, comme dit César, sur la prière des Rémois, ils obtinrent la vie sauve.

Les Suessions soumis et les deux fils de leur roi Galba reçus en ôtage, le général romain tourna ses armes contre les *Bellovaques*. Ils s'étaient tous renfermés, avec ce qu'ils possédaient, dans la forteresse de *Bratuspantium*, aujourd'hui Beauvais, suivant Sanson et la plupart des commentateurs.

César et son armée n'en étaient plus éloignés que de cinq mille pas environ, quand tous les vieillards, étant sortis de l'enceinte, s'avancèrent vers lui, en tendant les mains et disant qu'ils se plaçaient sous sa protection ; qu'ils se soumettaient à son autorité, et qu'ils ne voulaient point combattre le peuple romain. Lorsqu'il s'approcha des murs et qu'il établit son camp, les enfants et les femmes tendirent aussi les mains, suivant l'usage du pays, pour demander la paix. César, à la prière de Divitiac, accepta leur soumission, mais il exigea six cents otages et la remise de toutes les armes.

Les *Ambiens* n'attendirent pas qu'il fût sous leurs murs pour mettre leurs personnes et leurs biens à sa discrétion.

Les *Nerviens* confinaient au territoire des Ambiens. C'était un peuple qui avait conservé les mœurs primitives et qui, de crainte de voir s'amollir leurs âmes et leur courage, avait interdit l'accès de leur contrée aux étrangers et proscrit l'usage du vin et de toutes les superfluités de la civilisation et du luxe : c'étaient des hommes intrépides et *barbares* (selon César), qui faisaient un crime aux autres Belges de s'être soumis au peuple romain, et avaient juré de s'ensevelir sous les ruines de leur patrie plutôt que de se rendre.

Ils tinrent parole, et, après avoir surpris l'armée

romaine au passage de la Sambre; après avoir fait fuir devant eux la cavalerie romaine et mis César lui-même à deux doigts d'une défaite, ces héros, accablés par le nombre des assaillants et la supériorité de la tactique et aussi par un secours inattendu arrivé à César au milieu du combat, refusèrent de se rendre et tombèrent sous le glaive de l'ennemi. De 60.000 combattants, il en resta à peine 500 !...

Après cette bataille, et quand la race et le nom des Nerviens étaient presque anéantis, les veillards, les femmes et les enfants qui avaient été mis en sûreté dans des marais, envoyèrent, du consentement de ceux qui survivaient, des députés à César et se mirent à sa disposition.

César dit: Liv. II, chap. XXVIII, qu'il crut devoir se montrer miséricordieux à l'égard de ces infortunés; qu'il les protégea avec la plus vive sollicitude, leur ordonna de reprendre leur territoire et leurs villes, et défendit aux peuples voisins de commettre contre eux, ou de laisser commettre par les leurs, des actes de violence et des déprédations.

Ici, sous un semblant de pitié et de clémence, César cache mal l'odieux de sa conduite, dans cette fatale journée. Il eût pu arrêter plus tôt le massacre; mais, malgré sa prudence habituelle, il s'était laissé surprendre par ce qu'il appelait des *barbares*, et avait compromis son armée. Il a donc voulu se venger de sa propre faute sur les Nerviens, et punir par l'anéantissement cette héroïque nation d'avoir, un instant, fait pâlir sa renommée et balancer sa fortune.

Cette appréciation est de Napoléon.

Les *Aduatiques* accouraient, avec toutes leurs forces, au secours des Nerviens; mais ils arrivèrent trop tard. Ils rebroussèrent chemin, abandonnant leurs villes et leurs forts, et se retirèrent en une seule place très fortifiée par la nature que l'on pense avoir été *Falais* sur les bords de la Mehaigne, à 6000 toises de la Meuse, à 1500 de Namur et à 1500 de Liège. D'après Napoléon, cette position semble le mieux se rapporter à ce qu'en dit César dans ses Commentaires.

Les Aduatiques étaient les descendants des Cimbres et des Teutons qui, au moment d'envahir la Province et l'Italie, placèrent en deçà du Rhin, les bagages qu'ils ne pouvaient emporter en les laissant sous la garde de six mille combattants. Ceux-ci, après que l'armée, à laquelle ils appartenaient, eût été détruite, furent inquiétés longtemps par leurs voisins; ils les attaquèrent et se défendirent contre eux tour à tour jusqu'à ce que, enfin, ils s'accordèrent pour faire la paix et rester tranquilles dans ces lieux.

Dès l'approche de l'ennemi, ils se portèrent à sa rencontre; mais quand ils virent qu'on les attaquait sérieusement, ils envoyèrent des députés qui parlèrent en ces termes : « Les Romains, ils n'en
« doutent pas, font la guerre avec le secours des
« dieux puisqu'ils disposaient de machines aussi puis-
« santes, » Ils ajoutèrent qu'ils se mettaient, eux et leurs biens, à la discrétion de César. « Ils ne lui
« demandaient instamment qu'une seule chose; c'é-
« tait, — si, par hasard, en raison de cette clémence
« et de cette douceur dont les autres peuples leur
« avaient parlé, il décidait que les Aduatiques au-
« raient la vie sauve, — de ne pas les désarmer.

« Presque tous leurs voisins leur étaient hostiles, et
« enviaient leur courage: une fois désarmés, ils ne
« pouvaient se défendre contre eux. Ils aiment mieux,
« s'ils doivent subir un tel malheur, souffrir quelque
« traitement que ce fût de la part des Romains,
« plutôt que de périr dans les supplices par la main
« de ceux qu'ils étaient habitués de commander. »

César répondit « que par habitude plutôt que parce
« qu'ils le méritaient, il épargnerait leur cité s'ils se
« rendaient avant que le bélier eût frappé les mu-
« railles: mais qu'il ne transigerait sur aucun point
« s'ils ne livraient pas leurs armes; qu'il ferait pour
« eux ce qu'il avait fait pour les Nerviens, et qu'il
« ordonnerait aux peuples voisins de s'abstenir de
« toute violence contre des hommes qui s'étaient
« rendus aux Romains. »

Cette réponse ayant été portée aux assiégés, ils se déclarèrent prêts à faire ce qui leur serait commandé. Ils jetèrent du haut du rempart, qui entourait la ville, une si grande quantité d'armes, que ces armes, entassées par monceaux, atteignaient presque la crête du mur et la plate-forme de la terrasse. Cependant, comme on le sut après, ils en avaient gardé le tiers environ et l'avaient caché dans la ville. Les portes furent ouvertes, et, ce jour-là, ils restèrent tranquilles.

Si les Romains avaient consenti à les laisser armés, ces fiers Gaulois se seraient peut-être soumis sans murmurer; mais cette faveur leur ayant été refusée et César ne leur offrant en échange de leurs armes que la protection de Rome, ils résolurent de se venger ou de mourir.

Sur le soir, le général romain, craignant quelque

surprise, sortit avec ses troupes, et au milieu de la nuit, les Aduatiques, saisissant leurs armes cachées et se faisant à la hâte des boucliers d'écorces ou d'osiers recouverts de peaux, ils sortirent en masse et se jetèrent sur le camp à l'endroit où l'accès leur avait paru le plus facile. L'alarme fut donnée aussitôt et bientôt les Romains furent debout.

Les Aduatiques combattirent comme des hommes n'ayant plus rien à perdre et n'attendant leur salut que de leur courage. La lutte était inégale et fut terrible : 4.000 Aduatiques restèrent sur place, le reste fut repoussé en ville.

Le lendemain, César entra dans la place en vainqueur et fit vendre à l'encan tout ce qu'elle renfermait, hommes et biens. Il apprit des acheteurs que le nombre des têtes vendues était de 53.000. Ainsi ce fut par l'esclavage et vendus, comme un vil troupeau, que finirent ces héroïques défenseurs de leur patrie; ils durent envier le sort des Nerviens; eux du moins, au bout de leurs efforts, avaient trouvé le tombeau (1).

La paix semblant ainsi rétablie dans la Gaule, César met ses légions en quartier d'hiver chez les

---

(1) Dans ces ventes à l'encan, il est à remarquer que la valeur personnelle était d'autant plus grande que les bijoux et les accessoires qui pouvaient rehausser le costume avaient de l'importance. On sait qu'au goût pour les couleurs éclatantes, les Gaulois joignaient un goût non moins vif pour des plaques d'or ciselées ou guillochées qu'ils portaient sur le haut de la poitrine, pour des bracelets aux bras et aux poignets, les colliers d'or massif, des anneaux d'or aux doigts du milieu, des ceintures massives incrustées, guillochées ou émaillées; car il est aujourd'hui hors de doute que les Gaulois connaissaient l'émail.

Le collier, nommé torques était plus particulièrement un ornement militaire. Les guerriers gaulois paraissent y avoir attaché une haute importance, et c'est en raison de cette importance que les ennemis, quand ils

Carnutes, les Andes et les Turons, pays voisins de ceux où il venait de faire cette terrible guerre et il partit pour l'Italie, où le Sénat, en signe de reconnaissance et d'admiration, décréta quinze jours d'actions de grâces aux dieux.

Jamais, jusque-là on n'avait encore fait pareille ovation à personne.

César, dans cette campagne que l'on avait bien cru être la dernière, avait huit légions à sa disposition et, outre les auxiliaires attachés à chaque légion, il avait un grand nombre de Gaulois à pied et à cheval, avec un grand nombre de troupes légères des îles Baléares, de Crète et d'Afrique qui lui formaient une armée très nombreuse.

Les 300,000 hommes que les Belges lui opposèrent étaient composés de nations diverses, sans discipline et sans consistance. On les avait levés en masse, mais ils n'avaient aucune notion de la guerre. Jamais ils n'avaient aidé à lever un retranchement. Jamais ils n'avaient vu bâtir une tour.

En partant pour l'Italie, César envoya Servius Galba avec la douzième légion et une partie de la cavalerie, chez les Nantuates (1), les Véragres (2) et

---

parvenaient à les vaincre, s'emparaient du collier pour s'en faire un trophée. Les bracelets qui se portaient aux poignets et autour des bras servaient plus particulièrement à distinguer les nobles et les chefs militaires. Polybe, parlant d'une armée gauloise en ordre de bataille, dit que le premier rang était formé d'hommes ornés de colliers et de bracelets, c'est-à-dire de l'élite de la nation qui réclamait parmi ses privilèges l'honneur de soutenir le premier choc ou de porter les premiers coups.

Tite-Live, en parlant de succès remportés par les Romains, spécifie le nombre de colliers et de bracelets gagnés sur l'ennemi pour juger du nombre d'officiers qu'il avait perdus.

(1) *Nantuales,* peuple du Chablais et du Valais, près du lac Léman.
(2) Véragres. Ils habitaient les Alpes Peunines, le grand Saint-Bernard.

les Sédunes (1) qui s'étendent depuis les frontières des Allobroges, le lac Léman et le Rhône, jusqu'au sommet des Alpes.

Il avait ordonné cette expédition parce qu'il voulait ouvrir une route à travers ces montagnes que les marchands ne pouvaient traverser qu'avec de grands dangers et en payant de grands droits.

Il avait autorisé Galba à faire hiverner, s'il le jugeait convenable, la légion dans le pays. Celui-ci y livra quelques combats heureux et prit la plupart des forts; on lui envoya de toutes parts des députés; on lui donna des otages et après avoir conclu la paix, il résolut de placer deux cohortes chez les Nantuates, et d'hiverner lui-même, avec les autres cohortes de la légion, dans un bourg des Véragres, nommé Octodure (2). Ce bourg, situé au fond d'une vallée qui confine à une plaine de peu d'étendue, est environné de tous côtés par de très hautes montagnes et séparé en deux par une rivière. Galba permit aux Gaulois d'occuper une de ces parties et il donna aux légions, pour y établir leurs quartiers d'hiver, celle qu'ils avaient évacuée. Il fortifia sa position par un retranchement et un fossé.

Il avait déjà passé plusieurs jours dans ce quartier et il avait ordonné d'y apporter du blé, quand il apprit par ses éclaireurs que, pendant la nuit, les Gaulois avaient, tous, abandonné la partie qu'il leur avait cédée, et que les montagnes, qui dominaient le bourg, étaient occupées par un nombre considérable de Sédunes et de Véragres. Plusieurs causes avaient poussé les Gaulois à prendre

---

(1) Sédunes, peuple du Valais moderne.
(2) *Octodura, Martigny*, en français; *Martenach*, en allemand.

tout à coup la résolution de recommencer la guerre et d'écraser la légion. Ils se désolaient que leurs enfants fussent séparés d'eux pour servir d'otages, et ils étaient convaincus que ce n'était point seulement pour faire des chemins que les Romains essayaient d'occuper le sommet des Alpes, mais pour en prendre à jamais possession et annexer ces contrées à la Province romaine.

Autant mourir, si on ne peut s'en débarrasser. L'attaque, à un signal donné du haut des montagnes, fut terrible et Galba, sous les traits et les javelots, eut toutes les peines de se tirer de ce guet-apens par la fuite, en se précipitant par toutes les portes et ne laissant aux ennemis, ni le temps de se reconnaître, ni le temps de se rallier. Les chances tournant du côté des Romains, ils enveloppent de toutes parts les assaillants et tuent ceux qui se croyaient déjà maîtres du camp. Les Gaulois étaient au nombre de plus de trente mille et quand on en eut tué plus du tiers, les autres s'enfuirent épouvantés, sans pouvoir même prendre position sur les hauteurs.

Après avoir ainsi mis en déroute toutes les troupes ennemies et ramassé les armes, les Romains rentrèrent dans le camp et dans leurs lignes.

A la suite de cette affaire, Galba ne voulut point tenter de nouveau le sort des armes; d'ailleurs, il se rappelait qu'il était venu dans une autre intention prendre ses quartiers d'hiver dans ce pays. Comme il avait vu ses projets traversés par des événements imprévus, et que d'ailleurs le manque des vivres l'incommodait beaucoup, il fit brûler, le lendemain, toutes les habitations du bourg et se mit en route pour retourner dans la Province. Il ramena, sans avoir été inquiété par l'ennemi, sa légion saine et sauve chez les Nantuates, et la conduisit ensuite dans le pays des Allobroges, où il passa l'hiver.

A la suite de ces nouveaux événements, César crut bien que, cette fois, la Gaule était pacifiée : les Belges étaient, en effet, soumis, les Germains chassés, les Sédunes des Alpes vaincus. Il était donc parti, au commencement de l'été, pour l'Illyrie, car il voulait aussi visiter ces peuples et connaître ce pays, quand, tout à coup, la guerre se ralluma.

Voici quelle en fut la cause : Publius Crassus avait pris, avec la septième légion, ses quartiers d'hiver sur les bords de l'Océan, chez les Andes ; et comme il n'y avait point de blé dans ce pays, il chargea les préfets et les tribuns militaires d'en aller chercher dans les cités voisines. Il envoya Titus Terrasidius chez les Sésuves, Marcus Trébius Gallus chez les Curiosolites, et Quintus Vélanius avec Titus Silius chez les Vénètes (1).

Ces derniers l'emportaient de beaucoup en influence sur les peuples de toute cette partie du littoral parce qu'ils possédaient de nombreux navires avec lesquels ils faisaient la traversée de la Grande-Bretagne. En fait de navigation, ils étaient aussi plus instruits et plus expérimentés que les autres. De plus, ils étaient maîtres du petit nombre de ports qui se trouvaient placés à de grandes distances, les uns des autres, sur les côtes sans abri de cette mer orageuse et ils avaient pour tributaires la plupart de ceux qui la fréquentaient. Les premiers, ils retinrent les tribuns Silius et Velanius, parce qu'ils espéraient,

---

(1) Le nom latin des *Vénètes* s'est conservé dans le nom breton de Vannes qui se nomme aujourd'hui encore *Venet*.

par eux, se faire rendre les otages qu'ils avaient donnés à Crassus. Entraînés par leur exemple, leurs voisins, avec cette promptitude que les Gaulois apportaient dans leurs décisions, retinrent également Trebius et Terrasidius et s'étant tout de suite mis en rapport entre eux par des députés, ils convinrent, par l'entremise des personnages les plus considérables de leurs cités, de ne rien faire que d'un commun accord, de subir, quelles qu'elles fussent, les chances de la même fortune, et ils supplièrent les autres peuples de conserver la liberté qu'ils avaient reçue de leurs pères et de ne pas se soumettre au joug des Romains. Toutes les populations du littoral s'étant ainsi associées, elles envoyèrent, au nom de toutes les cités, des députés à P. Crassus, pour lui signifier que « s'il voulait que les envoyés lui fussent rendus, « il eût lui-même à rendre les otages. »

César fut informé par Crassus de ce qui se passait; mais, comme il se trouvait à une grande distance de la Gaule, il ordonna, en attendant son retour, de construire des galères sur la Loire et d'organiser des rameurs levés dans la Province, de rassembler des matelots et des pilotes.

Tout cela fut vite fait, et lui-même, dès que la saison lui permit de partir, se rendit près de l'armée.

Les Vénètes et leurs alliés, les Osismes, les Lexoves (1), les Nannètes (2), les Ambiliates (3), les Morins (4), les Diablintres (5), les Ménapiens et les

---

(1) Lexoves, peuples de Lisieux et de Bayeux.
(2) Nannètes, les Nantais.
(3) Ambiliates, des limites des diocèses d'Arras, de Tournai et de Cambrai.
(4) Morins, Boulonnais, Calaisis, St. Omer.
(5) Diablintres. Leur ville était située où se trouve aujourd'hui Jubleïns dans la Mayenne.

Bretons, venus de l'île située vis-à-vis du pays de ces peuples, qui avaient la conscience du grand attentat qu'ils venaient de commettre, en retenant et en jetant dans les fers des hommes qui portaient le titre de députés — titre sacré et respecté dans tous les temps et par toutes les nations — se réunirent à Vannes.

César, sachant combien les Gaulois étaient disposés à se liguer, par instinct pour la liberté et la haine de la servitude, crut prévenir une révolte générale en partageant son armée sur un plus grand nombre de points du territoire. Il envoya Titus Labiénus avec la cavalerie chez les Trévires et lui commanda de passer chez les Rémois et les autres Belges, afin de les maintenir dans le devoir, et de repousser, de vive force sur leurs bateaux, les Germains que les Belges avaient, disait-on, appelés comme auxiliaires.

Il ordonna à P. Crassus de partir pour l'Aquitaine avec douze cohortes légionnaires, afin d'empêcher les peuples de cette contrée de faire passer des secours dans la Gaule et des nations si puissantes à se réunir.

Il envoya le lieutenant Quintus Titurius Sabinus, avec trois légions, chez les Unelles, les Curiosolites, et les Lexoves, pour les contenir.

Il chargea le jeune Brutus du commandement de la flotte et des navires gaulois qu'avaient fournis, par ses ordres, les Pictons, les Sentons et les autres cités soumises. Il lui ordonna de se porter le plus vite possible chez les Vénètes où il se rendit lui-même avec l'armée de terre.

La lutte fut terrible et malgré les inconvénients

nouveaux avec lesquels il a fallu compter, César fut vainqueur et réussit à détruire toute la flotte gauloise dont, grâce à la nuit, quelques vaisseaux seulement purent gagner le rivage.

Quintus Titurius Sabinus arriva à temps sur les frontières des Unelles pour combattre Viridovix qui y avait levé une armée nombreuse.

A peu près dans le même temps, P. Crassus était arrivé dans l'Aquitaine qui, à cause de son étendue et sa nombreuse population, formait le tiers de la Gaule. Prévoyant qu'il aurait une guerre à soutenir dans ce pays, où, peu d'années auparavant, le lieutenant Lucius Valerius Préconinus avait été battu et tué, et d'où le proconsul L. Mallius s'était enfui, après avoir perdu ses bagages, il pensa qu'il devait agir avec la plus grande promptitude. Il fit donc des approvisionnements de vivres, réunit des auxiliaires et de la cavalerie, fit venir de Toulouse, de Carcassonne et de Narbonne, cités de la Gaule voisines de l'Aquitaine, un grand nombre d'hommes d'une bravoure éprouvée et conduisit son armée dans le pays des Sontiates (1). Ceux-ci, en apprenant son arrivée, rassemblèrent de nombreuses troupes, et les cavaliers qui faisaient leur principale force, ayant attaqué l'armée romaine pendant sa marche, il y eut d'abord un engagement de cavalerie, dans lequel ils furent repoussés. Mais des troupes de pied, placées en embuscade dans un vallon, étant venues à leur secours, la lutte devint plus opiniâtre. Les Sontiates, soutenus par le souvenir de leurs anciennes victoires, croyaient que le salut de toute l'Aquitaine reposait sur leur courage. Les Romains voulaient montrer, au contraire,

(1) Les Sontiates habitaient dans l'Armagnac.

ce qu'ils pouvaient loin du général en chef, loin des autres légions, sous les ordres d'un jeune homme. Après de grandes pertes, les Gaulois se retirèrent.

Crassus, sans prendre de repos, commença le siège de la ville des Sontiates. Comme on lui opposait une vive résistance, il établit des mantelets (1) et des tours. Tantôt les assiégés faisaient des sorties, tantôt ils dirigeaient contre la terrasse et les mantelets, des galeries souterraines, car les Aquitains sont très habiles dans ce genre de travail, à cause des mines et des nombreuses carrières du pays; mais voyant que la vigilance des Romains rendait toutes ces tentatives inutiles, ils envoyèrent des députés à Crassus, et le prièrent de leur accorder une capitulation. Il fit droit à cette demande, leur ordonna de livrer leurs armes, et ils obéirent. On était occupé de cette affaire quand, sur un autre point de la ville, Adiatune, qui avait le commandement en chef, tenta un coup de main avec six cents de ces hommes qui se lient par des vœux faits sous l'invocation des dieux et qu'on appelle *les braves*.

En vertu de ces vœux, ces hommes partagent tous les avantages dont jouissent, pendant leur vie, les chefs avec lesquels ils se sont unis; et si ces derniers sont victimes de quelque acte de violence, ils s'associent aux mêmes dangers ou se donnent la mort, et on ne peut se souvenir qu'un seul d'entre eux ait refusé de mourir quand l'homme auquel il s'était voué était mort lui-même.

---

(1) Le mantelet était un parapet portatif et roulant dont se servaient les pionniers employés au travail d'un siège. Il était fait en gros madriers doublés, ayant 2 mètres de haut sur 1 mètre de large, unis par des barres de fer et formant quelquefois un angle et deux faces.

Adiatune ayant tenté une sortie à la tête de ces braves, de grandes clameurs s'élevèrent de ce côté du rempart: les Romains coururent aux armes; on combattit avec opiniâtreté, mais il fut enfin repoussé dans la ville, et il obtint de Crassus de capituler aux mêmes conditions que les autres.

Après la remise des armes et des otages, Crassus partit pour se rendre dans le pays des Vocates (1) et des Tarusates (2).

Les Gaulois effrayés d'apprendre que, peu de jours après son arrivée, Crassus avait réduit une place défendue par la nature et fortifiée par les hommes, envoyèrent de tous côtés des députés, formèrent une ligue, échangèrent des otages et préparèrent leurs troupes. Ils expédièrent même des courriers dans les cités de l'Espagne Citérieure, qui sont voisines de l'Aquitaine, pour demander des secours et des chefs. Lorsque ces secours furent arrivés, ils firent leurs préparatifs de guerre sur une grande échelle et avec de nombreuses troupes. Il choisirent pour chefs les hommes qui avaient servi longtemps sous Q. Sertorius, et qu'ils regardaient comme très habiles dans l'art militaire. Ceux-ci, se conformant à la tactique romaine, leur apprirent à choisir le terrain, à fortifier leur camp, à intercepter les convois de vivres.

Crassus comprit qu'il ne pouvait tarder de combattre : il forma ses troupes sur deux lignes, plaça les auxiliaires au centre et attendit pour voir quelle décision prendraient les ennemis. Ils restèrent dans leur camp comme s'ils avaient peur. Les Romains

---

(1 Les *Vocates* habitaient entre la Garonne et la Dordogne, au nord de ce premier fleuve.

(2) *Tarusates*, peuple ibérien des bords de l'Adour.

devinrent de jour en jour plus impatients de combattre et, après avoir été harangués par Crassus, ils marchèrent, comme ils le voulaient tous, contre le camp des Gaulois.

Là, tandis que les uns comblaient les fossés, tandis que les autres, en lançant une grêle de traits, éloignaient du retranchement et des remparts ceux qui les défendaient, les auxiliaires, sur lesquels Crassus comptait peu pour le combat, distribuaient les pierres et les traits, apportaient des fascines, et de la sorte l'ennemi pouvait les prendre pour des combattants. Celui-ci, de son côté, se battait avec opiniâtreté et avec courage, et les traits qu'il lançait d'en haut portaient à coup sûr.

Des cavaliers qui avaient fait le tour du camp ayant rapporté à Crassus que ce camp, du côté de la porte décumane (1), n'était point fortifié avec le même soin, et qu'on pouvait facilement y pénétrer par là, Crassus engage les préfets de la cavalerie à exciter l'ardeur de leurs soldats par de grandes promesses et des récompenses, et leur expliqua son plan. Ils

---

(1) On appelle *camp* (campus) le lieu où se place une armée pour y séjourner plus ou moins longtemps. Chez les Romains, on distinguait les *c. de marche* ou *de passage,* que l'on construisait pour les besoins du moment, et les *c. à demeure* (castra stativa), qui se divisaient en *c. d'été* (castra œstiva) et *c. d'hiver* (castra hiberna). Ces derniers, véritables forteresses, renfermaient tous les établissements d'une ville ; plusieurs villes modernes leur doivent même leur origine, et les ruines nombreuses qu'on voit encore dans plusieurs endroits de la France et qu'on appelle communément *Camps de César,* se rattachent à ce genre de camps. Les Romains entouraient leurs camps d'un fossé (vallum) revêtu intérieurement d'un parapet (aggea) fortifié d'une palissade ; quatre portes répondaient aux quatre côtés du camp : la *Prétorienne,* du côté du général ; la *Décumane,* du côté opposé ; la *Dextre,* à droite et la *Sinistre,* à gauche. *Dict. d'hist. et géog.* de Bouillet.

partent aussitôt avec quatre cohortes, qui, laissées à la garde du camp, n'avaient éprouvé aucune fatigue; ils firent un long circuit pour ne pas être aperçus des Gaulois, et tandis que ces derniers ne sont occupés que de combattre, elles arrivent avec rapidité sur les retranchements, les franchissent et prennent position dans le camp avant que les ennemis aient pu les voir, ou connaître ce qui se passait. En entendant une acclamation de ce côté, les Romains reprirent des forces et, comme il arrive d'ordinaire quand on a l'espoir de vaincre, ils combattirent avec plus d'ardeur. Entourés de toutes parts, les Gaulois, dans cette position désespérée, se précipitèrent du haut de leurs retranchements et cherchèrent leur salut dans la fuite. La cavalerie les poursuit dans la plaine entièrement à découvert et laisse à peine échapper le quart des cinquante mille hommes fournis par l'Aquitaine et le pays des Cantabres; la nuit était très avancée quand elle rentra au camp.

En apprenant ce combat, une grande partie de l'Aquitaine se soumit à Crassus, et envoya spontanément des otages.

Vers le même temps et bien que l'été fût presque à sa fin, César eut l'idée de conduire encore son armée dans le pays des Morins et des Ménapiens. Presque toute la Gaule était pacifiée ; mais ces peuples ne lui ayant jamais envoyé de députation pour demander la paix, il craignait un soulèvement après son départ. Il avait aussi supposé que la guerre, commencée de ce côté, se terminerait promptement. Mais ces peuples ayant remarqué que les nations les

---

(1) *Cantabres*, peuple qui occupait les frontières de la Vieille-Castille et des Asturies.

plus puissantes qui jusque-là avaient livré des batailles rangées, s'étaient fait battre, prirent le parti de se retirer dans leurs marais et leurs bois avec tout ce qu'ils possédaient.

En arrivant sur la lisière de ces bois, César commença à retrancher son camp, sans que l'ennemi se fut encore montré. Alors, les Gaulois, sortant à l'improviste de tous les côtés de la forêt, tombèrent sur les soldats dispersés çà et là dans les chantiers.

Pour éviter de pareilles attaques, César fit placer les arbres coupés de manière à faire face à l'ennemi, et à former une espèce de retranchement. Il espérait ainsi atteindre son but, mais les tempêtes l'ont forcé de cesser tout travail.

Alors il ravagea le pays, et, après avoir brûlé les bourgs et les habitations isolées, il ramena son armée et la mit en quartier d'hiver chez les Aulerques, les Lexoves et les autres cités, qui, dans les derniers temps, avaient fait la guerre.

A part les Morins et les Ménapiens qui furent sauvés par les tempêtes, leurs marais et leurs bois, la Bretagne, l'Aquitaine et la basse Normandie étaient aux pieds de César, sans avoir fait des efforts proportionnés à leur puissance. Cela est presque incroyable et vient de causes qu'il n'est pas facile de déterminer ; mais qu'il faut tirer de l'esprit d'isolement et de localité qui, à cette époque, caractérisait les peuples de la Gaule. Ils n'avaient alors aucun esprit national, ni même de province : ils étaient dominés, comme on pourrait dire, par un *esprit de ville*. Rien n'est, en effet, plus opposé à l'esprit national, aux idées générales de liberté, que cet esprit particulier de famille ou de bourgade. De ce morcellement, il résultait que les Gaulois n'avaient aucune armée de ligne entretenue, exercée, et, dès lors, aucun art ni science militaire.

Pour cette raison aussi, dit Napoléon Ier, si la gloire de César n'était fondée que sur la conquête des Gaules, elle serait problématique. Toute nation qui perdrait de vue l'importance d'une armée de ligne perpétuellement sur pied, et qui se confierait à des levées ou des armées nationales, éprouverait le sort des Gaules, sans même avoir la gloire d'opposer la même résistance, qui a été l'effet de la barbarie d'alors et du terrain, couvert de forêts, de marais, de fondrières, sans chemins, ce qui le rendait difficile pour la conquête et facile pour la défense.

Telle était donc la situation de la Gaule en l'an 55 avant J.-C., c'est-à-dire, de 58 à la quatrième campagne de César.

Celle-ci, commencée en 55, eut pour suite la défaite des Usipètes et des Teuctètres, le premier passage du Rhin pour châtier les Germains et une première expédition en Bretagne.

La cinquième campagne et la sixième, entreprises les années suivantes, en 54 et en 53, furent employées à une seconde expédition dans la Grande-Bretagne. Cette tentative ne fut pas plus heureuse que la première. Après leur retour, les Romains ne furent pas plus maîtres du pays qu'ils ne l'étaient avant d'y aller. Après cet insuccès, il y eut à lutter, jusqu'en 52, contre les révoltes d'Indutiomare, de Dumnorix, d'Ambiorix et des Trévires et à faire la guerre contre Sens, Chartres, Liège et la Germanie. Pour cela il fallait repasser le Rhin. Ce second passage qu'effectua César n'eut pas non plus de résultat; il n'en resta aucune trace, pas même une forteresse en forme de tête de pont. Par cette même considération, il faut se défier de tout ce qu'il raconte de ce pays, comme historien.

En 52 avant J.-C., César dut commencer sa septième campagne, parce qu'une révolte générale venait d'éclater dans les Gaules.

Après avoir enfin triomphé de tous ces soulèvements et croyant le pays pacifié, il plaça deux légions en quartier d'hiver chez les Trévires, deux chez les Lingons et les six autres à Agendicum (Sens) dans le pays des Senonais, et partit pour l'Italie, comme il avait coutume de le faire tous les ans, pour y tenir les États.

Se fondant sur le Sénatus-consulte qui ordonnait à tous les jeunes hommes de l'Italie de prêter le serment militaire, il s'occupa de faire une levée dans la Province. La nouvelle de cet événement se répandit avec rapidité dans la Gaule Transalpine. Les Gaulois ajoutèrent, à la rumeur publique, leurs propres suppositions; ils dirent, ce qui leur paraissait être la conséquence des faits, que César était retenu par des troubles à Rome et que, au milieu de grandes dissensions, il ne pouvait se rendre auprès de l'armée. Poussés par les circonstances, ces peuples, qui depuis longtemps supportaient impatiemment la domination romaine, commencèrent à former des projets de guerre avec plus de liberté et d'audace. Les personnages les plus considérables convoquèrent des conciliabules dans des lieux solitaires et couverts de bois; on se plaignait des mauvais traitements subis pendant les dernières guerres; on gémit sur le malheureux sort de la patrie; et par toutes sortes de promesses et de récompenses, on chercha à décider quelques hommes à commencer la guerre et à rendre, en risquant leur vie, la liberté à la Gaule. Cette conspiration gagna de proche en proche; elle gagna même du terrain de l'autre côté du Rhin car, là encore, on avait à venger le désastre et la mort d'Arioviste.

Le principal argument qu'on mettait en avant, c'était que César, étant retenu au-delà des Alpes, par les troubles de l'Italie, ses légions, privées de leur chef, n'oseraient sortir de leurs quartiers d'hiver. Le moment semblait donc être des plus favorables; et, en définitive, dût-on succomber, il valait mieux mourir dans une bataille que de languir dans l'opprobre et l'esclavage. Ils tombèrent tous d'accord que le plus important était d'empêcher César de rejoindre son armée.

Quand on eut cessé d'agiter ces questions, les Carnutes (1) promirent qu'ils affronteraient tous les périls pour le salut commun; qu'ils seraient les premiers de tous à faire la guerre pour reconquérir la vieille gloire militaire et la liberté qu'ils avaient reçues de leurs ancêtres. Seulement, comme ils ne pouvaient, sur le moment, se garantir par des otages, les uns vis-à-vis des autres, ils exigèrent que leurs compatriotes et alliés engageassent leur parole, sur les étendards réunis, de ne pas les abandonner, quand ils se seraient déclarés, et ce serment, le plus solennel de tous chez les Gaulois, fut prêté.

Ce dut être un spectacle imposant que celui de tous ces fiers représentants de la Gaule, la figure

---

(1) Les Carnutes ou gens du pays chartrain chez lesquels le druidisme avait établi ses principaux temples ou bois sacrés et ses écoles.

contristée par le malheur commun, la colère, la vengeance dans les yeux, en face de leurs Druides, dans quelque bois sacré, à la pâle lueur de quelques torches, une main sur le cœur, une autre sur leurs étendards, jurant de combattre et de mourir pour la liberté!...

Au jour fixé, et quand le signal fut donné, les Carnutes, commandés par deux hommes qui ne reculaient devant rien, Cotuat et Conconétodun, se jettent dans Genabum (Orléans ou Gien), massacrent tous les Romains qui s'y trouvent, et s'emparent de leurs trésors. La nouvelle de cet événement transmise, suivant l'usage des Gaulois, de proche en proche, par des coureurs échelonnés de distance en distance sur toutes les directions, parvint avec la rapidité de l'éclair d'un bout de la Gaule à l'autre, à tel point que, avant la chute du jour, les Arvernes savaient déjà ce qui s'était passé, au lever du soleil, à Genabum, c'est-à-dire à 160 milles environ de chez eux.

Ici, sur le sombre tableau de cette guerre surgit et se dessine, comme une idée consolante, une de ces grandes et belles figures, qui semblent résumer dans leurs traits historiques tout ce que l'amour de la patrie a de plus saint, le courage de plus brillant, l'héroïsme de plus illustre, la vertu de plus sublime. C'est le fils de Celtill, l'Arverne Vercingétorix, le héros le plus chevaleresque, le plus magnanime de cette guerre.

Son père avait tenu le premier rang dans la Gaule. Il avait compris que, pour faire cesser les divisions qui déchiraient la nation et la livraient à ses ennemis, le seul moyen était de réunir tous les éléments de sa force et de concentrer, en une main unique, la puissance et le commandement ; il avait tenté de faire succéder à toutes ces petites oligarchies rivales, qui se disputaient la suprématie et faisaient la faiblesse de la Gaule, *l'unité du pouvoir*, une grande et forte monarchie.

Cette pensée était, en effet, le salut de la Gaule ; mais elle n'a pas été comprise et la cité l'a mis à mort, parce que, selon elle, il aspirait à la royauté. Son fils se vengea de ses concitoyens d'une manière digne de lui : il tenta de sauver sa patrie.

Électrisé par l'heureuse nouvelle de Genabum, le jeune Arverne assemble ses nombreux partisans et, suivi d'eux, il parcourt la ville de Gergovie (1) en appelant, au nom de la patrie, toute la population aux armes. Mais, selon César, Liv. VII, p. 307, son oncle Gobanition et les autres chefs, qui ne croyaient pas devoir tenter les mêmes chances, s'opposèrent et le chassèrent.

Mais il ne se découragea pas ; et son appel, entendu non seulement de la ville de Gergovie, mais de tous les pays d'alentour, il se trouva bientôt à la tête d'une armée dont il devint le chef suprême. Ce fut alors qu'il reçut le titre glorieux de Vercingétorix, qui, dans la langue du pays, signifie *capitaine* ou *généralissime*.

Bien que, dans le principe, ce soulèvement se fut produit loin des pays de la Sarre, il fait néanmoins partie de notre histoire, par la raison que les provinces du sein desquelles notre pays est sorti, se sont rangées sous l'étendard de Vercingétorix et ont pris part à la lutte générale.

---

(1) Gergovie, en Auvergne, qu'il ne faut pas confondre avec Gergovie des Boïens. Voir 1er vol. p. 382.

POTERNE
De l'Ancien Château de Sarreguemines

« Nuls, parmi les Gaulois, dit un auteur, ne pou-
« vaient être plus intéressés au triomphe de l'indé-
« pendance, que ces peuples déjà sous le joug ou
« sur le point de l'être. Chacun des coups portés,
« par le héros de la Gaule, à la puissance romaine,
« semblait détacher un anneau de leur chaîne ; chacun
« de ses revers, au contraire, semblait resserrer et
« river leurs fers. C'était leur cause aussi qui se
« tranchait dans les champs des Arvernes, des Bitu-
« riges, des Éduens ».

Vercingétorix eut bientôt entraîné à sa suite les Senones, les Parisiens, les Cadurkes, les Pictons, les Turons, les Aulerkes, les Lémovikes, les Andes et tous les autres qui bornaient ou avoisinaient l'Océan.

Il décida les uns par la persuasion, et entraîna les autres par la force ; il enleva les Bituriges aux Éduens, et même il alla jusqu'à ébranler la fidélité des Éduens eux-mêmes, au point qu'un corps de dix mille hommes, envoyés par ces derniers au secours des Bituriges, arrivé sur les bords de la Loire, refusa de la franchir et retourna sur ses pas.

Pendant que Vercingétorix gagnait ainsi les Bituriges et autres peuples à la cause de l'indépendance, son lieutenant Luctère, Cadurke de naissance, s'avança audacieusement vers Narbonne, et menaça la *Province*, la plus vieille et la plus chère conquête des Romains dans les Gaules.

A cette nouvelle, César accourt au secours des pays menacés, et se multiplie pour les rassurer. Il s'attache aux pas de Vercingétorix et de Luctère, et se présente partout où il y a du danger ; il franchit les Cévennes, malgré les neiges et les glaces de l'hiver et, tombant à l'improviste au milieu du pays des Arvernes, il porta la terreur au foyer même du soulèvement.

Vercingétorix reparaît chez les Bituriges, et, va de là, mettre le siège devant Gergovie, ville principale des Boïens, qui avaient combattu dans les rangs des Helvètes, et que César avait cru s'attacher à jamais, par un double lien, en leur laissant la vie et en les mettant sous la sauvegarde des Eduens.

Résolu de tout risquer, plutôt que d'abandonner une cité éduenne, et de faire croire à l'inefficacité de l'appui de Rome, César laisse à Agenticum (Provins) deux légions avec les bagages de l'armée, et se porte, malgré la saison, au secours des Boïens. Sur son chemin, il s'empare de Villaunodunum (Beaune dans le Loiret), ville des Senonais, et reprend Genabum (Orléans).

A l'approche de César, Vercingétorix lève le siège et se porte à sa rencontre. Un combat sérieux se livre sous les murs de Noviodurum (Neuvi-sur-Baranjon), ville des Bituriges. Des députés de cette ville s'étant présentés pour solliciter leur pardon et offrir des otages, César y avait consenti, et il se disposait à s'éloigner, quand on vit au loin la cavalerie de Vercingétorix qui précédait son armée.

Aussitôt les habitants, espérant d'être secourus, poussèrent des cris de joie, coururent aux armes et se portèrent sur les remparts. Les centurions romains, qui se trouvaient dans la ville, comprenant par cette démonstration que les Gaulois voulaient faire quelque nouvelle tentative, mirent l'épée à la main, s'emparèrent des portes et parvinrent à se retirer sains et saufs, eux et leurs hommes.

César alors engagea sa cavalerie, et le choc fut tel, que les Romains, qui pliaient, eussent été écrasés, sans la cavalerie germaine, qu'il avait su s'attacher depuis le commencement, et qui, dans toutes ses guerres, lui rendit les plus grands services. Les Gaulois furent refoulés par toutes ces forces réunies, et Noviodunum fut pris. De là, César marcha sur Avaricum (Bourges).

C'était la plus grande et la plus forte ville des Bituriges, et il espérait que la possession de cette place le rendrait maître de tout le reste du pays.

Mais Vercingétorix ne se laisse pas abattre ; il assemble un conseil et propose un nouveau genre de guerre : « il faut, dit-il, combattre les Romains
« par la famine, incendier les bourgs à une grande
« distance, faire un vaste désert autour des ennemis,
« les forcer ainsi à mourir de faim dans leur camp,
« ou à aller chercher des vivres et des fourrages au
« loin, et s'exposer, en se disséminant pour en trouver
« dans ces parages ravagés, à être surpris en détail
« par notre nombreuse cavalerie. L'intérêt particulier
« doit se taire devant l'intérêt général. Si de tels
« moyens semblent durs et cruels, combien n'est-il
« pas plus cruel encore de voir nos enfants, nos
« femmes, traînés en esclavage, et de périr miséra-
« blement nous-mêmes, et n'est-ce pas le sort qui
« attend les vaincus ! »

Cet avis, quelque terrible qu'il fût, obtint l'assentiment général : on brûla, en un jour, plus de vingt villes ou villages des Bituriges ; la torche incendiaire est portée même dans les pays voisins, et bientôt toute cette partie du territoire n'est plus qu'un vaste incendie. Cependant, les Bituriges se jettent aux pieds des autres Gaulois, les prient, les supplient de sauver au moins, de l'arrêt de mort, Avaricum (Bourges), leur capitale, la plus belle ville, disaient-ils, de presque toute la Gaule, le soutien, l'ornement du pays. Vercingétorix chercha vainement à démontrer l'impossibilité de défendre cette place contre la puissance des machines romaines : la pitié l'emporta sur la raison d'état ; l'armée entière joignit ses supplications à celles des Bituriges et, bien malgré lui, il fut obligé de céder. Voulant au moins retarder, le plus possible, le sort qu'il prévoyait pour Avaricum et le danger qui en devait être la suite pour la cause commune, il confia la défense à des hommes d'élite bien déterminés à s'ensevelir sous ses ruines plutôt que de se rendre.

Quant à lui, il se mit à observer l'armée ennemie, par des marches courtes et rapprochées ; il prend une position couverte par des bois et des marais, à seize milles d'Avaricum, de manière à conserver ses communications avec la place ; il épie tous les mouvements des Romains ; il enlève les convois de vivres ; il tombe sur les corps détachés, et exécute, enfin, si bien son plan, que la disette se fit sentir dans le camp ennemi.

Nous ne donnerons pas tous les détails de ce siège mémorable, où César déploya tous les ressorts de son génie et où, cependant, il faut l'avouer, les Romains l'emportèrent, moins par la valeur que par un art et des moyens matériels tout à fait inconnus de leurs ennemis, car si le courage et l'intrépidité avaient suffi pour sauver Avaricum, il l'eût été par ses défenseurs.

César semble le reconnaître lui-même, dans ses

Commentaires, en s'étendant avec complaisance, sur les efforts et les combats que lui a coûtés la possession de cette place ; et, pour ne donner qu'un exemple de l'archarnement avec lequel les assiégés se battaient, nous citerons ce trait, qui a forcé l'admiration de César lui-même : Un Gaulois lançait, du haut d'une tour, des boules de suif et de poix enflammées, pour alimenter le feu qui entamait déjà les machines des assiégeants ; une flèche l'atteint dans le flanc, il tombe mort ; un de ses voisins passe par-dessus son cadavre et le remplace ; il est frappé et tué à son tour ; un troisième, un quatrième lui succèdent, et le poste n'est abandonné que lorsque l'incendie de la terrasse fut éteint, et que la retraite des Gaulois, partout repoussés, eut mis fin au combat.

Le lendemain, sur le conseil de Vercingétorix, peut-être fussent-ils parvenus à évacuer, nuitamment, la place, si les femmes et les enfants, qu'ils ne pouvaient emmener avec eux dans cette extrémité, n'avaient, par leurs cris et leurs lamentations, donné l'éveil aux Romains. Le jour suivant, l'assaut eut lieu, et, malgré les prodiges de la valeur doublée par le désespoir et la rage, la ville fut emportée et le massacre commença. Les vainqueurs n'épargnèrent, ni l'âge, ni le sexe, tout fut passé au fil de l'épée ; enfin, de toute cette multitude, qui se montait à plus de 40,000 individus, à peine en arriva-t-il 800 au camp gaulois, sans blessures !...

Vercingétorix, après avoir successivement éprouvé tant d'échecs à Villaunodunum, à Genabum, à Novio-dunum, à Avaricum, convoque une assemblée générale pour consoler l'armée et l'exhorter à ne pas se laisser abattre par ce nouveau revers : « Les Romains

« ont été vainqueurs, mais ce n'est pas par leur
« courage, ni en bataille rangée ; c'est par un art et
« une habileté dans les sièges, malheureusement
« encore inconnus aux Gaulois. On se tromperait, si
« on ne s'attendait, à la guerre, qu'à des succès.
« Jamais, il n'avait été d'avis de défendre Avaricum,
« ils en sont témoins ; cependant cette faute, due à
« l'imprudence des Bituriges, à l'excessive complai-
« sance de tous, il la réparera, bientôt, avec avan-
« tage ; car les peuples, qui ne se sont pas encore
« rangés au parti de l'indépendance, s'y rangeront
« par ses soins, et, la Gaule se levant en masse et
« dans un but unique, le reste de l'univers lutterait
« en vain contre sa volonté. Cette grande œuvre de
« réconciliation et de salut est sur le point de s'ac-
« complir ; il ne leur demande, en attendant, que
« de consentir enfin à retrancher leur camp, afin de
« se mettre à l'abri d'attaques soudaines et de sur-
« prises ».

Ce discours était empreint de trop de grandeur et de vérité pour déplaire aux Gaulois : Vercingétorix avait voulu, en effet, d'abord, brûler, puis, évacuer Avaricum, et quand un immense désastre n'était venu que trop justifier son avis et ses prévisions, il trouvait encore assez de force d'âme pour ne pas désespérer de la patrie ; ils sentirent l'espoir et le courage renaître dans leurs cœurs, sous l'influence de sa parole ; ils crurent plus que jamais à l'infailli- bilité de leur général et, pour lui en donner la preuve, à l'instant, ils commencèrent par faire ce qu'il leur avait si souvent demandé sans succès : ils se soumirent, pour la première fois, à fortifier leur camp. L'ascendant du chef, bien loin donc d'éprouver une atteinte de l'échec subi, sembla en avoir tiré une force nouvelle.

A cette confiance renaissante, se joignit bientôt un autre élément de succès : Vercingétorix avait promis de rallier à la cause de l'indépendance les cités gauloises qui ne s'y étaient pas jointes jusqu'alors ; il tint parole, et, répandant sur toute la surface de la Gaule, des agents actifs et dévoués, il eut bientôt réparé, dans son armée, le vide qu'y avait fait le désastre d'Avaricum. De toutes parts, de nouvelles levées, de nouveaux alliés lui arrivèrent ; il eut soin, surtout, de se procurer de considérables renforts en cavalerie et en archers qui lui manquaient.

Pendant que Vercingétorix relevait ainsi la force de son armée, César, qui se préparait à reprendre la campagne, fut obligé, par suite de divisions intestines, survenues parmi les Éduens, de se transporter chez ce peuple. Là, deux prétendants, Convictolitan et Cotus, tous deux illustres par leur naissance, et puissants par le nombre de leurs clients, se disputaient la magistrature suprême (1), et l'on était sur le point d'en venir aux mains. Il était à craindre, si l'on ne prévenait une collision sanglante, que le parti vaincu ne se jetât dans les bras de Vercingétorix.

Comme, d'après les lois des Éduens, ceux qui occupaient la magistrature suprême ne pouvaient sortir des limites du territoire, César se décida, pour obliger une cité qu'il avait toujours protégée et comblée

---

(1) Le magistrat suprême des Éduens s'appelait le *Vergobret*, le chef ou président annuel de la république ou de la cité, Werck-Oberst, ou Werg-Obrecht. Pendant longtemps, à Autun, l'ancienne Bibracte des Éduens, le premier magistrat, s'est appelé Vierg ou Virg.

de bienfaits, à aller en personne dans le pays; il cita devant lui, à Décétia (Decize, dans le Nivernais), le Sénat tout entier et ceux entre lesquels s'agitait le débat. Les Éduens se présentèrent presque tous au rendez-vous. César, après en avoir appelé quelques-uns en audience secrète, apprit que le frère de Cotus avait proclamé son frère, dans un temps et des lieux différents de ceux où l'élection devait se faire, et que, de plus, les lois défendaient, non seulement de choisir deux magistrats dans une même famille, quand ils étaient tous deux vivants, mais même de les admettre dans le Sénat. Il força donc Cotus à résigner le pouvoir, et ordonna que ce pouvoir fût donné à Convictolitan, que les prêtres, suivant les usages de la cité, avaient nommé conjointement avec les magistrats.

Quand il eut ainsi réglé l'affaire, il engagea les Éduens à oublier leurs querelles et leurs dissensions; à laisser toutes ces choses de côté pour s'occuper de la guerre; à compter, quand la Gaule serait soumise, sur les récompenses qu'ils auraient méritées, et à lui envoyer, le plus tôt possible, dix mille cavaliers, qu'il avait l'intention de répartir en divers postes, pour défendre les convois de vivres.

Telle était l'autorité du général romain, que deux partis éduens se soumirent à sa décision et se réunirent pour mettre à sa disposition toute leur cavalerie et dix mille fantassins.

Divisant alors son armée en deux corps, César donna quatre légions à Labiénus pour aller chez les Senonais et les Parisiens; lui-même s'avança, avec six autres légions, le long des rives de l'Allier, vers Gergovie, dans le pays des Arvernes. A la nouvelle

de la marche de César, Vercingétorix fit rompre tous-
les ponts et remonta l'Allier sur la rive gauche. Les
deux armées, séparées seulement par la rivière,
s'avancèrent et vinrent s'établir, ayant toujours des
eaux non guéables entre elles, en vue de Gergovie.

Tandis que les armées étaient ainsi en présence,
Vercingétorix gagna encore à sa cause un fort parti
chez les Éduens et, à leur tête, ce Convictolitan, qui
devait la présidence de la république éduenne avec le
titre de Vergobert, à César. Ce chef, que le général
historien représente comme séduit par l'argent des
Arvernes, fut sans doute inspiré par un sentiment
plus noble : il voulut prouver qu'il ne se considérait
pas comme l'obligé des Romains, au point de leur
sacrifier l'intérêt commun. Il rassembla donc une troupe
de jeunes Éduens, sous les ordres de Litavic, et leur
tint un langage empreint du plus pur patriotisme :
« Souvenez-vous, leur dit-il, que vous êtes nés libres
« et faits pour commander. La cité des Éduens
« retarde seule le triomphe infaillible des Gaulois ;
« son influence retient les autres nations ; si elle
« change de parti, les Romains ne tiendront point
« dans la Gaule ; sans doute, je dois quelque chose
« à César, mais je dois bien plus à la liberté com-
« mune. Qu'est-ce, d'ailleurs, que cet orgueilleux
« patronage, que le représentant de Rome veut s'ar-
« roger parmi nous ? Pourquoi les Éduens viendraient-
« ils discuter leurs droits et leurs lois devant César,
« plutôt que les Romains discuteraient les leurs
« devant les Éduens ? »

Ce discours enthousiasma cette ardente jeunesse,
et prévoyant que la nation éduenne hésiterait peut-
être à se lancer dans une guerre chanceuse, on ré-

solut de l'y entraîner presque à son insu. Il fut convenu que Litavic prendrait le commandement des dix mille hommes que le pays envoyait à César, et qu'il se chargerait de les conduire à Vercingétorix. On régla ensuite la manière d'agir, pour tout le reste, et les choses se passèrent ainsi :

Litavic, avec le corps dont il était le chef, n'était plus qu'à trente milles environ de Gergovie, quand, tout à coup, rassemblant ses troupes autour de lui, et fondant en larmes ; « Où allons-nous, soldats ? « leur dit-il. Toute notre cavalerie et toute notre « noblesse ont péri ; nos principaux citoyens, Epo- « rédorix et Viridomar, ont été, sous prétexte de « trahison, égorgés par les Romains, sans nulle forme « de procès ; écoutez ceux qui ont échappé au car- « nage ». Et, en même temps, il fait avancer des soldats qui confirment ce qu'il vient de dire : que tous les cavaliers éduens avaient été tués, et qu'eux seuls s'étaient sauvés. A ce récit, les Éduens poussent des cris de fureur et conjurent Litavic de les sauver. « Y a-t-il encore à délibérer, répond-il. Y a-t-il pour « nous un autre chemin que celui de Gergovie, et « d'autres alliés que les Arvernes ? Doutons-nous « que les Romains, encouragés par leur premier « forfait, n'accourent pour nous égorger ? S'il reste « quelque force, quelque courage dans nos âmes, « nous vengerons la mort de nos frères si indigne- « ment massacrés, et nous exterminerons les brigands « qui veulent asservir la Gaule ! »

Ces paroles furent encore reçues par acclamation, et l'on commença l'exécution du plan proposé, par enlever un convoi de blé destiné aux Romains, et par faire main-basse sur ceux qui l'escortaient.

Mais le massacre dont avait parlé Litavic, et la mort d'Eporédorix et de Viridomar n'étaient, malheureusement, qu'un pieux mensonge, dont ce jeune Éduen avait cru devoir se servir, pour mieux s'emparer de l'esprit de ses soldats, et les gagner contre les véritables ennemis de la patrie.

Eporédorix et Viridomar, dès qu'ils en eurent connaissance, crurent, en dignes élèves de Divitiac, devoir saisir l'occasion de se faire valoir près de César, en lui communiquant le projet de leurs compatriotes.

A cette nouvelle, César laissant la garde du camp à Caius Fabius avec deux légions, se porta en toute hâte à la rencontre du corps de Litavic, pour empêcher sa jonction avec les Arvernes.

Telle fut encore, dans cette circonstance, la rapidité de sa marche, qu'il arriva à temps en vue des Éduens, et pour leur faire voir, au premier rang de sa troupe, Eporédorix et Viridomar, dont Litavic avait annoncé la mort.

Le rôle indigne de ces deux personnages produisit en partie son effet. Quelques Éduens, voyant, en outre devant eux une force supérieure, jettent leurs armes et implorent leur pardon. D'autres s'enfuient avec Litavic à Gergovie, car, selon les mœurs de la Gaule, c'eût été pour des clients un crime d'abandonner leur patron, même en face de la mort.

Mais, pendant que César ramenait ainsi à son parti les quelques Éduens prêts à lui échapper, son camp, violemment attaqué par Vercingétorix, courait les plus grands dangers, et il apprit que, si, le lendemain, Fabius n'était pas secouru, il ne pourrait plus soutenir la lutte. Instruit de ces faits, César marche sans donner à ses troupes le temps de se reposer, et arrive au camp avant le lever du soleil.

Apprenant le mouvement de Litavic vers Gergovie, les Éduens avaient senti se réveiller leur orgueil national, et une réaction terrible s'en était suivie contre les Romains. Convictolitan seconde l'impulsion donnée, et la multitude pille et massacre les citoyens romains, à Cabillonum (Châlon-sur-Saône) ; on les chasse de la ville et, avec eux, un tribun militaire qui rejoignait sa légion.

On était au milieu de toutes ces manifestations hostiles au nom romain, quand la joie générale fut troublée par la nouvelle de l'échec de Litavic. On feignit alors de le désavouer ; on envoya des députés à César, on fit des protestations de dévouement et de fidélité ; mais, au fond, le but caché des Éduens était de ravoir leurs troupes, et la conspiration contre César, pour être supérieure, n'en était pas moins permanente.

César ne fut pas dupe de cette conduite à double face, mais il fit semblant de l'être, ménagea les députés, leur parla avec douceur, rejetant tout ce qui s'était passé sur l'aveuglement et la folie de la populace, et assurant que ses dispositions bienveillantes envers les Éduens n'en étaient pas changées.

Il était évident que, sous les inspirations patriotiques de Vercingétorix, l'esprit d'indépendance gagnait jusqu'aux plus fidèles alliés de Rome, et César, ne voulant pas être cerné tout à coup à la suite d'un soulèvement général, pensait sérieusement à s'éloigner de Gergovie ; seulement, pour son honneur, il ne fallait pas que son éloignement eût l'apparence d'une fuite.

Il essaya donc une surprise contre la ville ; il voulut notamment se rendre maître d'une colline qui la domine et qu'il crut gardée ; mais cette entreprise échoua, et, malgré les détails et les explications, au milieu desquels il cherche, dans son récit, à dissimuler son échec, il est certain, comme l'attestent, du reste, tous les autres historiens, qu'il fut battu. Amédée Thierry dit, dans son *Histoire des Gaulois*, « César prétend qu'il n'avait voulu faire
« qu'une fausse attaque sur Gergovie, et qu'après la
« prise du camp de Teutomar, il fit sonner la retraite.
« Mais les détails mêmes de sa narration, confirmés
« par le témoignage de tous les autres historiens,
« prouvent suffisamment qu'il tenta une attaque sé-
« rieuse et qu'il fut battu ».

Ce qui prouve aussi que César a été battu, ce sont ses propres expressions sur cette journée : « Nos
« soldats, dit-il, pressés de toutes parts, furent
« repoussés de leurs postes avec une perte de qua-
« rante-six centurions ; mais, la deuxième légion,
« placée comme corps de réserve, dans une position
« un peu plus avantageuse, arrêta les ennemis, trop
« ardents à nous poursuivre. Dès que les légions
« eurent gagné la plaine, elles s'arrêtèrent et firent
« face à l'ennemi. Vercingétorix ramena ses troupes
« du pied de la colline dans ses retranchements.
« Cette journée nous coûta près de sept cents
« hommes ».

Tout cela ne signifie-t-il pas que les légions fuyaient, et que Vercingétorix, après les avoir poursuivies jusque dans la plaine, crut ne pas devoir pousser plus loin.

Quant à la perte des sept cents hommes avouée

par César, il ne faut pas oublier que ce chiffre-là est sorti de la plume la plus intéressée à l'amoindrir, et que jamais aucun des lecteurs des *Commentaires* n'y a cru.

Ce qui prouve encore que l'échec avait été plus sérieux que César ne l'avoue, c'est qu'il crut devoir gourmander ses troupes sur leur imprudence, puis, leur rappeler leur ancienne gloire, et relever leur courage : il leur dit de ne pas se laisser abattre par l'événement de la veille, et de ne point attribuer à la vaillance de l'ennemi, ce qu'il n'avait dû qu'à sa bonne position. Enfin, le jour suivant, quoique César prétende avoir eu le dessus, dans deux escarmouches de cavalerie, et avoir suffisamment rabattu la jactance des Gaulois, il jugea prudent de lever son camp et d'abandonner le siège.

Il se dirigea vers les Éduens, et, après trois jours de marche, il arriva sur les bords de l'Allier, rétablit le pont et passa avec son armée.

Là, il fut rejoint par les Éduens Viridomar et Eporédorix, qui lui apprirent que Litavicus était parti avec la cavalerie, pour engager le reste des Éduens à la défection : « il importait de le devancer pour « contenir la cité ». Quoique plusieurs faits eussent déjà révélé à César la perfidie des Éduens, et qu'il pensât que leur départ ne ferait que hâter la défection de la cité, il ne crut pas devoir les retenir, car il craignit qu'on ne l'accusât de leur faire injure, ou qu'on ne le soupçonnât d'avoir peur.

Au moment de leur départ, César rappela, en peu de mots, ce qu'il avait fait pour les Éduens, « ce « qu'ils étaient, et combien ils étaient faibles lors- « qu'il les admit à son alliance ; refoulés, dans les

« villes, frappés par la confiscation de leurs terres,
« privés de toutes les ressources, ils étaient réduits
« à l'état de tributaires, et pour comble de honte,
« on les forçait à donner des otages ; mais depuis,
« à quelle haute fortune, à quel degré de puissance
« ne les avait-il pas élevés ? Et non seulement ils se
« retrouvaient dans leur premier état, mais leur
« considération et leur influence étaient plus grandes
« que jamais ». Après les avoir ainsi admonestés, il les congédia.

Eporédorix et Viridomar, rendus dès lors à eux-mêmes, se dirigèrent sur Noviodunum (Nevers), ville des Éduens, située sur les bords de la Loire, et dans une position avantageuse. C'était là que César tenait rassemblés tous les otages de la Gaule, les subsistances, les deniers publics, les approvisionnements de l'armée. Là, ils apprirent que Litavicus avait été reçu, par les Éduens, dans Bibracte (Autun), leur capitale, que Convictolitan et une grande partie du Sénat s'étaient prononcés pour lui, qu'enfin on avait ouvertement envoyé des ambassadeurs à Vercingétorix pour faire avec lui une alliance offensive et défensive. Ils résolurent de ne pas laisser échapper une aussi belle occasion de donner à la cause commune un gage de leur retour et de leur dévouement. Ils massacrèrent la garnison romaine de Noviodunum, s'emparèrent des chevaux, des trésors, des approvisionnements et surtout des otages, et firent conduire le tout à Bibracte, entre les mains de Convictolitan ; puis, jugeant qu'ils étaient hors d'état de garder la place, ils la brûlèrent, et, levant des troupes, surtout de la cavalerie, ils répandirent la terreur partout, ravagèrent le pays pour s'associer au plan de Vercingétorix, et distribuèrent leurs détachements sur tous les bords de la Loire.

César, en apprenant ces événements, pensa qu'il fallait se hâter et ne pas abandonner Labiénus, dont il était éloigné. Il fallait, à tout prix, se rapprocher de ce lieutenant et des légions confiées à son commandement. C'est pourquoi, par des marches forcées, de jour et de nuit, il arriva, sans que quelqu'un s'y attendît, aux bords de la Loire. Les cavaliers trouvèrent un gué où l'on pouvait passer, en ayant seulement les bras et les épaules hors de l'eau pour soutenir les armes. Les Gaulois, surpris et consternés, les virent franchir le fleuve.

Ayant trouvé, dans les campagnes, du blé et du bétail en abondance, César en fit de grands approvisionnements et se dirigea vers le pays des Senonais.

Pendant que ces choses se passaient du côté de César, Labiénus, après avoir laissé les renforts, récemment arrivés d'Italie, à Agendicum (Provins), pour garder les bagages, partit avec ses quatre légions vers Lutèce, ville appartenant aux Parisiens et située dans une île de la Seine. C'était Paris ; alors réduit à ce qu'on appelle aujourd'hui « la Cité », moins ses édifices ; c'étaient quelques chaumières, quelques tentes jetées çà et là, entre un fleuve et des marais.

A la nouvelle de la marche de Labiénus, un grand nombre de troupes gauloises se concentrèrent autour de Lutèce. Le commandement en chef en fut donné à l'Aulerke Camulogène, vieillard chargé d'années, mais à qui sa profonde expérience de l'art militaire mérita cet honneur. Son nom, d'ailleurs, en dit plus que cet éloge : il signifie fils de Mars (1). Ce général

---

(1) Le *Mars* des Gaulois était appelé *Camulus*.

LES PAYS DE LA SARRE

OSSUAIRE DE SCHORBACH
(Bitche)

ayant remarqué que la ville était entourée d'un marais qui aboutissait à la Seine et protégeait merveilleusement cette position, y établit ses troupes, dans le but de disputer le passage aux Romains (1).

Labiénus, après avoir tenté en vain de se frayer un chemin à travers les marais, sortit en silence de son camp, pendant la nuit, marcha vers Melodunum (2), et s'en empara. Il rétablit le pont que les ennemis avaient rompu, y fit passer son armée et s'avança vers Lutèce. Camulogène, averti à temps, fit mettre le feu à la ville, couper les ponts et vint prendre position sur les bords de la Seine, vis-à-vis de Lutèce et en face du camp romain.

Déjà, on entendait dire que César s'était éloigné de Gergovie ; déjà, le bruit s'était répandu que les Éduens l'avaient abandonné définitivement et que toute la Gaule se soulevait avec succès. Entre eux, les Gaulois disaient que César avait été arrêté dans sa marche, qu'il n'avait pu arriver que jusqu'à la Loire, et que le manque de vivres l'avait forcé de se replier sur la Province.

Sur ces entrefaites, les Bellovaques, déjà mal disposés d'eux-mêmes, commencèrent à lever des troupes et à se préparer à la guerre. Labiénus allait donc se trouver entre ces nouveaux ennemis et l'armée parisienne. Il sentit le danger et ne songea plus qu'à ramener ses légions à Agendicum. Il passa le fleuve, la nuit suivante, à l'aide d'une fausse attaque qui trompa la surveillance des Gaulois et, au point du jour, les deux armées se trouvèrent en présence,

---

(1) Le Mars des Gaulois était appelé *Camulus*. — Ce marais aboutissait à la Seine ; il était probablement formé par la Bièvre.

(2) *Melodunum*, Melun.

au-delà du fleuve. Le choc fut terrible; déjà l'aile gauche des Romains fléchissait, lorsqu'une légion de troupes fraîches, débouchant sur le derrière des Gaulois, les força à faire front des deux côtés en même temps. La lutte, dès lors, était inégale, et, malgré des prodiges de valeur, l'armée lutécienne fut enveloppée et taillée en pièces. Camolugène, lui-même, succomba, après avoir combattu comme un héros. Désormais, Labiénus put se diriger vers *Agendicum*, d'où il rejoignit César avec ses légions victorieuses.

César avait besoin de ce renfort, car la défection des Éduens avait ranimé l'espoir des Gaulois et grossi le parti de l'indépendance.

Une assemblée générale s'ouvrit à Bibracte; Vercingétorix y parut et tous les suffrages se réunirent pour lui confirmer le commandement suprême. Nos pères, les Médiomatriciens, les Séquaniens et les Rauraques furent aussi de cette assemblée, car de tous les peuples de la Gaule, César le constate, trois seulement y manquèrent, les Rémois, les Lingons et les Trévires : les deux premiers, parce qu'ils restaient fidèles aux Romains, les Trévires, parce qu'ils étaient trop éloignés et qu'ils étaient d'ailleurs pressés par les Germains.

Vercingétorix, fort de l'assentiment de tant de peuples, ordonne la prompte réunion de toute la cavalerie, forte de 25,000 hommes, et développe son plan de campagne : « il se contentera de l'infanterie « qu'il a déjà; il ne veut pas tenter le sort des ar-« mes en bataille rangée ; avec une cavalerie nom-« breuse, il lui sera facile de couper les vivres aux « Romains et c'est, par la disette, qu'il faut les

« vaincre ; que les Gaulois se résignent donc à dé-
« truire leurs récoltes et à incendier leurs demeures,
« et ne voient, dans ces pertes momentanées, que
« le moyen de recouvrer, à jamais, leur indépen-
« dance et leur empire. » Les choses ainsi réglées,
il envoie des troupes pour attaquer la Province romaine et les alliés de la Gaule, sur trois points, — du côté des Allobroges, des Helves et des Volces-Arécomices, — par là, il fermait tous les chemins aux secours, qui pourraient arriver à César, d'Italie ou de la Province. Ainsi séparé de toutes ses communications, le général romain se vit forcé de s'adresser encore à la Germanie, à ces peuples qu'il avait vaincus, les années précédentes, et de leur demander des cavaliers et de ces fantassins armés à la légère, accoutumés à se mêler à la cavalerie dans les combats. Ce secours lui fut accordé et il lui fut très utile.

César voulut pourvoir au danger qui menaçait la Province romaine et, pour y arriver plus facilement, il se dirigea vers la Séquanie, par l'extrême frontière des Lingons, quand Vercingétorix, décidé à lui couper la retraite, vint, en trois campements, prendre position environ à dix milles devant lui. S'adressant à ses soldats : « Le moment de vaincre est ar-
« rivé, dit-il, les Romains fuient dans leur Province
« et abandonnent la Gaule ; c'est assez pour nous
« donner quelques instants de liberté, c'est trop peu
« pour assurer, dans l'avenir, notre paix et notre
« sécurité ; il faut donc les attaquer dans l'embarras
« de leur marche. » Il développa, ensuite, tous les avantages de son plan et électrise tellement ses compatriotes, qu'ils s'écrient tous d'une voix : « qu'il

« faut que chacun s'engage, par le serment le plus
« sacré, à ne plus rentrer dans sa demeure, à ne
« plus revoir sa femme, ses enfants, sa famille, s'il
« n'a traversé deux fois les rangs de l'ennemi. » Et
ce serment solennel est prêté par tous, et, le lendemain, la bataille s'engagea sur tous les points. Jamais, peut-être, César ne courut un plus grand danger que dans cette rencontre. Un moment enveloppé par un gros de cavaliers arvernes, il faillit être pris et dut, pour se dégager, laisser son épée entre leurs mains (1). La cavalerie romaine, malgré la présence et les encouragements de son général, fléchissait et eût été immanquablement culbutée, si les Germains n'étaient accourus et n'avaient rétabli le combat. Eux seuls, firent céder la cavalerie gauloise et la mirent en fuite.

Vercingétorix, voyant toute sa cavalerie lui échapper, ramena, dans son camp, son infanterie et dirigea sa retraite vers Alésia (Alise), ville des Mandubes (2), poursuivi par César, tant que dura le jour.

Trois nobles Éduens furent conduits prisonniers à César : c'étaient Cotus, préfet de cavalerie, qui, dans les derniers comices, avait été compétiteur de Convictolitan ; Cavarillus, qui, après la défection de Litavius, avait été placé à la tête de la cavalerie, et Eporédorix, sous les ordres duquel les Éduens, avant l'arrivée de César, avaient fait la guerre aux Séquaniens.

(1) Le fait est attesté par Plutarque (*in Cesarem*).
(2) Mandubes, peuple de la Gaule lyonnaise, entre les Eduens, au Sud, et les Lingons, au Nord-Est, avait pour chef-lieu *Alésia,* aujourd'hui Alise ou Sainte-Reine, à 12 kilomètres de Semur, dans l'Auxois, département de la Côte-d'Or.

Alésia s'élevait au sommet d'une montagne, dans une position si escarpée, qu'elle semblait ne pouvoir être prise que par un siège en règle. Au pied de cette montagne, coulaient deux rivières, la *Lulosa* et l'*Osera* (1). Devant la ville, s'ouvrait une plaine d'environ trois milles de longueur, bordée, de toutes parts, par des collines peu distantes l'une de l'autre et d'une hauteur à peu près égale. Sous les murs, le côté qui faisait face à l'Orient, était garni, dans toute son étendue, de troupes gauloises, défendues par un fossé sec et une muraille de six pieds de haut. La ligne de circonvallation, formée par les Romains, occupait un circuit de onze milles. Leur camp était assis dans une position avantageuse et défendu par vingt-trois forts, dans lesquels on plaça des postes, pendant le jour, pour empêcher les Gaulois d'attaquer à l'improviste ; la nuit, ils étaient gardés par des sentinelles et de forts détachements.

Les travaux furent interrompus par un combat de cavalerie dans lequel l'acharnement fut égal de part et d'autre. Les Gaulois furent enfin repoussés, avec grandes pertes, jusque dans leurs retranchements et même jusqu'aux portes de la place ; ce succès, longtemps indécis, fut, encore, dû aux Germains.

Après cet échec, Vercingétorix prit la résolution de renvoyer, de nuit, toute sa cavalerie. Avant le départ de ces hommes, il leur recommande « d'aller « dans leurs pays respectifs et d'enrôler tous ceux « de leurs compatriotes en âge de porter les armes; « il leur rappelle ce qu'il a fait pour eux et pour « la liberté commune ; il les conjure de ne pas l'a- « bandonner, et de songer que leur négligence, à

---

(1) Aujourd'hui la Loz et l'Oseran.

« exécuter ses ordres, entraînerait avec sa ruine,
« celle de quatre-vingt mille hommes ; il n'a de vi-
« vres que pour trente jours au plus, mais il pourra,
« en les ménageant, tenir un peu plus longtemps. »

Après ces recommandations, il fait partir, en silence, sa cavalerie, par l'intervalle que les lignes romaines laissaient encore ouvert.

Instruit de ces dispositions par des transfuges et des prisonniers, César fit encore creuser un fossé de vingt pieds de large et d'autant de profondeur. Tout le reste des retranchements fut établi à quatre cents pas en arrière de ce fossé. Dans cet intervalle, il ouvrit deux autres fossés, larges de quinze pieds et de la même profondeur, et, dans le fossé intérieur, qui était creusé dans un terrain inculte et marécageux, il conduisit l'eau de la rivière. Derrière ces fossés, il éleva, en outre, une terrasse et un rempart de douze pieds de haut, auquel il ajouta un parapet et des créneaux, avec de longues palissades qui s'élevaient jusqu'au point de jonction des mantelets et de la terrasse, pour rendre l'escalade plus difficile ; tout autour de cet ouvrage, il plaça des tours séparées les unes des autres par une distance de quatre-vingts pieds.

Comme les Gaulois essayaient de troubler les travailleurs et faisaient de vigoureuses sorties, César jugea nécessaire d'ajouter encore à la force de ces retranchements. On ouvrit une tranchée de cinq pieds de profondeur et on y enfonça, sur cinq rangs, des pieux énormes qui ne laissaient voir que leurs pointes acérées ; les soldats appelaient *ceps* cette plantation meurtrière, rangée par lignes comme des pieds de vigne. Au-devant, étaient disposés obliquement, en échiquier, des puits de trois pieds de profondeur : on y faisait entrer des pieux, gros comme la cuisse, aiguisés et durcis au feu, qui ne sortaient de terre que de quatre doigts. La terre, autour de la tige, était foulée et tassée avec les pieds pour consolider l'œuvre, et le reste était recouvert, à la surface, de ronces et de branchages, afin de cacher le piège. Les trous de cette espèce formaient huit rangées consécutives, séparées les unes des autres par un intervalle de trois pieds. On les appelait *lis*, à cause de leur ressemblance avec cette fleur. En avant de toutes ces défenses, des chaussetrapes longues d'un pied, et garnies de pointes de fer, étaient fichées en terre, et disséminées partout, à peu de distance les unes des autres : on les appelait *aiguillons*.

Pendant que ces travaux gigantesques et dont la plupart étaient nouveaux pour les Romains eux-mêmes, enfermaient Alésia et ses braves défenseurs dans une ceinture de circonvallations et de forts, les principaux citoyens de la Gaule se réunissaient en assemblée générale et avisaient au moyen de sauver cette place, le dernier boulevard de la nationalité gauloise. Le contingent de chacun des États fut fixé d'un commun accord et une levée totale de huit mille fantassins fut votée d'acclamation. Les Médiomatriciens fournirent 5000 hommes, les Séquaniens 12,000, les Rauraques avec leurs voisins, les Boïens, 30,000 (1). Ainsi, nos pères comptèrent aussi dans

---

(1) D'après César, les contingents des autres peuplades de la Gaule furent les suivants :

Les Eduens avec leurs clients, les Ségusiens, les Ambivarites, les Aulerkes-Beannovikes, les Brannovikes fournirent 35,000 hommes, les Arvernes

cette expédition héroïque qui devait tenter le suprême effort pour le salut de la patrie commune.

Cette immense armée se réunit sur le territoire éduen et reçut pour chefs, l'Atrébate Commius, les deux Éduens Viridomar et Eporédorix et l'Arverne Vergasillaunus, cousin de Vercingétorix.

D'après César, cette armée comptait huit mille cavaliers et, environ, deux cent quarante mille fantassins.

Pendant ce temps, les Gaulois assiégés dans Alésia, commençaient à désespérer de se voir secourus ; le jour où ils attendaient du secours était passé et, malgré les sages précautions du chef, tout le blé était consommé. Dans cette situation critique, et ne sachant ce qui se passait chez les Éduens, ils s'étaient assemblés et délibéraient sur le parti qu'ils avaient à prendre. Quelques-uns parlaient de capituler, d'autres de tenter de s'ouvrir un passage à travers les ennemis, lorsque Crétognate, Arverne d'une haute naissance, et jouissant d'une grande influence sur l'armée, ouvrit un avis d'un héroïsme sauvage :

« A ceux qui parlent de capituler, c'est-à-dire se
« livrer au plus honteux esclavage, je ne répondrai

---

avec les peuples de leur ressort, les Éleusètes-Cadurkes, les Gabales et les Velaunes un pareil nombre ; les Sennonais, les Séquaniens, les Bituriges, les Santons, les Rutènes, les Carnutes, chacun 12,000 ; les Bellovaques 10,000 ; les Lemovikes, autant ; les Pictons, les Turons, les Parisiens, les Helves, 8000 chacun ; les Sucssions, les Ambiens, les Médiomatriciens, les Pétrocores, les Nerves, les Morins, les Nitiobriges, chacun 5000 ; les Aulerkes-Cénomans, autant ; les Atrébates 4000 ; les Bellocasses, les Lexoves, les Aulerkes-Éburovikes, chacun 3000 ; les Rauraques avec les Boïens, 3000 ; les pays situés le long de l'Océan que l'on appelait Armoriques, au nombre desquels étaient les Curiosolites, les Rhedons, les Ambibares, les Calètes, les Osismes, les Lemovikes, les Vénètes, les Unelles 6000 hommes. (César, liv. VII, chap. LXXV.

« pas ; je les tiens pour indignes de porter le titre
« de citoyens et de donner un vote dans cette assem-
« blée. Je ne m'adresse qu'à ceux qui proposent de
« se précipiter en désespérés sur l'ennemi et de cher-
« cher une issue par le glaive ; eux, au moins, votre
« assentiment général le prouve, ont conservé quel-
« que mémoire de notre antique valeur. Mais c'est
« faiblesse et non courage que de ne pas savoir sup-
« porter quelques jours de disette. Il est plus facile
« de s'offrir de soi-même à la mort que d'endurer
« patiemment la douleur. Et moi aussi, je me ran-
« gerais à cet avis (tant l'honneur a sur moi d'em-
« pire !), si je n'y voyais de péril que pour notre vie.
« Mais, dans la résolution que nous allons prendre,
« songeons à la Gaule tout entière, que nous avons
« appelée à notre secours. Lorsque quatre-vingt mille
« hommes auront péri en un seul lieu, en un seul
« jour, quel courage pensez-vous que conservent nos
« parents et nos proches, s'ils ne trouvent, en arri-
« vant ici que le silence de la mort et n'ont plus à
« combattre que sur nos cadavres ? Gardez-vous de
« priver de votre soutien ceux qui affrontent tous les
« dangers pour votre salut ; gardez-vous, par irré-
« flexion et témérité, par défaillance de la véritable
« valeur, de livrer toute la Gaule à l'envahissement
« d'une perpétuelle servitude. Parce que vos frères
« ne sont pas arrivés au jour fixé, douteriez-vous
« de leur foi et de leur constance ? Eh quoi ! quand
« vous voyez les Romains chaque jour, agrandir,
« étendre leurs retranchements, croyez-vous que ce
« soit simplement pour se tenir en haleine ? Si tous les
« chemins nous sont fermés pour avoir des nouvelles
« des nôtres, les Romains ne nous révèlent-ils pas

« assez, par ces travaux de jour et de nuit, et l'appro-
« che de l'armée libératrice et la terreur qu'elle leur
« inspire. Quel est donc mon avis ? — De faire ce que
« firent nos pères dans leurs guerres, bien moins
« funestes, contre les Cimbres et les Teutons. Forcés,
« comme nous, de se renfermer dans leurs villes,
« comme nous, en proie à la famine, ils soutinrent
« leur vie en se nourrissant de la chair de ceux
« d'entre eux que l'âge et la faiblesse rendaient im-
« propres aux combats, et ils ne se rendirent pas!
« Si nous n'avions pas reçu cet exemple, je dirais
« encore que, pour la cause de la liberté, il serait
« glorieux de le donner et d'en léguer le souvenir à
« la postérité. En effet, y eut-il jamais rien de com-
« parable à cette guerre ? Les Cimbres, après avoir,
« comme un fléau dévastateur, ravagé, épuisé la
« Gaule, sortirent enfin de notre territoire pour
« en envahir un autre ; ils nous laissèrent nos droits,
« nos champs, notre liberté. Mais les Romains, que
« demandent-ils ? que veulent-ils ? La haine et l'en-
« vie les animent ; jaloux de la renommée d'un peu-
« ple qu'ils n'ont pu égaler en noblesse et dont ils
« ont éprouvé la puissance, les armes à la main, ils
« veulent s'établir dans nos champs, dans nos villes
« et nous imposer le joug d'un éternel esclavage :
« ils n'ont jamais fait la guerre dans un autre but.
« Que si vous ignorez comment ils traitent leurs
« conquêtes lointaines, regardez cette partie de la
« Gaule qui touche à nos frontières ; réduite en pro-
« vince romaine, dépouillée de sa nationalité et de
« ses lois, soumise à la hache des licteurs, elle
« gémit sous le poids d'une tyrannie qui ne doit
« pas finir. »

Les avis ayant été recueillis, on ne recula pas devant le parti proposé par Critognate, seulement on en ajourna l'exécution : il fut décidé que, si l'on y était contraint, si les secours se faisaient trop attendre, on se porterait à cette terrible extrémité, plutôt que de se rendre et de subir le joug romain. Le seul moyen de gagner quelques jours était de décharger la ville de toutes les bouches inutiles ; ce moyen, terrible aussi, en face de l'ennemi, fut adopté, et l'on vit les Mandubes, avec leurs femmes et leurs enfants, forcés de sortir de leurs demeures, allant, tout en pleurs et tendant leurs bras aux Romains, implorer leur pitié et leur demander l'esclavage et du pain. Mais le camp romain resta fermé devant eux. César, ayant placé des gardes sur les remparts, défendit de les recevoir et ces malheureux, repoussés à coups de javelots, périrent sous les murs de leur propre ville, dans les convulsions du désespoir et les tortures de la faim.

Ce déplorable épisode du siège d'Alésia était à peine consommé, quand on vit apparaître au sommet de la colline qui bordait la plaine et s'étendre sur toutes les hauteurs environnantes une foule innombrable de guerriers ; une puissante cavalerie les devance et vient fièrement s'établir à moins de mille pas des retranchements de César : c'est l'armée libératrice, les assiégés l'ont reconnue, toutes les angoisses, toutes les douleurs sont oubliées ; un double cri de joie échappe, en même temps, du haut des murs d'Alésia et de tous les rangs des libérateurs, en passant, comme un défi, au-dessus des lignes romaines. Aussitôt, Vercingétorix fait sortir tout ce qui lui reste de troupes, les range en avant de la place, et se prépare à s'ouvrir un passage jusqu'à l'armée de ses compatriotes.

César, entre ces deux ennemis, dispose aussi ses légions sur les deux lignes de ses retranchements; enfin, une action générale commence avec un acharnement qui révèle assez l'importance de la victoire pour l'un et l'autre parti. Les Gaulois qui étaient dans les retranchements, et ceux qui venaient à leur secours, s'encourageaient les uns les autres par des cris et des hurlements ; on combattait à la vue de tous, et les actes de courage ou de lâcheté ne pouvaient rester inaperçus ; le désir de s'illustrer et la crainte de la honte excitaient les deux partis à se comporter bravement.

On avait combattu, depuis midi jusqu'au coucher du soleil, et l'issue de la lutte était encore indécise, quand, une fois de plus, les Germains, se massant en escadrons serrés sur un seul point, chargèrent l'ennemi et le culbutèrent ; après la déroute de la cavalerie, les archers furent enveloppés et tués ; les légions se montrent alors, et, sans laisser aux Gaulois le temps de se rallier, les poursuivent jusque dans leur camp. — La garnison d'Alésia, consternée, se retire dans la place.

Pendant la nuit, les Gaulois voulurent prendre une revanche ; ils tentèrent une surprise. Protégés par les ténèbres, ils s'approchent silencieusement des retranchements des Romains, du côté de la plaine ; puis, tout à coup, ils poussent de grands cris pour avertir les assiégés, se mettent à combler de fascines le fossé et à faire tomber une grêle de flèches, de dards et de pierres sur les remparts et se préparent à l'assaut. Vercingétorix, averti par le signal convenu, protège cette attaque par une vigoureuse sortie, et un terrible combat s'engage sur toute la ligne.

Les Romains à qui leurs divers postes avaient été assignés déjà, les jours précédents, se placent sur les fortifications et accablent les Gaulois à coups de fronde, de fléaux, de pieux, qu'ils avaient placés à l'avance dans les ouvrages. La nuit empêchait de voir, et de part et d'autre il y eut de grandes pertes.

Tant que les Gaulois combattirent à distance des retranchements, ils incommodèrent beaucoup les Romains par la grande quantité de leurs traits. Mais, arrivés à une moindre distance, ils se jetèrent sur les aiguillons qu'ils ne voyaient pas, ou ils se percèrent eux-mêmes en tombant dans les fosses garnies de pieux, ou ils périrent sous les projectiles de toute espèce qui leur étaient lancés par les machines des Romains, du haut de la terrasse et des tours. Enfin, voyant venir le jour et craignant d'être pris en flanc et enveloppés par les troupes des forts situés sur les hauteurs, ils se replièrent sur leur camp. Les assiégés, en voyant cette retraite, furent obligés d'abandonner leur entreprise et de rentrer dans leurs murs avant d'avoir pu faire usage des moyens proposés par Vercingetorix pour combler le premier fossé.

Repoussés, deux fois, avec de grandes pertes, les Gaulois tinrent conseil sur ce qu'il leur convenait de faire. Ceux qui connaissaient les lieux indiquèrent alors une colline qu'on n'avait pu comprendre dans l'enceinte des retranchements, à cause de l'étendue de son circuit; elle était située, au Nord, cette colline et elle dominait le camp romain établi à mi-côte, ce qui était une position peu avantageuse. La garde de ce poste important avait été confiée à deux légions sous les ordres des lieutenants C. Antistius Réginus et C. Caninius Rébilus. Instruits de la disposition du terrain par leurs éclaireurs, les chefs ennemis choisissent soixante mille hommes des meilleures troupes des cités qui avaient la plus grande réputation de courage Ils décident secrètement entre eux le plan de l'attaque et en fixent le moment à l'heure de midi. Ces troupes étaient commandées par l'Arverne Vergasillaunus, le digne parent de Vercingétorix et l'un des quatre généraux. Il sortit de son camp à la première veille et arriva sur les lieux un peu avant le jour; il se cacha derrière la montagne et fit reposer ses soldats des fatigues de la nuit. Vers midi, il marcha sur le camp romain. Au même moment, la cavalerie s'avança vers les retranchements qui regardaient la plaine et le reste de l'armée gauloise commença à se ranger en avant du camp. De ce corps de guerriers d'élite devaient être en première ligne, les Arvernes, les compatriotes du chef et, immédiatement après eux, leurs plus fidèles alliés, les Séquaniens et les Rauraques appartenant en partie aux Pays de la Sarre.

Vercingétorix, du haut de la forteresse d'Alésia aperçoit ces mouvements et sort de la place avec les claies, les fascines, les faux de siège et tout ce qu'il avait préparé pour l'assaut. Le combat s'engage à la fois, de toutes parts, avec fureur. Des deux côtés, on sent que ce jour est celui des derniers efforts. L'action est partout vive, mais surtout autour des forts supérieurs, vers lesquels s'était dirigé Vergasillaunus : l'étroite sommité qui dominait la pente était d'une haute importance, les Gaulois font tout pour s'en rendre maîtres, et s'y maintenir. Les uns accablent les Romains sous leurs traits, les autres, ayant formé la tortue, arrivent au pied du rempart : des troupes fraîches remplaçant incessamment les assaillants fatigués, et les Romains, assaillis en même temps sur tous les points de leurs retranchements, suffisant à peine à les défendre, Vercingétorix et les siens attaquent le camp de la plaine, pendant que Vergasillaunus menace les hauteurs. La terre et les fascines, que les Gaulois jettent dans les fossés, les aident à les franchir et comblent les pièges tendus sous leurs pas ; déjà les forces et les armes commençaient à manquer aux Romains. César alors dirige tous ses efforts de ce côté ; il se porte de sa personne aux points les plus menacés et ordonne une manœuvre de cavalerie dans le but de prendre les ennemis à dos.

Cependant, Vercingétorix, désespérant de forcer les retranchements de la plaine, à cause de l'étendue des fortifications, et aussi, sans doute, parce qu'il n'est pas suffisamment secondé par l'armée extérieure de Commius, d'Eporédorix et de Viridomar, tente d'escalader les hauteurs escarpées où les Romains avaient des forts ; il y fait transporter tout ce qu'il avait disposé pour l'assaut. Par une grêle de traits, il déloge les Romains qui combattaient sur les tours, et parvient à se faire un chemin avec des terres, des claies et des fascines, alors ses soldats coupent à coups de faux les mantelets et commencent à démolir le rempart.

Labiénus, voyant que ni les murs, ni les fossés ne peuvent arrêter l'impétuosité des assaillants, rassemble trente-neuf cohortes sorties des forts voisins et que le hasard lui présente, et dépêche à César des courriers pour l'informer de son dessein.

Sur cet avis, César hâte sa marche pour pouvoir assister à l'action : on le reconnaît à ce manteau de pourpre qu'il avait coutume de porter dans les batailles (1). Les Gaulois, qui, de la hauteur, le voient sur la pente avec les escadrons et les cohortes dont il s'était fait suivre, reviennent à l'assaut avec une nouvelle ardeur : un cri général s'élève en même temps des rangs gaulois et des rangs ennemis. De part et d'autre, laissant le javelot, on tire le glaive ; une lutte corps à corps, une horrible mêlée s'engage, le sang coule à flots. Tout à coup, sur les derrières de l'ennemi, paraît la cavalerie romaine, ou plutôt germaine, et de nouvelles cohortes se présentent sur le rempart. Les Gaulois, épuisés par le combat, tentent un effort suprême pour faire face à cette double attaque ; mais, hélas ! la lutte est par trop inégale : ils sont repoussés ; ils veulent s'ouvrir une issue pour la retraite, mais la cavalerie germaine leur barre le passage, les écrase et en fait un horrible carnage.

Sédulius, chef et prince des Lemovikes, est tué ; l'Arverne Vergasillaunus, entouré d'ennemis, est pris vivant dans la déroute ; soixante-quatorze enseignes militaires sont apportées à César ; mais, ce qui prouve le courage avec lequel les Gaulois ont combattu, c'est que, au témoignage de César lui-même, de cette immense multitude quelques hommes seulement se retirèrent sains et saufs dans les camps. Les assiégés, apercevant du haut de leurs murs cette déroute et ce

---

(1) C'était le *paludamentum*.

désespérèrent de leur salut et retirèrent leurs troupes de l'attaque des retranchements.

En apprenant ce qui se passait, les Gaulois s'enfuirent hors de leur camp et si les Romains n'eussent été épuisés par de nombreuses corvées et la fatigue de toute une journée de combat, ils auraient pu entièrement détruire l'armée ennemie. Au milieu de la nuit, la cavalerie continua d'en poursuivre l'arrière-garde et un grand nombre de ceux qui la composaient furent tués ou faits prisonniers; les autres, après la déroute, se retirèrent dans leurs cités sous la conduite de Commius.

Ainsi finit, hélas! cette journée qui aurait pu être si funeste à César et qui, aux yeux de la postérité, est devenue son principal triomphe. Jamais, il ne s'était vu si près de sa perte et jamais sa victoire ne fut plus complète. Il dut cet immense succès à son génie sans doute, mais plus encore au défaut d'ordre et d'unité chez les Gaulois.

On peut même se demander ce que faisaient l'Atrébate Comm, les Éduens Éporédorix et Véridomar, avec la plus forte partie d'une armée de 250,000 hommes, alors que l'intrépide Vergasillaunus menaçait une position qui l'eût rendu maître du camp romain? Que faisaient-ils, pendant que l'héroïque Vercingétorix attaquait, avec une égale ardeur et un égal bonheur, la ligne intérieure des retranchements?

Oui! Un historien moderne a eu raison de le dire, si dans le moment décisif, ils avaient combiné leurs efforts avec ceux de ces héros, la Gaule était sauvée et le nom de César eût été inscrit, dans les annales de l'histoire, à côté des noms de Crassus et de Varus!!

Le lendemain, Vercingétorix, au milieu de la consternation générale, convoqua autour de lui les défenseurs d'Alésia et, dominant son malheur :

« Je n'ai pas, dit-il, vous le savez, entrepris cette
« guerre pour mon intérêt personnel, mais pour la
« défense de la liberté de tous. Le sort s'est pro-
« noncé contre moi et, puisqu'il faut s'y soumettre,
« je viens m'offrir à vous comme un dernier moyen
« de salut : je vous laisse le choix d'apaiser les
« Romains par ma mort ou de me livrer vivant. »

Personne n'osant se prononcer, on demanda la volonté de César... Il ordonna de livrer les armes, de lui amener les chefs...

Il se plaça, en avant du camp, sur un retranchement, et c'est là que les chefs, sont conduits. Vercingétorix lui est livré ! les armes sont jetées à terre, devant lui (1). Il ne fit d'exception que pour les Éduens et les Arvernes, dans l'espoir que, par leur entremise, il pourrait se rattacher les cités. Tous les autres prisonniers furent distribués par tête et comme butin, entre l'armée.

César, en disant que Vercingétorix fut mis en son pouvoir, en a imposé à la postérité : ce héros ne fut pas livré ; il se livra lui-même. Il n'attendit pas, comme l'atteste Dion Cassius, que les centurions romains le traînassent pieds et poings liés aux genoux de César (2). Montant sur son cheval enharnaché comme dans un jour de bataille, revêtu lui-même de

---

(1) Eo duces producuntur, Vercingétorix deditur, arma projiciuntur. *César*, Liv. VII, LXXXIX.

(2) Dion Cassius. Ea clade accepta, Vercingétorix quum integro etiamnum corpore effugere posset, ad eum (Cæsarem) non implorata ante per ullum internuncium pace, se contulit, sedentique pro tribunali repente in

sa plus riche armure, il sortit de la ville et traversa au galop l'intervalle des deux camps, jusqu'au lieu où siégeait le proconsul. Soit que la rapidité de sa course l'eût emporté trop loin, soit qu'il ne fît qu'accomplir un cérémonial usité, il tourna trois fois en cercle autour du tribunal, sauta de cheval, et, prenant son épée, son javelot et son casque, il les jeta aux pieds du Romain, sans prononcer une parole.

Ce mouvement de Vercingétorix, sa brusque apparition, sa haute taille, son visage fier et martial, causèrent, parmi les spectateurs, un saisissement involontaire.

César surpris et presque effrayé, garda le silence, mais après quelques instants, éclatant en accusations et en invectives, il osa reprocher au Gaulois : « d'avoir méconnu son ancienne amitié et mal payé ses bienfaits... », puis, il fit signe aux licteurs de le garotter et de l'entraîner dans le camp.

Vercingétorix ne proféra pas une parole.

Tout l'entourage de César était ému ; lui seul resta froid et cruel...

---

conspectum venit. Trad. de *Xilandre*, liv. XL, p. 156. Amédée Thierry, *Histoire des Gaulois*, t. III, p. 176 et suiv.

Totius autem belli dux Vercingetorix armis indutus pulcherrimis, equo ornato portis exiit, quumque ter in orbe circa Cæsarem, ut tunc sedebat equitasset, equo dessilivit projectisque armis ad pedes Cæsaris accessit atque ibi quietus assedit, donec ad triumphum in custodia asservari jussus est.

Plutarque, *in Cæsarem*, vol. XI, p. 860 ; traduction Dochner, édition d'Ambroise F. Didot, Paris, 1847.

RÉSUMÉ.

En relevant, année par année, les événements de cette Période, on obtient le tableau suivant:

Première année de la guerre. An 58 av. J.-C.

Afin de triompher des Éduens, les Arvernes et leurs alliés, les Séquaniens, appelèrent à leur secours Arioviste, le roi des Suèves, qui occupait la rive droite du Rhin.

Les Germains répondirent à l'appel et dans la bataille de Magetobria, le sort des deux provinces rivales se décida contre les Éduens. Mais Arioviste, au lieu de repasser le fleuve, se fixa sur la rive gauche, dans les Vosges et la Haute-Saône, où il est rejoint par tous les Germains qui voulurent se précipiter sur ses pas. A leur exemple, les Helvètes même quittèrent leurs montagnes pour envahir la Gaule centrale. César les arrête, sur la rive gauche de la Saône, les bat au passage de cette rivière et les achève à Bibracte; de plus, il devance Arioviste à Besançon et le rejette en Germanie, avec les Suèves, les Harudes, les Triboques, les Vangions et autres.

Cette année vit donc la *Défaite des Helvètes* et l'*Expulsion des Suèves du territoire gaulois*.

PÉRIODE GALLO-ROMAINE. 399

Deuxième année. An 57 av. J.-C. Défaite des Belges.

Les Rémois, inquiétés par leurs voisins, se jettent dans les bras de César et lui dévoilent la coalition formée contre lui par les Belges. Il assiège Bibrax, occupe Noviodunum (Soissons), accable et bat les Nerviens et les Aduatins. — Crassus, en même temps, soumet les peuples du Nord-Ouest de la Gaule.

Troisième année. An 56. Conquête de l'Armorique.

Les provinces occidentales s'étant montrées peu disposées à accepter la domination romaine, César se dirige vers l'Armorique, pendant que Labiénus est chargé du maintien des peuples du Nord-Ouest; Galba, est opposé aux populations des Alpes et Crassus à celles de l'Aquitaine.

Il chargea Brutus d'organiser, chez les Pictons et les Santons, ses alliés, une flottille avec laquelle il attaqua et soumit les Venètes.

Quatrième année. An 55. Invasion dans la Germanie et en Bretagne.

Les Suèves ayant poussé les Ubiens vers la Gaule, il fait construire un pont à Cologne et passe en Germanie. Il ravage le pays, pendant dix-huit jours, et revient en Armorique pour en expulser les Bretons qui avaient porté secours aux habitants de ce pays.

Cinquième année. An 54. Soumission des Bretons. Défaite d'Indutiomare.

Pour châtier les Bretons, César fit construire une

nouvelle flotte. Il les force à lui payer un tribut et à fournir des otages.

Il est aussi obligé de se rendre chez les Trévires où Indutiomare avait organisé une sérieuse coalition qui mit Labiénus en péril. Indutiomare est tué au passage de la Meuse.

Sixième année. An 53. Défaite d'Ambiorix.

César, pour connaître ses alliés, convoque les chefs en assemblée générale à Lutèce, mais les Belges ne s'y rendent pas. Ambiorix, chef des Éburons qui ont massacré la légion de Sabinus, rallie les Ménapiens, les Trevires et appelle les Germains. Mais il est battu par Labiénus et César pour se venger repasse le Rhin, écrase les Ménapiens, anéantit les Éburons qui ont poussé les Sicambres à assiéger Aduatuca (Tongres). Il met tout le pays au pillage et à l'incendie. Il expulse Ambiorix et les Sicambres en Germanie.

Septième année. 52 av. J.-C. Défaite de Vercingétorix.

Irrités de ces ravages, les chefs gaulois se liguent et jurent l'extermination des Romains. Les Carnutes les massacrent à Genabum (Orléans). L'Auvergne est le centre de l'insurrection provoquée par Vercingétorix. On brûle les villes incapables de se défendre et les campagnes. Bourges est cependant épargné. César s'en empare. Il reprend aussi Genabum. Il assiège Vercingétorix dans Gergovie, il y éprouve un échec malgré lequel il poursuit les Gaulois dans Alésia où tous les confédérés viennent l'envelopper dans ses retranchements, mais leur cavalerie s'abîme dans des fosses dissimulées et leur armée est massacrée. Vercingétorix se livre à César.

Huitième année. An 51 av. J.-C. Fin de la Gaule.

Les Gaulois tentent leur dernier effort, en divisant leurs forces pour combattre les Romains isolément. Ils succombent successivement. Le dernier asile de leur nationalité est détruit à Uxellodunum où César se laisse aller à une vengeance qui le déshonore en faisant subir une mutilation barbare à tous ceux qui ont porté les armes contre lui (1).

---

(1) Hirtius, qui, pour compléter les *Commentaires de César* a écrit le VIIIe livre de *Bello gallico*, dit p. 450, ch. XLIV, que pour effrayer les autres peuples de la Gaule par l'exemple d'un grand châtiment exercé sur les habitants d'Uxellodunum et les empêcher de se révolter, il fit couper les mains à tous ceux qui avaient porté les armes, mais il leur laissa la vie, afin de témoigner d'une manière éclatante du châtiment, dont il avait frappé les coupables.

PÉRIODE
ROMAINE

Nous avons rapporté, avec fidélité, ce que César nous a transmis de cette triste et fatale époque de la Gaule. Il n'y manque rien de ce qui concerne son triomphe et ses succès; mais il a oublié de faire connaître la part de gloire de ses ennemis. De même, il n'a pas mentionné la flétrissure dont, après tant d'exploits héroïques, il a souillé ses lauriers de vainqueur par le traitement qu'il a fait subir à Vercingétorix, son illustre captif.

C'est à Dion Cassius, un historien moins intéressé à cacher certains faits, que la postérité doit ce triste détail (1).

Afin d'abreuver sa malheureuse victime d'humiliations et de souffrances, avant de l'achever par le glaive du bourreau, il a eu la barbarie de la garder, sans pitié pendant six ans, dans un cachot infect, pour ensuite la traîner, chargée de chaînes, en triomphe,

---

(1) Diou Cassius : *Eamque causam (delicti gravitos) habuit cur neque misericordia tum prosequeretur Vercingetorigem, et statim in vincula conderet: quem postea in triumpho ductum necevit.* Liv. XL, trad. de *Xilandre*, p. 156.

par les carrefours de Rome, à la suite de tous les prisonniers gaulois, de tous les otages des principales familles, de tous les princes vaincus et de tout l'immense et riche butin rapporté de la Gaule subjuguée.

Oui, le Capitole a vu l'orgueil de ce triomphe et Rome, victorieuse, a pu ordonner vingt jours d'actions de grâces aux dieux.

Mais, aux yeux de la postérité civilisée, ce triomphe et cette victoire ne seront jamais pour Rome que la spoliation de la Gaule et, César, son héros ne sera jamais qu'un vainqueur brutal, barbare et sanguinaire.

On sait le prix que les Gaulois, hommes ou femmes, attachaient à leur costume national et surtout à cette abondante chevelure d'un *blond roux* dit *gaulois* (1). C'était leur beauté idéale, en harmonie, du reste, avec le blanc du teint et le bleu des yeux. Par contre, la plus grande humiliation, la plus grande dégradation corporelle consistait, pour les deux sexes, dans l'enlèvement de la chevelure. C'était pour eux plus que la mutilation d'un membre, l'enlèvement des ornements, le rivet de la chaîne et de la plaque d'esclave qu'on fixait au cou des soldats vaincus avant de les faire passer sous le joug qui était le dernier degré de la dégradation militaire.

Après Alésia, César n'a pas su renoncer à cette humiliation en faveur de ceux qui ont porté les

---

(1) Les cheveux roux, ou plutôt rougis à la gauloise, *rutilanti capilli*, sont toujours mentionnés par les écrivains, comme un des caractères saillants de la physionomie gauloise. Les dames romaines trouvèrent cette nuance si séduisante qu'elles achetèrent, à grands frais, des cheveux gaulois pour s'en faire des coiffures artificielles.

armes contre lui. Il a été absolument impitoyable envers ses vaincus.

On ne sait si, avant de mourir, Vercingétorix a dû supporter ces mêmes dégradations. C'eût été infâme et une abominable raffinerie de cruauté à ajouter au martyre de Gutruat (1) et à la mutilation d'Uxellodnuum (2).

Pour ses anciens alliés et les peuples, tels que les Médiomatriciens qui n'ont jamais été trop hostiles à César, il a tenu une toute autre conduite. On ne peut même trop admirer l'habileté et l'adresse qu'il employa pour ménager les susceptibilités de cette nation. Sans doute, il fit de la Gaule et de tous les pays subjugués, une province romaine ; mais, il leur laissa leurs noms et leurs existences propres. Ainsi, la partie de la Gaule, dite *chevelue* « Gallia commata », à cause de cette longue et belle chevelure que les habitants portaient avec orgueil, comme un signe de leur virilité et de leur indépendance nationale, continua à porter son nom. Il n'y eut même pas de confiscations particulières, point de prescriptions dans ces provinces. Les peuples conservèrent leurs terres, leurs villes, la forme traditionnelle de leur gouvernement. Sans l'imposition, comme tribut de guerre, d'une somme annuelle de 40 millions de sesterces (8,200,000 fr.), on ne se serait même pas

---

(1) *Gutruâl*, le chef gaulois, qui fut l'auteur et l'instigateur de la guerre des Carnutes, ayant été livré à César, celui-ci le fit fouetter de verges, jusqu'à la mort; puis, on trancha la tête au cadavre.

(2) *Uxellodunum*, serait, selon Sanson, Cahors; Capdenac, suivant Champollion-Figeac; Issoudun, suivant d'autres.

Ces divergences, entre l'opinion des savants, sont une nouvelle preuve de la difficulté qu'on éprouve à déterminer, d'une manière précise, la situation de certaines villes gauloises.

aperçu de la chaîne à laquelle venait d'être rivé cet immense et riche territoire limité par les Pyrénées, les Alpes, les Cévennes, le Rhin et l'Océan.

De ce côté, la tactique césaréenne était modifiée du tout au tout et l'on peut se demander, si, après ce qui s'était passé pour les malheureux combattants, l'humanité y était pour quelque chose ou si d'autres motifs y ont contribué.

Hélas! c'est pour des motifs personnels que cette tactique nouvelle a prévalu. Méditant la ruine de la République, le rôle de proconsul ne flattait plus l'ambition de César; il rêvait l'Empire, mais il avait pour compétiteur l'illustre Pompée, grand capitaine comme lui. Tous deux pouvaient faire valoir leurs victoires, mais le premier comptait plus de vertus; de plus il avait pour lui les sympathies de l'Italie, du patriciat, du peuple et des légions de Rome.

Pour lutter contre un rival pareil, il fallait de l'or et des soldats, et César savait que la Gaule pouvait fournir ces éléments. Son ambition fit donc, du plus cruel des vainqueurs, le maître le plus doux et le plus paternel.

L'impôt à fournir fut présenté et facilement consenti comme une *solde militaire*. Il en exempta même ses anciens alliés et certaines villes qui avaient bien mérité de lui; à d'autres, il conféra des titres d'honneur ou il consentit à les doter de son nom (1). Il combla de faveurs les hommes les plus influents, et, pour les engager à le servir, il leur fit espérer, pour le temps où il pourrait avoir besoin d'eux, le titre, alors fort envié, de citoyen romain. Il ne tou-

---

(1) Hirtius, *De Bello gallico*, liv. VIII, ch. 49.

cha à aucun monument national; il respecta ceux même qui rappelaient ses revers. Plutarque nous en a conservé un exemple : César, dans une de ses batailles, en Séquanie, contre Vercingétorix, avait perdu son épée; les Arvernes avaient déposé ce trophée dans un de leurs temples; il l'y reconnut un jour, et comme ses officiers voulaient l'enlever: « Laissez-la, dit-il en souriant, elle est sacrée » (1). Il s'abstint également de porter atteinte à la religion des Gaulois; leurs dieux n'étaient pas les mêmes que ceux de Rome, mais toutes ces divinités, issues d'un même berceau, devaient avoir des attributs communs entre elles. Comme il était possible d'opérer cette fusion, il chercha à l'opérer de la manière la plus intime et la moins brusque. Un seul point pouvait le gêner dans cette fusion, c'étaient les sacrifices humains qu'il n'eût pu autoriser ouvertement, sans blesser l'humanité et les idées religieuses des vainqueurs. Il trouva moyen de tout concilier : il n'autorisa pas ces sanglants holocaustes, mais il les toléra à la condition que ces sacrifices se fissent dans l'ombre, hors des regards des Romains, dans les profondeurs les plus épaisses des forêts. Dans ces premiers instants de la conquête, le druidisme dut cesser sans doute d'allumer ses bûchers et de consumer au milieu des flammes ces mannequins d'osier tout remplis d'hommes; mais il put encore, dans le sombre sanctuaire de quelques bois sacrés, à la pâle lueur de torches funéraires, plonger le couteau dans le corps de quelques victimes, consulter les palpitations des entrailles et le cours plus ou moins rapide

---

(1) Plutarque, *In Cæsarem*, p. 720; Am. Thierry, p. 211 et 212.

du sang. Le prêtre gaulois conserva du reste toute son influence sur le peuple. César le ménagea le plus possible et son intimité avec le célèbre druide Divitiac ne contribua pas peu à faire croire aux prêtres eux-mêmes que, dans le passage d'un gouvernement à un autre, rien n'était changé.

C'est ainsi que César se fit pardonner sa victoire; il associait sa province à sa fortune et préparait ses ennemis de la veille à s'intéresser à sa grandeur. En combattant pour lui, les Gaulois allaient pouvoir se venger des Romains : ce fut sans doute ce mobile qui les poussa secrètement à s'enrôler sous ses étendards. D'ailleurs reprendre leurs armes était pour eux un appât puissant; c'était leur accorder leur plus grand bien; car leur vie était de combattre.

De cette manière, César put former une nouvelle Légion, levée à ses frais et composée totalement de ces Transalpins, dont il avait appris à connaître la valeur, et cette légion toute gauloise reçut aussi le nom gaulois de l'*Alouette*. Cet oiseau dont le chant rappelle le triomphe, représenté sur les cimiers et les enseignes, électrisa les Gaulois; car il leur rappelait un de leurs anciens signes nationaux.

Cette légion, assimilée aux anciennes légions romaines pour l'équipement, la solde et les prérogatives militaires, fut comblée en outre d'une faveur tout à fait extraordinaire, car elle reçut, de César même, le titre de *cité romaine*.

Il enrôla, en plus, comme auxiliaires devant occuper un poste d'honneur, vingt-deux cohortes choisies dans les différentes armes dans lesquelles la Gaule excellait. On y voyait l'infanterie pesante de la Belgique, l'infanterie légère de l'Arvernie et de l'Aquitaine, des archers rhuthènes et les ailes de ses légions se composèrent presque uniquement de cavalerie tirée de l'une ou de l'autre province transalpine (1). Les Médiomatriciens, nos ancêtres, déjà habiles à dompter les chevaux, y figuraient au premier rang avec leurs chars fameux, véritables *bennes* qu'ils armaient à l'essieu d'épées et de faux tranchantes et qu'ils savaient si bien diriger et précipiter au milieu des ennemis (2).

La célèbre cavalerie tréviroise avait aussi fourni son contingent, ainsi que nos voisins les Leuquois, alors fort renommés dans l'art de lancer des projectiles à l'aide de la fronde. On y voyait encore les Vangions, venus d'au-delà du Rhin et que l'on reconnaissait à leur costume et surtout à leurs larges bracques pour des frères ou imitateurs des Sarmates (3). Cependant, le Proconsul ne dépeupla pas la Séquanie et la Médiomatricie. C'eût été livrer aux Germains sa plus chère conquête. Il préféra compléter ses contingents avec des troupes tirées de l'intérieur et ce fut à la tête de cette armée, toute gauloise, que César descendit des Alpes, franchit le Rubicon, et, chassant devant lui tous ses ennemis, vint en vainqueur jusqu'à Rome. Les rôles étaient intervertis. Rome était l'ennemi et les Gaulois s'en vengeaient par la main de César.

On a beaucoup discuté sur le véritable motif qui a poussé César, à la tête des légions gauloises,

---

(1) Cœs. *Bibl. civil*, liv. I, ch. 39-41 et panem ; Amédée Thierry, *Histoire des gaulois*, t. III, 3ᵉ partie, chap. 1, p. 213.

(2) Lucain, *Pharsale*, v. 416 ; *Pomponius Mela*, t. III, ch. VI, p. 172.

(3) Et qui te loxis imitantur, Sermata, bracis Vangiones id. vers. 430 et 431.

contre Rome : il a voulu triompher de Pompée ; de plus, ses prodigalités envers ses soldats avaient épuisé ses ressources. Malgré des années de rapines en Gaule, il manquait d'argent et ne pouvant continuer à dépouiller cette contrée sans se l'aliéner, il a fallu chercher des ressources ailleurs. Il a songé au Capitole de Rome, au temple de Saturne, où restait un trésor de réserve fondé par Camille pour lutter contre les ennemis de Rome. Depuis des siècles, même en présence de l'invasion de Pyrrhus et d'Annibal, même au milieu des déchirements de Marius et de Sylla, cette réserve avait été respectée ; César en brisa les portes, et, sous le prétexte que les Gaulois étaient devenus des Romains, les richesses, amassées avec un soin presque religieux pour résister aux tumultes gaulois, furent prodiguées, en solde et en gratifications, à des Gaulois, pour la ruine de la liberté romaine !

Maître de Rome, César se servit encore des Gaulois pour poursuivre les lieutenants de Pompée en Italie et en Espagne ; il l'atteignit lui-même en Macédoine, le défit à Pharsale et le força à s'enfuir en Egypte où ce héros malheureux périt sous le fer de lâches assassins. Après d'autres victoires encore sur les généraux et les anciens alliés de Rome républicaine, le parti de Pompée fut entièrement anéanti dans les champs de Munda en Espagne.

Revenu victorieux à Rome, grâce aux Gaulois, la vanité du conquérant l'emporta néanmoins sur ce penchant intéressé qu'il montrait envers la Gaule et sur la reconnaissance qu'il lui devait ; *il n'eut pas,* — il faut le répéter, tant c'est presque incroyable, — *la générosité d'épargner à sa conquête l'humiliation* de son triomphe ; les prisonniers transalpins furent tirés des cachots, où ils avaient croupi depuis six ans, et allèrent représenter leur malheureuse patrie à travers les rues et les carrefours de Rome, et après avoir été ainsi traînés derrière le char du triomphateur, ils furent égorgés par la main du bourreau. Ce fut là que l'infortuné, le grand Vercingétorix fut lâchement sacrifié. *César se fit proclamer* DICTATEUR, *et, comme pour se faire pardonner, par les Transalpins, l'orgueil de son triomphe, il les combla de ses largesses, les appela à tous les honneurs, à toutes les dignités, leur prodigua le droit de cité romaine et leur ouvrit jusqu'au Sénat. « Adieu l'urbanité ! Adieu la fine et élégante plaisanterie! La braie transalpine envahit nos tribunes !* » C'est ainsi que Cicéron déplora l'invasion de l'éloquence gauloise dans les comices et dans le Sénat de Rome (1).

Pour expliquer les bonnes dispositions de César envers les Médiomatriciens, après la conquête de la Gaule, certains auteurs, et ils sont nombreux, veulent en rapporter la cause à sa parenté avec un certain Lother ou Louther, duc de Lothreine ou Lorraine. Selon eux, ce personnage était neveu de Jules César par sa sœur paternelle et fils de Charles Inach, dernier roi des Tongres, vers l'an 3914 de la création du monde, environ 48 ans avant la naissance de J.-C. « Lorsque J. César, son oncle, eut subjugué la
« Gaule Belgique, il la divisa en trois duchés, à
« savoir, *Brabant, Germanie, Lothreine* ou *Lorraine,*
« de laquelle dernière il honora son neveu Lother ;

---

(1) Cicéron, *Philippiques* passim. Am. Thierry, t. III, partie 3, ch. 1.

« il lui donna ce duché sous le titre de Duché Réga-
« lien ; et ainsi il fut dynaste de la première famille
« des ducs de Lothreick et, en ce sens, Lothreiana
« signifie *Province de Lother.*

« Cette manière de voir est confirmée par la chartre
« de Pierre, abbé du couvent de Saint-Maximin-lès-
« Trèves, faite l'an de Notre-Seigneur 699, suivant
« la relation qu'en fait saint Basin, duc de Lothreick,
« et archevêque de Trèves, laquelle chartre tire sa
« force de son antiquité de plus de mille ans ; d'Al-
« bert d'Andernac, qui l'authorise d'une autre char-
« tre mise en suite ; du sieur Dominici, historien
« français, en ses assertions, qu'il a intitulées *Ansel-
« berti familia rediviva*, p. 18, antiquit. monum.; de
« la communication du R. P. Vignier ; du R. P.
« d'Ancy, religieux de l'Observance de saint François,
« et encore d'autres. »

Cette chartre de saint Basin, et celle de saint Luthwin, écrite par l'abbé Adalbert d'Andernach, du monastère de Mettlach, et qui en forme comme la suite, fournissent des détails très amples et fort curieux sur ces particularités de famille (1).

Dans tous les cas et par des ménagements habiles, César se fit pardonner bien des cruautés du côté des Gaulois, malgré des blessures qui saignaient encore ; mais le vieux parti républicain ne se méprit pas sur ses projets. Par le fait, il était déjà roi ; mais *le manteau de dictateur cachait mal la pourpre impériale.* Une conspiration s'est ourdie dans l'ombre, et, le 15 mars de l'an 44 avant notre ère, César fut poignardé en plein Sénat ; c'est en voyant Brutus, parmi

---

(1) Voir plus loin à la *Période lorraine.*

ses assassins, qu'il s'écria : « Et toi aussi, Brutus, mon fils ! »

César avait adopté son neveu, Octave ; ce jeune prince n'avait alors que dix-huit ans, et terminait ses études en Grèce. Au premier avis de la mort de son père, il accourt à Rome pour recueillir l'héritage paternel. On sait que Marc-Antoine fut son compétiteur, et qu'après bien des ruptures, bien des rapprochements, bien des partages, ils se combattirent, et qu'Octave remporta la célèbre victoire d'Actium, après laquelle son compétiteur, vaincu, fut obligé de se réfugier, avec Cléopatre, en Égypte, où il fut forcé de se donner la mort. De retour à Rome, l'an 28 avant Jésus-Christ, Octave reçut les titres d'Empereur et d'Auguste, et rétablit sous un autre nom le gouvernement monarchique, réalisant ainsi la pensée de César.

Après la conquête de la Gaule, César avait conservé l'ancienne division des provinces ; ainsi la Haute-Alsace, composée de Séquaniens et de Rauraques, avait continué de faire partie de la Celtique, et la Basse-Alsace, habitée par les Médiomatriciens et les Triboques, n'avait pas cessé d'être de la Gaule-Belgique. Elles furent toutes deux gouvernées par Labiénus, le plus illustre lieutenant de César, et rien n'a été changé à leurs lois, leurs usages, leur gouvernement antérieur, et leur part à cette contribution de 40 millions de sesterces, qui frappa tout le pays conquis, fut aussi restreinte que possible.

Auguste suivit la même voie que César ; il s'attacha même d'une manière particulière à nos provinces, que son père adoptif appelait sa plus belle conquête ; il les visita souvent, et il y attachait une importance telle qu'il plaça huit légions en permanence sur les bords du Rhin (1). C'était une armée d'au moins 64,000 hommes, sans compter les auxiliaires (2) de toutes nations et de toutes armes, qui devaient en porter l'effectif à plus de 100,000 hommes.

César avait trouvé les Gaules partagées en *Narbonnaise*, en *Aquitanique*, en *Celtique* et en *Belgique*. Ces anciennes divisions étaient longitudinales, s'étendant du Nord au Sud ; les nouvelles furent transversales de l'Est à l'Ouest ; la Celtique disparut, absorbée d'un côté par la Lyonnaise, de l'autre par la Belgique qui, outre le pays belge proprement dit, embrassa les peuples situés entre la Marne et la Seine, et entre la Saône et le Rhône supérieur, savoir : les *Lingons*, les *Séquanes* ou *Séquaniens*, les *Rauraques* et les *Helvètes*.

La Belgique nouvelle, qui était en même temps la contrée la plus septentrionale des quatre grandes divisions de la Gaule transalpine, comprenait donc alors : 1º toutes les contrées qui se trouvent entre le Rhin, l'Océan, la Seine et la Marne, et entre la

---

(1) Chaque légion était composée de dix cohortes : la première renfermait 1500 hommes d'infanterie et 132 de cavalerie. V. Végèce, *De re militari*, liv. 11, ch. 2, p. 21 et suiv.

La légion était la principale force de l'armée romaine, et ce qu'il y avait de plus élevé, c'étaient les prétoriens qui formaient la garde du consul ou de l'empereur.

(2) Du temps d'Auguste, comme du temps de César, des Gaulois et des Romains furent admis à titre d'auxiliaires et même à titre de légionnaires, ce qui emportait le droit de cité romaine dans ces corps d'élite.

Les auxiliaires étaient tirés de toutes les parties de l'Empire et formaient un corps d'élite excellent dans quelque spécialité militaire, comme les archers ruthènes ou crétois, les frondeurs leuciens ou des îles Baléares, les cavaliers numides ou germains.

Suétone, *in vita Cæs.*, ch. XXIV ; Tacite, *Annales*, liv. 1, ch. XVII et XXIV ; Dion Cassius, liv. LVI, et surtout Végèce, *De re militari*.

Saône et le Rhône supérieur, et renfermait, outre les quatre peuples sus-dénommés : 2º les *Leuci*, les *Veroduni*, les *Mediomatrici*, les *Treveri*, qui répondent actuellement aux départements des Vosges, de la Meurthe, de la Moselle, de la Meuse et à une partie de la Prusse rhénane, et 3º les onze peuples placés entre la Manche et la mer du Nord : les *Nervii*, les *Morini*, les *Atrébates*, les *Ambiani*, les *Bellovaci*, les *Veromandui*, les *Silvanectes*, les *Viducasses*, les *Successiones*, les *Remi*, les *Catalauni*. Ce sont aujourd'hui : les Flandres orientale et occidentale, le Hainaut et les départements français du Nord, du Pas-de-Calais, de la Somme, de l'Oise, de l'Aisne, de la Marne et de l'Aube.

Auguste subdivisa la Belgique en trois parties : à la plus septentrionale, il conserva le nom de Belgique ; aux deux autres, où l'élément germanique était depuis longtemps dominant, il donna la qualification de Germanies, et coupant cet immense territoire en deux parties presque égales, à la moitié du cours du Rhin, il nomma la portion la plus voisine de la source du fleuve, la *Germanie Supérieure*, et la portion qui s'étendait jusqu'à son embouchure, la *Germanie Inférieure*. Le point d'intersection fut, selon Ptolémée, l'endroit où la rivière, qu'il appelle *Obringa*, se jette dans le Rhin.

Quelle est cette rivière ? Les savants ne sont pas d'accord sur sa situation :

Les uns, (tels que Beatus Rhenanus, *Rer. germ.*, liv. I et III, p. 16 et 325, et Adrien de Valois, *Notitia Galliarum*, p. 389), y voient la Moselle.

Les autres, (Cluvier, *Germ. antiq.*, liv. II, ch. 14 ; Dom Bouquet, *in Scriptor. rer. francic.*, t. I, p. 78 ;

Walkenaer, *Géog. anc. des Gaules,* t. II, part. III, ch. 1, p. 315), y voient l'Ahr qui se jette dans le Rhin vis-à-vis d'Entz, au-dessus de Rimagen.

Grandidier, le célèbre historien de l'Alsace, suppose que cette rivière est tout simplement le Rhin, et que son nom ne provient que de l'altération des mots tudesques *Ober-Rhein-Gau.*

Mais où était la langue dite tudesque ou allemande au temps de la première dénomination ? Car celle-ci n'a pu se faire que dans la langue que l'on parlait alors ; c'est comme pour le mot *gemünd*, d'où l'on voudrait tirer le nom de Sarreguemines.

Pour nous, qui ne pouvons admettre cette version, *Obringa* est la Moselle, vers son confluent, à Coblentz. Ptolémée reproduit jusqu'à trois fois le mot d'Obringa ou Obrinca, dans son texte, avec la qualification de rivière ou fleuve (ποταμος) et l'oppose toujours au Rhin (Ρένος). Cette singulière interprétation de Grandidier ne peut donc être admissible.

Suivant les limites posées à ces deux Germanies, l'Alsace médiomatricienne, séquanienne et rauraque appartenait toute entière, avec le pays des Leuci et des autres Médiomatrices, à la Germanie Supérieure jusqu'à la rivière d'Obringa.

Jusqu'alors, nos provinces du Rhin n'avaient eu d'autres gouverneurs que ceux de toute la Gaule chevelue, et ces officiers n'avaient signalé leur présence momentanée dans nos contrées que par quelques faits d'armes, pour la compression de troubles intérieurs ou la défense des frontières contre les Germains. A Labiénus, qui avait fini par suivre le parti de Pompée, et qui devait y trouver la mort sous les drapeaux de son fils, à la bataille de Munda, avait succédé, en 707, Decimus Junius Brutus Albinus, et à celui-ci, A. Hirtius, dont un des lieutenants, Aurélius, commandait encore sur nos bords, lorsqu'on y apprit la fin tragique du dictateur. Hirtius, devenu consul, en 710, fut remplacé dans le gouvernement de la Celtique et de la Belgique par Lucius Munatus Plancus, qui, après avoir remis sous le joug quelques provinces soulevées, vint, en 711, recevoir, à Rome, les honneurs du triomphe. Alors s'était établi le triumvirat d'Octave, de Lépide et de M. Antoine. La Celtique et la Belgique échurent en partage à ce dernier ; en 714, elles passèrent sous la domination d'Octave. Les lieutenants d'Antoine, dans les Gaules, furent Q. Eudius Calenus et P. Ventidius ; ceux de son heureux compétiteur furent Salvidienus, puis Agrippa, qui, le premier après César, franchit le Rhin avec une armée et repoussa les Germains. Ce fut lui qui reçut la soumission des Suèves Ubiens et leur permit de consolider leur fondation de Cologne, la colonie d'Agrippine. En 717, C. Carinas commanda dans la Gaule et principalement dans la Belgique ; il fit rentrer dans l'ordre les Morins révoltés et refoula quelques invasions germaines. Il partagea le triomphe d'Octave, en 725. Dans la même année, Nonius Gallus eut à combattre les Trévirs et les Germains confédérés, et leur fit essuyer une sanglante défaite. Enfin, le dernier gouverneur des Gaules, avant l'exécution du plan d'Auguste, Messala Corvinus, vainquit les Gaulois rebelles et revint à Rome, le 7 des calendes d'octobre 727, recevoir l'ovation triomphale.

Il est donc vrai de dire, avec A. Thierry (1), qu'*il y avait, en Gaule, après l'occupation, absence de gouvernement romain, et que, à l'exception du tribut, largement compensé par le produit des services militaires et des faveurs, soit personnelles, soit collectives, tout était resté dans le même état qu'au temps de l'indépendance.*

A l'avènement d'Auguste, cet ordre de choses cessa : il fit de la Gaule chevelue une province romaine et la soumit au système d'administration uniforme auquel il voulait soumettre tout l'Empire. Avec le Sénat et le peuple de Rome, il partagea le gouvernement des provinces, et en s'attribuant celles qui exigeaient la présence des armées pour la compression des troubles ou la garde des limites, il conservait en main la véritable force de l'Empire. La Transalpine, plus menacée au dedans et au dehors que toute autre conquête, devint son lot et, sous le nom de *province impériale* ou *césaréenne*, fut soumise à une véritable dictature militaire. Un lieutenant impérial ou légat, cumulant les pouvoirs militaires, législatifs et judiciaires, sous la haute surveillance de l'Empereur, et un procureur, officier fiscal dépendant du lieutenant, formèrent l'administration supérieure de ces provinces (2).

Lyon, ville créée, pour ainsi dire, par Auguste, devint la capitale des trois provinces chevelues, désignées maintenant sous les noms d'*Aquitaine*, de

---

(1) A. Thierry, *Hist. des Gaules*, t. III, part. III, ch. I, p. 239.

(2) Ce qui a fait dire, avec raison, qu'en Gaule, au lieu d'un roi, comme jadis, il y en avait deux : le lieutenant, qui épuisait le sang ; le procureur, qui épuisait les richesses ; tyrans dont la discorde ou l'union pesaient également.

Belgique et de *Lyonnaise*, et la véritable Rome gauloise. Comme dit A. Thierry, « cette ville fut le « siège des gouverneurs et la résidence de l'Empereur « pendant ses voyages de ce côté des Alpes. De là « partirent les quatre grandes voies qui devaient « traverser la Gaule dans quatre directions : des « Alpes au Rhin, à l'Océan, aux Pyrénées et à la « frontière narbonnaise. L'empereur créa, de même, « d'autres villes ou agrandit les anciennes ; il dota « plusieurs de son nom ; il éleva des édifices somp-« tueux ou utiles, des forteresses, des hôtels de « monnaies, des temples, des châteaux, des bains, « des cirques, des théâtres ; il ouvrit des écoles; des « gymnases dans les principaux centres de popula-« tion ; enfin, il transporta, dans les Gaules, les arts, « les sciences et toutes les grandeurs de l'Italie et « de la Grèce, et, sous son influence, une véritable « révolution intellectuelle et morale s'opéra dans tout « le pays ».

Auguste, né à Velletri, l'an 63 avant J.-C., régna de l'an 44 avant J.-C. à l'an 14 après J.-C., et, pendant ces 58 années, les Pays de la Sarre et tout l'Empire ont joui d'un paix profonde ; mais, au-delà du Rhin, les peuples de la Germanie, toujours disposés à franchir le fleuve et à ravager les terres de ceux qui s'étaient soumis aux Romains, nécessitèrent une expédition transrhénane.

Tibère, fils adoptif, et Claudius Drusus, beau-fils d'Auguste, en furent chargés. Ils soumirent la Rhétie et la Vindélicie, et leur entreprise réussit au point que les armes romaines parurent triomphantes en Pannonie et jusque sur les rives de l'Elbe. Un seul échec arriva à la cinquième légion, commandée par

Marius Lollius : surprise par défaut de vigilance, elle fut massacrée par les Sicambres. L'aigle même de la légion fut prise. Ce fut pour venger cet affront, qu'Auguste revint lui-même dans la Gaule, où il avait déjà séjourné, environ un an, au début de son règne.

Drusus fut spécialement chargé de cette vengeance, et ce fut pour cela qu'il parcourut en vainqueur les pays habités par les Noriques, les Illyriens, les Pannoniens, les Dalmates, les Mysiens, les Thraces, les Daces, les Sarmates et les Germains ; il vainquit les Usipètes, les Tencthères, les Cattes, les Marcomans, les Chérusques sur les rives du Weser, les Suèves et les Sicambres sur les rives de la Lippe, ceux-mêmes qui avaient massacré les soldats de Lollius et brûlé vifs vingt centurions.

Pour garder ensuite ces provinces, Drusus établit plus de cinquante forts et fortins sur la rive gauche du Rhin et sur une ligne plus en arrière, dont les traces se montrent encore au Titelberg, au vieux Trèves, à Dalheim (Luxembourg), dans la direction du Nord-Ouest au Sud-Est, passant au Scheuerwald, à Burgesch, à Nied-Altrof, au Siersberg et, plus loin, au Hérapel, au Schlossberg de Kescastel, à la Burg de l'Eichel ou de Ratzwiller, au Pfahlberg près Saverne, au Château Payen et dans d'autres forteresses des Vosges.

Il fit établir des ponts à Bonn et à Geluba (Gell), dont parle Tacite, et, enfin, il ouvrit aux Romains la forêt hercynienne, dans laquelle, jusque-là, les seuls émigrants de Sigovèse, ou Volces-Tectosages, avaient pris position.

Malheureusement, Drusus mourut à l'âge de trente ans, et c'est son frère, Tibère, qui dut le remplacer.

C'est sous l'administration de ce prince qu'eut lieu le soulèvement d'Arminius et le massacre des trois légions de Quinctilius Varus, dont Auguste ne put se consoler de chagrin, dit Suétone : il se laissa croître la barbe et les cheveux pendant plusieurs mois, et, dans son désespoir, il se frappait la tête contre les murailles de ses appartements, en s'écriant : « Varus, rends-moi mes légions ! »

Varus se jeta sur son épée, et Auguste ne survécut que peu de temps à ce désastre ; après avoir donné à Tibère le titre de César, et à Germanicus, l'un des deux fils de Drusus, le commandement des huit légions destinées à défendre les bords du Rhin, il mourut à l'âge de 76 ans.

Le siècle qui vit tant de victimes et de si grandes choses, reçut et garde le nom de *Siècle d'Auguste*. Il est remarquable, aussi, ce siècle, parce qu'il a vu naître, au fond de la Judée, et dans une crèche d'étable, le Christ, c'est-à-dire, le vrai et unique Dieu, le Sauveur des hommes, l'an du monde 4708, et de la fondation de Rome 748, le cinquième avant l'ère vulgaire.

Cette date de 4708 est celle qu'ont adoptée Dom Clément, dans son *Art de vérifier les dates*, t. I. p. 93 de la 3ᵉ édition, et M. l'abbé Godescard, dans sa *Vie des Saints*, t. V, p. 608 et 609 de la 2ᵉ édition.

D'autres auteurs donnent 4963 au lieu de 4708. — *Diction. hist.* de Bouillet, art. Jésus.

Selon l'opinion la plus commune, J.-C. naquit le 25 décembre de *l'an du monde 4004, et la 31ᵉ année du règne d'Auguste* (1).

_____
(1) Suivant un auteur, l'âge du monde et l'époque précise de la naissance

PÉRIODE ROMAINE.

Que devins-tu, ô Gaule, en ce siècle et au milieu de circonstances aussi exceptionnelles, toi, que nous avons vue, naguère, déchirée, ensanglantée, découragée, anéantie, à terre, aux pieds du vainqueur qui t'a trompée et bafouée ?

Il y eut deux Gaules : la Gaule romaine et la Gaule vraiment gauloise.

La première aspira à pleins poumons les chaudes

---

de Jésus-Christ sont très difficiles à fixer, par la raison que les observations météorologiques des premières années n'ont pas été faites avec l'exactitude de nos jours. Il en est résulté des erreurs, dont l'une des plus notoires, a été rectifiée au calendrier, en 1582, sous le pontificat de Grégoire XIII, qui eut pour objet de corriger la différence existant alors entre l'*année julienne* de 365 jours 21, telle que l'avait établie Sosigène, d'après les Égyptiens, sous Jules César, et l'*année solaire*, qui est de 365 jours 24222013. A cette époque, la différence de ces deux années était de 10 jours. Le pape ordonna de retrancher ces jours de l'année 1582 et de compter le 15 octobre au lieu du 5, et de ne considérer les années séculaires comme bissextiles, que de quatre siècles en quatre siècles.

Pour d'autres erreurs, les chronologistes modernes, à force de systèmes et de dissertations, n'ont fait qu'embrouiller la matière par leurs incertitudes. Il y a, cependant, plusieurs points qui semblent définitivement établis. Le premier, c'est que, pour trouver cette date de la naissance de Notre-Seigneur, il est impossible de remonter plus haut que l'année 746, époque du recensement publié par Auguste, et qui amena Joseph et Marie à Bethléhem (Luc. II, 1). Le second, c'est que, Jésus-Christ étant né sous Hérode (Math. II, 1. Luc. III, 5), il est impossible de descendre plus bas que 750, époque de la mort de ce roi (Joseph. *Antiq.*, XVII, VIII, 1. *De bell. Jud.*, I, XXXIII, 28). Jésus-Christ est donc né certainement entre l'an 746 et l'an 750 de la fondation de Rome. Mais d'une part, Tertullien atteste, d'après les registres publiés, que ce recensement eut lieu pendant que Sentius Saturninus était gouverneur de Syrie ; or, il ne le fut que jusqu'au commencement de 748. D'autre part, commencé à Rome et pour les citoyens romains, en 746, ce recensement ne dut être, selon l'usage, étendu à la province que l'année suivante. C'est donc à cette année 747 qu'il faut placer la naissance de Notre-Seigneur. Tout concorde, d'ailleurs, avec cette date, on s'y range sans trop de difficulté ; et de toutes celles qui ont été proposées, c'est la solution qui répond le mieux aux indications chronologiques de l'Évangile, de l'histoire juive et de l'histoire romaine.

Voir *Le Christianisme et les temps présents*, par l'abbé Em. Bougand.

émanations des lettres et des arts de la Grèce et de Rome et, en s'appropriant les costumes et les mœurs du vainqueur, elle s'appropria également la gloire de voir le monde entier trembler à ses pieds, et de jouir, sans obstacles, des richesses intellectuelles et matérielles qui affluaient dans son sein comme dans le centre naturel et le foyer de toutes les lumières, de toutes les grandeurs. Les dieux de l'univers se coudoyaient au Panthéon et, à côté des trophées de la victoire, l'éloquence s'était personnifiée dans Cicéron ; la poésie l'était dans Horace et Virgile ; la sagesse parlait par la bouche de Caton ; la civilisation était à son comble.

C'était la Gaule des grandes agglomérations, des grandes voies de communications, des plaines fertiles, des belles expositions. Elle s'est façonnée à la romaine par esprit de légéreté, par imitation de la mode et aussi par l'amour des jouissances dégénérées en voluptés et en débauches.

L'autre Gaule, qu'on pourrait aussi qualifier de druidique, parce que ses adeptes étaient groupés, en grande partie, au fond des forêts, près des centres religieux, près des cromlecks, des menhirs, des dolmens où, sous l'influence de leurs ministres, ils rêvaient la revanche et la réhabilitation de leur patrie.

Chez eux, la toge romaine était un objet d'horreur, et rien ne valait la tresse de leur blonde chevelure, l'emblème à la fois de leur nationalité, de leur liberté, de leur indépendance, de leur honnêteté.

Cet état de choses se continua durant la longue série des règnes des empereurs qui ont succédé à

Auguste jusqu'au règne de l'Empereur Dioclétien ou plutôt jusqu'à la mort de Théodose, 395 après J.-C., ou pour préciser d'une manière encore plus effective et locale, jusqu'à l'occupation des Pays de la Sarre par les peuples d'outre Rhin.

Dans cette période de plus de quatre siècles, Rome eut à peine à étouffer quelques essais de soulèvements intérieurs, parmi lesquels celui des Bagaudes (1) fut le plus sérieux. Le temple de Janus resta même fermé, car on ne fit des conquêtes que pour donner à l'Empire des limites naturelles (Rhin, Danube, Euxin, Euphrate, le désert en Afrique et l'Atlantique).

La seule et vraie guerre existait, à l'intérieur, entre le vieux Druidisme gaulois et le Polythéisme romain. Dans les dogmes des deux religions, on admettait les mêmes idées sur les dieux : c'étaient toujours, comme pour toutes les créations mythologiques de tous les peuples de l'antiquité, les vertus et les vices déifiés. Mais les Romains représentaient leurs divinités par des statues abritées dans des temples à coupoles ornées des plus belles productions des arts.

Les Gaulois, au contraire, n'admettaient, nous le savons déjà, ni temples, ni statues, et, comme sacrifices dignes de Teutatès, ils ne connaissaient que le sang humain, leur propre sang coulant à flots, sur l'ordre des Druides.

César dit que le principal dieu des Gaulois était Mercure. Or, nous le savons aussi, ce dieu était celui des Perses et des Mèdes, Mithra, nom donné à l'élément qui anime, échauffe, éclaire et vivifie, le Feu. Bienfaisant et terrible, cet élément jaillit de

---

(1) Voir plus loin.

la pierre ; la pierre fut, pour eux, la source même de la divinité ; la pierre fut sacrée pour eux, et les trois mots que les initiés proféraient, résumaient toute leur croyance : Θεὸς ἐκ πέτρα, *Deus ex petra*, Dieu sort de la pierre. De là, l'habitude de représenter Mithra sous la forme d'un cyppe de pierre, et même de confondre Vénus avec ce même principe générateur, et de l'adorer sous la même forme.

Sous les empereurs, la plus grande partie des Gaulois, broyés sous la meule implacable de la centralisation et de la fiscalité, perdit donc successivement sa nationalité, ses institutions civiles et municipales, sa richesse territoriale, sa vieille langue et jusqu'à son nom. On ne connaissait plus ces Gaulois que sous le nom de Romains, nom devenu pour eux le symbole de la décrépitude et de la honte. (« L'état « des Gaulois, sous le gouvernement impérial, fut la « servitude politique la plus avilissante et la plus « cruelle. » Mademoiselle de Lézardière : *Théorie des lois politiques de la France.*)

« Le titre de citoyens romains, que portaient les « Gaulois n'appartenait, depuis longtemps, qu'à des esclaves. » (Mably, *Observations sur l'histoire de France*, t. I, p. 243).

« A la place du vieux culte national, des sacrifices « druidiques interdits sous peine de mort, on avait « imposé à la Gaule la hideuse idolàtrie des Césars « divinisés par un Sénat avili. Cet indomptable cou-« rage qui, naguère, avait signalé ses habitants à « l'admiration du monde, avait disparu avec leur « liberté. Amissa virtute pariter et libertate. » Tacite *Agric.* 11 ; *Ann.* XI, 13 ; *German.* 28. — Dœllinger, *Heidenthum und Judenthum*, p. 611-613.

Tacite ajoute, comme complément, et pour mieux caractériser la démoralisation, que, sous les Empereurs, Rome avait porté la corruption dans toutes les provinces du monde conquis sous la République, et que le siège de toute espèce d'administration était une école permanente d'oppression et de dépravation où régnaient l'avarice et la sensualité toujours insatiables et toujours impunies. (Dœllinger, *Heidenthum und Judenthum*, p. 728).

Cette corruption s'était particulièrement fait jour en Gaule, à côté de la dégradation morale produite par le libertinage, les vices, l'insatiable avidité des agents du fisc et l'usure des traitants. Les villes et les particuliers étaient accablés sous les charges et les dettes ; la misère comme la corruption, était générale et à son comble.

Entre temps, les peuplades d'Outre-Rhin n'ont pas manqué de renouveler leurs attaques et leurs prises de possession sur tous les points du territoire gaulois. C'est saint Jérôme qui nous a laissé la formidable énumération des nations étrangères, dites barbares par les Romains, qui ont envahi la Gaule, sous la domination impériale: « Tout, dit le saint écrivain,
« ce qui se trouve entre les Alpes et les Pyrénées,
« entre le Rhin et l'Océan, a été dévasté par le
« Quade, le Vandale, le Sarmate, l'Alain, le Gépide,
« l'Hérule, le Burgonde, l'Aléman, et, ô calamité
« suprême! par le Hun.. »

Saint Jérôme, *Lettre à Ager*, t. IV, p. 748, édit. de 1706. Voir t. II, page 252, *Pays de la Sarre. Note.*

Ces attaques et ces envahissements n'ont pu avoir lieu sans le cortège habituel de tourmentes, de vexations, de souffrances morales et autres. Il en est résulté que la masse populaire de la Gaule a appris par propre expérience que « le régime brutal et « capricieux des Barbares était moins horrible que « l'oppression savante et systématique de l'empire. » Henri Martin, p. 354. — Le Hueron en fournit la preuve par des textes irréfragables dans ses *Origines mérovingiennes*. Paris, 1843, p. 251.

De ce même fait d'expérience est sorti le désir populaire d'échanger le régime romain contre le régime même inconnu d'une de ces nations barbares.

C'est peu à peu que cette corruption gagna les diverses couches des peuplades gauloises devenues romaines et, chose étonnante! cette gangrène se propagea en même temps et presque parallèlement au développement du christianisme dans les mêmes contrées.

C'est de l'an 58 à l'an 50 avant J.-C., que date la domination romaine; c'est de la trentième année de la vie de Jésus-Christ, que date le christianisme.

« Jésus passa les trente premières années de sa vie auprès de ses parents, à Nazareth, partageant leurs travaux d'artisans; car Joseph, son père, était charpentier de son état. Jusque-là, Jésus n'avait qu'une seule fois laissé entrevoir ce qu'il serait un jour : dès l'âge de douze ans, il discourut dans le temple avec les docteurs de la loi, et les étonna par la sagesse de ses réponses. A trente ans, il commença sa mission et s'annonça comme le Messie. Il se fit d'abord baptiser, par saint Jean-Baptiste, dans les eaux du Jourdain; puis, il choisit douze disciples, connus depuis sous le nom d'apôtres, et

CHATEAU DE SIERSBERG.

parcourant avec eux les villes de la Judée, prêchant aux hommes la charité, l'amour de Dieu, l'attente d'une autre vie, donnant l'exemple de toutes les vertus et confirmant ses dogmes par une foule de miracles. Il changea l'eau en vin aux noces de Cana, rendit la santé aux malades, la vue aux aveugles, l'ouïe aux sourds ; il ressuscita le fils de la veuve de Naïm, ainsi que Lazare. Les nouveaux dogmes qu'il enseignait et les réformes qu'il prescrivait soulevèrent contre lui les Pharisiens et les prêtres juifs. Ils l'accusèrent, devant le Gouverneur romain, Ponce-Pilate, de se dire *roi des Juifs* et de vouloir renverser le Gouvernement établi ; en même temps, ils séduisirent Judas, un de ses disciples, afin qu'il leur livrât son maître, et ils se saisirent de la personne de celui-ci pendant qu'il était à Jérusalem, où il était venu pour faire la Pâque. Renvoyé par Pilate devant Caïphe, grand-prêtre des Juifs, il fut jugé par le Sanhédrin (1), composé du prince des prêtres et des principaux magistrats, et condamné comme blasphémateur, pour s'être dit le *Fils de Dieu*. Il eut, dès lors, à subir toutes sortes d'outrages ; il fut battu de verges, puis, attaché à une croix sur le Calvaire, et il rendit l'âme après une longue et douloureuse passion, ayant supporté tant de douleurs avec une résignation admirable et pardonnant à ses bourreaux. Il était dans la trente-troisième année de sa vie et dans la troisième de sa prédication. Sa mort fut accompagnée de plusieurs prodiges. Jésus ressuscita le troisième

---

(1) Conseil suprême ou Sénat des Juifs ; il était composé de 71 membres des principaux de la nation : trois dignitaires, le *prince*, le *vice-gérant*, le *sage* y présidaient ; les séances se tenaient dans une salle sphérique, moitié comprise dans le temple, moitié en dehors de cet édifice.

jour, comme il l'avait prédit, et, quoiqu'on eût mis des gardes auprès du tombeau ; il apparut ensuite à ses disciples, qu'il eut grand'peine à convaincre, et qu'il chargea d'aller instruire tous les peuples. Quarante jours après sa résurrection, étant sur le mont des Oliviers, il s'éleva au ciel en présence de ses disciples. Le surnom de *Christ* que l'on joint au nom de Jésus, est un mot grec qui signifie *oint* ou *sacré*. Les détails de la vie et des prédications de Jésus-Christ nous ont été conservés par les quatre Évangélistes, saint Mathieu, saint Luc, saint Jean et saint Marc. L'Église, outre le culte qu'elle rend chaque jour à Jésus-Christ, dans le sacrifice de la messe, a consacré plusieurs fêtes à la commémoration des principaux événements de sa vie mortelle, tels que Noël, Pâques, etc., etc.

C'est l'an 34 de notre ère, ou de l'ère moderne, ou de Jésus-Christ, que, d'après les Évangiles (1), Notre-Seigneur Jésus-Christ est mort sur la croix et fut reconnu pour le Messie prédit par les prophètes. Le Christianisme, sa religion, était fondée, et sa mission terrestre terminée, c'est-à-dire que les Apôtres, ses Disciples, en étaient chargés.

Pour lors, la divinité du maître, annoncée par les prophètes depuis le commencement du monde, étant démontrée, prouvée par l'accomplissement des prédications et reconnue par les plus grands philosophes de l'univers, nous n'avons qu'à l'adorer comme le souverain Seigneur tout-puissant des choses et des cœurs, et il reste aux Apôtres à montrer que quiconque veut comprendre, peut reconnaître, dans ce

---

(1) C'est-à-dire l'histoire des actions, des souffrances et des enseignements de Jésus-Christ.

chef, le vainqueur de Satan annoncé dès l'Eden ; le Rejeton sacré promis à Abraham ; le Pacifique entrevu par Jacob ; le Législateur définitif pressenti par Moïse, le martyr dont David a chanté les tristesses, les abandons, les meurtrissures, la crucifixion, la résurrection ; l'Enfant de la Vierge et l'Homme de la douleur magnifié par Isaïe, le Christ de Daniel, l'Ange et le Désiré des nations d'Aggée ; bref, celui dont toutes les lois de Prophétisme ont dit un mot qui s'est réalisé (1).

D'après la tradition populaire, c'est en l'an 60, après la naissance de Notre-Seigneur Jésus-Christ, que saint Pierre, le chef des Apôtres, vint à Rome établir son siège pontifical et prêcher la religion qui fit de rapides progrès. En l'année 64, elle était à même de triompher de la première et de la plus sanglante persécution, celle de Néron. Ce fut dans cette tourmente sanglante que le Prince des Apôtres (nom et titre donné à saint Pierre), reçut la palme du martyre à la tête de son troupeau (2). Tacite compare la propagande chrétienne à un torrent ; arrêtée un instant, dans son essor, par la mort du Christ, sous Tibère, elle avait bientôt débordé de nouveau et envahi, non seulement la Judée, mais Rome

---

(1) Mgr Touchet. *Oraison funèbre de Mgr d'Hulst*, 1896.

(2) Saint Pierre, pêcheur de son état, et frère de saint André, était le premier disciple du Sauveur. Jésus le choisit, en 32, pour vicaire, en lui adressant ces paroles : « Tu es Pierre, et sur cette pierre, je bâtirai mon église ». Effrayé pendant la passion de Jésus, Pierre renia son maître, et se repentit bientôt. Il fut un de ceux qui furent les premiers instruits de la résurrection de Jésus-Christ. Il prêcha avec succès le christianisme dans Jérusalem, convertit, en un jour, 5,000 Juifs ou étrangers, siégea d'abord à Antioche, puis passa à Rome, où il fut martyrisé avec saint Paul, en 65 ou 66. Il fut crucifié, la tête en bas, sur sa demande, ne se jugeant pas digne de subir ce supplice de la même manière que son maître.

même (1). Aussi ne fut-ce pas sur quelques individus isolés que s'assouvit la fureur du tyran, mais sur une multitude immense, *multitudo ingens* (2). Pour avoir atteint, en Italie, au siège même des Empereurs, ce degré de force, il fallait que notre sainte religion y fût établie déjà depuis un temps assez long : On ne se trompe donc pas en reportant au règne de l'empereur Claude, qui a duré de 41 à 54, l'arrivée de saint Pierre à Rome et ses premières prédications ; Grégoire de Tours et tous les historiens sacrés sont d'accord sur ce point (3).

Comment expliquer le prodige de tant de conversions, en quelque sorte spontanées, au milieu de Juifs et de païens ? — Par la doctrine chrétienne, sans doute ; mais il ne faut pas non plus oublier que, pendant le drame du Calvaire, beaucoup de Juifs étaient attentifs, à Jérusalem, à ce qui se passait, et que bon nombre d'entre eux, forcés par la vérité, ont dû rendre à la divinité de Jésus-Christ, le témoignage de l'historien Josèphe, que, entre autres, nous nous plaisons à citer. Cet aveu sera en même temps une réponse aux prétendus philosophes et aux incrédules qui n'admettent pas que tout ce qui a été annoncé par les Prophètes, s'est accompli dans le Christ : « En ce temps-là, dit Josèphe, au temps de « Ponce-Pilate, vivait Jésus, qui était un homme « sage, si toutefois on doit le considérer simplement « comme un homme, tant ses œuvres étaient admi-

---

(1) Repressa in præsens rursus erumpebat, non modo per Judæum, originem ejus mali, sed per orbem etiam. Tacite, *Annales*, liv. 15, ch. 44.

(2) Igitur primum correpti qui fatebantur, deinde indicis eorum multitudo ingens. Tacite, ibid.

(3) Grégoire de Tours. *Histoire ecclésiastique des Francs*. Trad. de J. Guadet et Turenne. Paris 1836. Id. Trad. de Guizot, 1861.

« rables. Il enseignait ceux qui prenaient plaisir à
« être instruits de la vérité, et il eut pour disciples
« plusieurs Juifs et beaucoup de Gentils. Il était le
« Christ. Des principaux de notre nation l'ayant ac-
« cusé devant Pilate, celui-ci le fit crucifier. Ceux
« qui l'avaient aimé pendant sa vie, ne l'abandon-
« nèrent point après sa mort. Il leur apparut vivant
« et ressuscité, trois jours après sa mort, comme les
« saints Prophètes l'avaient prédit, et fit plusieurs
« autres miracles. C'est de lui que les chrétiens,
« que nous voyons encore aujourd'hui, ont tiré leur
« nom. » (*Hist. des Juifs*, traduite par Arnauld
d'Andilly, l. XVIII, ch. IV, p. 418 et 419, édit. d'Amsterdam, 1700.)

Josèphe était Juif, issu de la famille des Macchabées et de la secte des Pharisiens. Il vivait à peine un siècle après la venue du Messie ; il est né, à Jérusalem, l'an 137 de notre ère.

Cet hommage indirect et comme forcé, rendu à la divinité de Jésus-Christ par un auteur profane juif, confirme ce que chaque chrétien lit dans l'Évangile sur la vie et la mort de Notre-Seigneur, sur ses miracles, sa doctrine céleste et sa glorieuse résurrection.

Le même Évangile nous apprend par saint Mathieu, ch. 28, v. 19, et saint Marc, ch. 13, v. 10, ces paroles adressées par Jésus en s'approchant de ses Apôtres après sa résurrection :

« Allez et instruisez toutes les nations, les bapti-
« sant au nom du Père, et du Fils et du Saint-
« Esprit. »

Après cela, comment admettre que les Apôtres, convaincus de la divinité de leur Maître, et aussi formellement investis par lui de la mission d'évangéliser *toute créature,* aient tardé à le faire, comme quelques-uns le prétendent? Cela n'est pas admissible. Et de fait, est-il seulement vraisemblable qu'après leurs beaux succès à Rome, les Apôtres aient mis moins de zèle à éclairer des lumières de la Foi les autres parties de l'Empire? Les routes de la Gaule n'étaient-elles pas ouvertes comme celles de l'Italie? Et, sans routes même, les Alpes étaient-elles plus infranchissables pour des missionnaires que pour des légionnaires? Ceux-ci étaient préposés à la garde des frontières et, par eux, les croyances chrétiennes se répandaient dans les bourgades et les campagnes, comme semées par autant d'Apôtres. Ces soldats se recrutaient principalement à Rome et en Italie, où le Christianisme avait fait, dès l'abord, tant de prosélytes. Ils durent même nous apporter, dans leurs rangs, plus de chrétiens que de partout ailleurs. L'Évangile dut donc, de bonne heure, presque en même temps que dans la métropole, avoir aussi, dans nos contrées, des fidèles, des néophytes. Du reste, on ne peut nier la présence de nombreux adhérents dans nos contrées, dès les premières années, puisque, de l'an 54 à l'an 68, l'Empereur Néron les y a persécutés pendant quatre ans (1).

Pendant ce temps, saint Paul entreprenait, de son côté, ses nombreuses excursions apostoliques, ainsi que faisaient ses collègues, dont les disciples allaient porter le nom et la connaissance du Christ Rédempteur aux peuples de l'Asie et de l'Afrique. Pierre, seul, pendant ce temps, serait resté inactif, bornant

---

(1) La date de cette persécution est certaine; elle est fixée par l'incendie de Rome dont Tacite a tracé le tableau.

son zèle à l'Italie, sans se préoccuper de l'évangélisation du reste de l'Occident, dont le soin lui avait été spécialement confié, oubliant Lyon, la Rome de la Gaule, oubliant Divodurum, Reims, et tant d'autres cités alors déjà importantes.

D'autres raisons, résultant des nombreux liens qui existaient, déjà alors, entre nos contrées et le centre de l'Empire, ne pouvaient tarder à propager la nouvelle doctrine parmi le peuple gaulois, si désireux d'apprendre qu'il se portait au-devant des étrangers pour leur offrir l'hospitalité et les questionner, attachant même aux récits des étrangers et à leur personne une idée religieuse, quelque chose de sacré. N'était-ce pas là, la plus merveilleuse disposition pour recevoir les premiers croyants et s'éclairer de leurs prédications ?

De plus, les marchands romains remplissaient nos contrées, et nos aïeux avaient acquis d'Auguste le droit de bourgeoisie romaine. En outre, l'Empereur Claude leur avait accordé l'accès à toutes les dignités et à toutes les charges de la cité et du Sénat. En leur qualité de citoyens de Rome, ils étaient donc souvent appelés au chef-lieu de l'Empire, d'où ils rapportaient toutes les nouvelles, toutes les particularités.

Cette prétendue inaction, injurieuse pour saint Pierre, comme chef du Collège apostolique, et dénuée de toute vraisemblance, se trouve, d'ailleurs, démentie par des témoignages positifs d'une haute valeur.

« La loi mosaïque, écrit saint Justin, dans la pre-
« mière moitié du *second* siècle (1), est si loin d'être

---

(1) An. 140. *Dialogue avec le Juif Tryphon.* Patr. Græc. Migne, t. VI, cat. 748-749.

étendue de l'Orient à l'Occident, que maintenant, « encore, il y a des nations entières parmi lesquelles « un homme de race juive n'a jamais pénétré. Or, « *il n'est pas une seule race de mortels, grecs ou « barbares, ou de quelque nom qu'on puisse les « appeler*, soit des peuplades scythes, qui habitent « des chars errants, soit des tribus sauvages, qui « vivent sous la tente, *il n'en est pas une*, au sein « de laquelle des prières et des actions de grâces « ne soient rendues au Père, créateur de toutes « choses, *au nom de Jésus crucifié.* »

« Tertulien (200 ans environ après J.-C.), atteste « le même fait : « Les diverses espèces de Gétules... « et les *différentes nations des Gaules* et les lieux « inaccessibles de la Bretagne *adorent le Christ ;* « et encore : *Il n'est aucune nation qui soit étran-« gère au Dieu des chrétiens ;* la lumière de l'Évan-« gile éclaire *toute la terre et les confins du globe.* »

« Mais écoutons saint Irénée (1), dont le témoi-« gnage est beaucoup plus explicite : « *Les Églises,* « dit-il, *qui ont été fondées dans les Germanies* (2), « n'ont pas une croyance, ni une *tradition* diffé-« rentes de celles qui existent... *chez les Celtes* (3), « en Orient, en Égypte, en Italie, le centre du « monde.* »

Ce texte embarrasse à ce point les antitraditionnels (ceux qui n'admettent pas l'antique tradition de nos ancêtres, qui avaient toujours cru qu'en nos

---

(1) *Adversus hæreses*, I. 115 (vers 170 ap. J.-C.

(2) « In Germaniis quæ fundatæ sunt ecclesiæ ». « αἵ εν Γερμανίαις ἱδρυμέναι ἐκκλησίαι ». — Depuis Auguste, chaque civitas de la Gaule se composait du territoire d'une peuplade principale.

(3) Pour saint Irénée, les Celtes désignent la population tout entière des Gaules.

contrées l'origine de la religion chrétienne remontait au berceau même du Christianisme), qu'ils se sont évertués d'en atténuer la force par des arguties de tout genre.

Ainsi le déclare M. l'abbé Adolphe Servais, dans son savant ouvrage, intitulé : « *Étude historique et critique sur saint Materne, sa mission et son culte.* Namur, in-8°, 1890. »

M. Servais ajoute, comme réflexions complémentaires, que saint Irénée ne dit pas « *en Germanie* » mais « *dans les. Germanies* » qui, pour nous, embrassent les Germanies romaines de ce côté-ci du Rhin, et le véritable pays des Germains, s'étendant jusqu'au fleuve Ger de la Scythie, c'est-à-dire les pays de la rive droite du Rhin. Si donc, à l'époque de saint Irénée, les contrées voisines des Daces et des Sarmates étaient, *avant la fin du second siècle*, pourvues d'églises, les contrées situées sur la rive gauche du même fleuve en possédaient également, et à bien plus forte raison que celles-là.

Du moment qu'il est ainsi indubitablement reconnu qu'à l'époque d'Irénée, c'est-à-dire, avant la fin du second siècle, il y avait tant de chrétiens dans nos contrées, il faut nécessairement aussi admettre, avec ce saint Docteur, qu'à cette époque, et même dès le commencement de cette époque, il y avait, comme il le dit, des *églises fondées*, des sociétés organisées, et non pas de quelques chrétiens, disséminés çà et là, abandonnés à leur propre direction : c'étaient, au contraire, des communautés hiérarchiquement constituées, soumises à l'autorité d'un évêque, pourvues de pasteurs, qui leur dispensaient la saine doctrine, puisqu'il est fait appel, contre les hérétiques, à leur enseignement et à leur tradition (1). A ces textes décisifs s'ajoutent encore d'importantes découvertes modernes :

Dans les fragments de la Théophanie d'Eusèbe, mise au jour en 1831, on peut bien lire ce passage significatif : *Pierre s'occupait et prenait soin de l'Italie et de tous les peuples qui l'avoisinent.* Dira-t-on que parmi les peuples, objets de la particulière sollicitude du chef de l'Église, du Patriarche de l'Occident, les Gaulois, et les Gaulois seuls, furent négligés, moins bien partagés que les autres ?

A la suite de l'*Abrégé des Canons des Apôtres*, d'Ebeljesse, édités par Assemani, d'après les manuscrits chaldaïques de la Bibliothèque Vaticane, publiés, en 1838, par le cardinal Maï, et, en dernier lieu, par Cureton et Wigt, en 1864, on remarque un recensement des contrées évangélisées par les soins des Apôtres. Cette recension date du IIIe siècle. A la page 67 de l'*Histoire des Conciles*, Héfelé dit : « La ville de Rome, toute l'Italie, l'Espagne et la *Gaule*, avec les *autres contrées voisines*, reçurent la lumière de l'Évangile de la main de *Simon Céphas*, qui était monté d'Antioche et fut le maître et le chef de l'Église qu'il fonda à Rome et dans le voisinage ; *de sorte que, par le ministère sacerdotal que les Apôtres eux-mêmes reçurent de Notre-Seigneur, leur voix se répandit avec rapidité jusqu'aux quatre extrémités du monde.* »

Devant des textes si clairs, nous aimons à espérer que les adversaires de la Tradition qui, depuis le XVIIIe siècle, se sont élevés contre ce qu'ils appellent

---

(1) Friedrich. *Kirchengeschichte Deutschlands*, p. 82. — Mamachi. *Orig. et Ant. Christ.* Tome II, p. 243. Annot. 6.

les traditions des siècles d'ignorance, cesseront de considérer nos antiques croyances comme des fables, et les respecteront, au contraire, avec nous, comme les croyances les plus glorieuses pour notre pays.

Ils admettront comme nous et avec nous, que saint Clément, saint Materne et ses deux compagnons, Euchaire et Valère, ont été envoyés en nos provinces par saint Pierre, dès les premiers temps de ses prédications, et non au troisième siècle, ainsi que des savants, armés d'une impitoyable critique, l'ont prétendu.

A cette époque, sous l'Empereur Dèce († 251), (l'historien des Francs le dit formellement, liv. I, ch. XXVIII), quand de nombreuses guerres s'élevèrent contre le nom des chrétiens, sept évêques furent envoyés de Rome pour prêcher la foi dans les Gaules. Cela est attesté de même par la *Passion de saint Saturnin*, qui dit, en effet, qu'à cette époque où Toulouse commença à avoir Saturnin comme son premier et souverain prêtre, Tours, Arles, Narbonne, Paris, les Arvernes et Limoges, eurent aussi, pour évêques, Gatien, Trophime, Paul, Denys, Austremoine et Martial.

Les missions de saint Materne et de saint Clément remontent, au contraire, vers l'année 66. Alors saint Pierre, ayant la secrète intuition que le temps de son martyre approchait, réunit ses disciples autour de lui, et leur parla ainsi : « Chers Frères, Notre-Seigneur Jésus-Christ m'a envoyé, moi et les autres Apôtres, par tout le monde, comme des brebis au milieu des loups, pour multiplier et féconder les fruits qu'il a semés. C'est pourquoi, je veux aussi vous envoyer par le monde, pour le salut des âmes. »

Et, avant sa mort, il envoya saint Clément à Metz, saint Materne à Trèves et d'autres, en d'autres lieux.

Et Rome et la Gaule, que devinrent-elles, depuis la naissance de Jésus-Christ?

L'Empire, constitué sous Auguste, l'an 29 avant Jésus-Christ, par la réunion de la Gaule aux provinces romaines, en un seul et unique État, persista ainsi sans interruption jusqu'à Dioclétien, ou plutôt jusqu'à la mort de Théodose, l'an 395 après Jésus-Christ. Alors, il se partagea en Empire d'Occident et en Empire d'Orient. Malgré les persécutions, le Christianisme continua ses extensions tandis qu'il y eut quelques troubles à l'intérieur, et que, à l'extérieur, les hostilités continuèrent avec les Germains du Rhin et les Germains du Danube.

Les premiers troubles vinrent de ce que, en 70, la Germanie, de ce côté-ci du Rhin, fut agitée et communiqua le feu à une partie des Gaules. Civilis, d'extraction royale, et distingué, à cause de cela, entre tous les Bataves et plus encore par sa bravoure et l'activité de son génie fécond en expédients et en ressources, voulant rétablir l'empire des Gaules, il gagna dans son parti Julius Classicus, né dans le pays de Trèves, et colonel d'un régiment de cavalerie de sa nation, au service des Romains. Classicus était célèbre parmi ses compatriotes, par son crédit et par sa naissance qu'il tirait des anciens rois de la contrée. Il comptait une longue suite d'ancêtres qui s'étaient illustrés dans la paix et dans la guerre ; mais il se faisait surtout honneur d'être, par son origine, plutôt l'ennemi des Romains que leur allié. A Classicus se joignirent Julius Tutor et Julius (1) Sabinus, l'un de Trèves, l'autre de Langres. Tutor avait été chargé par Vitellius (qui avait été proclamé Empereur à Cologne, le 2 janvier 69) de garder la rive du Rhin. Sabinus, esprit vain et léger, se prétendait issu de Jules César, à qui, disait-il, sa bisaïeule avait plu dans le temps que ce conquérant faisait la guerre dans les Gaules. Il se glorifiait beaucoup d'être descendu de celui qui avait subjugué sa patrie.

Les conjurés, favorisés dans leur révolte par les troubles qui agitaient le pays, et par la domination encore chancelante de Vespasien, qui venait de succéder à Vitellius, défirent les Romains en plusieurs rencontres, et ces derniers ajoutèrent la perfidie à la honte d'avoir été vaincus. Classicus vint camper dans une plaine, à deux lieues de Nuyts, où se trama une négociation infâme et inouïe : Une armée romaine s'y laissa persuader de prêter serment au nouvel *Empire des Gaulois* et de sceller un engagement si honteux par la mort ou la captivité de ses commandants.

Tutor, s'étant présenté devant Cologne avec des forces considérables, contraignit les habitants de prêter le même serment que celui des légions du camp de Nuyts. Il l'exigea et le reçut pareillement de tout ce qu'il y avait de soldats du côté de Mayence et sur le Haut-Rhin. Les officiers qui le refusèrent, furent tués ou chassés.

Restait le camp de *Vetera*, aujourd'hui Xanten, dans l'île des Bataves, où les légions assiégées avaient

---

(1) La fréquence du nom de Julius rappelle les nombreux annoblissements de Jules César.

supporté jusque-là les plus affreuses extrémités de la disette. Classicus profita de cette circonstance pour les obliger à jurer également fidélité à l'Empire des Gaulois.

Le pays messin étant demeuré fidèle aux Romains, ce soulèvement batave n'y apporta pas grand trouble.

Il en fut autrement sous l'irruption de Chrocus qui lui aussi, profita de la faiblesse et de la division qui déchirait alors l'Empire, pour s'y jeter, à la tête d'une armée formidable d'Allemands. C'était un homme fier et superbe, qui se plaisait à renverser les monuments les plus précieux, suivant, en cela, comme on le prétend, les conseils de sa mère, à qui il avait demandé comment il pourrait se rendre célèbre. Ayant appris que c'était en *détruisant tout par le fer et le feu*, il ravagea tout sur son passage, massacrant les habitants et brûlant les constructions, avec l'impétuosité d'un torrent qui a rompu sa digue. Il pénétra ainsi jusqu'à Arles, où il fut pris par un officier romain du nom de Marius, qui, pour le punir et le donner en même temps en spectacle, le reconduisit dans les villes qu'il avait saccagées, et le fit enfin mourir dans les tourments, après divers opprobres.

Pendant 176 années, la guerre dura contre les Germains : elle fut offensive de la part des Romains (de 15 ans avant Jésus-Christ jusque 161 ans après Jésus-Christ) ; elle devint défensive ensuite.

Au commencement du Ier siècle de notre ère, les Chérusques et les Marcomans étant, de tous les peuples germains, les plus puissants, avaient formé chacun une confédération de tous leurs voisins. Vers l'an 10, les deux ligues furent sur le point de se réunir. Mais la première se décomposa, pendant que la seconde, sous le nom de *Ligue des Suèves*, dite aussi *Ligue des Alémans*, devint redoutable.

Vers 244, la Ligue Chérusque se réorganisa sous le nom de *Ligue des Francs*, et les attaques perpétuelles des unes et des autres de toutes ces peuplades liguées, pendant 160 ans (de 244 à 403), affaiblirent immensément l'Empire d'Occident.

La grande invasion de 408, quoique opérée par des Slaves et des Scythes, plus encore que par des Suèves, et malgré l'opposition des Francs, porta la décadence de l'Empire d'Occident au plus haut point, et les Wisigoths, les Burgondes et les Suèves s'établirent en Gaule et en Espagne. Les Francs parurent à leur tour, et portèrent les derniers coups, de 420 à 486, avec Attila, roi des Huns, surnommé le *fléau de Dieu*, qui fit une irruption terrible dans nos pays, en 451. Il détruisit tout, sans rien épargner, et c'est à lui et à Chrocus que sont dus les plus grands dépeuplements et les plus grandes ruines que nos provinces de l'Est ont jamais subies. Les Vandales étaient en Afrique depuis 429 ; les Hérules, en 476, les Ostrogoths, en 493, les Lombards, en 568, devinrent les maîtres de l'Italie ; de 455 à 584, les Jutes, Saxons et Angles occupèrent presque toute la ci-devant Bretagne romaine. L'Empire d'Occident devint donc presque exclusivement la proie des peuples germains. Plusieurs d'entre ces peuples disparurent ; les Ostrogoths et les Vandales sous les coups des Grecs, les Suèves sous les Wisigoths, ceux-ci sous les Arabes ; les Jutes, Angles et Saxons sous les Normands, les Lombards, devant les Francs. Finalement, les Francs devinrent le peuple dominateur dans l'ancien Empire d'Occident et dans toutes les Germanies, tant transrhénanes que cisrhénanes.

Entre-temps, il y eut dix persécutions religieuses : Sous *Néron*, de 64 à 68 ; sous *Domitien*, en 95 ; sous *Trajan*, en 106 ; sous *Marc-Aurèle*, de 166 à 177 ; sous *Septime Sévère*, de 199 à 204 ; sous *Maximin*, de 235 à 238 ; sous *Decius* ou *Dèce*, de 250 à 252 ; sous *Valérien*, de 258 à 260 ; sous *Aurélien*, en 375 ; sous *Dioclétien*, de 303 à 313. L'avènement de ce dernier persécuteur a été nommé l'*ère des Martyrs*. Des sophistes et des imposteurs (Simon-le-Magicien, Apollonius de Tyanes, etc.), prétendirent égaler les miracles de la nouvelle religion. De nombreux hérétiques (les Gnostiques au IIe siècle, Manès et les Sabelliens au IIIe siècle, Arius, Donat, Pelage, Nestorius, Eutychès et Muron, du IVe au VIe siècle), essayèrent de corrompre la pureté de la foi. Mais la religion triompha de tous ces obstacles par la constance de ses martyrs, par l'éloquence de ses apologistes et des Pères de l'Église, tels que : Lactance, Tertullien, saint Grégoire de Nazianze, saint Basile, saint Jean Chrysostôme, saint Athanase, saint Jérôme, saint Augustin, etc. Enfin, l'Empereur Constantin, par le célèbre édit de Milan, 313, fit de la religion chrétienne la religion de l'Empire, et la foi catholique fut formulée dans le symbole du Concile de Nicée (325). Depuis, le Christianisme eut trois grands travaux à remplir : combattre les hérésies, convertir à ses doctrines les barbares, conserver et répandre les lumières de la civilisation.

Saint Étienne est le premier martyr signalé ; il fut

LES PAYS DE LA SARRE
Planche XXXI.

PHOT. DE FISENNE.　　　　　　　　　　　　　　　　IMP. LORRAINE.

MONUMENT DE MITHRA
DÉCOUVERT ET RECONSTITUÉ A SARREBOURG
Par M. DE FISENNE.
Tel qu'il existe au Musée de Metz.

lapidé par les juifs à Jérusalem. Les autres massacres eurent particulièrement lieu à Rome, dans la capitale de l'Empire et sous les yeux des souverains.

Dans nos pays, et dans les premiers temps de persécutions à Rome, il n'y a pas eu de martyres et s'il faut en chercher la raison, ce n'est pas dans l'absence d'ordres donnés à cette fin, mais plutôt parce que les clercs ne se distinguaient des laïcs que par la tonsure. Vers la fin du Ve siècle seulement, ils commencèrent à porter un manteau et une ceinture, au lieu de la tunique et de la saie, qui étaient auparavant leur habit ordinaire. Plusieurs, après leur ordination, continuèrent même à vivre du travail de leurs mains, à l'exemple de saint Paul; d'autres, ayant distribué aux pauvres leur patrimoine, avant d'être élevés aux ordres, suivaient le même exemple, ou vivaient de la distribution, en espèces ou en objets, que leur faisait l'Église, selon leurs besoins et selon leur ordre.

Pendant que le soldat romain faisait donc du prosélytisme sur le Rhin et sous la tente, l'apôtre, inconnu, caché, protégé sous la chaumière du pauvre, fit entendre à l'oreille charmée et surprise de ses premiers hôtes, les vérités de notre sublime religion, le grand principe de la fraternité universelle, et Dieu fait homme pour sauver le genre humain.

A Rome, sous l'œil vigilant des Césars, où, à cause de la nouveauté, la religion du Christ eut d'abord une certaine vogue (1); elle fut bientôt proscrite officiellement, en même temps que le druidisme et ses odieux holocaustes. Toutefois, le culte public du Christianisme, substitué à celui de Teut, d'Isis ou

---

(1) Selon Tacite. *Annales*, liv. 15, chap. 44.

de Mithra, produisit l'idolâtrie romaine ; mais cette lutte même, entre les divinités du lendemain, fut favorable au culte du vrai Dieu, en ébranlant les convictions anciennes et en montrant aux idolâtres, de quelque côté qu'ils fussent, le néant de leurs dogmes, l'absurdité de leurs oracles.

Disons aussi, en passant, que la première religion de nos pères, le druidisme, quelque horrible qu'il fût dans la pratique, reposait sur deux principes sublimes, l'existence d'un être suprême et l'immortalité de l'âme ; les druides avaient aussi une idée, mal définie et encore plus mal appliquée, de l'expiation par le sang, comme un écho perdu de la voix des Prophètes et du grand mystère de la Rédemption. La religion du Christ apportait donc à nos pères tout ce qu'ils avaient en vain cherché ; elle leur donnait ce Dieu jusqu'alors inconnu, leur montrait le but de l'immortalité et l'accomplissement de la véritable rédemption.

Malgré cela, ce ne fut qu'à la longue que ces vérités ont pu être comprises. De 31 ans avant Jésus-Christ à 476 ans après Jésus-Christ, Rome a compté 30 tyrans et 79 empereurs, et ceux qui ont régné pendant les trois premiers siècles de l'ère chrétienne, lancèrent de nombreux édits contre les chrétiens. Ces édits ne furent même jamais révoqués, et, pendant ce long espace de temps, la persécution fut presque continue. Pourtant, quelques princes firent exécuter les édits avec plus de rigueur, et poursuivirent les fidèles avec plus d'acharnement ; c'est pourquoi l'on a compté dix persécutions générales jusqu'à celle de Dioclétien.

La première fut ordonnée par Néron. Ce tyran,

que l'on accusait de l'incendie de Rome, imputa son crime aux chrétiens, et la religion naissante, prêchée par saint Pierre et saint Paul, fut proscrite (64). Des supplices nouveaux furent inventés pour punir un forfait d'une nouvelle espèce. *Convaincus d'être odieux au genre humain*, les chrétiens étaient revêtus de peaux de bêtes et jetés aux chiens ; enduits de résine, ils servaient de torches pour illuminer les jardins de Néron. Saint Pierre fut crucifié sur le Janicule ; saint Paul, en sa qualité de citoyen romain, eut la tête tranchée (1).

Les troubles de l'Empire et les règnes pacifiques de Vespasien et de Titus donnèrent quelque relâche aux chrétiens. Mais sous Domitien, la persécution recommença (93). Ce prince voyait avec effroi la religion chrétienne pénétrer jusque dans son palais ; il n'épargna personne. Clément, son cousin-germain, fut mis à mort, et sa femme envoyée en exil, parce que tous deux étaient chrétiens. Un consul, Glabrion, subit le sort de Clément, et saint Jean l'Évangéliste, après avoir été plongé, à Rome, dans l'huile bouillante, fut relégué à l'île de Pathmos, où il écrivit l'Apocalypse.

Un édit contre les sociétés secrètes fut le prétexte d'une nouvelle persécution sous Trajan (106). On confondait les mystères des chrétiens avec ceux de ces sectes impures, qui se réunissaient dans les ténèbres, pour commettre les excès les plus hideux. La chasteté était alors une vertu si inconnue dans

---

(1) Saint Paul, né de parents juifs, l'an 2 de Jésus-Christ, porta d'abord le nom de Saul, et fut au nombre des persécuteurs des chrétiens. A la suite d'une vision, il se convertit et devint un des plus ardents apôtres de la religion nouvelle.

le monde romain, que les païens ne concevaient pas même qu'elle pût exister chez les chrétiens ; ils les accusaient de se cacher pour se livrer à d'infâmes débauches. Le dogme de l'Eucharistie, dont ils n'avaient qu'une idée confuse, leur fournissait un sujet d'accusations absurdes, et l'Église fut proscrite, comme renouvelant les anciennes *bacchanales*. Le quatrième successeur de saint Pierre, un évêque de Jérusalem et saint Ignace, évêque d'Antioche, furent mis à mort. Ignace, interrogé par Trajan lui-même, fut envoyé à Rome, pour être livré aux bêtes dans l'amphithéâtre, et servir à l'amusement de la populace romaine, qui ne demandait que du pain et des jeux (Panem et circenses). Cependant, sur les représentations d'un gouverneur païen, Trajan, effrayé du nombre des victimes que frappait sa loi cruelle, ordonna que les chrétiens ne seraient plus recherchés, mais qu'on punirait de mort ceux qui se feraient connaître.

Les juifs s'étaient alliés aux idolâtres contre les chrétiens. C'étaient eux qui, la plupart du temps, montraient le plus d'acharnement contre les disciples de Jésus-Christ ; c'étaient eux qui excitaient de continuelles séditions contre les plus fidèles sujets des empereurs. Le peuple, habitué à croire la prospérité de l'empire attachée au culte des dieux, attribuait aux chrétiens toutes les calamités publiques. *Si une guerre récente, une peste ou une famine affligeait l'Empire ; si une pluie excessive avait détruit les moissons; si le Tibre débordait ou si le Nil ne débordait pas, tout un peuple en fureur s'écriait : « les chrétiens aux lions !...*

Les philosophes, de leur côté, s'inquiétant du

discrédit où l'influence naissante du Christianisme menaçait de faire tomber leurs doctrines, se joignirent aussi aux juifs ; leur cause, alors, devint celle de l'idolâtrie, qu'ils défendirent d'abord par des sophismes ; mais bientôt ils appelèrent les bourreaux à leur secours. Le stoïcien Marc-Aurèle, devenu empereur, prit parti dans la lutte, et appuya ses arguments philosophiques de l'autorité de ses édits.

La quatrième persécution commença en 166. Elle fut exercée avec la même cruauté, supportée avec le même courage que les précédentes. Cependant, les chrétiens, confiants dans la vérité de leur foi, s'efforcèrent d'éclairer la rage aveugle de leurs persécuteurs. Saint Justin, dans son éloquente Apologie, prouva, jusqu'à l'évidence, la pureté de la doctrine chrétienne, la sainteté de sa morale ; il repoussa les accusations de révolte par les préceptes de l'Évangile, qui enjoignent, comme un devoir sacré, la soumission aux puissances ; il détruisit les absurdes calomnies débitées contre les assemblées des chrétiens, par le simple exposé de leurs pieuses cérémonies. « Si cette doctrine vous paraît raisonnable,
« s'écrie-t-il, en finissant, faites-en l'estime qu'elle
« mérite. Du moins, ordonnez une recherche exacte
« des crimes qu'on nous impute, et si nous ne faisons
« aucun mal, ne nous condamnez pas par cela seul
« que nous sommes chrétiens ». Cette noble défense de la loi arracha à Antonin quelques rescrits favorables aux chrétiens ; mais l'influence des philosophes, de Celse, de Crescens, ennemi personnel de Justin, détruisit l'effet qu'elle avait pu produire sur Marc-Aurèle. Les édits furent renouvelés, et Justin paya de sa vie son courage. Une des plus illustres

victimes de cette persécution fut saint Polycarpe, évêque de Smyrne. Ce vénérable vieillard, traîné à Rome, pour être jeté dans l'amphithéâtre, n'arriva que quand les jeux étaient finis, et fut brûlé vif par le peuple. L'événement, attribué aux prières d'une légion toute chrétienne, appelée *légion fulminante*, et qui sauva l'armée de Marc-Aurèle, dans sa guerre contre les Marcomans, put seul déterminer l'empereur à ralentir la persécution.

Elle se ralluma pourtant, sous son règne même, et plus violente que jamais. Les tourments auxquels on condamna les chrétiens de la Gaule, furent horribles; quelques-uns succombèrent à l'atrocité de leurs souffrances, et sacrifièrent aux idoles ; la plupart furent inébranlables. L'admirable patience d'une jeune esclave, du nom de Blandine, qui, au milieu de ses tourments, ne savait que s'écrier : « Je suis chrétienne », lassa les bourreaux eux-mêmes, stupéfaits à la vue de tant de courage. L'imagination s'épouvante de la seule pensée des tortures que l'on faisait endurer aux malheureuses victimes. Leurs corps tenaillés avec des pinces de fer rouge, déchirés par des crochets aigus, à demi consumés par les flammes ardentes ou le plomb fondu, étaient jetés dans des cachots, pour y subir, sans repos, le supplice du *chevalet*, machine qui écartait horriblement leurs membres. On ne les précipitait dans les bûchers ou dans les amphithéâtres, pour en finir, que lorsque tous les genres de supplices avaient été épuisés sur eux. Il était défendu de plaindre les victimes. Un sénateur gaulois ayant offert de plaider leur cause, on enferma *l'avocat des chrétiens* dans un cachot.

Après la mort de Marc-Aurèle, l'Église eut quelques années de trêve. Mais l'impitoyable Septime-Sévère, après avoir proscrit les ennemis de sa puissance, crut devoir proscrire aussi ceux de sa religion. Dans toutes les provinces, les instruments de supplice reparurent (196); d'illustres martyrs versèrent leur sang pour la foi. Saint Irénée, le pape Victor à Rome, les saintes femmes Félicité et Perpétue à Carthage. Ce fut en foule que les fidèles étaient conduits à la mort et si quelqu'un leur accordait un mot de compassion, il était traîné lui-même au supplice, comme suspect de christianisme.

Cependant l'héroïque courage, l'admirable union, la charité toute divine des chrétiens touchaient les persécuteurs eux-mêmes : « *Voyez comme ils s'aiment!* » disaient les païens étonnés.

L'apologétique de Tertulien, ce mâle génie, que la constance des martyrs avait gagné à la foi, présenta au Sénat la plus forte et la plus éloquente défense du christianisme. La persécution se ralentit ou changea de mode, en permettant aux chrétiens de racheter leur vie par des taxes, et quelques années après, les rigueurs cessèrent complètement sous le règne d'Alexandre Sévère. Déjà l'action du christianisme se faisait sentir dans les diverses classes de la société ; la mère d'Alexandre, imbue elle-même des maximes de l'Évangile, en avait inspiré le goût à son fils. Il adorait, dans son oratoire particulier, Jésus-Christ et Abraham, mais à côté d'Orphée et d'Apollarius de Thyane, imposteur du premier siècle. La lumière ne brillait pas encore; toutefois les ténèbres s'éclaircissaient.

Mais la féroce brutalité de Maximien, l'assassin

d'Alexandre, ne put épargner les protégés de sa victime. Il y était d'autant moins disposé que, à ses yeux, un chrétien n'était point un Romain, quels que fussent son origine et son rang ; c'était un étranger, c'était surtout un ennemi. Se refusant à toute distinction entre le bandit qui, sous le nom de *Bagaude*, attaquait, dans les provinces occidentales de l'Empire, l'ordre matériel de la société et le chrétien qui prétendait en réformer l'ordre moral, il frappait du même coup insurgés et chrétiens, dans la conviction que la *Bagaudie* ne serait déracinée que le jour où le christianisme aurait cessé de vivre.

La persécution, cette fois, frappa principalement les prêtres et les évèques ; parce qu'on craignait de dépeupler les provinces en sacrifiant tous les fidèles. On abattit aussi ou on brûla les églises et les édifices consacrés au culte.

La mort de Maximin rendit le repos à l'Église pour plusieurs années : Philippe même favorisa les chrétiens au point qu'on l'accusa lui-même d'avoir embrassé leur religion. Cette faveur leur attira la vengeance de Décius, le vainqueur et le meurtrier de Philippe.

Décius, qui croyait les chrétiens partisans de son rival, joignit à la rage du persécuteur païen toute l'opiniâtreté d'une vengeance personnelle (250) ; aucune persécution n'avait encore été aussi atroce : la mort du pape Fabien fut le prélude d'une foule d'exécutions accompagnées de tortures inouïes. Le courage manqua à bien des chrétiens que l'on flétrit du nom de *déchus*. Quelques-uns s'enfuirent dans les déserts et donnèrent, avec saint Paul l'Ermite, le premier exemple de la vie monastique. La plupart cependant firent tête à l'orage.

La Gaule et l'Afrique furent les principaux théâtres de la huitième persécution ordonnée par l'empereur Valérien. Les apôtres saint Denis et ses compagnons furent massacrés et le mont des martyrs, aujourd'hui *Montmartre*, près de Paris, fut leur tombeau.

Cependant les désastres et la captivité de l'empereur Valérien effrayèrent Gallien, son fils, qui crut y reconnaître une punition céleste et ordonna la restitution des églises et des cimetières.

Une peste épouvantable, qui ravagea l'Italie, ayant donné aux chrétiens l'occasion d'exercer leur charité envers les païens comme envers leurs frères, le peuple ému de leur dévouement revenait de sa haine contre le nom chrétien; mais l'influence croissante des nouveaux platoniciens et les écrits de Porphyre préparèrent une réaction qui éclata, en 273, sous Aurélien. La persécution recommença et ne s'interrompit guère jusqu'au règne de Dioclétien (284-305).

Pour mieux gouverner le vaste empire romain, ce prince le partagea en deux grands départements. Il prit pour lui l'Orient où la politique avait plus à faire que la guerre et donna l'Occident à son collègue: il fixa sa résidence à Nicomédie et celle de Maximien à Milan pour l'Italie et à Trèves pour la Gaule. De cette manière, Rome cessa d'être le siège du gouvernement, même en Italie. Avant de se séparer, les deux empereurs voulurent poser en commun les bases de leur administration. Ils s'entendirent aisément sur tous les points importants, un seul excepté, la question des religions; mais là, leur désaccord fut complet.

Dioclétien apportait dans l'appréciation des matières religieuses la tolérance d'un esprit supérieur. Polythéiste aussi sincère que Maximien, mais intelligent et plein de respect pour la liberté de conscience, il estimait la nouvelle doctrine et laissait à chacun le soin de s'en accommoder. Maximien, tel que nous le connaissons déjà, ne rêvait, au contraire, que l'extermination des chrétiens avec celle des Bagaudes qui venaient de se révolter. Mais ne pouvant compter, pour cela, sur les légions rhénanes, qui depuis deux ans, semblaient ménager les uns et les autres, et ne voulant pas dégarnir la ligne du Danube qui couvrait la Grèce et l'Italie, on rappela d'Orient plusieurs corps qui y étaient sans emploi, entre autres la vingt-deuxième légion, appelée *la Thébaine* parce qu'elle avait ses quartiers d'hiver à Thèbes, dans la Haute Égypte.

Pour le moment, elle stationnait en Palestine et ce fut là qu'elle reçut l'ordre de s'embarquer pour l'Italie et Rome, où elle devait trouver les instructions de Maximien. Ces instructions portaient que les différents corps tirés d'Orient, de Grèce et d'Italie se réuniraient à Octodurum, aujourd'hui Martigny-en-Valais, première ville gauloise en descendant des Alpes Pennines. L'Empereur devait y passer la revue et inaugurer la campagne par un sacrifice solennel.

Cette légion jouissait d'une grande réputation dans l'histoire des armées romaines; par sa bravoure, presque toujours couronnée de succès, elle fut appelée « la légion heureuse ». Chez les chrétiens d'Orient elle était particulièrement estimée parce qu'elle était presque entièrement chrétienne et commandée par des chefs chrétiens. C'étaient: le premier centurion Maurice, l'instructeur Exuperius et Candidus qualifié du titre de sénateur des soldats.

Les associations chrétiennes correspondaient alors entre elles avec promptitude et secret, d'un bout de l'Empire à l'autre, comme au temps des armées gauloises, et la nouvelle religion connaissait exactement ses forces dans les armées, dans les villes, dans les moindres bourgs, sur toute la surface du monde romain. On savait donc à Rome, quand la légion thébaine arriva pour y séjourner, ce qu'étaient Maurice et ses compagnons, et quels conseils ils pouvaient recevoir de l'évêque de la ville éternelle.

Ces conseils ne leur manquèrent point. Les *Actes* racontent que les trois officiers, au nom de tous leurs compagnons, s'engagèrent par serment, entre les mains du pape Caïus (1), à refuser obéissance à l'Empereur, si l'Empereur, ainsi qu'il en annonçait le dessein, voulait transformer la guerre des Bagaudes en une persécution contre les chrétiens. « Nous péri« rons par le glaive, dirent-ils avec fermeté, avant de « tirer le glaive contre nos frères et contre le Christ. »

Les choses étaient ainsi convenues, quand la légion quitta Rome. Elle reçut, en route, un ordre qui lui enjoignit de se diviser, d'envoyer une partie de ses cohortes, par Turin et les Alpes Cottiennes, à Vienne ou à Lyon, et de là dans le Nord des Gaules par le Rhône et la Saône (2). Le gros de la légion, avec

(1) Æqualibus sibi animis contra Bagandarum turbas esse pugnandum christianosque. Act. 3. Mauric., op. Boll. p. 345 c. — Ad urbem romanam attingentes, fidem apud Marcellinum, prædictæ urbis pontificem, confirmaverunt, ut ante gladio interirent quam sacram fidem Christi violarent. Act. id. p. 347 c. — Ce n'est pas Marcellin mais Caïus qui était pape à cette époque. Cf. Tillem. *Hist. ecclés.* t. IV, p. 423.

(2) C'est la tradition des églises de Trèves et de Cologne. Cette séparation des cohortes de la légion thébaine, en même temps qu'elle rend l'événement d'Agaune plus explicable, concilie entre elles les différentes traditions qui parlent des soldats thébains.

l'aigle, continua sa route sur Octodurum, où il arriva, le 21 septembre.

Octodurum était situé en Gaule, ainsi qu'il a été dit plus haut, à la descente des Alpes Pennines, près de l'endroit où le torrent de la Drance se jette dans le Rhône. La route côtoyait ensuite le fleuve sur sa rive gauche, puis le traversait pour aller gagner, au bord du lac Léman, la station appelée par les Romains *Penno-Locus*, et par les Gaulois *Pen-Loc*, c'est-à-dire *Tête du Lac*. Entre ces deux points, la distance était de vingt-cinq milles ; et à moitié chemin à peu près, se trouvait le bourg de Ternada, où la route franchissait le Rhône. Pour y arriver, en venant d'Octodurum, on passait par un défilé qui ne laissait entre les montagnes et le fleuve qu'un sentier miné par les eaux ; passage dangereux, où quelques hommes déterminés pouvaient tenir en échec une armée entière. Ce lieu se nommait *Agaune*, d'un mot gaulois qui signifiait *roche*. Au sortir des gorges d'Agaune, la vallée s'ouvrait tout à coup, l'œil apercevait, dans une plaine fertile et bien arrosée, le bourg de Ternada qui dominait la rivière et le pont.

Beaucoup de troupes étaient déjà concentrées autour d'Octodurum, quand les cohortes de la vingt-deuxième légion, conduites par le primicier Maurice, débouchèrent des Alpes Pennines. L'Empereur, fatigué du voyage et malade, était retenu dans sa tente ; mais on voyait au loin les apprêts du sacrifice solennel projeté pour l'ouverture de la campagne. Maurice, sans s'arrêter, poursuivit sa marche, et atteignit Ternada après avoir fait double étape ; il dressa son camp dans la plaine, donna du repos à ses soldats et attendit les évènements qui allaient se dérouler.

Le lendemain matin, on vit arriver un officier porteur d'un message de l'Empereur. Attribuant à une erreur le mouvement de la légion, celui-ci lui mandait de revenir à Octodurum, en même temps qu'il lui indiquait sa destination dans la guerre contre les Bagaudes. Il paraît que ces instructions faisaient aussi mention de recherches contre les chrétiens (1), car la lecture en fut interrompue par un grand tumulte : chefs et soldats se montrèrent en proie à l'agitation la plus violente. Maurice et ses deux amis, passant de rang en rang, interpellaient chaque soldat ; on se consultait, on s'encourageait à résister : de toutes parts on entendait ces cris : « Nous ne par« tirons pas ! nous sommes chrétiens, nous n'égorge« rons pas nos frères ! » En vain l'envoyé de l'Empereur essaya-t-il de dominer le désordre ; il partit sans avoir pu obtenir un mot de soumission, et vint annoncer à son maître que la vingt-deuxième légion était en pleine révolte.

C'étaient assurément un mauvais début pour un nouveau règne et de fâcheux auspices pour une guerre entreprise contre des rebelles ; mais ce qui blessait Maximien par-dessus toutes choses, c'est qu'il recevait un pareil affront de ces Galliléens qu'il affectait de tant mépriser. Aussi n'hésita-t-il pas à choisir dans les lois militaires, qu'on sait avoir été si sanguinaires chez les Romains, ce qu'elles contenaient de plus rigoureux pour la circonstance ; il prononça contre les cohortes insurgées la peine de la décimation (2).

---

(1) Eucher, 1-3. — Boll, p. 345. c.
(2) Decimum quemque gladio feriri jubet. Euch., Act. S. Mauric, 3.

L'application de cette peine terrible n'était point rare dans les fastes de la discipline romaine: c'était le grand épouvantail au moyen duquel l'autorité militaire pouvait retenir encore des armées échappées à l'autorité civile.

Pour l'exécution de sa sentence, Maximien fit marcher sur Ternada plusieurs corps de troupes dont le dévouement lui était connu. On eût pu craindre que le dangereux défilé d'Agaune ne fût gardé; et avec la bravoure bien connue des soldats thébains, la chance n'eût pas été pour les légions de Maximien; mais celles-ci le franchirent sans obstacle. Elles trouvèrent libre également l'accès de la ville et celui de la plaine, où la légion se tenait immobile, en bon ordre, mais résignée.

La décimation s'accomplit suivant toutes les règles du code disciplinaire, sans exciter de la part des condamnés ni cris ni résistance; on eût dit plutôt que ceux dont le sort amenait les noms, s'en trouvaient heureux et glorifiés, tant ils mettaient d'empressement à s'élancer hors de leurs rangs. Quand le dernier appelé eut été passé par les armes, le primicier Maurice, s'approchant du lieutenant de l'Empereur, lui présenta, pour être remise au prince, une lettre où il exprimait, au nom de tous ses compagnons, leur résolution inébranlable.

Sur l'ordre de l'Empereur, on procéda donc à une nouvelle décimation, puis à une troisième, jusqu'à ce que les cohortes se fussent soumises sans condition. Alors commença une scène à la fois terrible et touchante. Les soldats s'écrièrent: « Nous demandons qu'on nous tue tous! » et Candide, ayant arraché l'aigle des mains du porte-enseigne la brisa, en disant : « C'est moi, compagnons, qu'il faut suivre « maintenant! je porte l'étendard du ciel. »

Quelques rares soldats, entraînés par l'amour de la vie, traversèrent, l'épée à la main, le cercle de fer qui les environnait, et se réfugièrent dans les montagnes d'où ils gagnèrent la Gaule par des chemins détournés. Les autres, au contraire, sortirent de leurs rangs pour bien s'assurer qu'on ne les épargnerait pas. Toute la journée fut employée à l'exécution de cette triste besogne et la nuit venue, les massacreurs, allumèrent des feux, partagèrent les dépouilles des morts et se mirent gaiement à manger et à boire.

Les cadavres de Maurice et des deux autres officiers instigateurs de la rébellion furent parmi les exécutés et leur mort ne fut point, pour la discipline, sans effet sur l'esprit des légions rhénanes. On peut croire qu'elle n'intimida pas moins les bandes mal organisées des Bagaudes : il n'y avait que les chrétiens pour qui de pareilles leçons fussent un encouragement, car ils savaient par expérience que le sang des martyrs était, pour leur foi, une semence féconde.

Maximien, après avoir franchi le Jura, pénétra dans la partie des Gaules la plus maltraitée par la Bagaudie. Notre pays, la Médiomatricie, avait été horriblement abimé : partout les champs étaient incultes, les villages déserts ou à moitié dépeuplés. La plupart des villes portaient les marques d'une dévastation récente et les habitants moitié affamés se gardaient jour et nuit pour éviter une surprise. Il n'y avait plus de communications libres, plus de commerce, plus d'administration régulière. Le gouvernement n'inspirait aucune confiance, pas plus que les armées du Rhin qui augmentaient, au contraire, l'anarchie générale par leurs discordes et qu'on redoutait presque à l'égal des Bagaudes. Dans tous les centres d'habitations de l'Est des Gaules, ce n'était que misère et découragement sans mesure (1).

Y a-t-il lieu de s'étonner qu'après de pareils désastres dans nos Pays de la Sarre, comme dans la région frontière du Rhin, comme ailleurs dans la Gaule occidentale, on ait érigé, en mémoire de délivrance, les monuments représentant un cavalier terrassant sous son cheval un être anguipède à tête humaine dont, jusqu'ici, l'origine et le caractère triomphal n'étaient pas encore déterminés avec certitude ?

Jusqu'à ce jour, on en a découvert 44 de ces monuments disséminés en Bretagne, à la Jonchère en Auvergne, à Cussy en Bourgogne, à Portieux dans les Vosges, à Seltz en Alsace, à Hedernheim, près de Francfort-sur-le-Mein ; dans les Pays de la Sarre, où, entre autres, s'est trouvé, en 1878, à Merten près de Creutzwald, le beau monument dont le style et les dimensions sont de premier ordre. Il peut même être considéré comme le monument le plus important et le prototype de tous les monuments du genre (2). Après lui, le monument découvert, en

(1) Gravissima clades... Latrocinium bagendica rebellionis. Eumen., Or. pro restaur. schol, 4.

(2) Les restes du monument de Merten sont déposés au Musée de Metz qui a, ainsi, la bonne fortune de posséder, avec le groupe de Mithra, les plus rares échantillons qui existent de ces genres de monuments. Ils sont tous deux originaires de ces *Pays de la Sarre*, l'antique Sibérie de la France. Il est bon que l'on s'en souvienne, au moment où, par leur importance archéologique, ces pays devancent de beaucoup les contrées voisines. Voir l'avant-propos du 1er volume de ce livre.

novembre 1884, à Hedernheim, peut se placer immédiatement, puisqu'il le complète par des inscriptions qui constatent que cet autre monument était dédié à Jupiter et à Junon.

Le monument de Merten, qui ne montre aucune inscription, consiste en une colonne à deux étages, dont le premier est quadrangulaire, le second polygonal, l'un et l'autre sont décorés de figures sculptées. Au-dessus du soubassement, il possède un chapiteau orné de quatre grandes têtes; le tout est couronné par le groupe de l'anguipède qu'un cavalier romain foule aux pieds de son cheval.

Dans son ensemble, l'œuvre présente la plus grande analogie avec le monument du même genre découvert à Hedernheim. La composition est identique; les dimensions seules sont, à peu près, deux fois plus considérables; il mesure 11^{m}50 de haut, au lieu de 4^{m}96 (1).

MM. Prost et Abel, nos collègues, se sont beaucoup occupés du monument de Merten. Le dernier a même été amené, d'après un trait du panégyrique de Maximien, prononcé à Trèves par Mamertin, en 289, à conclure que ce monument pourrait se rapporter au brillant coup de main exécuté par cet Empereur près de cette ville, en 288, contre les Germains (2).

Sans trop de présomption et à cause des informa-

---

(1) Le monument de Merten, pour ce qu'il en reste, est au Musée de Metz; celui de Hedernheim, au musée de Francfort-sur-le-Mein; celui de Seltz, chez M. Nessel, à Haguenau; celui de Cussy, est en place, au lieu de son érection et celui de Portieux est au musée d'Épinal.

(2) Voir les *deux monuments de Merten et de Hedernheim* par Aug. Prost, dans le XVII vol. des *Mémoires de la Société d'archéologie et d'histoire de la Moselle*, Metz, Even, 1887.

tions nouvelles dont nous disposons, nous croyons pouvoir ajouter que ce succès fut remporté sur *les Bagaudes et les chrétiens*, entre lesquels l'Empereur Maximien ne faisait aucune distinction.

Il ne faut pas non plus s'étonner de rencontrer de ces monuments de triomphe jusqu'en Bretagne. Les premiers Bagaudes s'étant formés, presqu'au centre de la Gaule, aux environs de Lutèce (Paris); ils se sont étendus de là, de tous côtés, en bandes dévastatrices, dominant tout le pays, ouvrant les prisons des esclaves, brûlant la cabane du pauvre comme la villa du riche ; car si la ruine du riche leur fournissait de l'argent, celle du pauvre leur amenait des bras; et le colon, privé de son pain, finissait par aller vivre du pain d'autrui dans les rangs de ceux qui l'avaient dépouillé. Grâce aux progrès du mal, ces hordes d'hommes perdus n'étaient bientôt plus que des armées, des populations entières qui se nourrissaient de pillage, assiégeaient les villes, et luttaient souvent avec succès contre les forces organisées pour les réduire.

Il est à noter encore qu'avec le temps, ce brigandage s'étant élevé aux proportions de la guerre civile, perdit de son horreur aux yeux de la multitude. On s'intéressait même à ces Césars de grande route qui s'affublaient d'oripeaux de pourpre pour commander à des voleurs, battaient monnaie et après avoir singé, pendant quelques jours, les Empereurs du monde, terminaient leur existence au haut d'un gibet. L'histoire même ne dédaignait pas d'emprunter quelquefois aux légendes l'épopée de leurs aventures. Dans les documents qui restent sur Ælianus et Amandus, que les Bagaudes avaient élevés au titre d'*Empereurs de la Gaule* et qui demeuraient dans un château à l'embouchure de la Marne dans la Seine, on trouve les traces d'une grande bienveillance populaire, comme si ces deux chefs eussent été les bienfaiteurs du pauvre et de l'opprimé. Suivant la tradition chrétienne même leurs titres d'Empereurs étaient, comme ceux de Tutor et de Civilis, dans le soulèvement des Bataves, de justes revendications exercées sur les usurpateurs et visaient simplement le rétablissement de l'ancien *Empire gaulois*.

Selon Hérodien même, livre 3, la victoire remportée par Maximien, d'après le panégyrique de Mamertin, fut considérable. Des pays, à plus de 150 lieues des deux côtés du Rhin, furent ravagés; près de 40,000 villages furent brûlés. Il détruisit ensuite la résidence impériale des Bagaudes de l'embouchure de la Marne. Tout ce qui s'y trouva périt par le fer ou le feu; le château lui-même fut rasé jusqu'au-dessous du sol (1).

Malgré ces exploits, Maximien n'oublia pas les soldats thébains envoyés à Trèves et à Cologne. Il voulut aussi les exterminer et les fit poursuivre par ses agents.

Les détails dramatiques, qui survinrent à cette occasion et qui ont donné et donnent encore lieu à bien des contestations, sortant de notre sujet, nous ne les rappelons pas.

Les dernières persécutions des chrétiens eurent lieu sous l'empereur Galère, le gendre de Dioclétien,

---

(1) Vers le milieu du VIIe siècle, des moines de saint Benoît y fondèrent une abbaye sous l'invocation de saint Pierre d'abord, puis de saint Maur connu sous le nom de *Monastère des Fossés*.

à la fin du IVe siècle et au commencement du Ve. Ce prince, entouré de sophistes, les irréconciliables ennemis du Christianisme, jura l'extinction totale de cette religion. Dioclétien, cédant à ses importunes sollicitations, tourmenté d'ailleurs par la rumeur publique qui attachait les destinées de l'Empire à celles de ses dieux, laissa publier trois édits dont l'un interdisait le culte public du Christianisme : l'autre écartait les chrétiens de tous les emplois ; le troisième ordonnait l'emprisonnement des évêques. Non encore satisfait, Galère fit mettre deux fois le feu au palais de Dioclétien, et en accusa les chrétiens. L'empereur furieux ordonna enfin une persécution générale. Toutes les provinces de l'Empire, toutes les classes des citoyens fournirent une multitude de martyrs. Un grand nombre d'officiers du palais de l'empereur furent condamnés à mort et comme les formalités des jugements étaient trop longues, on massacrait les fidèles par bandes. En Égypte, le Nil engloutissait, tous les jours, une foule de victimes ; en Phrygie, une petite ville fut livrée aux flammes avec tous les chrétiens qui l'habitaient. La Gaule seule, sous le gouvernement de Constance Chlore (1), (de 305 à 306), fut paisible. Partout ailleurs, il y eut tant de sang répandu, que les persé-

---

(1) Quand l'inauguration de la tétrarchie, gouvernement imaginé par Dioclétien, eut lieu le 1er mars 292, par la proclamation des deux Césars, l'un à Nicomédie, l'autre à Milan. Galère fut adopté comme fils par Dioclétien et reçut de lui le gouvernement direct de l'Illyrie et de la Thrace ; Constance, dit Chlore, à cause de la pâleur de son teint, fut adopté par Maximien, et eut pour département la Gaule, la Bretagne, l'Espagne et la Mauretanie, annexe ordinaire de cette dernière province. Amédée Thierry, liv. 6, chap. 3.

Constance était issu d'une des sœurs de l'empereur Claude-le-Gothique,

cuteurs se vantèrent d'avoir détruit la religion chrétienne et aboli le nom de chrétien.

Mais le triomphe apparent de ces persécuteurs ne fut pas de longue durée. A la suite de la mort de Galère (310) et après quelques jours de calme, les chrétiens, sortis de leurs cachots, ou revenus de l'exil, reparurent de toutes parts. Galère, rongé tout vivant par les vers, se croyant sous le coup d'un châtiment divin, avait dicté à ses conseillers, autour de son lit de mort, les termes d'un édit qui mettait fin à la persécution.

Maximien, intimidé, d'un autre côté, par les lettres de Constantin, ne fit plus périr les chrétiens que secrètement. Il se contenta d'interdire les assemblées publiques et de susciter, contre les fidèles partisans du Christianisme, des légions de sophistes et une hiérarchie nouvelle de prêtres payens. Mais ce moyen était usé depuis longtemps; les proscriptions de Maxence en Italie venaient de mettre les chrétiens à leur dernière épreuve; l'heure de la victoire avait sonné.

Le 28 octobre 312, dans la plaine des *Roches rouges* sur laquelle débouchait le pont Milvius, aujourd'hui Ponte-Mole, Maxence vaincu tomba tout armé dans le Tibre, et y fut étouffé dans la vase.

---

et ne pouvant se marier à cause de son peu de fortune, prit, à l'exemple des fonctionnaires romains, une concubine appelée Julia-Héléna. Elle avait tenu, disait-on, une auberge en Bithynie, mais son âme haute et fortement trempée lui gagna le cœur de son mari, qui la traitait avec les égards dûs à une femme légitime. Lorsqu'il la quitta pour épouser Théodora, belle-fille de Maximien Hercule, Hélène alla se cacher dans la retraite avec son fils Constantin, âgé alors de dix-huit ans; mais Dioclétien voulut avoir près de lui ce jeune homme en qui brillaient des qualités merveilleuses. Amédée Thierry, *Histoire de la Gaule*, liv. 6, chap. 3.

« Le lendemain, Constantin entra dans Rome au mi-
« lieu d'une foule immense de peuple, mais il ne
« monta point au Capitole. Le parti chrétien triom-
« pha tout entier avec lui, lorsqu'il vit le Sénat ro-
« main, ce gardien des dieux nationaux, prosterné,
« suivant l'usage, devant les étendards des légions,
« adorer sur le *labarum* un symbole qu'il avait si
« longtemps proscrit. Le Sénat fit plus : il reconnut que
« son libérateur, en prenant les armes, avait obéi à
« l'impulsion secrète de la Divinité (on n'osa pas dire
« des dieux); et cette mention fut insérée dans l'ins-
« cription d'un arc triomphal qui est encore debout
« aujourd'hui. Enfin, un édit signé de Constantin et
« de son beau-frère Licinius et auquel Maximin Daza,
« neveu et successeur de Galère, consentit par frayeur,
« donna à la victoire son véritable caractère, en
« proclamant au milieu de Rome la *liberté des reli-*
« *gions*. » Amédée Thierry, *Histoire de la Gaule*,
tome II, liv. 7, chap. 2, p. 151.

Enfin, l'édit de Milan déclara la religion du Christ *Religion de l'État*, en 313. En même temps, les biens ecclésiastiques et les lieux d'assemblées, dont les fidèles avaient été dépossédés, leur furent rendus; les privilèges accordés jadis aux prêtres des idoles furent transférés au clergé chrétien; le pape (l'évêque de Rome) reçut pour demeure le palais de Latran.

Nous avons précédemment signalé la dépravation de mœurs à laquelle la malheureuse Gaule, après la conquête, fut entraînée sous l'influence du polythéisme romain. C'était la perdition la mieux caractérisée et l'apparition du Christianisme est venue fort à propos pour briser sinon arrêter le flot montant de ce triste océan. Après l'édit de Milan, la salutaire influence de la religion chrétienne put commencer à épurer et à adoucir les mœurs. La tâche était colossale, mais certaine, à la ville comme à la campagne, dans l'armée comme aux réduits solitaires des forêts où elle eût à lutter contre les rites druidiques, mais où le vice avait fait le moins de ravage.

Combattu sans persécution, sans violence, par la seule persuasion et par la force de l'exemple, le paganisme se retira lentement, comme un torrent dont la source était tarie. Avec lui disparurent ces infâmes coutumes, pratiquées comme des actes religieux, qui avaient ravalé si longtemps la dignité humaine; la suppression des combats de gladiateurs fut un des premiers fruits du triomphe de la foi; l'esclavage, trop généralement répandu, trop brutalement exercé et trop fortement enraciné pour céder vite, s'adoucit du moins et les affranchissements encouragés se multiplièrent; les barbares excès de personne à personne devinrent de plus en plus rares; les prisonniers, les indigents, apprirent à bénir la charité évangélique.

L'action bienfaisante du Christianisme régénéra petit à petit la société pervertie; les esprits retrouvèrent l'élévation et l'énergie sous l'inspiration des hautes vérités, des sublimes enseignements de la religion. Les plus grands abus toutefois continuèrent à subsister dans le fisc.

Déjà, dans les derniers temps d'Auguste, les exactions avaient été grandes: On cite un intendant public ou procurateur des finances qui, profitant du changement de nom, que la flatterie avait fait subir aux deux mois de juillet et d'août, consacrés à

Jules-César et à Auguste, avait osé faire son année de quatorze mois, afin d'en tirer quatorze contributions au lieu de douze, et, poussant l'audace jusqu'à la dérision et au cynisme, « décembre, disait-il, est « bien, comme son appellation l'indique, le dixième « mois », et il ajoutait, en l'honneur de l'Empereur, deux autres qu'il qualifiait de onzième et de douzième. Pour obtenir l'impunité, il avait suffi à cet audacieux concussionnaire d'ouvrir ses trésors à Auguste et de lui livrer le fruit de ses rapines !

Sous Tibère, les extorsions étaient devenues plus intolérables encore. Un double fléau s'abattait ainsi peu à peu sur la Gaule : l'insatiable avidité des agents du fisc et l'usure des traitants romains. Il en résulta que les villes et les particuliers étaient accablés sous les charges et les dettes, la misère était générale et à son comble. Une honnête existence financière n'était plus possible et depuis les premiers rangs de la société jusqu'aux derniers, on était d'accord pour préférer tout régime gouvernemental même inconnu d'une nation barbare au régime romain.

Toutefois l'occasion de tenter un essai de ce genre ne se présenta pas sous le règne de Constantin qui a laissé dans notre pays, d'autres souvenirs que ceux de sa conversion et d'une défaillance quelconque dans son administration.

Au contraire, si nous ne lui devons pas l'établissement de nos premiers municipes, nous lui devons leur réorganisation et leur splendeur.

Déjà Maximien et quelques empereurs, avant lui, en fixant leur résidence et leur cour à Trèves, avaient fait de cette ville, naguère encore demi-barbare, une seconde Rome; déjà, dotée de toutes les prérogatives, de toutes les immunités des cités italiques, elle était leur digne émule par ses temples, ses amphithéâtres, ses palais, ses ponts, ses aqueducs, ses thermes, ses places, son Capitole. Constantin l'enrichit de nouveaux monuments, de nouveaux privilèges, de nouvelles grandeurs; il lui donna des titres de noblesse, il en fit l'une des quatre grandes métropoles du monde romain, il la nomma la capitale des Gaules.

Telle fut, en effet, la fortune de cette ville, sous ce prince, et pendant près d'un siècle : il divisa l'empire en quatre grandes Préfectures; l'une d'elles réunit, sous sa vaste juridiction, tout le territoire que nous appelons aujourd'hui, la France, l'Espagne et l'Angleterre. A la tête de cet immense gouvernement fut placé le Préfet du prétoire des Gaules, et le siège de cette espèce de Vice-Roi, représentant immédiat de l'Empereur, fut fixé, à Trèves (1).

La Préfecture des Gaules, établie depuis Auguste, fut subdivisée par Constantin en trois gouvernements particuliers qui prirent le nom de *Diocèses* et qui eurent, chacun, pour chef un délégué ou suppléant du Préfet, avec le titre de *vicaire*. Le vicariat des Gaules proprement dites, fut lui-même partagé en dix-sept provinces, dont six furent régies par des Proconsuls et onze par des Présidents. Le vicaire des Gaules établit également sa résidence à Trèves.

---

(1) Schœpflin a donné, dans son *Alsatia illust*. Tome I, p. 300-301, le catalogue des Préfets du prétoire des Gaules depuis Ambroise, le père de saint Ambroise, jusqu'à la translation de ces hauts fonctionnaires de Trèves à Arles. Voir aussi Grandidier, *Histoire d'Alsace*, t. I, p. 195, note 3, c'est à-dire de 334 à 402.

Jusque-là, les Préfets du prétoire avaient concentré dans leurs mains tous les pouvoirs civils et militaires, et cette puissance, presque souveraine, tendait à contrebalancer celle même de l'Empereur; Constantin la renferma dans de fortes bornes: il lui enleva toute action sur l'armée, en lui conservant l'administration suprême de la justice, de la police et des finances.

L'autorité supérieure sur les armées fut réservée à deux grands officiers, qui prirent le titre de maîtres de la milice, l'un pour la cavalerie, l'autre pour l'infanterie.

Le maître de la milice équestre, avait un pouvoir absolu sur les soldats, quand ils n'étaient pas réunis en corps d'armées; ce grand dignitaire ne relevait que de l'Empereur. A ce chef militaire obéissaient les *Ducs* et les *Comtes*, officiers de création nouvelle destinés spécialement à la défense des frontières.

Aux premiers temps de l'Empire, en 276, sous l'Empereur Probus, des généraux d'armée portèrent déjà le titre de ducs *(duces)*, comme il y avait des comtes *(comes)* sous le règne d'Auguste. C'étaient alors des emplois. Constantin en fit des dignités.

La proximité de Trèves, comme séjour impérial, et l'importance stratégique des provinces rhénanes, associèrent celles-ci promptement aux grandeurs de la capitale gauloise.

Les principales villes voisines modelèrent aussi leur régime gouvernemental intérieur sur celui de Trèves, qui avait elle-même modelé le sien sur celui de Rome. Du reste, il est à penser que celles de ces villes, qui jouirent des honneurs du municipe, c'est-à-dire, du droit de se régir par leurs propres magistrats, n'eurent besoin que de bien légères modifications pour se trouver taillées à la mode romaine; elles n'eurent, pour cela, qu'à revenir, sinon à leur forme primitive, au moins à *leur forme dernière, à celle, où les avait trouvées la conquête:* l'indépendance municipale devait, en effet, être de vieille date, sur cette terre franche de la Médiomatricie, où avait dominé, si longtemps, la république oligarchique.

Trèves eut son prétoire, son arsenal, son Sénat ; cette dernière prérogative, pas plus, d'ailleurs, que la seconde, ne lui était exclusivement particulière : Cologne, Mayence et plusieurs villes de la Germanie citérieure, à la tête desquelles se placent Argentorat (Strasbourg), Augusta Rauracorum (Angst). Ces villes eurent aussi leur Sénat, et, comme à Trèves, leurs citoyens se divisèrent en trois ordres : celui des *maisons sénatoriales ou patriciennes,* celui des *citoyens de condition libérale ou des bons bourgeois,* et celui des *gens de métier.*

Les patriciens jouissaient de grandes prérogatives : à eux le Sénat et les premières dignités, et cependant chaque citoyen pouvait aspirer atteindre à leur hauteur, car l'élection les avait faits ce qu'ils étaient, et la lice, par cette voie, n'était pas encore totalement fermée ; elle avait au moins à combler les lacunes que laissait l'hérédité.

Pour être de l'ordre des bons bourgeois, il fallait être de conduite réputée honnête, et posséder des biens en toute propriété ; il fallait, de plus, être né dans la commune ou y avoir été admis au droit de cité. Cet ordre était composé de différentes *décuries* ou *classes;* on appelait *curiaux,* les citoyens qui avaient voix active et passive dans la distribution de tous les emplois municipaux, tandis que l'on nommait simplement possesseurs, *possessores*, les personnes qui, bien qu'elles fussent propriétaires fonciers, n'avaient pas, néanmoins, droit d'entrée aux assemblées, soit parce qu'elles n'étaient pas encore de condition assez relevée pour cet honneur, soit parce qu'elles étaient domiciliées ailleurs ; car on ne pouvait être à la fois citoyen de deux villes. Plus tard, on qualifia de *Phalburger*, faux-bourgeois, ces hommes, qui voulaient ainsi se partager entre deux localités, pour exercer leurs droits civiques, dans les deux.

Le troisième ordre était composé de citoyens qui gagnaient leur vie en exerçant les arts et métiers ; comme chacun de ces états formait une corporation à part, on nommait la réunion de tous ces corps le *collège des métiers*. La plupart des artisans, qui le composaient, étaient des affranchis ou fils d'affranchis, qui n'avaient pas encore fait une fortune suffisante pour entrer dans le second ordre.

Les métiers les plus en vogue étaient ceux qui fabricaient des armes défensives ou offensives, et l'organisation intérieure de quelques-unes de ces fabriques est fort intéressante à connaître, car on y trouve le type et le modèle des anciennes *corporations de métiers du moyen-âge*. Les ouvriers des manufactures d'armes ou de l'*arsenal* formaient, par exemple, un collège particulier, une confrérie dont l'accès était difficile. Chacun ne pouvait s'y faire admettre ; il fallait, pour en être membre, se soumettre à une élection, à des épreuves, à des justifications ; il fallait être né dans la ville même où la fabrique était établie, au moins y avoir acquis le domicile. Cette condition remplie, la communauté convoquée, et, en présence du gouverneur de la province, ou, lui absent, du défenseur, du magistrat suprême de la cité, le candidat devait faire ses *preuves de capacité*, fournir ce que, plus tard, on appela, en allemand, son *Meisterstück*, son chef-d'œuvre. Il avait à justifier, ensuite, qu'il n'était ni fils, ni petit-fils de *décurion* ou chef de la *curie*, qu'il ne devait rien à aucun ordre de la cité, qu'il n'était sous la dépendance d'aucun citoyen. Ces justifications ainsi faites, il était reçu, si le scrutin lui était favorable, et admis au *genre d'armurerie* dont il avait fait choix. Telle était la rigueur de ces prescriptions, que, si quelqu'un, sans avoir fourni les garanties voulues, s'introduisait furtivement dans la confrérie, il était prévenu, par la loi elle-même, qu'il en serait impitoyablement chassé, rendu aux charges de l'ordre ou de la patrie, auquel il appartenait, et cela, sans que nul privilège de temps ou de services ne pût l'en défendre (1).

Une fois admis, les ouvriers des arsenaux étaient *asservis pour toujours à leur art*, à tel point que, la durée du service expirée, ils n'en demeuraient pas moins affectés, avec leurs enfants, à la profession, pour laquelle ils étaient réputés nés (2). Une loi de Constitution imposa aux *employés des monnaies* la même obligation.

Telle était la solidarité établie entre les membres de l'association, que le délit d'un seul engageait la responsabilité de la communauté tout entière, afin, disait la loi, que chacun, se sachant engagé par ses

---

(1) Loi 5 du Code ; *de fabricensibus*, liv. II, tit. 9.
(2) Ibid.

choix, exerçât une certaine surveillance sur les faits et gestes concernant l'un d'eux, étaient censés faits à tous ; le droit d'en demander réparation appartenait à tous ; enfin, ils étaient, suivant l'expression de la loi romaine, unis comme les parties intégrantes d'un seul et même corps, *comme les éléments d'un même métal, coulés dans le même moule, et d'une seule fonte* (1).

Défense était faite aux ouvriers des fabriques sacrées ou impériales de s'immiscer dans le louage, l'administration ou la culture des biens d'autrui, sous peine, pour ceux qui les auraient ainsi distraits de leur devoir et fait déroger à leur dignité, de perdre la chose ou la propriété confiées aux soins de ces ouvriers, et, pour ceux-ci, sous la peine de confiscation de tout leur avoir, et même de l'exil perpétuel (2).

Telle était l'importance que l'on mettait à conserver les ouvriers armuriers, que, pour les rendre toujours reconnaissables, et pouvoir plus facilement les retrouver et les ressaisir, en cas de fuite, il était ordonné de leur imprimer, sur le bras, une marque au fer chaud, comme, du reste, cela se pratiquait envers les recrues de l'armée romaine (3).

Malgré ce traitement barbare, qui rappelle celui que nous faisons subir aux chevaux de nos armées, il était assuré de tels *avantages aux ouvriers des armureries*, que la place semble avoir été fort enviée : la difficulté de l'admission le prouve. Le travail, sans nul doute, était largement rétribué ; puis, quand la

---

(1) Ibid.
(2) Loi 6 du Code : *de fabricensibus*, liv. II, tit. 9.
(3) Ibid.

force venait à abandonner le travailleur, l'*État*, qui avait profité de ses sueurs, ou plutôt l'association elle-même, *assurait son existence*, et, de son vivant comme après lui, *celle de sa femme et de ses enfants*, car eux aussi appartenaient à la communauté ; ils étaient réputés servir militairement, à l'égal des ouvriers eux-mêmes (1).

D'autres privilèges encore étaient attachés à la corporation des ouvriers : le primicier, le chef ou maître d'un atelier, après deux ans de cette fonction avait, non seulement droit à la dispense du service, mais à des honneurs ; rangé parmi les protecteurs de l'établissement, il pouvait *pendant deux ans disposer de son temps à sa volonté.*

Une prérogative spéciale était attachée au titre d'ouvrier armurier, et cette prérogative s'étendait à sa femme et à ses enfants, en ce sens que le chef et toute sa famille n'étaient justiciables que du Grand-Maître des offices, et qu'après le temps de leurs services expiré, ils ne devaient être soumis d'acune manière aux charges civiles ou curiales. Ils étaient ainsi dispensés de logement militaire, de services ou prestations personnels, et de toutes les contributions locales.

Ces privilèges donnent, de l'état industriel de nos pères, une haute idée, et nous expliquent ce qu'il faut entendre sous le nom de ces manufactures dites de *barbaricaires* ou argentiers. L'art de ces habiles ouvriers ne se bornait pas à la fabrication de vases d'or et d'argent : ils savaient, de plus, rendre ces précieux métaux ductiles, les filer, les laminer, les

---

(1) Ibid.

réduire en plaques ou feuilles légères, dont ils recouvraient les armes, les cuirasses, les harnais.

Cette industrie avait été celle d'Alésia, d'Argentorat et d'autres cités gauloises, et le nom de *barbaricaires,* donné par les Romains à ceux qui l'exerçaient, suffit pour démontrer qu'elle ne fut pas d'origine romaine, et qu'elle dut sa naissance ou son importation, à ces peuples transalpins, Gaulois ou Germains, que la fière Rome traitait si injustement de barbares.

Barbares étaient donc nos pères, les Étrusques et autres Gaulois, qui firent valoir leur génie d'invention et cet art devant lequel les produits modernes pâlissent. Ils avaient à leur disposition l'ambre, les métaux et les pierres précieuses, et avec l'acier et le bronze, ils surent façonner ces glaives, ces lames, ces casques et ces boucliers qui, disposés en panoplies étincelantes, fascinent les yeux; ils modelèrent ces plats et ces vases d'or, d'electrum et d'argent, ces torques, ces colliers, ces bracelets, ces fibules (2), ces aiguières et ces hanaps enrichis de pierreries, et ces vases d'argile peinte, destinées à recueillir les monnaies d'or, d'argent et de bronze. Ces monnaies, qu'ils se procuraient à Massilia (Marseille) ou dans les villes de la Grèce, qu'ils retravaillaient et transformaient en ces singulières monnaies *nationales* que nous recherchons pour nos musées, avec leurs effigies grecques,

---

(1) Voir sur les barbaricaires. Grandidier, *Histoire d'Alsace*, t. I, p. 199

(2) Il existe peu d'objets qui, mieux que la fibule gauloise, se soient prêtés aux capricieuses transformations des artistes. C'est un type original qui a subi mille modifications, mais la torsade, son élément principal, se retrouve dans l'épingle de nos nourrices, avec une spirale ou deux, aussi bien que dans la fibule de la Franche-Comté ou de la partie méridionale de la Haute-Marne, où elle compte jusqu'à 12 ou 15 spirales.

LES PAYS DE LA SARRE

N. Box. Planche XXXII.

MONUMENT DE MITHRA
reconstitué dans son état présumé normal.

mais qui n'ont aucune ressemblance avec nos têtes gauloises. Sur le revers, seulement, galoppe un cheval ailé.

L'institution des *ducs*, des *comtes* et d'autres *dignitaires*, créés par Constantin, et dont l'origine n'est pas à chercher ailleurs, établit une nouvelle aristocratie dans l'Empire et un langage spécial pour les qualifier. De là, les formules de *Sublimité*, d'*Excellence*, de *Magnificence*, de *Révérence*, de *Grandeur*, d'*Éminence*, de *Piété*, de *Sainteté*. Le titre d'*Augustus* fut réservé à l'Empereur, celui de *Nobilissimus* appartint à ses fils ou à la personne des Césars (1).

Constantin semble avoir attaché un grand prix à constituer cette aristocratie et à relever par là le moral de ses sujets ; il protégea le peuple contre les grands ; il organisa les collèges ou tribus de métiers, nous l'avons déjà constaté, portant sa sollicitude sur l'homme des champs et sur les plus malheureux des êtres, l'enfant abandonné. Ce fut lui qui, le premier, défendit de saisir pour dettes, les valets et les bestiaux qui servent au labourage, ainsi que les instruments aratoires (2).

Déjà Domitien, tout cruel qu'il était, avait proscrit l'usage barbare d'acheter et de vendre des enfants pour leur ravir leur virilité et faire de ces infortunés un honteux et infâme trafic (3) ; lui aussi, ordonna que les enfants, dont les pères ne pourraient pas assurer l'existence, fussent recueillis, entretenus et élevés aux frais de l'État (4).

---
(1) Grandidier. *Histoire d'Alsace*, t. I, liv. 3, p. 201.
(2) *Histoire d'Allemagne*, par le P. Barre, t. I, p. 360.
(3) Suétone, *in Domitiano*.
(4) *Histoire d'Allemagne* précitée, t. 1, p. 358.

Il fit des règlements de police pour retenir chacun dans sa condition et modérer les écarts du luxe et de l'ambition. Il mit le bon ordre dans l'administration de la justice. Le mérite seul avait droit à son suffrage. Il annonça publiquement les noms des candidats aux places à donner et il permit à chacun d'alléguer contre ces candidats les motifs d'opposition, à la condition que si le reproche articulé était jugé procéder de la malice ou du plaisir de nuire, l'accusateur serait puni de mort.

Les lois romaines encourageaient le mariage par des récompenses et punissaient le célibat: Constantin, considérant que ces peines étaient contraires à l'Évangile, qui honore la virginité, les abolit.

Sous ces heureux auspices, le Christianisme avait fait des progrès immenses. Ne pouvant déraciner l'idolâtrie d'un seul coup, le prince fit des lois pour en restreindre l'exercice et alors, petit à petit, sans secousse, et sans persécutions, la révolution se fit. Il était encore permis de consulter les aruspices et les devins, mais, pour démasquer les véritables charlatans et mettre au grand jour leurs pratiques insensées, on prescrivit que les consultations ne pourraient plus se faire que dans les églises ou en public, sous les yeux de tous. En effet, montrer le paganisme à nu, (comme on l'a fait pour le druidisme), était le meilleur moyen de lui faire perdre son prestige.

En attendant, le culte officiel et favorisé fut le Christianisme. Constantin avait ordonné aux Gouverneurs des provinces de faire bâtir, dans toutes les localités de quelque importance, des églises assez spacieuses pour contenir toute la population. Il recommanda l'instruction du peuple aux évêques et se mit lui-même en relation avec les prêtres, en leur donnant, dans ses lettres, la qualité de *chers frères*. Enfin, quand il crut les esprits bien disposés, il décréta la défense absolue d'adorer les idoles. On ferma les temples sans les transformer encore en églises. On ne s'attaqua qu'aux statues pour les priver de leurs richesses, en ôtant les pierreries, les plaques d'or et d'argent, dont elles étaient recouvertes, et, quand les femmes païennes virent leurs dieux de bois ou de pierre, sans leurs ajustements ordinaires, elles rougirent d'avoir adoré de la matière et se firent instruire dans la vraie religion. Les commissaires de l'Empereur allaient partout faire ces exécutions, sans rencontrer la moindre résistance. Dans le principe, sans doute, les payens avaient cru que leurs divinités se défendraient bien elles-mêmes, et que les foudres de Jupiter réduiraient à néant les profanateurs de ses temples; mais, quand ils virent que deux ou trois soldats romains chrétiens foulaient impunément aux pieds ces puissances imaginaires, ils ouvrirent les yeux à la lumière et reconnurent la vanité de leurs idoles (1).

Constantin, après avoir transporté, en 329, le siège de l'Empire à Byzance, qui prit de lui le nom de *Constantinople*, mourut, le 22 mai 337, à l'âge de 63 ans, la 31 année de son règne, le plus long depuis celui d'Auguste.

L'idolâtrie, toujours bizarre dans ses conceptions, plaça Constantin au nombre des divinités mêmes qu'il avait renversées, et, par un mélange ridicule qui caractérise bien cette époque de transition, plu-

---

(1) Voir *Histoire d'Allemagne*, par le P. Barre, t I, p. 356 et s.

sieurs de ses médailles lui donnent le titre de Dieu, tout en reproduisant le monogramme du Christ. L'Église eut, pour sa mémoire, dit l'auteur de l'*Histoire d'Allemagne*, un respect plus solide et mieux fondé : on ne l'adora pas, on l'honora comme un zélé serviteur de Dieu. Il fut même respecté comme un saint dans quelques villes de la Germanie cis-rhénane.

« Trop loué peut-être par les écrivains ecclésias-
« tiques, dit, à son tour, l'abbé Grandidier (2), cet
« Empereur ne fut pas exempt de défauts et de
« vices » ; il fallait ajouter : « et de crimes » : il en a commis un odieux, en faisant mourir, sur un simple soupçon, son fils Crispus, le digne élève du célèbre Lactance. Ce jeune héros avait voué ses premiers exploits à la défense de nos contrées rhénanes, et Trèves, comme Besançon, se disputent encore, de nos jours, l'honneur d'avoir été sa résidence habituelle et de prédilection, dans les Gaules.

Avant de descendre dans la tombe, Constantin avait réglé le partage de ses vastes États entre ses trois fils : à *Constantin*, qui était l'aîné, étaient échues les Gaules, à *Constant*, l'Italie et les possessions africaines, à *Constance* enfin, tout l'Empire d'Orient.

Mais le premier, mécontent de son lot, envahit les provinces du second ; une bataille trancha la question : Constantin y périt, et Constant régna seul sur l'Occident. Ce prince eut, à son tour, à combattre la révolte et l'usurpation de son capitaine des gardes, Magnence, et mourut misérablement au milieu d'une déroute. Le vainqueur osa proposer à Constance II

---

(1) Grandidier, *Histoire d'Alsace*, t. I, p. 201.

le partage de l'Empire; Constance, pour toute réponse, marcha contre l'audacieux, le défit et le contraignit à prendre la fuite. Magnence ne survécut pas à la ruine de ses espérances; il se donna la mort, à Lyon, en 353. Constance demeura donc seul maître des vastes États de son père.

La translation du siège de l'Empire à Constantinople avait diminué la force de ce grand corps à l'Occident; le partage avait achevé de l'ébranler. De plus, après l'avoir disputé à tant de compétiteurs, Constance eut encore à le défendre contre les Barbares qui l'attaquaient de toutes parts, pendant que les dissensions religieuses de l'Arianisme le déchiraient à l'intérieur.

Une pareille tâche effraya la faiblesse de Constance et il partagea le sceptre du monde avec les deux jeunes princes échappés au massacre de sa famille. *Gallus* et *Julien* furent successivement proclamés Césars. Mais Gallus, devenu le gendre de Constance, céda aux conseils d'une femme ambitieuse: il osa affecter l'indépendance et fit mettre à mort des officiers envoyés par l'Empereur. Constance se hâta de l'attirer auprès de lui pour le faire périr (354). Julien fut plus habile et plus heureux (1).

D'un autre côté, l'Empire, affaibli par les dissensions civiles, luttait difficilement contre les invasions redoublées des Perses à l'Orient, des Germains à l'Occident. Sapor redemandait hautement les provinces d'Arménie et de Mésopotamie; les Francs et les Allemands, que Constant avait appelés lui-même

---

(1) *Œuvres de Julien*, traduction de Tourlet, édit 1821, t. II, p. 246 : « Mon père eut avec Constantin, une commune origine, puisqu'ils étaient frères germains l'un de l'autre et issus d'un même père. »

en Gaule contre Magnence, s'étaient établis dans tout le pays qu'arrose la Meuse, après avoir saccagé un grand nombre de villes florissantes. Constant se chargea de la guerre d'Orient, où il ne devait guère éprouver que des défaites ; il envoya Julien aux frontières occidentales : il ne redoutait pas l'ambition de ce jeune homme, élevé jusqu'alors dans la retraite et l'obscurité, et mieux fait, en apparence, pour écouter les leçons des philosophes que pour commander des armées.

Constance, en remettant le gouvernement de la Gaule et le soin de la sauver au nouveau César, avait cédé à la nécessité ; mais toute sa conduite postérieure révèle combien il nourrissait, en son cœur, de défiance et de jalousie contre ce jeune prince.

Mais les prévisions de Constance furent trompées du tout au tout. Le jeune débutant, dans la carrière des armes, a montré tous les talents d'un grand général ; le disciple des philosophes était le plus adroit des ambitieux. Quoique entouré d'obstacles suscités par la défiance de l'Empereur et par le déplorable état des provinces gauloises, il ouvrit par une brillante victoire auprès de Strasbourg (357) une longue série de succès. Les Francs et les Allemands chassés des Gaules, virent trois fois, au-delà du Rhin, les légions de Julien pénétrer dans leurs forêts et la terreur du nom romain se répandit dans toutes les contrées voisines. Les Barbares humiliés implorèrent la paix, et la Gaule fut mise pour quelques années à l'abri de l'invasion.

Cette bataille, dite de Strasbourg, qui rendit à la Gaule ses anciennes limites, en refoulant les Allemands au-delà du Rhin, fut la plus formidable de l'époque. Julien, après avoir tracé lui-même l'état où se trouvait alors la Gaule, en fit, avec Ammien-Marcellin, le récit le plus détaillé.

Strasbourg (Argentoratum), *Brumath* (Brocomagus), *Saverne* (Tres Tabernœ), *Seltz* (Salizon), *Spire* (Nemetes), *Worms* (Vangiones), et *Mayence* (Mogontiacum), étaient entre les mains des Allemands; mais ceux-ci, après avoir pillé et dévasté ces cités, n'en occupaient que les dehors, partageant l'horreur des Germains pour les villes et l'enceinte des murailles, où leur amour de la liberté semblait se trouver à l'étroit (1).

Voici le tableau que Julien a tracé lui-même de l'état où il avait trouvé la Gaule : « Les Germains
« campaient impunément autour des villes, qu'ils
« avaient couvertes de ruines. Le nombre de celles,
« démantelées par eux, pouvait s'élever à 45, sans y
« comprendre les citadelles ou bourgs et les petits
« forts. Le territoire, qu'occupaient ces barbares, en
« deçà du Rhin, s'étendait sur l'espace compris entre
« les sources du fleuve et les bords de l'Océan; ceux
« qui nous avoisinaient de plus près, s'étaient can-
« tonnés, à 300 stades du Rhin, encore avaient-ils
« laissé, entre eux et nous, un désert trois fois plus
« grand, et, sur tout ce périmètre, les dévastations
« étaient telles, que les Gaulois ne pouvaient plus
« même y mener paître leurs troupeaux. D'autres
« villes, quoique plus éloignées de ces envahisseurs,
« n'en étaient pas moins dépeuplées (2). » C'est dire que l'Alsace toute entière, les Triboques, toute la

---
(1) Ammien-Marcellin, liv. XVI, chap. 11, p. 49, trad. Nisard.
(2) Lettre de Julien aux Athéniens.

Médiomatricie et tout le pays du Bas-Rhin, écrasés et ruinés, disparaissaient sous ces hordes barbares, et que les ravages s'étendaient, même, bien au-delà, dans tous les sens.

Selon Ammien-Marcellius, l'armée allemande était formidable; elle représentait une vaste confédération entre sept de leurs rois, parmi lesquels, le plus puissant était l'heureux Chnodomaire; déjà, en 352, il avait eu la gloire de faire reculer, à forces égales et en bataille rangée, les aigles romaines et de vaincre un César, le propre frère de Magnence, et c'était lui encore qui venait, avec une poignée de ses Alémans, de chasser devant lui, comme un vil troupeau, Barbation et son armée (1). Après lui, venait le fils de Médéric son frère, Sérapion et d'autres guerriers illustres indiqués par Amédée Thierry.

La réunion générale des combattants, s'élevant à trente-cinq mille hommes, avait été fixée sous les murs de Strasbourg ou plutôt près de leurs ruines, et ils furent exacts au rendez-vous. D'une voix unanime, le commandement suprême de cette armée fut déféré à Chnodomaire et le camp des germains retentissait de cris d'allégresse; ils se croyaient sûrs du triomphe. Ce qui leur donnait cette confiance, c'est qu'ils venaient d'apprendre d'un transfuge que l'armée de Julien comptait, au plus, treize mille hommes. C'était, en effet, avec ce petit nombre de soldats, presque tous gaulois, que l'heureux César avait tenu tête, jusque-là, au déchaînement universel des Barbares. Il les avait effectivement ramassés en Gaule, en bien grande partie ; sur qui pouvait-il compter

---

(1) Amédée Thierry, *Histoire de la Gaule*, t. III, ch. 6, p. 325.

d'autre part, lui qui était à peu près abandonné quand il n'était pas contrecarré ou trahi par les généraux de l'Empereur ou par l'Empereur lui-même?

Dans leur fol orgueil et en intervertissant les rôles, ils crurent pouvoir se poser, en face de Julien, comme les maîtres légitimes du pays et le traiter comme un téméraire envahisseur : ils députèrent vers lui, pour lui intimer, du ton le plus impérieux, l'injonction de quitter ces territoires qui leur appartenaient, disaient-ils, par le droit de la valeur et la fortune de leurs armes. Ils osèrent même invoquer leurs anciens traités par lesquels Constance, pour acheter leurs services contre Magnence, leur avait abandonné la propriété de toutes les conquêtes qu'ils pourraient faire dans la Gaule. « Si vous rejetez ces « titres de possession, ajoutèrent fièrement les en- « voyés de Chnodomaire, nous avons assez de force « et de courage pour les confirmer par une seconde « conquête ; préparez-vous à combattre (1). »

Julien était occupé à réparer les fortifications de Saverne quand les députés alémans vinrent lui apporter cet audacieux défi : il les écouta sans s'émouvoir. Il n'était pas homme à se laisser effrayer; peut-être recueillait-il, avec une secrète joie, les preuves écrites de la lâcheté et de la honte de Constance. Avec le sourire de l'ironie et du dédain, sans approuver ni désapprouver les promesses de l'Empereur, il signifia aux députés, qu'il lui fallait, avant tout, continuer à se fortifier; qu'il les retiendrait près de lui jusqu'à l'achèvement de ses travaux, qu'en attendant, Chnodomaire et ses alliés pourraient, s'ils le vou-

---

(1) Ammien-Marcellin.

laient, venir prendre sa réponse, et il garda tranquillement sa position.

César n'était cependant pas sans inquiétude ; il se voyait, avec douleur, réduit à engager une poignée de braves contre des nations entières, dont les forces, plus de trois fois supérieures aux siennes, étaient encore doublées par l'enthousiasme ou le fanatisme d'une guerre nationale. Il n'hésita pas, cependant, et dès le lendemain, aux premières lueurs du jour, la trompette sonna le signal du départ. L'armée accueillit ce signal avec joie et s'avança en ordre de bataille, l'infanterie au centre, aux ailes, la cavalerie, renforcée elle-même de deux redoutables corps, les *cataphractes* et les *archers à cheval*.

Ainsi s'engagea la lutte mémorable de nos pères dont Ammien-Marcellin nous a laissé les détails et toutes les péripéties jusqu'au moment suprême où Chnodomaire, se sentant perdu, se remit volontairement aux mains de Julien, avec deux cents hommes qui l'avaient suivi et trois de ses plus intimes amis. Ceux-ci auraient pu s'échapper ; mais ils vinrent se livrer d'eux-mêmes, regardant, d'après les mœurs chevaleresques de leur nation, comme un crime de survivre à leur roi ou de ne pas mourir, s'il le fallait, pour le sauver.

Le lendemain, quand l'armée gallo-romaine se compta, il ne manqua, s'il faut ajouter foi au récit d'Ammien-Marcellin, que 243 soldats et 4 officiers de distinction. La perte des Alémans, au contraire, fut immense. Zozime (1), emporté par son exagération habituelle, compare la victoire de Julien sur

---

(1) Zozime, liv. 3, ch. 3, p. 241, 242.

les Germains à celle d'Alexandre sur Darius, et proclama que 60,000 hommes sont restés sur le champ de bataille et qu'un nombre pareil a été précipité dans les ondes. Ammien-Marcellin, qui prit part au combat, semble plus près de la vérité, quand il dit que 6,000 cadavres jonchaient la terre, indépendamment du nombre incalculable de ceux que le Rhin engloutit.

L'armée dans un élan unanime d'enthousiasme, voulut, sur le champ de sa victoire, proclamer César Empereur. Julien, plus grand que sa fortune, réprimanda le zèle indiscret de ses soldats, en prenant le ciel à témoin, que le titre offert était aussi loin de ses prétentions que de ses espérances. Mais pour ajouter encore chez eux à l'exaltation du triomphe, il fit amener devant lui Chnodomaire, et donna à ses troupes le spectacle de cette grandeur déchue. S'il faut en croire l'historien romain (1), Chnodomaire n'aurait pas su soutenir en roi son infortune ; la pâleur au front, il aurait montré, tandis qu'on l'entraînait, la contenance dégradée d'un esclave. Combien différent, s'écrie le panégyriste de Julien, de ce féroce dévastateur, que le deuil et la terreur précédaient naguère, et, qui, foulant aux pieds la Gaule en cendres, menaçait de ne pas arrêter là ses ravages. Le prisonnier s'avança en s'inclinant jusqu'à terre et finalement se prosterna, demandant grâce et merci, à la manière des Barbares. Julien le rassura.

Quelques jours après, Chnodomaire fut envoyé à l'Empereur. Constance le fit conduire à Rome et lui

---

(1) Ammien Marcellin, toujours liv. 16.

assigna, pour résidence, ou plutôt pour prison, le quartier des étrangers, au mont Cœlius. L'historien ajoute froidement: il y mourut bientôt consumé par une maladie de langueur.

Julien était très rigide pour la discipline. Ne voulant pas laisser impunie la pusillanimité qu'une cohorte de sa cavalerie avait montrée en face de l'ennemi; mais, craignant de troubler la première ivresse du triomphe, par un exemple sévère et utile, il remit au lendemain à sévir, et, à la pointe du jour, 600 hommes, dont le courage habituel s'était démenti, revêtus de la robe de femmes, furent ainsi conduits par tout le camp (1). Cette flétrissure, toute morale, fut si sensible à ces braves gens, dit Grandidier, que, dans la campagne suivante, ils rachetèrent leur faute et effacèrent leur honte par des prodiges de valeur.

Encouragé par ce succès presque inattendu, Julien et ses compagnons, exclusivement gaulois, continuèrent à poursuivre et à exterminer les Alémans qu'ils purent rencontrer, mais la jalousie de Constance ne lui pardonna pas sa victoire.

L'Empereur tenait alors sa cour, à Milan, et les flatteurs savaient plaire au maître en rabaissant les exploits du jeune César et même en les tournant en ridicule. « A chaque message de Julien, c'était une « nouvelle moquerie: quand donc aura-t-il cessé de « vaincre ? Il nous étourdit de ses prétendus « triomphes; enfin, par une froide, mais amère dé- « rision, on lui donnait le surnom de *Victorin*. Les

---

(1) Amm. Marcellini qui de supertunt libri XIII et M. S. codicibus emendate ab Henrico Valerio et annotatibus illustrati, p. 81, note. Edit., Paris, 1636.

« courtisans ne s'arrêtèrent pas là ; ils surent, par un
« tour de force d'adulation, que l'extravagance seule
« de Constance peut expliquer, persuader à ce faible
« et présomptueux souverain que rien de grand dans
« l'univers ne se faisait que par lui. Cette fumée lui
« monta au cerveau, et bientôt, dans ses édits ou
« proclamations, il se posa comme le triomphateur
« universel et ne s'énonça plus qu'à la première
« personne : « J'ai combattu, j'ai vaincu, j'ai relevé
« des rois prosternés à mes pieds, tandis que, dans
« la réalité, toutes ces grandes choses s'étaient ac-
« complies sans lui. Il s'attribua tout ce qui revenait
« à Julien ! » Mais la voix de la renommée a été plus
« forte que le mensonge et l'envie : elle a rendu
« au véritable vainqueur de Strasbourg toute sa
« gloire » (1).

Le cours du Rhin étant désormais affranchi, Julien n'y resta que les quelques jours nécessaires pour donner la sépulture à tous les morts, sans distinction d'amis ou d'ennemis. Puis, après avoir simplement congédié les députés alémans, qui étaient venus si audacieusement le braver, avant le combat, il reprit le chemin de Saverne. De là, laissant aux Médiomatriciens, qu'il venait de sauver et dont, sans aucun doute, toute la jeunesse avait combattu dans ses rangs, la garde de ses nombreux prisonniers et de son butin, jusqu'à son retour, il se dirigea vers Mayence à travers toute la Médiomatricie délivrée (2).

(1) Ammien-Marcellin, liv. XVI.
(2) A Saverne et dans les environs, Julien, se trouvait en pleine Médiomatricie, et d'après toutes les probabilités, ce fut dans les diverses localités fortifiées, chez les Médiomatriciens qui l'entouraient, qu'il distribua son butin et ses prisonniers.

Ne trouvant plus d'ennemis en deçà du Rhin, Julien alla les chercher au-delà, sur leur propre territoire après avoir jeté un pont sur le fleuve. Il les poursuivit jusqu'à leur entière soumission et alors, voulant laisser un souvenir de cette nouvelle expédition, il fit relever un fort construit jadis par Trajan et par ce prince décoré de son nom. Cette forteresse se dresse encore sur l'emplacement actuel de *Castel* ou *Cassel*, en face de Mayence,

Telle fut la terreur des Germains en voyant se relever de ses ruines cette construction menaçante, qu'ils avaient fait tomber, en même temps que la colossale barrière des *Champs décumates*, (le *vallum*), qu'ils renouvelèrent, dans les termes les plus humbles, leurs propositions de paix. Julien consentit enfin, et non sans peine, à leur accorder une trêve de dix mois. Trois de leurs rois, de ceux mêmes qui avaient été les plus ardents dans la ligue de Strasbourg, se rendirent, tout tremblants, cette fois, au camp romain, protestèrent par les serments les plus solennels, prêtés suivant les formes sacramentelles de leur culte national, de ne plus rien entreprendre contre les Romains, de suspendre toutes hostilités, de se conformer en tout au pacte juré.

Julien, après ces heureuses expéditions, alla passer l'hiver à Lutèce, pour s'y délasser d'une si longue et si glorieuse campagne (1). Mais, sur son chemin, il fut encore obligé de combattre : il s'était dirigé par Cologne et Juliers vers le pays de Reims; là, son avant-garde vint se heurter contre une bande de Francs qui avaient profité de l'absence des troupes

---

(1) Ammien-Marc, Liv. XIII, ch. II, p. 72.

occupées en Alémanie, pour faire une incursion dans la Gaule et ravager le pays. A l'approche de l'armée, ils se jetèrent dans deux fortins, situés sur la Meuse, et abandonnés depuis longtemps, et s'y défendirent avec une intrépidité et une opiniâtreté telles, que tous les efforts de Julien et de son armée vinrent échouer, pendant près de deux mois devant ces murs en ruines et cette poignée de braves. Ils étaient, d'après Ammien-Marcellin, six cents, selon Libanius, mille. On fut obligé de convertir le siège en blocus. Enfin, épuisés de fatigues, pressés par la faim, il se rendirent à discrétion; et, quoique ce fût une loi parmi les Francs, de vaincre ou de mourir (1), ils ne crurent pas se déshonorer en se livrant à Julien. C'était une chose si nouvelle, si extraordinaire de voir des Francs prisonniers, que le jeune César se crut obligé de les envoyer à l'Empereur. En les recevant, Constance, tout jaloux qu'il était de Julien, ne pût s'empêcher de sécrier : voilà un véritable présent, un trésor. Et il les distribua dans ses légions, croyant, dit encore Libanius, y faire entrer autant de *tours*, tant chacun de ces hommes valait à lui seul toute une troupe d'autres (2). Une armée de Francs s'étant mise en marche pour aller au secours des prisonniers, arriva trop tard et dut renoncer à aller plus avant.

Cet autre succès de Julien sur les Francs contribua aussi à répandre la terreur du nom romain dans les contrées voisines et nous avons tenu à faire connaître dès maintenant le caractère et la réputa-

---

(1) Libanius, *Orat.* X.
(2) Libanius, ibidem. Voir *Vie de l'Empereur Jullien*, par l'abbé de La Bletterie. Liv. III, p. 95. Édition, Paris, 1775.

tion de cette nationalité franque, en prévision de ce que nous aurons à y ajouter plus tard.

Dans tous les cas, la soumission de tous ces Barbares permit à Julien de prendre quelque repos à Lutèce.

Dans les intervalles des campagnes, Julien s'occupait activement de la réparation des places fortes détruites par les Barbares ; il embellit Lutèce, sa demeure de prédilection, et travailla à soulager les provinces ruinées par l'excès des impôts, désolées par la famine. D'après sa propre déclaration, il releva quarante-cinq cités reprises à l'ennemi et retira de ses mains plus de vingt mille prisonniers. Cette conduite lui concilia l'affection de l'armée et du peuple, tandis que le bruit de ses succès se répandit dans tout l'empire. Il n'en fallait pas tant pour éveiller la jalousie de Constance.

Sur ces entrefaites, l'Empereur ordonna à Julien d'envoyer la plus grande partie de ses troupes en Orient ; mais les soldats, dévoués à leur général, refusèrent de le quitter et lui offrirent la pourpre, que Julien accepta, pour obéir, disait-il, à la volonté de Jupiter qui lui était apparu en songe.

Depuis longtemps déjà, il n'était plus chrétien. A peine eut-il même revêtu la pourpre qu'il déclara publiquement son apostasie.

Constance, à ces nouvelles, s'empressa de conclure la paix avec les Perses, et revint en toute hâte vers l'Italie ; mais il mourut en route, et, de cette manière, son heureux rival, sans même avoir combattu, resta seul maître de l'Empire (361).

Julien, dit l'*Apostat,* instruit par la philosophie païenne, apporta sur le trône le costume comme les

ERNEST MELCHIOR, PHOT. D. CELLARIUS, SC.

N. BOX,
OFFICIER DE L'INSTRUCTION PUBLIQUE,

Ancien Sous-Principal au Collège de Thionville,

Ancien Principal du Collège de Sarreguemines.

habitudes et les principes de l'École et de ses maîtres. On doit le louer, sans doute, d'avoir réformé la fastueuse prodigalité de la Cour, d'en avoir chassé les innombrables légions de cuisiniers, de maîtres-d'hôtel, de barbiers vêtus en sénateurs, dont l'entretien absorbait les revenus de l'Empire. Il a ainsi pu soulager les peuples en diminuant d'un cinquième les taxes qui les écrasaient ; mais il commit une grande faute, même politiquement, en relevant le paganisme, lorsque déjà le christianisme s'était irrévocablement établi dans le pays. C'était semer de nouveaux germes de discorde, c'était ébranler la base sur laquelle s'appuyait désormais tout l'édifice social : la haine aveugle de Julien ne calcula pas ces conséquences ; seulement il s'abstint de persécuter ouvertement.

Julien montra, d'ailleurs, de véritables talents sur le trône ; il donna quelque dignité au Sénat de Constantinople, en lui témoignant une véritable et constante déférence. Auguste, il voulut défendre les frontières, comme il les avait défendues, étant César ; mais une fortune différente l'attendait. Sapor, depuis la mort de Constance, portait ses ravages jusqu'en Syrie ; Julien repoussa le roi de Perse, et le poursuivit au delà de l'Euphrate ; mais le roi chrétien d'Arménie abandonna l'*Apostat ;* un faux transfuge lui fit brûler sa flotte, et l'égara dans les déserts. En vain, une victoire ranime un instant le courage des troupes. Dans un second engagement, Julien tombe mortellement blessé, et périt sans avoir voulu désigner un successeur (363).

Le duc *Jovien* accepta la tâche difficile de ramener une armée épuisée et sans vivres ; pour en sauver les débris, il fallut subir un traité ignominieux, qui livrait à Sapor une partie des provinces d'Orient. Le règne de Jovien, si tristement commencé, finit bientôt, et deux frères, *Valentinien* et *Valens*, furent élevés à la dignité impériale. Valentinien eut l'Occident, et Valens, l'Orient, (365).

L'Empire était partagé sans retour ! L'œuvre de Dioclétien était consommée !

Valentinien, brave officier de fortune, qui était parvenu, par ses seuls talents, au premier grade de l'armée, sembla se multiplier pour veiller à la défense de toutes les frontières, sans négliger les affaires intérieures de l'Empire, dont il parvint à apaiser les troubles par sa fermeté à l'égard des Ariens. Les Allemands, les Saxons, les Quades, poursuivis avec une égale vigueur, et refoulés au fond de leurs forêts sauvages, implorèrent humblement la paix. Mais Valentinien mourut en 375 ; et, tandis que son fils, le faible Gratien, recueillait son héritage, un événement fatal rompit la digue qui, jusqu'alors, avait contenu les peuples barbares, et, en préparant l'invasion générale, commença le démembrement de l'Empire.

Les Goths, poussés jusqu'aux frontières, par l'émigration des Huns, venus de la Chine, demandèrent à s'établir en deçà du Danube ; l'Empereur eut l'imprudence de recevoir un peuple tout entier au sein de l'Empire. Bientôt les vexations des officiers romains soulevèrent ces hommes impatientés de tout frein, que, malgré les ordres exprès de l'Empereur, on n'avait pas désarmés. Valens fut vaincu et tué à la bataille d'Andrinople (378) ; ce désastre semblait devoir entraîner la chute de l'Empire ; mais il parut un grand homme qui, par son génie, devait le retenir sur le penchant de sa ruine.

Cet homme fut Théodose, dit *le Grand*, que Gratien, après l'avoir associé à l'Empire, chargea de combattre les Goths, pendant que le jeune Valentinien II prenait la pourpre quelque temps après la mort de Valens.

Cet habile général, après avoir repris l'avantage dans plusieurs engagements, parvint à s'attacher les vaincus par sa conduite généreuse, et même à en faire d'utiles alliés de l'Empire. Le roi des Perses, effrayé de ces succès, n'osa s'opposer à une lutte qui lui eût été fatale, et il se hâta de conclure la paix (379), qui, de longtemps, ne devait plus être troublée. La mort de Gratien, assassiné par l'usurpateur Maxime, laissa Théodose seul maître de l'Orient.

A l'Occident, Valentinien avait été contraint de céder à Maxime la moitié de ses provinces; l'usurpateur n'était pas satisfait: il envahit l'Italie; mais il rencontra Théodose, que Valentinien avait appelé à son secours; il fut pris dans Aquilée, et mis à mort (388). Valentinien, débarrassé de son rival, régna alors seul en Occident, et se montra pendant quelque temps le digne émule de Théodose, qu'il prenait en tout pour modèle. Une expédition heureuse contre les Francs avait affermi sa domination, quand un chef de cette nation, Arbogast, qui avait réussi à s'emparer de sa confiance, fit donner à ses concitoyens tous les postes civils et militaires de l'Empire, et se rendit lui-même tout puissant.

Bientôt, il assassina Valentinien, et mit à sa place un fantôme d'Empereur, le rhéteur Eugène. Mais Théodose ne pouvait laisser sans vengeance le meurtre de son collègue à l'Empire. En 394, la défaite et la mort des usurpateurs soumirent l'Occident comme l'Orient à sa puissance. *Cette dernière réunion, avant la scission définitive, devait à peine durer un an.*

L'année 395 vit mourir Théodose, qui s'était fait baptiser en montant sur le trône, et dont l'administration sage et forte avait rendu quelque prospérité à l'Empire; elle avait, du moins, dissimulé ses misères.

On ne peut reprocher à ce grand prince que le massacre de Tessalonique, ordonné dans un accès de colère, mais noblement expié, à la voix de l'archevêque Ambroise, de Milan, par une pénitence publique.

Théodose n'avait pu remplir si glorieusement sa tâche sans employer, pour ses guerres et pour ses réformes, les dernières ressources de l'Empire. Dans l'épuisement de la population romaine, il avait combattu Arbogast, avec une armée composée de Barbares ; les étrangers occupaient, en effet, toutes les charges, tous les pouvoirs ; le territoire était encore le même, mais les hommes avaient changé.

L'Empire romain n'existait donc plus à la mort de Théodose : il y avait un *Empire d'Orient* et un *Empire d'Occident*.

D'après le partage fait par Théodose même, *Arcadius*, son fils aîné, eut l'Orient, et *Honorius*, à peine âgé de 10 ans, eut l'Occident. Le Vandale Stilicon, que Théodose avait comblé de faveurs et élevé à la dignité de généralissime, fut placé à côté de l'Empereur Honorius, encore enfant, pour lui servir de conseil, dans l'administration intérieure de l'État, et de défenseur, à la tête des armées.

Ce choix, dont on devait beaucoup espérer, devint, au contraire, fatal à l'Empire, et son premier résultat fut *la perle des Gaules*, à commencer par les frontières orientales. Théodose, pour enchaîner l'heureux Stilicon par un lien plus intime aux intérêts de sa famille et du trône, lui avait fait épouser Sérène, sa nièce, qu'il chérissait à l'égal de sa fille. De ce mariage, Stilicon eut un fils, nommé Eucher, et deux filles qui, toutes deux, ceignirent le diadème, en devenant, l'une après l'autre, les épouses de l'Empereur Honorius.

Tant de grandeurs, venant s'accumuler successivement sur la tête de Stilicon, stimulèrent en même temps son ambition. Si près du trône, il aspira, sinon à y monter lui-même, mais à y placer son fils. Pour atteindre ce but, il appela les nations étrangères à son secours, et pour prix de leurs services, il leur abandonna l'objet de leur vieille convoitise, la Gaule!

C'est alors que ce pays fut inondé par une multitude prodigieuse de nations cruelles et barbares, et que saint Jérôme a pu écrire, vers 478, comme nous l'avons mentionné page 252 de ce volume, sa lettre à une jeune dame, nommée Agéruchie, pour lui conseiller de fuir les séductions du siècle. Il y énumère ces nations en disant que tout ce qui est entre les Alpes et les Pyrénées, entre l'Océan et le Rhin, a été en proie aux Quades, aux Vandales, aux Sarmates, aux Alains, aux Gépides, aux Hérules, aux Saxons, aux Bourguignons, aux Alémans et aux Pannoniens. Il dit que Mayence, cette ville autrefois si fameuse, a été prise et entièrement ruinée; que Worms, après un long siège, a été détruit; qu'à Reims, cette cité naguère si puissante, à Amiens, à Arras, à Terouënne, à Tournai, à Spire, à Argentorat, il n'y a plus rien de la Gaule ou de Rome : la Germanie y régnait sans partage ; que l'Aquitaine, la Novempopulanie, les provinces Lugdunaises et Narbonnaises, peu de villes exceptées, étaient totalement dévastées ; qu'au dehors le glaive, qu'au dedans la famine les anéantissaient ; que Toulouse, conservée, jusqu'ici, par son saint évêque Exupère, et que l'Espagne, qui se souvient encore de l'irruption des Cimbres, sont dans des alarmes continuelles et à la veille de leur ruine.

Quand Honorius vit ces ruines, il fit tuer Stilicon, Eucher et Serène, en 408, par la main du bourreau; mais il était trop tard. Alaric, roi des Goths, qui avait déjà fait plusieurs incursions en Italie, était maître de Rome et la mit au pillage (410).

Honorius s'était retiré à Ravenne, et il ne dut son salut qu'à la mort d'Alaric, qui arriva peu après. Ce prince faible se laissa enlever les plus belles provinces de l'Empire, la Grande-Bretagne, la Gaule, l'Espagne, etc.

Saint Jérôme accuse Stilicon, qu'il prétend être la cause de tous ces malheurs. « Ce n'est point, dit-
« il (1), par la négligence de nos Empereurs, qui
« sont très pieux, que ces malheurs nous arrivent,
« c'est par la perfidie d'un homme demi-barbare,
« d'un traitre, qui s'est servi de nos richesses pour
« armer nos ennemis contre nous. » Un autre historien, Orose, interprété par Grégoire de Tours, est même plus explicite encore, et fait marcher Stilicon à la tête même des envahisseurs (2).

Dans l'armée d'invasion, saint Jérôme ne fait pas

---

(1) Même lettre de saint Jérôme à Agéruchie, traduction de Dom Guillaume Roussel, édit. de Paris, 1743, t. I, p. 459 à 498.

(2) V. Grégoire de Tours, *Histoire des Francs*, t. I, livre 2, p. 78, tra-

figurer les Francs; c'est, qu'en effet, bien loin de se joindre à l'invasion vandale, ils furent le seul obstacle qu'elle trouva sur sa route. Soit que les Francs considérassent déjà la frontière de la Gaule comme leur proie exclusive, soit qu'ils voulussent rester fidèles aux traités conclus avec les Romains, ils crurent devoir défendre le passage du Rhin; ils livrèrent bataille aux Vandales, sur la rive germaine, et leur tuèrent plus de vingt mille hommes avec leur roi Godegisile; c'en était fait des Vandales, si les Alains, qui les suivaient de près, n'étaient accourus pour les soutenir (1). Alors seulement, et l'histoire a gardé cette date néfaste, le 31 décembre 406 (2), la barrière du Rhin fut forcée, et les Vandales, avec les Alains, se précipitèrent, comme des loups dévorants, du côté de Mayence, dans la Germanie première (3) et la Basse-Alsace, tandis que les Alémans et autres farouches alliés, franchissaient le fleuve, par Angst ou Bâle, Kembs ou Brisach, à leur gré, et promenaient la dévastation dans le reste de la province, en attendant que toutes ces hordes réunies prissent ensemble leur élan, par delà les Vosges et le Jura, dans les Gaules.

La sauvage fureur de cette invasion est devenue proverbiale, et le mot de *vandalisme* est, encore aujourd'hui, l'expression du plus cruel et du plus

---

duction Guadet et Taranne, Paris, 1836, dit : « Stilicon, à la tête des nations « qu'il put rassembler, écrase les Francs, passe le Rhin, parcourt les « Gaules et s'avance jusqu'aux Pyrénées ».

(1) Grégoire de Tours. *Histoire des Francs*, t. 1, liv. II, ch. 9.

(2) Prosper d'Aquitaine, dans sa chronique, sous la rubrique de l'an 406, dans le *Thesaurus monum. Ecclesiaticorsum* de Canisius.

(3) C'est l'opinion de Schœpflin, adoptée par Grandidier. Voir l'*Alsace illustrée*, t. I, p. 217-219, 425 et 426, et *Histoire d'Alsace*.

aveugle abus de la force brutale. Les barbares se portèrent partout, confondant, dans leur rage de destruction, le sacré, le profane, et faisant couler le sang à flots, sans respect du rang, de l'âge ou du sexe. Payens furieux, ou Ariens encore plus ennemis de la foi que les idolâtres, ils joignirent au désastre de la plus affreuse dévastation, toutes les horreurs de la persécution religieuse. Tout ce qui, dans les invasions précédentes, avait échappé, fut, cette fois, réduit à néant. Bâle, ville florissante, sous le nom de *Basilia Sequanorum*, fut détruite alors avec toutes les autres cités de la Gaule.

Nous nous bornons à ces détails, généralement peu connus, mais nous les croyons suffisants pour appuyer et apprécier convenablement les citations des pages 420-426 (1).

Le tableau, d'ailleurs, est déjà assez sombre, et montre suffisamment le pays ruiné et matériellement appauvri, la dissolution de la société, et la dépravation des mœurs partout où quelque étincelle du christianisme n'avoit point encore pu pénétrer, en ces temps d'erreurs du paganisme et de systèmes philosophiques que, d'abord, quelques nouveaux convertis, plus tard, des enfants de l'Église, orgueilleux et rebelles, prétendaient accommoder aux exigences de leur cœur corrompu ou de leur indocile raison.

En présence de ces tendances fatales, saint Paul avait annoncé qu'il y aurait des hérésies, et celles-ci se sont produites déjà aux temps des apôtres.

Simon, le Magicien (2), commença la série de ces hommes qui voulurent substituer leurs propres pen-

---
(1) *Les Pays de la Sarre*, tome II.
(2) Se fit baptiser par le diacre Phippe, et osa demander à saint Pierre,

sées aux doctrines de l'Évangile ; un grand nombre d'erreurs se firent jour pendant les persécutions mêmes ; mais l'Église se retrempait trop souvent dans le sang de ses membres, pour que la corruption pût faire de grands progrès. Ce fut après la victoire, qu'elle eut à soutenir une lutte terrible contre toutes les passions de ses enfants révoltés.

Une ambition fit naître, sous Constantin, la plus funeste et la plus célèbre des hérésies anciennes, l'Arianisme. Arius, repoussé du siège épiscopal d'Alexandrie, auquel il aspirait, enveloppa, dans son ressentiment et dans sa haine, le patriarche Alexandre, qui lui avait été préféré, et toute l'Église catholique : il attaqua le dogme fondamental de la religion chrétienne, en niant la divinité de Jésus-Christ.

Alexandre, après s'être vainement efforcé de le ramener, par ses avertissements et ses prières, l'excommunia, et dénonça à tous les évêques l'ennemi public de la foi. Arius répondit à la lettre d'Alexandre par un poème indécent, qu'il distribua au peuple, pour répandre sa doctrine ; il parvint à gagner Eusèbe, évêque de Nicomédie, et réussit même à surprendre la bonne foi de Constantin. Mais l'Empereur, bientôt détrompé, convoqua, d'accord avec le pape, le premier Concile universel ou œcuménique, à Nicée (325). L'hérésie d'Arius fut condamnée, et les dogmes catholiques furent établis dans toute leur pureté.

Beaucoup d'Ariens se soumirent, signèrent même la condamnation de leur secte, ce qui n'empêcha pas

---

moyennant argent, le pouvoir d'opérer des miracles semblables aux siens (d'où le nom de *Simonie*, pour désigner le trafic des choses saintes). Mais il fut repoussé et maudit par le chef des apôtres.

cette même secte de reparaître plus tard, avec d'autres adhérents, sous les Empereurs Constantin, Julien l'Apostat et d'autres, sous des professions de foi différentes, entraînant toujours, pour les catholiques, les violences les plus odieuses, et pour les Ariens eux-mêmes, les discordes les plus fâcheuses.

La vérité étant UNE par son essence, l'erreur ne peut être longtemps d'accord avec elle-même. De là, pour les adeptes, l'infinie division dans leurs croyances, si bien que, à peine après quelques années d'existence (de 325 à 360), ils étaient déjà à leur treizième symbole.

Ces luttes déplorables envenimèrent l'existence des Ariens autant que celle des catholiques, et comme les uns et les autres en attribuaient la cause au Gouvernement qui, tantôt les protégeait, tantôt les exterminait, ils étaient d'accord avec tout ce qui, dans la majeure partie de la nation, gémissait sous la glèbe et l'esclavage, tout ce qui était perdu de mœurs et croupissait sous le dévergondage de toutes les misères et de tous les vices, pour détester son régime, et désirer le remplacer par celui de la nation même la plus barbare de l'époque.

PÉRIODE
FRANQUE.

La nation barbare dont le peuple gaulois a fait choix, pour sortir de sa triste situation, fut la nation franque.

C'est, en effet, par les Francs, que la Providence a voulu sauver ce peuple, que les Goths et les Burgondes se disputaient. On sait les maux qui accompagnèrent cette conquête.

Clovis avait commencé, en 529, à régner sur les Francs Saliens, qui, avec les Francs Ripuaires, avaient peu à peu envahi les territoires belges et bataves, et fondé un royaume qui comprenait une partie du bassin de l'Escaut. Les premiers s'étaient établis vers la Mer du Nord, dans le pays de Saale, sur les bords de l'Yssel ; les seconds s'étaient fixés entre le Rhin et la Meuse.

Le royaume, formé par les uns et les autres, portait le nom général de *Frenken rie* ou Domaine des Francs.

Le nom de Francs Saliens vient du nom de cette rivière de Saale, d'un cours de 80 kilomètres.

Les Ripuaires ayant surtout occupé les bords du

Wéser et du Rhin, dans la Germanie Première et la Belgique Première, avaient Cologne pour ville principale, sur la rive gauche du Rhin, et ont reçu leur nom de *ripa*, rivage.

Clovis, qui est devenu le chef de toute la nation franque, appartenait à la tribu des Francs Saliens, et, à cette occasion, il y a lieu de remarquer que les diverses tribus de cette Confédération semblent avoir eu chacune un *Roi* appelé *Brenn*, ou des Chefs militaires appelés *Heerzogs*, Ducs, qui avaient autour d'eux des *bandes d'antrauesle* ou fidèles, groupés volontairement à la suite, et auxquels ils donnaient la table, l'habillement et le pillage. Il faut donc faire, chez les premiers Francs, la différence entre la *Nation* et la *Bande*. C'est avec une Bande de 5,000 hommes que Clovis eut ses premiers succès, après lesquels, il réunit à lui la nation entière, et se défit des autres rois.

D'après la position géographique, la Confédération dite franque, composée de *Saliens* et de *Ripuaires*, avait encore, comme tribus particulières, les *Bructères*, les *Chérusques*, les *Cattes* et les *Saliens*, qui habitaient entre le Meïn, la Mer du Nord, l'Elster, le Sieg et l'Elbe.

Ces peuples s'étaient constitués en association pour maintenir, contre les Romains, leur position, leur liberté et leur indépendance. Mais, quoiqu'ils fussent unis entre eux pour leur défense commune, sous le nom générique de Francs ou d'hommes libres et indépendants, chaque tribu avait cependant conservé ses lois et son gouvernement, son nom et ses chefs particuliers. Tacite, qui écrivit au commencement du IIe siècle de l'ère chrétienne, ne connaissait pas encore ce nom de Franc, et l'histoire ne le mentionne guère que vers le IIIe siècle. Dans le IVe siècle et au commencement du Ve, on commençait à citer le pays de *Francie*, habité par ces peuplades.

Mais de quelle origine étaient-elles, ces peuplades? Leurs types, au nombre de deux, étaient ceux des Bolgs, c'est-à-dire que les uns étaient bruns comme les Volces Tectosages, les autres blancs et blonds de chevelure comme les Kimris. Et comment aurait-il pu en être autrement, puisque d'après ce qui a été dit précédemment (*Pays de la Sarre*, t. II, p. 155 et suiv.), ils étaient issus des Sigynnes, des Etrusques, des Volces Tectosages et Arécomiques, qui, au nombre de 300,000, sortirent de leur pays, et notamment de la Narbonnaise, divisés en deux colonnes, sous la direction des frères Bellovèse et Sigovèse.

Les émigrants de Bellovèse, ainsi que nous l'avons déjà dit précédemment, p. 155 et suiv., s'arrêtèrent, en Italie, où sont aujourd'hui les duchés de Savoie, de Milan et de Parme, et y séjournèrent environ deux siècles. L'an 363 de Rome, ces Transalpins se sentant affermis dans leur conquête, songèrent à la pousser plus au loin. Ils attaquèrent les Romains, les battirent près de la rivière d'Allia, dans le pays des Sabins, prirent Rome, la brûlèrent et assiégèrent le Capitole, où toute la noblesse s'était retirée. Ce boulevard allait même succomber sous leurs efforts, si Manlius, alors consul, éveillé par le cri des oies, n'avait, avec ses compagnons, repoussé les assaillants, en les précipitant du haut des tours qu'ils occupaient.

Camille survint à propos, et, rassemblant ce qu'il avait pu trouver de soldats, il marcha au secours de sa patrie, livra bataille aux Gaulois, et les tailla en pièces à trois milles de Rome.

Depuis cette défaite, l'histoire ne signale de guerre considérable qui concerne les Gaulois cisalpins, sinon que, dans la suite, ils plièrent sous le joug de la République romaine, dont ils devinrent membres, comme leurs voisins.

Toutefois, ces Transalpins, au bout d'un certain temps, étaient trop multipliés pour vivre en paix. L'an de Rome, 459, ils se partagèrent en trois colonnes. Céréthrius commandait la première ; Brennus, la deuxième, et la troisième était sous les ordres de Belgius. C'était pour s'enrichir des dépouilles de l'Orient et y fixer leurs demeures, qu'ils quittèrent leur pays. Céréthrius se jeta sur la Thrace, Brennus ravagea la Pannonie, et Belgius entra en Macédoine, où Sosthène, général macédonien, réprima leur fierté et les chassa de la Grèce. Ils ne se découragèrent pas, et, l'année suivante, ils firent une seconde irruption.

Pausanias, qui a décrit cette guerre, dit que l'armée des Gaulois était composée de cent-cinquante-deux mille hommes de pied et de vingt mille chevaux, chaque cavalier ayant à sa suite deux valets, qui se mettaient en la place de leurs maîtres, lorsque ceux-ci étaient tués.

Malgré ce nombre et la résistance des combattants, les Gaulois furent battus, une fois aux Thermopyles, et l'autre fois au Mont-Parnasse. Quoiqu'ils eussent beaucoup souffert de ces deux défaites, ils ne rebroussèrent pas chemin ; au contraire, ils pénétrèrent en Asie et s'y maintinrent jusqu'à ce que les Romains les eussent subjugués. Alors, le pays où ils s'étaient établis, devint une province romaine et prit le nom de Galatée, 189 ans avant Jésus-Christ.

Ils continuèrent de parler leur langue d'origine, ainsi que saint Jérôme le constata dans un de ses voyages en Asie.

Les compagnons de Sigovèse se sont établis, en nombreuses peuplades ou tribus séparées, dans la forêt Hercynienne et en dehors de cette forêt, dans un rayon fort étendu jusqu'à l'Elbe, le long du Danube jusqu'en Hongrie et, le long du Rhin jusqu'à la mer. (Voir ci-devant : Tome II, pages 117 et suivantes.)

Ils trouvèrent, dans ces contrées, les Kimris de Hésus et le second ban des Celtes qui, malgré plusieurs tentatives, n'avaient pas encore pu se caser en Gaule.

A côté et au milieu de cet arrière-ban des Celtes, se trouvaient, à l'état nomade, des aventuriers, des bannis et des braves, étrangers aux Celtes et aux Kimris, vivant de rapines ou allant à la conquête ; c'était la bande d'*allmen* ou d'*allemani*, que les Romains appelaient *germains*, voulant désigner, par là, que ces Celtes de second ban étaient les frères des premiers. *Germani*, en latin, signifie, en effet, frères germains. Strabon (1) l'a également entendu ainsi, et nous l'avons fait pressentir, dans le même sens, page 246 de ce volume.

Pour éviter toute confusion que cette dénomination de *Bande germaine* peut provoquer, il faut s'en tenir à l'appellation romaine donnée aux peuples dont le siège principal s'étendait depuis le Rhin (vers Bâle),

---

(1) Strabon, t. III, liv. III, ch. II, p. 290.

jusqu'au Mein, à la Saale et au Danube, et ne point oublier que le même pays a été occupé, plus tard, par la véritable nation *germaine* ou germanique qui, au temps des Germains de Rome, était arrêtée bien au loin, près de la Scythie ancienne, au pays de Gerr (Γερρὸς), où coule le fleuve de ce nom. Ce fleuve formait la limite entre les *Scythes nomades* et les *Scythes royaux*, avant de se perdre dans l'Hyppocyris.

Cette station du Gerr était probablement la seconde étape de la tribu des Germaniens (Γερμάνιοι), qui se trouvaient au milieu de la nation perse, et que Cyrus souleva contre les Mèdes. Hérodote l'a écrit ainsi en toutes lettres : Livre I, ch. CXXV, et le *Kerman* d'aujourd'hui, la *Carmanie ancienne* (Carmania) de la partie Sud-Ouest du Caboul, province de l'Asie ancienne, est probablement une provenance des Germaniens d'Hérodote.

Les Germains, toutefois, ne descendent point des Scythes ; mais, les deux peuples sont venus ensemble en Europe, ou, à peu près, à la même époque. Selon Hérodote, le territoire du Gerr était important pour les Scythes : il renfermait les tombeaux de leurs rois avec leurs ossements, les souvenirs de leur première émigration et de leur première patrie.

Germaniens, comme *Germains*, ne veut peut-être dire, en perse, comme en scythe, que les *hommes du pays* ou *du fleuve du Gerr*. Ce mot se trouve dans les deux appellations, et si celui de *mann*, signifie *homme* en allemand, il a la même signification dans le sanscrit, dont les langues des Perses et des Mèdes n'étaient que des dialectes. Dans l'idiome des Perses, *ma* ou *maïti,* signifie terre, pays (1).

En énumérant les diverses peuplades qui ont pris part à cette migration de Sigovèse, et en y ajoutant les contingents qu'elle a pu recruter en route, il est possible de présumer, à l'avance, la composition de la population des Pays de la Sarre, et même de fixer celle de presque toute la rive gauche du Rhin.

Outre les transfuges et les nomades de toutes nationalités, il faut compter sur le noyau sédentaire des anciens Médiomatriciens, des anciens Séquaniens, et même d'une partie de la colonie des Ligures installés sur les rives de la Saône et du Rhône, sans oublier les familles juives qui, sous les premiers empereurs romains, sont venues chez nos ancêtres, à la suite des légions rentrées d'Égypte et de Syrie, après la destruction du temple ; surtout après que Tibère eût chassé de Rome les israélites qu'on y avait tolérés jusque-là.

En admettant l'élément médique dans les origines des premiers peuples de l'Europe occidentale, ainsi que nous l'avons déjà fait pressentir plusieurs fois, et après la fusion de ces peuples entre eux, il est facile de comprendre pourquoi, quand, vers 590, avant notre ère, les Gaulois entreprirent, sur les pas de Bellovèse et de Sigovèse, leurs deux grandes expéditions, l'une au delà des Alpes, l'autre au delà du Rhin, ils furent reçus partout comme des frères; au moins, ils purent s'établir, sans longs combats, au milieu des peuples de la forêt Hercynienne, de la Bohême, de l'Italie. C'est qu'il y avait, de part et

---

(1) Eusèbe-François de Salles. *Histoire des Races humaines,* au chapitre intitulé *Sanscrit.*

d'autre, des Sigynnes d'Hérodote, des Mèdes du Danube, avec des transfuges de Celtes et de Kymris. Il y avait des Boïi, qui donnèrent leur nom à la Bohême (Boïohœmum) et à la Bavière (Boïaria) (1), et qui se rencontrent partout où furent les Gaulois, surtout les Gaulois appelés *Veteres Galli*.

Cette confédération de peuples, que les Romains appelèrent aussi *Germains*, pour la même raison de parenté, et qu'il ne faut pas confondre avec la véritable nation de Germains du Gerr, du pays des Scythes, dura jusque vers 350 avant Jésus-Christ. A cette époque, les premières colonies belges franchirent partiellement le Rhin, par suite de troubles intérieurs, ou forcées par l'exubérance de la population.

Cent ans avant la naissance de Jésus-Christ, l'an 652 de Rome, les Teutons et les Cimbres voulurent aussi tenter une irruption vers cette partie orientale de la Gaule ; mais leurs devanciers, Belges-Gaulois ou Gallo-Belges, et les partisans dont ils voulaient se séparer, s'y opposèrent avec tant d'énergie qu'ils furent arrêtés. Alors, les *clans* repoussés n'eurent d'autre parti à prendre, sur la rive droite du Rhin, que de se jeter sur la Rhétie (aujourd'hui, les pays des Grisons), et sur une partie de la Valteline, du Tyrol et de la Bavière, d'où ils se répandirent en Italie et dans la Gaule celtique. Marius, comme on sait, vint, de ce côté, à leur rencontre, et les défit en deux batailles rangées. Il en tua, la première fois, deux cent mille, et la seconde fois,

---

(1) *Boïohœmum* est le mot *Boïo-heim* latinisé ; *heim*, en allemand, *Heims*, en goth, *Home*, en anglais, signifie *demeure, habitation ;* ce mot vient du sanscrit ; *aria*, pourrait venir d'Arii, premier nom des Mèdes.

cent vingt mille, sans compter plus de cent mille prisonniers. Six mille hommes de débris de cette malheureuse armée, qui gardaient les bagages, ayant échappé à cette boucherie, vinrent s'établir, soit précairement, soit par force, où cela fut possible, dans le pays des Éburons, au-dessus des Tréverais ou Trévires. Ils y formèrent une nouvelle domination sous le titre d'Aduaticiens, et, dans la suite, ils y devinrent si formidables, qu'ils subjuguèrent les Éburons, et les firent leurs tributaires (1).

On peut donc admettre, après ces migrations, que, cent ans avant Jésus-Christ, les rives du Rhin et de la Sarre étaient habitées :

1º Par d'anciens *Médiomatriciens* du pays, retirés, la plupart, dans leurs forêts, lesquelles faisaient suite, de ce côté-ci du Rhin, à la Forêt Hercynienne, qui se terminait à l'extrémité de la Forêt des Ardennes ;

2º Par des *Ligures* et des *Volces tectosages* errants ou arrêtés dans leurs pérégrinations ;

3º Par des *Volces tectosages*, mêlés à des *Suèves* et à *d'autres nationalités* réunies, sous le nom de *Belges*, occupant surtout la région septentrionale de la Médiomatricie.

4º Par des familles israélites. Selon toute apparence, et bien avant la destruction du temple, des négociants israélites établis avec les Phocéens à Marseille, des Grecs à Arles et à Avignon, avaient établi des relations commerciales à travers les peuplades aborigènes de la Gaule, jusqu'en Allemagne. Telle

---

(1) Les Éburons. on le sait, étaient les grands pourvoyeurs de viande de porc pour Rome et toute l'Italie. Leurs successeurs et voisins, parait-il, ont continué la même industrie, puisque les jambons de Westphalie, de Mayence et de la Lorraine ont conservé leur réputation.

serait la colonie juive de Worms, que d'anciennes traditions font remonter au v⁰ siècle avant Jésus-Christ (1). Si l'on en croit les talmudistes et divers chroniqueurs allemands, cette colonie se serait refusée à l'admission de l'écriture chaldéenne, subsituée par ´ Esdras à l'ancienne écriture hébraïque ; elle n'aurait pris aucune part à la construction du second temple commencé sous Zorobabel ; se serait maintenue par ses coutumes et ses lois, dans un état d'isolement de la mère-patrie et aurait répondu, au sujet du fils de Marie : « Qu'il fallait le laisser aller ; qu'on lui donnait de l'importance en le crucifiant ; que, par suite, ses doctrines produiraient dans le monde une racine d'autant plus profonde, qu'elle aurait plus d'obstacles à vaincre, et que son procès jetterait plus d'éclat. »

Les traces de ces divers peuples se trouvent encore, aux temps actuels, dans ces régions, surtout dans les forêts, parmi les objets cachés dans les plus vieux tumulus, dans les enceintes fortifiées de formes circulaires, ainsi que cela se remarque sur le mont de la Roche, près de Moray, à trois kilomètres Sud-Ouest de Châtillon, où Cassini a fait une découverte de ce genre (2). Des remarques semblables peuvent aussi se faire au camp de l'Altitona, situé dans cette vaste enceinte druidique dont nous admirons encore aujourd'hui les débris, au mont de Sainte-Odile, sous le nom de *Heidenmauer* ou de *Ringmauer,* qui règne en cercle autour du sommet

---

(1) Wagens Lippmann. Confect., t. II,.p. 215.

(2) Cette forme circulaire est, en effet, caractéristique pour distinguer ces camps des camps romains. D'après Polybe (t. vi, p. 17, *Hist. de Polybe*), ces derniers formaient tous un carré.

de la montagne. L'on sait, d'après Diodore de Sicile et Niebuhr, que cette forme circulaire est le cachet des premières constructions étrusques ou plutôt sécaniennes. On sait aussi que les Sécaniens et les Étrusques sortaient du même berceau, de la même famille médo-sigynne que tant de noms rappellent, à commencer par ceux de Médiomatricie et de Séquanie.

Les *Étrusques* ou *Struchates* n'étaient qu'une tribu médique des Sigynnes. Partis des bords du Danube, ils se sont mêlés, sur les rives du Sieg, aux Ambras, et de leur fusion sont nés les *Sigambres* ou *Sicambres*.

Ce qui confirme encore l'origine étrusque des fortifications du mont de Sainte-Odile ou de l'Altitona, c'est la découverte que M. Schweighauser y a faite au bas du Mænnelstein (1), d'une inscription en caractères runiques dont la traduction serait :

« *Pour cela, prince des nations, Sygge, ta gloire « durera autant que le cours des temps.* »

L'écriture *runique* (2) a fait croire à M. Schweighaüser que le mot *Sygge*, porté aussi par le dieu Odin pendant le cours de sa vie terrestre, devait être rapporté à cette divinité. Il n'a pas pensé que

---

(1) Grosse roche à laquelle s'appuie l'extrémité Sud-Est de l'enceinte.

(2) L'écriture runique, qui ressemble tantôt à des caractères grecs retournés, tantôt à des caractères gothiques modifiés par des signes ou des traits particuliers, était usitée chez les peuples du Nord, notamment chez les Scandinaves ; mais elle l'était aussi chez les Goths et d'autres nations germaines ; elle était l'expression écrite de la langue théotique ou tudesque, langue intermédiaire entre le germain et le gaulois, que parlèrent nos pères, notamment les Sicambres ou Francs, et toutes ces nations, que nous faisons naître de l'alliance des deux éléments sigynne et ombrien. Les principaux débris de cette écriture antique ont été découverts sur le chemin des Sigynnes, depuis la Médie et depuis l'Égypte.

cette inscription ne pouvait se rapporter à un héros divinisé, qui n'a jamais été en rapport avec nos contrées : l'antique Médiomatricie, la Séquanie, la Rauracie et tout le pays de Trèves qui étaient, par excellence, la terre des Sigynnes ou Syggs, et que l'inscription dédiée au prince de ces nations ne pouvait être mieux placée qu'au pied du plus grand ouvrage élevé par les habitants de la contrée.

De 530 et de 113 avant Jésus-Christ à 481 après Jésus-Christ, c'est-à-dire depuis la séparation des Belges de l'agglomération des peuplades de Sigovèse, fixées sur les rives du Rhin, pour faire irruption en Gaule, et depuis le départ plus récent et plus sanglant des Teutons et des Cimbres (1) qui se sont répandus dans la Rhétie, le Tyrol et la Bavière, jusqu'à l'avènement de Clovis au trône de France, les autres *clans* de cette association hétérogène de la rive droite du Rhin, se sont accommodés les uns avec les autres sans trop de heurtements, du moins sans trop de sang versé. Sur la rive gauche, pendant ces temps, les provinces des Médiomatriciens, des Séquaniens et des Rauraques qui ont donné naissance aux Pays de la Sarre, ont continué de subsister avec plus ou moins de Bolgs et ont conservé leurs dénominations respectives. Sur la rive droite, il y eut des associations plus ou moins considérables et des gouvernements de toute espèce, depuis le régime républicain jusqu'à la royauté plus ou moins absolue, et quand, au premier siècle de l'ère chrétienne, Claudius Drusus fut chargé, à la mort d'Auguste, de venger, en Germanie, le sang

---

(1) Ces premiers Cimbres ou Kymris furent un mélange de Celtes et de Scythes, c'est-à-dire, d'après Plutarque, des *Cello-Scythes*.

des légions de Varus, il y rencontra les peuplades énumérées à la page 419 (1). Et dans ce nombre, les Francs ne figurent point. Alors, quelle est l'origine de ce peuple ?

On a beaucoup écrit, en réponse à cette question, et on n'est pas plus avancé. Ce qu'il y a de plus certain, c'est que, dans le principe, le nom de *Francs* n'a jamais appartenu, en propre, à aucun peuple particulier, pas plus que le nom de *Francus* n'a appartenu à un fils de Priam dont, d'après les Grandes Chroniques de Saint-Denis, Clovis lui-même se serait dit descendant. Mais ce nom a appartenu à une confédération de peuples, unis dans un même sentiment, celui de la défense commune et de la liberté nationale. Du Rhin jusqu'à l'Elbe, et probablement de ce fleuve oriental jusqu'aux régions plus septentrionales de la Scythie et de la vieille Germanie, la vraie Germanie du Gerr, des nations diverses que nous ne connaissons même pas toutes, menacées par l'ambition de confédérations ou de peuplades voisines, telles que celles des *Alémans*, des *Burgundes*, des *Romains*, se réunirent en ligue et ont jeté le défi à l'ennemi, de quelque part qu'il vînt. Comme protestation contre tout asservissement et comme symbole de leur indépendance, ces nations prirent le titre de *Freie* ou *Francs*. A la tête de cette alliance se trouvait, selon Grégoire de Tours et tous les autres auteurs, sur les rives de la Theiss et du Danube, un peuple particulier, dit les *Sicambres* ou *Sygambres*. Sortis de la Pannonie, dont les premiers habitants furent Celtes d'origine, ils s'avancèrent dans

---

(1) *Les Pays de la Sarre*, t. II, p. 419.

leur migration vers l'Occident, jusqu'au Rhin, où leur nom resta à la rivière de *Sigen* ou *Siegen*, qui naît en Westphalie, dans la régence d'Arensberg, arrose la ville et le cercle de Sigen, traverse la province rhénane occidentale et se jette dans le Rhin, vis-à-vis de Bonn.

Cluvier et d'autres savants admettent la même origine (1), et, pour nous, le nom de Sicambres ou Sygambres est l'expression de l'alliance, de la fusion, sur la terre germanique, de deux peuples des plus anciens : des *Sigynnes* (issus du sang médique mêlé au sang égyptien, sur les rives du Danube), et des *Ombriens* ou *Ambras*, issus, au moins en partie, de la famille pélasgique.

Ainsi arrêtés sur la rive droite du Rhin, au milieu des débris de l'armée de Sigovèse, auxquels s'étaient jointes toutes sortes d'autres peuplades, les Sicambres ont formé le premier noyau de la *Ligue franque*. C'est d'après cela qu'on a pu écrire que des *Francs*, d'autres disent *Germains*, ont pu se détacher de cette ligue et *s'installer sur la rive gauche du Rhin inférieur, au pays des Frisons et des Bataves ;* que *Maximien a établi comme colons quantité de Francs dans les terrains vagues des Trévirois, et dans les terrains de leurs voisins, les Nerviens.* On envoya en même temps, comme colons, dans les mêmes régions, des soldats vétérans pour fonder, le long des chemins, des bourgs auxquels on donna le nom de *vici*. Les peuplades quittèrent insensiblement leurs lieux isolés pour venir participer à la vie régulière et plus sûre de ces bour-

---

(1) Cluverius, *Germania antiqua*, Liv. III. ch. IX.

gades. Ainsi firent les Trévirois ou Trévires, qui quittèrent leur *Alt-Trier* (vieux Trèves), pour venir habiter, le long de la Moselle, le bourg qui s'appela d'abord *colonia augusta Trevirorum,* avant de porter le nom de *civitas de Treviris* et de *Trèves.* C'est à cet *Alt-Trier* qu'il convient d'appliquer le fameux vers gravé sur la façade de l'ancien hôtel-de-ville :

Ante Romam Treviris stetit annis mille trecentis.

A côté de Châlons, de Reims, de Laon, il existe, comme à côté de Trèves, un vieux Châlons, un vieux Reims, un vieux Laon, et on peut en conclure que, là aussi, il y a eu de vieux refuges ou camps. Par contre, on peut en conclure encore que, si César n'a jamais mentionné, ni Metz, ni Toul, ni Verdun, c'est que, de son temps, il n'existait que quelques refuges de peu d'importance à leurs emplacements, et que ce n'est qu'à dater de l'époque gallo-romaine, que ces localités sont devenues des villes d'importance.

La Ligue des Francs se constitua vers l'an 240. Seize ans après, ils traversèrent la Gaule pour aller piller l'Espagne et l'Afrique ; en 297, la valeur de Probus et l'établissement de colonies agricoles et guerrières arrêtèrent leurs invasions et leurs ravages en Gaule. Constance Chlore les combattit pendant plusieurs années avec succès et, en 310, une victoire décisive de Constantin les réduisit, pour quelque temps, à l'impuissance.

Pendant les trois premiers siècles de l'Empire romain, depuis Auguste jusqu'à Constantin, de 6 à 312 après Jésus-Christ, plusieurs autres ligues se sont formées parmi les émigrés de Sigovèse. Une multitude de nations sauvages, errantes pour la plupart, s'étaient groupées autour de chefs pour mieux exercer le pillage. Ces nations pouvaient être vaincues, mais on ne pouvait guère les soumettre. Aussi, pendant ces trois siècles, les légions purent à peine réprimer les invasions incessantes de ces Barbares, envieux des richesses de l'Empire. Mais, dès le début du troisième siècle, d'autres peuplades encore, issues du Nord et des rives du Danube, s'amoncelèrent contre les frontières, comme les flots d'un torrent contre une digue.

La plus redoutable de ces ligues, était la Ligue des Suèves, dite aussi la *Ligue des Alémans*.

Elle commença à la formation des *Champs décumates*, sur la rive droite du Rhin, et, comme l'on sait, cette formation est due au dépit de *Marobodus*, roi des *Marcomans*.

Quand, après les victoires de Drusus, ce souverain comprit qu'il ne pourrait commander en maître à ses sujets, ni dicter la loi à ses voisins, aussi longtemps que le Rhin seul le séparerait des légions romaines, il se mit à la tête de son peuple, quitta le pays que nous appelons, aujourd'hui, la Souabe, et, s'ouvrant un passage à travers la forêt Hercynienne, le long du Danube, il se fit une place et se créa un nouveau royaume au milieu des Bousses ou Boïens, dans la Bohême. Des Séquaniens, des Rauraques, des Médiomatriciens, des Triboques, des aventuriers de toutes sortes accoururent dans la région abandonnée par les Marcomans. Ces nouveaux habitants, Gaulois en majorité, restèrent soumis à l'Empire, qui n'exigea d'eux, pour tout tribut, que le dixième des terres qu'ils allaient défricher. C'était la contribution exigée des vétérans établis comme propriétaires et colons. Ce fut de là que ce pays prit le nom de *Champs décumates.* Ce pays est le Brisgau actuel, le margraviat de Bade et la plus grande partie du Wurtemberg, entre le *Nicer,* aujourd'hui le Necker, et le Rhin, au Sud-Ouest de la Grande Germanie située sur la droite du Rhin, et vis-à-vis de la Germanie Première, en Gaule.

Les peuples qui ont ainsi remplacé les Marcomans dans les *Champs décumates,* à titre de colons, et pour les fertiliser, prirent le nom de Lêtes, du mot *ledig* vacant ou de Lœdæ, terre friche, déserte, abandonnée.

Plusieurs savants voient même, dans cette *dîme,* l'origine des Fiefs.

Née vassale et tributaire sous le nom de lête, cette colonie se dégagea, peu à peu, de tout lien de servitude envers la métropole, et devint le noyau d'une nation absolument nouvelle appelée *Alémanie,* premier rudiment (alle, tout ; mann, homme, gens), du mot *Allemagne.*

La Ligue des Alémans molesta fort les Romains, en attaquant souvent leurs frontières, et ceux-ci eurent la fatale idée de se débarrasser de leurs ennemis, en leur offrant des subsides. Ainsi fit Adrien, pour se délivrer des Marcomans, des Quades et des Vandales ; mais, au lieu d'éloigner ses ennemis, il augmenta leur avidité, et ses présents furent la cause d'une guerre nouvelle. Ils grossirent en nombre et, dans une première expédition, ils pénétrèrent jusqu'à Aquilée ; Marc-Aurèle et son collègue Vérus furent obligés, pour repousser ces redoutables adversaires, d'enrôler les esclaves et les gladiateurs, et de vendre, pour payer les troupes, jusqu'aux derniers meubles du palais impérial. Les Barbares furent repoussés à grand'peine au delà des Alpes, et Marc-Aurèle fut trop heureux de leur accorder la paix. Peu après, ils reprirent les armes; l'Empereur crut, cette fois, pouvoir les poursuivre jusque dans leur pays même. Mais, trompé par une feinte retraite, et attiré dans un défilé, il allait y périr, avec son armée, d'inanition et de misère, quand un orage extraordinaire épouvanta les Alémans et sauva l'armée romaine (174). Après avoir rétabli la paix, Marc-Aurèle commença à introduire des Barbares sur le territoire romain, pour défendre les frontières : il ne prévoyait pas que ces étrangers devaient, au contraire, un jour, ouvrir ces mêmes frontières, et aider leurs frères à pénétrer dans l'Empire.

La tranquillité se maintint difficilement pendant les années suivantes. Sans cesse de nouvelles peuplades apparaissaient, poussées par les Goths, qui descendaient du Nord (212).

Commode et Caracalla, ainsi que tous les mauvais princes, payèrent, avec des subsides, une paix de peu de durée. Les Goths commençaient à inquiéter les frontières de la Dacie. Sous Gallien, ils firent une invasion en Grèce, et Aurélien, après les avoir refoulés au delà du Danube, eut encore à vaincre, dans trois batailles, les Allemands qui avaient pénétré en Italie.

Probus, au lieu de recourir aux subsides pour se délivrer de ses ennemis, eut l'idée, après avoir reconquis la Gaule, de les établir en colonies agricoles, et c'est ainsi que, dans un message au Sénat, il a pu dire : « La Germanie entière, quelle qu'en soit

« l'étendue, est soumise ; neuf de ses rois sont venus
« se jeter, en suppliant, à nos pieds : déjà, tous ces
« Barbares labourent et sèment pour nous. Rendons
« grâces aux dieux ; nous avons repris tout le butin,
« plus même qu'il n'en avait été fait sur nous. Main-
« tenant, les champs de la Gaule sont labourés par
« les bœufs des Barbares, et les attelages germains
« courbent leur front esclave sous le joug de nos
« cultivateurs. Ces peuples divers élèvent leurs trou-
« peaux pour notre alimentation, leurs chevaux pour
« notre cavalerie ; nos greniers regorgent du blé des
« Barbares ; en un mot, nous ne leur avons laissé
« que le sol, tout le reste est à nous. »

Dans ces colonies, spécialement destinées à la production du blé, Probus introduisit également, vers l'an 281, la culture de la vigne, que l'un de ses prédécesseurs, l'empereur Domitien, avait fait défendre par un édit daté de l'an 92 de Jésus-Christ, sous prétexte de rendre à l'agriculture les bras qui lui manquaient.

Nous avons dit, page 211 et suivantes, que les Égyptiens avaient appris aux Gaulois à fabriquer la bière et la cervoise, et que ces liquides étaient la boisson habituelle de ce peuple. La vigne, en effet, était peu cultivée en Gaule, et le vin qu'on y consommait se tirait généralement d'Italie. Selon Pline, toutefois, quelques vignobles existaient dans le pays des Séquanais, et on faisait grand cas du vin qui avait le goût de poix (1).

C'est donc seulement, au IIIe siècle de notre ère

---

(1) Les vins d'Arbois et de Château-Châlon ont encore un petit goût de poix quand ils sont très vieux. Il faut, à ce dernier crû, la durée d'une génération d'homme pour être potable.

qu'il faut rapporter la véritable introduction de la vigne dans les vallées du Rhin, de la Moselle, de la Sarre et de la Nahe, et cette culture y réussit si bien, qu'en 292, c'est-à-dire, dix ans après la mort de Probus, son panégyriste put vanter l'excès de production des vignobles en *riesling*, qui est considéré par les viticulteurs comme le descendant du raisin du mont Massique, près de Falerne. C'est à ce crû, vanté par les poètes latins, qu'Ausone a comparé le vin de la Moselle pour le bouquet.

Quoiqu'il en soit, d'ailleurs, de l'espèce et de la provenance des cépages, il est admis que les vins de ces diverses cultures sont remarquables et jouissent de réputations justement méritées.

Les vins de la Sarre. Si nous nous arrêtons particulièrement à ces vins, c'est qu'ils ont une valeur réelle trop peu connue, qui est souvent usurpée par des vins de Moselle ou d'autres, auxquels ils sont supérieurs.

Les vignobles producteurs de ces vins sont presque tous situés au-dessous du territoire de Sarreguemines, et se rencontrent dans les cercles de Sarrebruck, Sarrelouis, Merzig, Sarrebourg (haut) et Trèves, dans les proportions suivantes :

Le cercle de	Sarrebruck	compte	27 hect.	63	ares
»	Sarrelouis	»	79 »	28	»
»	Merzig	»	32 »	90	»
»	Sarrebourg	»	491 »	88	»
»	Trèves	»	214 »	93	»

845 hect. 99 ares (1),
outre 968 hectares 79 ares, qui appartiennent aussi

---
(1) Relevé de 1881.

au cercle de Trèves et se trouvent dans la vallée de la Moselle.

Au-dessus de Sarreguemines, il y a peu de vignobles ; on pourrait même ne pas les mentionner, à cause de leur peu de superficie, s'il n'y avait pas à signaler les vins de la Bliese à Frauenberg, à Mengen, à Bolchen, et surtout le vin de l'ermitage de Græfinthal, autrefois surnommé le Vin des Anges (Engelswein), dont, il y a quelques années, la réputation était fort grande (1).

Sur le ban de Sarreguemines même, il existe un hectare de vignes ;

A Saarinsming ou Sarreinsming, il y en a 12 hectares 04 ares, et à Wittring 6 hectares 96 ares.

Le vin de ces deux endroits, surtout celui du territoire dit Rosenecke ou Rosenhecke de Wittring, sont fort appréciés. Il existe aussi un petit vignoble à Hambach.

Plus haut et sur les côteaux riverains de la Sarre, se trouvent 15 hectares 58 ares de vignes à Fénétrange, et 22 hectares 78 ares à Niederstinzel. D'après les noms de lieux qui ont été conservés, il a dû s'en trouver aussi au Rebberg de Sarraltroff et aux deux Rebberg (Grand et Petit) de Sarrebourg, à 280 et à 290 mètres d'altitude, mais ces plantations ont disparu depuis longtemps.

Dans les cantons d'Albestroff, de Dieuze, de Château-Salins et de Delme, partiellement arrosés par des

---

(1) Les vignobles de la même région, notamment ceux d'Auersmacher, de Rilching, de Blies-Ransbach, de Petit-Bliederstroff, de Bubing et de Saint-Arnual, appartiennent au cercle de Sarrebruck.

Les 51 hectares 89 de vignes situés aux environs de Saint-Wendel, sur la Bliese, sont comptés avec ceux du cercle de Trèves.

affluents de la Sarre, il existe quelques placards de vignes, surtout dans le canton de Delme. Mais leur contenance totale n'embrasse pas cent hectares de superficie, et la qualité des vins, rouges pour la plupart, sont de qualité moyenne.

Il n'en est pas de même des vignobles et des vins récoltés au-dessous de Sarreguemines où se trouvent, après quelques parcelles plantées à Rouhling et à Grossbliederstroff, les vignobles de la rive droite de la Sarre dans les cercles de Sarrebruck, de Sarrelouis, de Merzig, de Sarrebourg (bas) et de Trèves.

Dans ces divers vignobles, il y a des crûs vraiment remarquables, à commencer par le vin de Petit-Bliederstroff, qui est fort recherché et se vend, dans les bonnes années, de 280 Marks à 1000 Marks les 1000 litres.

Il en est de même des vins rouges de Merzig, que l'on vend souvent sous le nom d'autres crûs estimés de la Sarre ou de la Moselle. Leurs prix varient de 2 à 3000 Marks les 1000 litres.

Dans le cercle de Sarrebourg (bas), on recherche aussi le vin rouge ; mais la production consiste généralement en vins blancs, et ceux-ci se débitent sous les noms de *Staadler, Saarsteiner, Saarburger, Ockfener, Bocksteiner, Geisberger, Ayler, Lautersberger, Wiltinger, Wawerner* et *Feulser*. Tous ces vins, à dénominations allemandes, car la langue allemande est l'unique langue du pays, ont comme caractères distinctifs leur force alcoolique et leurs bouquets fins. Leur prix de vente varie de 1000 à 6 et 7000 Marks par 1000 litres.

Les vins récoltés sur les côteaux, vers l'embouchure de la Sarre, aux environs de Ober-Emmel,

N. Roy. LES PAYS DE LA SARRE Planche XXXIII.

| Eglise | Villa Huber | La Kerbe | Prisons | Château | Marronnier | Tuilerie |
| Hôtel de Geiger | Tour | Hôtel de Ville | | (Reste) | | Rue des Espagnols |

EMILE HUBER, PHOT. **SARREGUEMINES (Ville-Vieille)** D. CELLARIUS

sont tous blancs comme ceux des environs de Wiltingen, et sont connus sous les noms de *Rhauler, Rosenberger, Euchariusberger, Acriliusberger, Scharzberger*, et surtout le vin du *Scharzhofberg* dit *Scharzhofberger*, qui est supérieur à tous les précédents. Pour les prix, les premiers sont vendus de 2000 à 5000 Marks les 1000 litres, et le Scharzhofberger, qui passe pour être la fleur de tous les vins de la Sarre, le prix, par 1000 litres, est de 7000 à 8000 Marks.

En 1893, à la vente publique des vins, à Trèves, un foudre (975 litres en moyenne) a été vendu 10.500 Marks. Le prix moyen de la vente de la même année a été de 5641 Marks pour cette sorte de vin. Et sur les 646 $^1/_2$ foudres de vin récoltés dans la région inférieure de la Sarre (depuis Sarrebourg) qui ont rapporté 2.291.190 Marks, le prix moyen du foudre a été de 3.547 Marks.

Ces vins sont récoltés à des altitudes variant de 127^m,2, à l'embouchure de la rivière jusqu'à la cote de 280 et 300 mètres, et les vignes qui les produisent se trouvent dans des terrains de Muschelkalck (calcaire coquiller), de grès bigarré, de grès des Vosges et de terrains ardoisiers qui renferment les crus les plus estimés.

Il convient d'ajouter que si Probus, par ses colonies, peut être considéré comme l'introducteur de la vigne dans nos pays, les corporations religieuses ont le mérite de l'avoir améliorée par la plantation des espèces auxquelles est due la réputation actuelle. Ces espèces sont particulièrement les trois variétés de *Riesling*, à *queue verte* et à *grappe serrée* ; de *Riesling*, à *queue rouge* et à bouquet très prononcé, et le *Riesling* jaune ou *noble* (Edelriesling) à *grain sucré et aromatique* qui fournit les vins les plus fins.

A dater de l'an 297, l'établissement des colonies facilita en même temps, l'infiltration lente et progressive des Trévires, des Triboques, des Cattes et d'autres, parmi les peuplades de ce côté-ci du Rhin.

Car nous n'admettons point la prétendue fuite des Médiomatriciens devant les Triboques, pas plus que la retraite des premiers dans les montagnes, et l'établissement des derniers dans la plaine. Cette lutte, cette démarcation entre les tribus médiomatriciennes et triboques ne reposent sur aucun fait historique certain, sur aucun texte ancien qui, seulement, colore, de quelque vraisemblance, cette supposition.

Les auteurs qui ont voulu aussi que les Triboques aient franchi le Rhin, pour combattre dans les rangs d'Arioviste, ont cherché vainement, au delà de ce fleuve, la place que ce peuple aurait occupée, avant l'invasion. On cite bien que Strabon a qualifié les Triboques de race germanique ou plutôt transrhénane ; mais Strabon n'indique pas la date de cette migration, moins encore le lieu d'où elle serait partie.

Les Cattes et les Trévires ont occupé les pays qui portent encore des traces de leurs noms, et, parmi les premiers, il convient de ranger les *Saracates* ou habitants des rives de la Sarre, de la *Sarachowa* ou *Sargau* ; car le nom de *Caracates*, indiqué par Tacite *Hist.* Liv. 4, chap. 70, où l'on dit : *Secutis Tribocis Vangionibusque* et *Caracatibus* est tout à fait inconnu et ne peut provenir que d'une erreur de copiste, dans laquelle le *C* aura été substitué à un *S*. Ce qui confirme cette opinion, c'est la place que le texte de Tacite assigne à ces peuples, entre les Vangions, gens du pays de Worms, les Némètes, gens du pays de Spire et les Triboques qui occupaient l'emplacement du Bas-Rhin actuel et du pays de la Sarre. Là, nous rencontrons, en effet, des traces incontestables de leur culte et de leurs modes de sépultures.

Les restes des temples de Mithra, à Schwarzerden et à Sarrebourg (haut), ne laissent plus subsister aucun doute à cet égard, pas plus que les tumulus où, vous trouvez des ossements, des urnes cinéraires. Donc, il y avait là deux usages : celui d'enterrer les corps intacts, et celui de ne confier à la terre que leurs cendres.

Qui donc ne reconnaît, dans ce double mode de sépulture, les idées traditionnelles de peuples différents ? des Perses et des Mèdes qui brûlaient leurs morts, et des Égyptiens qui les embaumaient, ou qui, du moins, prenaient toutes les précautions pour rendre leurs restes indestructibles ?

Les colons sigynnes, relégués sur les bords du Danube y continuèrent ce double mode de sépulture et en laissèrent le souvenir partout sur le chemin des Sigynnes et des Struchates, sur les rives de l'Arno et du Pô, comme sur les rives du Danube et du Rhin, en Etrurie comme dans nos pays. Une partie de nos Saracates ou habitants de la Sarre ne sont donc rien autre chose que des Sigynnes des bords du Danube, poussés par l'esprit d'émigration jusque sur les rives du Rhin et de la Saône, et ce peuple est le même que celui que l'histoire montre encore ailleurs dans la Gaule, en Italie et en Sicile comme sur la Sarre, sous le nom de Sicaniens d'abord, puis de Sicules, de Tziganes, de Zigeuner, etc.

Pendant le temps de ces infiltrations des Cattes, des Trévires et des Triboques entre les peuplades gallo-romaines de ce côté-ci du Rhin, les Alémans ou Suèves, marchant sur les pas des Vandales et des Alains, y pénétrèrent aussi et avancèrent même jusqu'en Espagne.

Les Bourguignons qui les suivirent, y pénétrèrent également, mais n'allèrent pas si loin ; ils s'établirent dans la Séquanaise.

Les Francs, à leur tour, n'ayant pu défendre le passage du Rhin, franchirent ce fleuve en masse et vinrent revendiquer leur lot dans ce partage de l'Empire romain. Ils prirent position dans la *Germanie première* et la *Belgique seconde* (1).

En rapprochant de cette citation, en apparence si simple et si claire, la déclaration suivante de Grégoire de Tours, le plus ancien historien des Francs, il semblerait que le château ou forteresse de *Dispargum*, situé sur les confins ou plutôt les extrémités du pays des *Thoringiens* et habité par Clodion, le premier roi des Francs saliens, est *facile* à trouver.

Grégoire de Tours dit en effet :

« Plusieurs auteurs racontent que les Francs sont
« sortis de la Pannonie (2), et qu'ils s'établirent sur
« la rive du Rhin ; qu'ayant ensuite traversé ce
« fleuve, ils passèrent dans la Thoringe, disons la

---

(1) *Francus Germanum primum, Belgumque secundum*
    Sternebat....

Sidoine Appolinaire, *carmen VII, Panegyricus avita*, vers 373. Edit. Paris, 1614. Sidoine, né en 430 et mort en 488. Donc contemporain ou à peu près des événements.

(2) On sait que ces peuplades de la Pannonie, aussi bien que les Boïi de la Forêt Hercynienne, établis sur les bords du Danube, sont des débris de l'expédition (de Sigovèse) des Volces-Tectosages.

« Thuringe, et de là dans les districts ou les cités;
« qu'ils se donnèrent des rois chevelus, pris dans
« la première et, si je puis parler ainsi, dans la plus
« noble de leurs familles, ce que prouvèrent, plus
« tard, les victoires de Clovis... On dit aussi qu'alors
« Clogion (Clodion), aussi distingué dans sa nation
« par son mérite que par sa noblesse, fut roi des
« Francs ; il occupait, sur la limite du pays des *Thu-*
« *ringiens*, la forteresse de *Disparg*. Dans ces mêmes
« contrées, vers le Midi et jusqu'à la Loire, habi-
« taient les Romains. (1)

Il n'en est pas ainsi : l'emplacement de *Dispargum*
a donné lieu et donne encore lieu à de chaudes dis-
cussions entre les auteurs ; pour la *Thuringie*, il en
est de même et *toutes ces controverses viennent de
ce que Auguste subdivisa la Belgique de César en
trois parties.*

Il conserva le nom de *Belgique* à la partie la plus
septentrionale ; aux deux autres, où l'élément germanique était depuis longtemps dominant, il donna
la qualification de *Germanies*, et coupant en deux
parties presque égales, tout cet immense territoire
de la rive gauche du Rhin, il nomma la portion se
dirigeant, en amont vers la source, la *Germanie su-*

---

(1) Tradunt enim multi eosdem (Francos) de Pannonia fuisse digressos :
et primum quidem littora Rhenis amnis incoluisse ; de hinc transacti
Rheno, Thoringeam transmeasse ; ibique juxta pagos vel civitatie reges
crinitos super se creavisse, de prima, et ut ita dicam nobiliori suorum et
familia. Quod postea probatum Clodovechi victoriœ tradidire... Ferunt etiam
tunc Chlogionem utilem ac nobilissimum in genta suà, regem Francorum
fuisse, qui apud Dispargum castrum habitabat, quod est in termino Tho-
ringorum. In his autem partibus, id est, ad meridionalem plagam, habi-
tubant Romani usque Ligerim fluvium.

Grégoire de Tours, *Hist. Francorum*, t. 1, livre II, chap. IX, page 80
et 81, édit avec traduct. de Guad et Taranne, Paris, 1836.

périeure, et la portion qui s'étendait en aval jusqu'à l'embouchure du fleuve, la *Germanie inférieure*. Cette dernière a été divisée ensuite en *Germanie première*, *Germanie seconde* et *Germanie troisième*, appelée plus proprement *Grande Séquanaise, maxima Sequanorum*. Les auteurs ayant confondu ces divisions, il en était résulté des difficultés vraiment inextricables que la distinction établie ou plutôt retrouvée par Perreciot (1) a enfin fait disparaître par une *explication simple et exacte des deux Germanies d'Auguste* et qui se trouve à la fin du second livre de l'*Histoire d'Alsace*, p. 163 et suiv. de Grandidier.

Dans ce Mémoire, qui fut couronné par l'Académie de Besançon, Perreciot démontre que, non seulement la Basse-Alsace, mais encore l'Alsace supérieure, l'Helvétie, la Rhétie, et même tous les pays habités par les Séquanais et les Langrois ou Langriens, étaient compris dans la Germanie supérieure. D'où il faut conclure, puisqu'il est prouvé qu'au IVe siècle, la Maxima Sequanorum s'est étendue jusqu'à la frontière Nord de la Haute-Alsace, que la *Germanie supérieure*, créée du temps d'Auguste, et la *Germanie première*, établie à cette dernière époque, *avaient des dimensions bien différentes*.

Les deux Germanies supérieure et inférieure, qui s'étendaient le long de la rive gauche du Rhin, en face de la Germania magna, Grande-Germanie, qui

---

(1) Le 24 août 1771, Perreciot, trésorier de France en Franche-Comté, présentait à l'Académie de Besançon, un Mémoire (c'est le Mémoire de l'histoire d'Alsace de Grandidier qui vient d'être cité) dans lequel il se proposait de déterminer l'étendue des deux provinces, appelées, sous les Romains, *Germanie supérieure* et *Germanie inférieure*, et l'étendue de celles qu'on nomma ensuite *Germanie première*, *Germanie seconde* et *Province Séquanaise*.

occupait la rive droite, étaient divisées du temps d'Auguste en deux portions presque égales ; à la moitié du cours du fleuve, leur point de contact fut, selon Ptolémée, l'endroit où la rivière, qu'il appelle Obringa ou Obrinca, se jette dans le Rhin. Pour nous, Obringa est la Moselle, par les raisons que nous avons exposées précédemment, pages 414 et 415.

Il est impossible de préciser exactement la date et l'auteur de la division des deux Germanies en trois parties à peu près égales. *Celle du milieu* fut appelée *Germanie première*, et *celle du bas, Germanie seconde* ; *la partie du haut*, dans laquelle furent comprises la *Séquanie* proprement dite la *Raucratie* et l'*Helvétie*, prit de l'élément, qui l'emporta dans sa composition, le nom de *Séquanaise, Grande Séquanaise, Maxima Sequanorum.*

Cette province, dont *Besançon* devint la métropole, enclava tout ce que l'on appelle, aujourd'hui, la Franche-Comté, la Haute-Alsace, le Sundgaw, l'évêché et la ville de Bâle et toute ces portions de l'Helvétie connue, plus tard, sous la dénomination de Bourgogne transjurane.

Mayence fut la métropole de la *Germanie première*; Spire, Worms, Strasbourg et leurs territoires furent sous sa dépendance ; ainsi la Basse-Alsace, presque toute entière, fit partie de cette province, et le même point de séparation, qui devait former la division des diocèses de Strasbourg et de Bâle, distingua, dès lors, la Basse-Alsace, de la Haute, et la Germanie première de la Maxima Sequanorum. On croit que Marckolsheim, situé sur la droite de l'ancienne voie romaine, à trois lieues de Schlestadt et à quatre de Colmar, fut ainsi nommé parce qu'il se trouvait précisément sur la ligne de séparation des deux Alsaces : *Mark. Marche*, paraît désigner, en tudesque, la même chose que *fines*, en latin, c'est-à-dire, *limite, frontière*.

La *Germanie seconde* qui commençait, un peu au-dessous d'Andernach, s'étendait de là jusqu'à l'Océan ; elle avait pour métropole *Trèves* (1).

En résumé, il résulta de ce nouvel état de choses que la *Haute-Alsace* appartint à la *Séquanaise*, et la *Basse-Alsace* à la *Germanie première*.

Mais où rencontrer le pays des Thuringes et le château de Disparg ?

Ils ne sauraient être ailleurs que dans les cantons occupés par les Francs.

Or, il a été établi précédemment que, vers la fin du Ve siècle, les trois peuples, les Alémans, les Burgondes ou Bourgundes et les Francs étaient riverains du Rhin ; que la première de ces nations s'étendait de la rive gauche jusqu'à la Reuss, que la seconde régnait de là jusqu'à Bâle et la Rauracie, c'est-à-dire jusque et y compris une partie du Sundgau alsacien moderne, et que, plus loin, jusqu'aux dernières limites de la Germanie première et la Belgique seconde, dominaient les Francs. Il faut ajouter pour bien fixer la position respective de ces *trois peuples*, que les Alémans, maîtres des deux rives, jusqu'en face de Wendisch (Vindinossa), ville située au confluent de l'Aar et de la Reuss, s'étendaient, à partir de ce point, sur la rive droite, dans toute la longueur de leur ancien

---

(1) Les principaux traits de cette division sont tirés de la division territoriale de Grandidier, qui lui-même n'a fait que reproduire l'opinion de Tschudi, de d'Anville et de Perreciot V. *Histoire d'Alsace*, t. 1. p. 189.

territoire et par conséquent n'étaient séparés, dans ce prolongement de leurs possessions, des Bourguignons et, plus loin, des Francs, que par le fleuve.

Delà il y a à conclure encore que l'Alsace, à l'exception peut-être de quelques parcelles du Sundgau, occupées par les Burgundes, appartint aux Francs ; ce qui le prouve, en outre, mieux que tous les raisonnements, c'est que, sous nos rois de la première et de la seconde race, l'Alémanie fut régie par la loi Alémanique, tandis que l'Alsace fut soumise à la loi des Francs. (1).

Grégoire de Tours, confirme ces indications et montre que l'Alsace ne fut pas seulement la première conquête des Francs ou Sicambres, dans la Gaule, mais qu'elle peut, à bon droit, *revendiquer la gloire d'avoir été le berceau de la monarchie française !*

Et cela est ainsi, parce que cette première halte des Francs, sur la rive gauche, c'est-à-dire, en Alsace, *est la Thuringe cherchée*, et parce que dans cette Thuringe, on peut reconnaître, malgré l'altération du nom, *cette forteresse de Dispargum située à l'extrémité de la province* et représentée, de nos jours, par *Dagsbourg*.

Sans doute ce nom a passé, dans les chartes et dans l'histoire, par bien des transformations avant d'arriver à sa forme actuelle ; mais ce travail n'est pas impossible, puisqu'il a été fait par Perreciot, dans son Mémoire qui a été couronné à Besançon et qui

---

(1) Grandidier, *Histoire d'Alsace*, t. 1, p. 273, *Secumdum legem Francorum*, dit un diplôme de Charlemagne pour l'abbaye de Honau, donné vers 773. V. *Histoire de l'église de Strasbourg*, t. II, pièces justificatives. Num. 64, p. CVIII.

est reproduit en entier à la fin de l'*Histoire d'Alsace* de Grandidier qui a également adopté cette opinion, p. 318 et suiv.

Dispargum, dit-il, est l'appellation, que donnent à la résidence de Clodion, en Thuringe, Grégoire de Tours (1), la vie de *Saint-Remy* (2), la *chronique de Moissac* (3), les divers manuscrits des *gestes des Francs* (4) et l'historien Roricon (5). Elle est nommée *Desbargen* par Frédégaire (6), *Dasburgum* et *Dasbore* dans les anciens titres. Elle reparaît sous le nom de *Disborc* dans un diplôme de Charles-le-Simple, accordé le 4 mars 922, aux chanoines de l'église Saint-Etienne de Toul (7). La chronique d'Adon (8) l'appelle *Disporum* : c'est de Disparg qu'est daté un diplôme d'Othon III, de 986, pour l'abbaye de Saint-Remy de Reims (9).

---

(1) *Histoire ecclésiastique Francorum*, loc. cit.
(2) V. l'ancienne vie de *Saint-Remy*, dans Duchesne, t. 1, p. 524.
(3) Dans Dom Bouquet, t. II, p. 649.
(4) V. dans le même p. 694.
(5) V. dans le même, *Roriconis gesta Francorum* p. 801.
(6) Dans Epitome historiæ Francorum, ch. IX p. 726.
(7) Ce diplôme a été publié dans l'*Histoire de Toul* par Benoit. V. aux preuves, p. 15, par Dom Calmet, *Histoire de Lorraine*, t. II, preuves col. 172, et par les éditeurs des historiens de France, t. IX, p. 553. Les chanoines de Toul étaient venus trouver le roi à son passage à Disborg, et Perreciot démontre jusqu'à la dernière évidence que ce lieu ne peut avoir été que le château de Dagsbourg. V. son Mémoire p. 319. Voici le texte du diplôme : « Cum pro diversio eegni notri negotus ad lucum, qui dicitur Disbore, devenissemus, Canonici sancti Stephani urbis Lencorum, proprio orbati parocho, nostrim expeticrus clementiam, observantis ut priviligium villarum.... confirmaremus.... »
(8) V. dans Dom Bouquet, t. II, p. 666.
(9) Actum Dispargo, dit ce diplôme, rapporté par Marlot, Hist. Ecclesiæ Remensis, t. II, p. 32.

L'empereur Othon Ier, dans des lettres de 962 (1) confirme au monastère d'Etival cinquante-deux *hubes* ou manses de terre, dans le nombre desquelles il compte les dîmes du domaine de *Disparg*, situé, dit-il, en Alsace. Une bulle d'Eugène III, de 1147 (2), et une charte de Frédéric Ier de 1178 (3) rappellent les dîmes des mêmes cinquante-deux hubes, dépendantes du comté de Dagsbourg, entre les possessions d'Etival ; enfin l'église et les dîmes de *Disparg en Alsace* se retrouvent encore dans un diplôme de l'Empereur Henri V, de 1114, pour le même monastère (4).

Malgré ces documents, on objecte, contre Dagsbourg, tel que nous le connaissons aujourd'hui, l'impossibilité d'avoir jamais pu servir d'emplacement à une royauté quelconque : « Le site est trop malheu-
« reux pour cela. Il y a quelques années, un seul
« chemin quelque peu convenable, encore ne l'était-
« il guère, y accédait ; partout ailleurs, et dans toutes
« les directions, il y avait des fondrières, des sen-
« tiers et casse-cou, praticables pour les seuls mon-
« tagnards ou touristes déterminés ; partout, forêts,
« maigres champs et grand éloignement de toutes les
« nécessités de la vie. Un roi n'aurait voulu habiter
« un rocher qu'il fallait péniblement escalader et
« dont la surface comporte à peine l'emplacement
« d'une maison bourgeoise ordinaire. Dagsbourg,

---

(1) V. ces lettres dans Grandidier (Hist. d'Als. t. 1.) *pièces justificatives*, titre 288, p. CXXIX.

(2) Hugo, *Annalis ordinis præmonstratendis*, t. II, *probationes*, col. 543.

(3) V. Schœpflin. *Alsetia diplomatica*, t. I, p. 483.

(4) V. Dom Calmet, *Hist. de Lorraine*, 2e édition, t. V. Preuves, col. CXXIX.

« comme village, n'existe ostensiblement que depuis
« que les seigneurs de Linange y attirèrent des ha-
« bitants par de nombreux privilèges et des concessions
« forestières ; Dagsbourg se dépeuplerait immédiate-
« si ces concessions étaient retirées. Comment dès
« lors, une cour royale, qui suppose un service nom-
« breux et dont les exigences sont si grandes, se
« serait-elle résignée à habiter un endroit si âpre,
« si stérile, si inhospitalier et d'un abord si diffi-
« cile ? Ajoutons que nul débris, ni vestige n'est
« resté du passé si glorieux. Grandidier est singu-
« lièrement fantaisiste en parlant de monuments de
« la grandeur romaine ; nous n'en avons pas aperçu
« à Dagsbourg, et ce qui en existe dans l'ancien
« comté de ce nom n'autorise aucune induction pa-
« reille. L'assimilation avec Dispargum est donc mal-
« heureuse ; elle l'est d'autant plus que non seule-
« ment, selon notre manière de voir, il est impos-
« sible de prouver l'existence de Dagshourg à cette
« époque reculée, mais qu'il est même assez facile
« de prouver et de démontrer le contraire (1) ».

Pour confirmer cette assertion, l'auteur ajoute qu'on lit dans les statuts de l'abbaye d'Andlau, composés et promulgués par l'impératrice sainte Richarde, vers 893, (Grandidier, *Hist. de l'église de Strasbourg, pièces justificatives*, n⁰ 165, page CGGIV) « ... mon
« seigneur Charles (son mari), a, sur notre demande,
« confirmé à l'autel et à l'église de Saint-Sauveur, (d'An-
« dlau) ce que je possède à Walterescett (Walscheid)
« et Wosagon, afin que l'église et l'autel soient amé-
« liorés des produits des dits biens.... » Ces lieux

. (1) M. l'abbé Hermann Kuhn *Mémoires de l'Académie de Metz* 1890, p. 104, a longtemps habité le pays de Dagsbourg ou Dabo.

de Walterescett et de Wosagon qui fut, peut-être un siège d'habitation, mais qui désigne plus naturellement une portion de la grande chaîne des Vosges; sont, on ne saurait en douter, ce qui forma le noyau primitif du vieux comté de Dagsbourg, dont les anciens comtes de ce nom firent leurs reprises chez les abesses d'Andlau jusqu'à la mort de la comtesse Gertrude, en 1225. « Or, si Dagsbourg avait existé
« alors, on ne saurait raisonnablement douter que
« sainte Richarde n'en eût fait mention dans les sta-
« tuts de l'abbaye qu'elle venait de fonder ; comme
« elle ne cite que Walterescett et Wosagon, Dags-
« bourg n'a dû être construit que postérieurement (1). »

Après cette étonnante conclusion, que, Dagsbourg n'étant point mentionné par sainte Richarde dans les statuts de fondation de l'abbaye d'Andlau, cette localité (Dagsbourg) n'a dû être construite que postérieurement à 892, date des statuts, M. l'abbé Kuhn se croit autorisé à chercher Dispargum ailleurs.

Il abandonne tous les documents cités précédemment, et des hauteurs de Dagsbourg où il se place, il s'élance, par la grande voie romaine d'Argentoratum à Divodurum, vers Sarrebourg ; « il gagne
« Kirrberg-aux-Bois (collis viæ carratæ, Rhodes,
« (route), Fribourg-l'Evêque. Cette dernière localité
« dépassée, nous avons devant nous à cheval sur la
« voie suivie jusqu'ici, une agglomération composée
« autrefois de dix pagus ou centres d'habitations et
« de nombreuses cités fortifiées ; c'est le Romesberg
« ou côte des Romains, le Ramberg, autre côte où
« séjournèrent les dominations du monde, c'est la

---

(1) M. l'abbé Kuhn, *Mémoires de l'Académie de Metz*, déjà cité précédemment.

« côte de Lindres, autrefois couronnée d'un château-
« fort, c'est le Kakelberg ou côte du Castellum, c'est
« la ceinture des marais presque infranchissables de
« la Seille, et, à l'opposé, la côte où planait plus tard,
« construite sur les ruines de fortifications romaines,
« la citadelle de la comtesse de Hombourg, côte
« qui prit en dernier lieu le nom de « Côte Saint-
« Jean, c'est tout un réseau de castra stativa et de
« fortifications s'étendant et se prolongeant par Vic,
« Salone, Chambrey, ayant Amance pour dernier ri-
« deau. Cette localité, si heureusement, placée se
« nommait *Decempagi* et nous y voyons *Dispargum*.
« *Decem* s'est transformé en *Dis* comme le mot fran-
« çais dix qui est tiré du même decem ; *Pagus* ou
« *pargum* est devenu pargus. »

En regard de ce beau pays, Dagsbourg ne présente évidemment, de nos jours, que son rocher nu
avec une chapelle et le triste village de bûcherons
dans un canton de montagnes incultes. Partout, les
sapins et les hêtres, dont la végétation est si active
dans les Vosges, ont pris possession des champs et
des habitations, et couvrent le riche héritage de Gertrude réduit à un espace de 28 kilomètres de long
sur 10 de large, et des importantes fortifications ou
burgs qui y existaient, on ne voit plus que les traces
du Nonnenberg et de la Cantzlay qui gardaient la
vallée de la Sarre ; le premier a presque complètement disparu, mais on voit encore les ruines du second, au pied de la Roche de Belen entourée d'un
ring. On y voit aussi deux autres burgs qui défendaient également la vallée de la Bièvre, l'un est le
Romerburg, ou plutôt Hommertburg, autrefois remar-

quablement fortifié, l'autre, qui est connu dans le pays sous le nom de la *Schantz*, (retranchements), est depuis longtemps exploitée en carrière. Presque tous ces *burgs* avaient remplacé des fortifications qui remontaient au temps de l'empereur Valentinien et il est rare qu'on n'y rencontre pas quelques restes de sculptures ou des monnaies romaines.

Est-ce à dire que Dagsbourg n'a jamais pu être autre chose ? — Voyez plutôt Gergovie, en Auvergne, ou même à deux pas d'ici, le Hérapel, où il n'existait plus, avant les fouilles de notre ami et collègue, M. E. Huber, une seule pierre à bâtir. Et aujourd'hui encore, après toutes les précieuses trouvailles que l'on y a faites, est-il encore autre chose, le triste Hérapel, qu'un étroit champ de culture sur un plateau, peu abordable, dont les flancs sont couverts d'épaisses forêts ?

Nous avons déclaré précédemment que la première halte des Francs, sur la rive gauche du Rhin, s'est faite en Alsace et que cette terre d'Alsace est la Thoringie ou Thuringe de Grégoire de Tours.

Perreciot, le premier, a émis cette pensée, partagée, du reste, par Grandidier, que les *Tulinges* et les Lathobringes qui, au témoignage de César (de Bello Gall. Lib. 1, cap. V), se sont associés à la grande émigration des Helvètes, étaient des peuples de l'Alsace, appelés *Tulingiens, Toringiens, Turinges, Turensiens*. Il les représente comme étant, avec les Rauraques, les alliés des Helvétiens. Selon lui, les uns habitaient le Sundgau moderne, les autres, la Haute-Alsace et même une partie de la Basse-Alsace.

Il ajoute que tous ces peuples étaient les clients des Séquaniens (1).

Ce nom de Tulingiens, indiqué par César, ne reparaît dans l'histoire qu'au XVIe siècle. En ce temps, Nicolas Olahus, archevêque de Strigonie, auteur de la vie d'Attila, en racontant l'irruption de ce roi des Huns dans les Gaules, en 451, écrit qu'il passa le Rhin et conduisit son armée dans le pays des *Tulingiens,* des Séquaniens et des Eduens, en détruisant entièrement les villes de Luxeuil et de Besançon. Olahus, dit Perreciot, n'a pourtant écrit qu'en 1536, mais il avait vécu dans les anciens États d'Attila, et les savants conviennent qu'il avait eu entre les mains les chroniques anciennes de la Hongrie, perdues aujourd'hui ou brûlées par les Turcs. Si cet historien étranger n'avait pas eu pour guide un auteur ancien, où aurait-il trouvé les Tulingiens qui, dès le VIIe siècle, ont cessé d'exister sous ce nom? Où aurait-il appris l'ancien nom de Lixoviam donné à Luxeuil, nom que l'on ne voit que chez lui et dans une inscription du temps de César?

En considérant d'ailleurs la situation topographique des lieux et en admettant qu'après le passage du Rhin, les Francs se soient établis sur les bords du fleuve, au moins depuis Mayence jusque vers Bâle, sur cette terre où les débris des Helvètes avaient obtenu de César, après leur désastre, la permission de s'établir, on peut se demander quelle autre position stratégique eût pu être préférable à celle de ce pays de Dagsbourg, placé au centre des Vosges, à la tête de toutes les vallées et défendu par le Rhin,

---

V. s. d. Schœpflin, *Alsace illustrée*, T. I, p. 375. Mulhouse, 1850.

LES PAYS DE LA SARRE   Planche XXXIV.

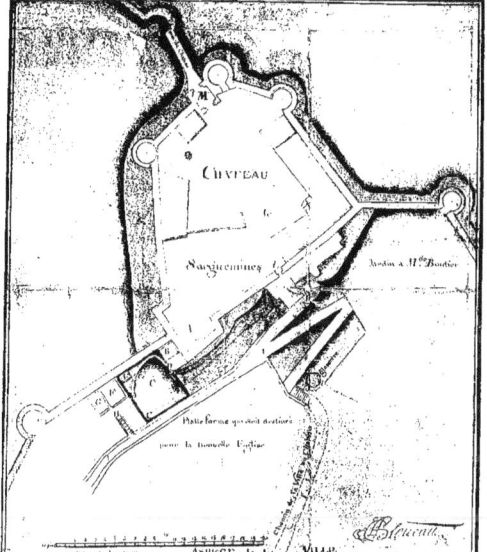

Plan

Du Château de Sarreguemines et de ses Environs Levé en 1761 par le Bourgeois Geometre et arpenteur des Eaux et forêts de la Maitrise dud. Sarreguemines, En consequence d'un Arrest de la Chambre des Comptes de Lorraine, obtenu à la Requete des fermiers du Domaine, qui represente le bastion et ses ruines, ainsi que les deux vieux Evesques posés dudepuis aux frais de la Ville pour soutenir la Terrasse du glacier dud. Bastion. Emplacement des Cloches posés dans un des angles d'Icelui, depuis la demolition de l'Eglise St. Nicolas faite en 1757, de même que d'un Sentier qui est pratiqué devant les Baraque du nommé Nicolas Nousbaum, sur la Rampe de la Terrasse led. bastion pour parvenir à l'endroit des Cloches, ce Sentier et cette rampe Contestés par led. Nousbaum, comme Terrein qu'il pretend lui appartenir, et qu'il cultive Cette partie en Contestation Levé le 18 Mai 1761, près à la demande de Messieurs les officiers de l'hôtel de Ville et comparance de M.rs Chaxel et Saquette et du S.r Nicolas Nousbaum.

Renvois

A Bastion du Château
B Emplacement des Cloches
CC La Rampe dud. Bastion pretendu par le dit Nousbaum, Enoncée d'une teinte jaune.
DD Sentier de 3. pieds de largeur pour communiquer aux Cloches, que le même Nousbaum dispute il en demande une restitution à la Ville.
E Hangard dudit Nousbaum à 4 pieds au dessus de sa baraque, les bois de charpente duquel sont posés dans le mur de la ville, il se trouve construit sur la partie inferieure de la dite Rampe.
F Baraque du même Nousbaum, adossé contre le mur de la Ville, de laquelle il ne paye point de Cens
G Baraque de Louis Louvette, de laquelle il paye Cens à la Ville.
H Escalier pour parvenir aux Baraques Rustins.
IJ Sentier de la Ville au château de 20 pieds de largeur entre les deux murs d'Escarpe
KK Jardins du Concierge du Château.
L Porte du château du côté de la Ville.
M Porte du Château à la Campagne.

Plan authentique
du vieux Château de Sarreguemines ruiné pendant l'invasion suédoise.
Ce plan, unique probablement, m'est parvenu à Longwy par l'entremise de M. Bergdol,
Commissaire de police. Il a appartenu à M. Pauly, de Sarreguemines, de qui je l'ai acquis et
après l'avoir fait réduire photographiquement pour mes Pays de la Sarre, j'en ai fait hommage à
mon collègue et ami, M. Émile Huber, de Sarreguemines.
Thionville, 31 Octob. 1898. N. Boch.

entre la Gaule déjà conquise et celle à conquérir encore? De quelle force stratégique n'était pas cette forteresse de Clodion, ce Dispargum, se dressant, sur l'un des derniers sommets de ces montagnes, comme une menace ou un défi jeté à la face des dernières forces romaines, qui, de là, s'échelonnaient jusqu'à la Loire. C'est ce que dit Grégoire de Tours, dont il faut compléter la citation : « Dans ces mêmes contrées, dit-il, vers le Midi et jusqu'à la Loire, habitaient les Romains. »

Cette terre qui, dans la Gaule, était devenue la nouvelle patrie d'un peuple, alors fugitif et sans foyers, garda son nom de Tulingie ou pays des Tulingiens, tant que dura l'occupation romaine ; mais, à l'arrivée des Francs, elle devint l'Alsace, et ne garda de sa dénomination primitive que la racine *Thur*, qui est restée, comme souvenir, à une de ses rivières.

Parmi les savants, deux opinions se sont formées au sujet de ce pays de Tulingiens : les uns, en supposant l'existence de ce peuple sur les deux rives du Rhin, ont admis deux Thuringies, une germaine et une gauloise. Les autres ont supposé que, par mégarde, Grégoire de Tours aurait substitué *Thuringia* à *Thoringia*. Dans ce cas, il s'agirait du pays de Tongres. Mais où serait alors Dispargum? — On a cru le trouver à *Duisbourg*, situé entre Dusseldorff et Wesel ; à un autre *Duisbourg*, entre Bruxelles et Louvain ; à un troisième *Duisbourg* encore en Brabant. Les historiens allemands préfèrent la ville de *Diest*, sur la Demer. Mais, dans tous ces noms, il n'y a pas trace de Dispargum, ni de quelle manière ces noms se seraient formés. Et même rien ne prouve que le pays de Tongres a jamais porté le nom de Tongrie. Aucun historien n'a jamais employé ce terme, et quels autres noms des environs pourraient aider à justifier cette dénomination ?

Il n'en est pas de même pour le nom de *Thuringie* ou Thoringie qui a été employé par Grégoire de Tours. Ce nom dérive de la nation des Tulingiens, qui resta à la province rhénane et qu'elle conserva jusqu'au moment où les envahisseurs francs lui donnèrent celui d'Alsace qu'elle a continué de porter.

De plus, nous avons, en Alsace, des traces indéniables du séjour des Francs, outre les radicaux de Thor ou Kron qui se rencontrent dans beaucoup de noms : dans le Kroneburger Thor, estropié de Throneburg (la Porte Blanche de Strasbourg); dans Thronia, l'ancien nom de Kirchheim ; dans la vallée de Marlenheim à Wasselonne, qui de tout temps, a porté le nom de Kronthal ou Thronthal. Selon M. l'abbé Kuhn, ces radicaux de Kron ou Tron font allusion à la nation throningienne, les Troningiens de Grégoire de Tours. Et puis, le nom des Francs qui se rencontre dans de nombreuses dénominations encore subsistantes, comme dans le nom du château de Franckenbourg, dont la construction est attribuée à Clovis; dans le nom des trois villages de Franckenheim dans la Haute et la Basse-Alsace ; dans les noms de Franckweiler, près de Landau, et d'autres.

Dès l'année 328, les Francs avaient franchi le Rhin ; ils s'établirent, comme cela a été dit précédemment, d'abord dans la Gaule-Belgique et la Seconde Germanie. Peu à peu, ils forcèrent leurs voisins méridionaux, les Alémans, à reculer et à céder les terrains dont ils s'étaient emparés depuis quatre-vingt-dix ans, de sorte que ce n'est point aux Romains, mais aux Alémans qu'ils enlevèrent l'Alsace. Ils finirent même par s'étendre dans la Celtique, puis dans l'Aquitaine et la Narbonnaise et occuper toutes les provinces de la Gaule.

Alors, le territoire fut divisé par eux en trois parties. Les contrées de l'Est, délimitées par le Rhin, la Meuse et l'Escaut, prirent le nom d'*Austrie,* Ostrich, Ostreich, royaume oriental ; celles de l'Ouest, de la Meuse à la Loire, formèrent la *Neustrie,* Vuestrich, Westrasie, Westreich, royaume occidental. Une partie de la Gaule Celtique, vers Lyon, et de l'Aquitaine était devenue la propriété des Burgundes ; celle-ci conserva son nom, quoiqu'elle fût tombée plus tard sous le joug d'étrangers avant de revenir définitivement aux Francs (1).

Les habitants de ce dernier pays, la Bourgogne, étaient appelés *Burgundes,* Burgondes ou *Bourguignons;* ceux des pays de l'Est étaient les *Austrasiens,* et ceux des pays de l'Ouest, les *Neustriens.*

Vers le Nord, les Francs d'Alsace n'eurent pas le même succès de conquête. Leur roi, le même Clodion, attaqua la Seconde Belgique et s'était emparé de Tournay et de Cambrai ; mais il fut forcé par Aétius, général romain, de rétrograder et de se renfermer dans les limites de son premier territoire, la Thuringe alsacienne. Cet insuccès semble avoir fait suspendre les plans d'envahissement des Francs de ce côté. Ils les reprirent néanmoins en 445. Cette

---

(1) La Bourgogne était bornée par les Vosges, au Nord ; les Alpes et le Rhin, à l'Est ; la Loire, à l'Ouest et par le Rhône, au Midi. Elle a toujours conservé son nom.

fois, ils s'emparèrent de la Seconde Belgique et de Cambrai pour ne plus les rendre, et ils portèrent leurs armes triomphantes jusqu'à la Somme.

Clodion mourut en 450, et, suivant la coutume adoptée chez les Francs, ses deux fils partagèrent ses États en restant indépendants l'un de l'autre. L'aîné régna sur la France orientale, sur les bords du Necker. Le cadet, qui fut probablement Mérovée, obtint les derniers pays conquis dans la Seconde Belgique. Il paraît que la Thuringe ou l'Alsace, le berceau de la puissance paternelle, et le reste de la Première Germanie furent réclamés par l'aîné, et que les deux frères s'en disputèrent la possession les armes à la main. Aétius se prononça pour Mérovée, et, dans la pensée de s'attacher ce jeune prince par des liens intimes, il l'adopta pour son fils.

Cette conduite du général offrait sans doute l'avantage d'enchaîner Mérovée à la cause romaine, mais elle jetait le frère, déshérité de la Gaule méridionale, dans les bras d'Attila, et fournissait à ce terrible envahisseur un redoutable avantage. L'on vit, en effet, le fils aîné de Clodion unir ses forces à celles des Huns et se précipiter avec eux, en furieux, sur la Gaule.

Attila, dit un auteur, se faisait appeler le fléau de Dieu, comme pour peindre, d'un seul trait, *la dépravation, l'ignominie du monde romain et aussi le mépris qu'il en faisait.*

Parti de la Pannonie, à la tête de ses hordes sauvages, il remonta le Rhin, entraînant à sa suite tous les ennemis de Rome, c'est-à-dire tout ce qui respirait le meurtre et le pillage. Il s'arrêta à la limite de la forêt hercynienne, comme pour se concerter avant de se jeter sur sa proie ou, pour mieux dire, pour compter ses forces, réunir ses partisans et préparer les moyens de passer le fleuve. Il le franchit, en effet, vers Bâle, sur un radeau, chancelant et mal fixé, au milieu de l'hiver de l'an 451 (1). Les Bourguignons voulurent s'y opposer, ce fut en vain; il les écrasa et, comme il a déjà été dit antérieurement, il se rua sur le pays des Tulingiens, c'est-à-dire l'Alsace, traversa cette province dans toute sa longueur et renversa Augusta-Rauracorum et Argentonaria, qui ne se relevèrent plus que sous la forme de modestes villages sous les noms d'Angst et de Horbourg.

Attila, l'ennemi du Rhin (2), c'est ainsi que le nomme Sidoine Apollinaire, en suivant le cours de ce fleuve, s'avança, comme un torrent dévastateur, pillant et saccageant tout, jusque devant Argentorat. Arrêté par les murailles de cette ville, ainsi que la légende populaire le raconte, il les renversa en quatre endroits et, s'élançant par ces brèches, il se serait ouvert autant de routes vers les quatre points cardinaux et y fit passer son armée. De là Argentoratum, appelée *Silberthal* par les Romains, ainsi ouvert, fut, par dérision, appelée *la ville aux routes, Stratsburgum* en latin, *Strazburg* en germain, et la mémoire de ce lugubre événement se serait retracée plus tard dans ses armoiries, qui figurent une route de sang, en termes héraldiques, *une bande de gueules sur un champ d'argent* (3).

---

(1) Olahus, *Hungaria et Attila*, t. II, p. 112.
(2) Sidoine Apoll., liv. 7. Epistola.
(3) Ce récit est rapporté par Crusius, *Annales Suevicæ*, liv. 7, partie 1re,

D'après la tradition et des chroniques plus vieilles encore, la destruction de Strasbourg par Attila avait été attestée dans cette ville par une pierre carrée placée au-dessus de la porte de Saverne avec ce vers de Virgile pour inscription :

Sic oculos, sic ille genas, sic ora ferebat (1)

avec un A à droite, un V à gauche et sous ces deux lettres AETA . XLVII, qui peut se compléter par : *Attila Unnorum ætatis XLVII*, et se traduire par : Attila, roi des Huns, à l'âge de 47 ans, outre une figure dans laquelle des écrivains ont cherché à reconnaître le portrait du dévastateur.

Nous avons rappelé ces vieux récits, non comme l'expression d'une vérité incontestable de tous leurs détails, mais comme la certitude de la destruction de Strasbourg par Attila, après que cette ville avait été pillée et occupée quarante-sept ans par les Vandales. Selon saint Jérôme, ces barbares, après avoir réduit les habitants à l'esclavage sur place, après s'être approprié toutes les richesses, s'y sont établis en telle exubérance que cette ville autrefois si florissante n'avait plus rien d'elle-même et qu'à l'aspect de sa population nouvelle, on eût pu la croire transplantée en pleine Germanie.

Attila, après avoir porté la désolation et la mort dans toutes les villes de la Première Germanie jusqu'à Mayence, pénétra dans la Gaule intérieure. Il atteignit Metz, le 7 avril 451, la veille même du jour

---

ch. 10, page 183 ; — par Irenicus, *in Exegesi Germaniæ*, liv. II, p. 369 ; — par Kleinwald, *Strasburg. Chronick*, p. 4 ; — par Herzog, *Edelsasser Chronick*, liv. 8, ch. 1, p. 41, et par Goldmeyer, *Strasburgische Chronica*, p. 7.

(1) Énéide Liv. III, vers. 100.

de Pâques; il livra la ville aux flammes, passa les habitants au fil de l'épée, immola les prêtres au pied des autels (1). Puis, laissant cette malheureuse cité s'anéantir sous l'incendie, il se précipita au sein de la Gaule et parvint jusqu'à Orléans; là seulement, il fut arrêté dans sa course victorieuse et subit un premier échec (2). Le terrible destructeur fut enfin défait, le 30 septembre de la même année, dans les plaines de Châlons-sur-Marne, par les forces réunies d'Aétius, général des troupes romaines, de Mérovée, roi des Francs, et de Théodoric, roi des Visigoths (3), et obligé de se retirer, après avoir perdu près de trois cent mille hommes (4).

Aétius, fidèle à l'alliance que l'Empire avait contractée avec Mérovée, poursuivit les Huns jusqu'à ce qu'ils fussent sortis entièrement des États du roi franc.

Attila, vaincu, se retira par la même route qu'il avait suivie en triomphateur, et repassa le Rhin à l'endroit même où il l'avait franchi en arrivant, c'est-à-dire près de Bâle.

Les Francs de la Thuringe transrhénane, mécontents de ce que l'Alsace avait été attribuée à Mérovée, ont merveilleusement secondé les vues dévastatrices d'Attila, dans sa marche conquérante et dans sa retraite. En arrivant et en partant, ils ont concen-

---

(1) Grégoire de Tours, *Hist. franc.*, t. I, liv. II, ch. VI.
Dom Calmet, *Hist. de Lor.*, t. 1, preuves p. LXVI.
(2) Grégoire de Tours, Hist. franc. t. I, liv. A, ch. VI.
(3) Grégoire de Tours croit que la bataille doit avoir eu lieu dans la plaine de Méri-sur-Seine. — Jornandis : *Francis pro Romanorum, Gepidis, Hunnorum poste pugnantibus, V de rebus Gil,* ch. XIII.
(4) V. Tillemont, *Hist. des Empereurs,* t. 6, p. 63 à 70. — Grandidier, *Hist. d'Alsace,* t. I, p. 279.

tré toute leur fureur et l'ont impitoyablement exercée contre leurs frères de la Thuringe gauloise. En secondant les vues d'Attila, ils ont donné libre cours à leur rancune personnelle et, forcés de repasser le Rhin, ils n'ont voulu laisser derrière eux que des ruines en deçà. Ils voulurent que la part d'héritage, dont ils se croyaient, eux et leur roi, dépouillés injustement, ne revînt entre les mains de leurs prétendus spoliateurs qu'en un monceau de cadavres et de décombres.

Il ne faut donc pas s'étonner que, nulle part, dans les pays ravagés par Attila, la dévastation fût aussi cruelle, aussi complète que sur cette terre cis-rhénane. Ce fut alors, dit Grégoire de Tours, t. I, l. III, ch. VII, « qu'on vit des otages, donnés pour obtenir
« la paix, mis à mort au milieu des tourments les
« plus affreux, des enfants même, par un raffinement
« d'odieuse barbarie, condamnés à périr lentement,
« suspendus par les muscles de la cuisse à des
« branches d'arbres, et plus de deux cents jeunes
« filles, attachées par les bras et par les pieds à des
« chevaux furieux, écartelées, déchirées en morceaux;
« d'autres, étendues de force sur les ornières des
« routes ou clouées en terre avec des pieux, furent
« écrasées par des chariots lourdement chargés qu'on
« faisait passer sur leurs corps mutilés, et ces infor-
« tunées demeuraient ainsi, les os brisés, en pâture
« aux oiseaux de proie et aux chiens affamés. Ce
« qui est certain, c'est que les Francs de notre rive,
« soixante et dix ans plus tard, n'avaient pas encore
« pardonné, aux Thuringiens de la Germanie, leurs
« attentats de 451 et en tirèrent, sur les bords de
« l'Unstrut, de terribles représailles. Leur roi d'alors

« ne trouva même rien de mieux, pour exalter leur
« courage et allumer leur fureur, que de leur rap-
« peler ces sanglants souvenirs. »

En effet, Théodéric, l'un des successeurs de Clovis, ayant à se venger d'Hermenfroi, roi de la Thuringe germaine, en 528, se contenta, pour animer ses troupes contre les Thuringiens, de leur rappeler les traitements indignes que cette nation avait fait subir à leurs pères. Son discours énumère toutes ces horreurs.

En ce triste temps, la plupart des évêques du pays furent massacrés ou entraînés captifs avec leurs ouailles, et les sièges d'Argentorat, de Rauraque ou de Bâle restèrent vacants pendant toute la fin du ve siècle. Le nombre des catholiques diminua considérablement, et l'histoire rapporte que saint Sévère, de Trèves, disciple de saint Loup, de Troyes, fut obligé d'aller, comme autrefois Materne, annoncer l'Évangile aux Gentils qui étaient les Francs de la Thuringe alsacienne (1).

Après la retraite d'Attila et le refoulement des Francs, ses alliés, au-delà du Rhin, la Thuringe gauloise put respirer encore une fois, réparer ses pertes et cicatriser ses blessures. Au lieu de reprendre le chemin de Pannonie, le roi des Huns, obligé de quitter la Gaule, se rejeta sur l'Italie et alla porter le fer et la flamme au centre même de l'Empire. En attendant, les Francs de Mérovée purent s'étendre à leur gré et reprendre tout ce que Clodion avait perdu. Ils s'avancèrent dans la Belgique et poussèrent leurs conquêtes au moins jusqu'à la Somme, peut-être même jusqu'à la Seine (2).

(1) Grandidier, *Hist. d'Als.*, t. I, p. 27 et suivantes.
(2) Grégoire de Tours, *Hist. de France*, liv. II, ch X, p. 81.

Mérovée, qui a donné son nom à la première race des rois de France, mourut en 458. *Childéric*, son fils, lui succéda.

Selon l'histoire, Mérovée serait le fils de Clodion ; mais, d'après certains documents, ces deux princes unis par le sang ne l'étaient pas par les liens de père et de fils. Mérovée, au contraire, serait le neveu de Clodion et dans la lutte engagée entre les deux fils de Clodion pour la succession paternelle, le neveu serait intervenu comme tiers, et chercha, en s'assurant la protection des Romains et d'Aétius, à se faire une part aussi et à se créer un royaume. Cela lui était facile à cause des services qu'il a rendus en même temps à l'Empire et à la Gaule, en combattant, pour eux et avec eux, contre Attila. Ce royaume, toutefois, ne fut pas la Thuringe gauloise ou l'Alsace. Cette dernière province fut le partage de *Bisin* ou *Bazin*, fils de Clodion, que l'histoire contemporaine appelle roi de la Thoringe ou Thuringe (2).

Le royaume de Mérovée a dû être pris sur l'ancien territoire restitué du royaume de Clodion. Alors on a revu chez les Francs, qu'ils ont eu, en même temps, plusieurs chefs ou rois, comme Sunon et Marcomer, Théodomer, Pharamond, Clodion, enfin Bisin, ou Bazin et Mérovée, tous princes issus de la même souche, mais indépendants l'un de l'autre et ne se réunissant que pour la défense de la patrie commune.

---

(1) Grég. de Tours, *Hist. de France*, ibid. — Sébastien Munster fait Mérovée neveu de Clodion : « les Sicambriens, dit-il, occupèrent presque toute la Gaule, « Soubz son fils (à Pharamond), Clodius et son nepveu Meroueus ». V. Topog. p. 108.

(2) Grégoire de Tours, *Hist. de France*, Liv. II, ch. XII, p. 86. Abiens (Childericus) ergo in Thoringiam, apud regem Bisinum.

Quoi qu'il en soit de la parenté de Mérovée avec le roi Clodion, qu'il en ait été le neveu ou le fils, il n'est pas moins vrai que ces deux princes ont régné sur les possessions franques dans la Gaule : Bisin possédait la Thuringe, le royaume paternel ; Mérovée avait étendu les conquêtes de Clodion et s'en était fait un royaume.

Childéric, fils de Mérovée, lui succéda.

C'était un homme à grandes aventures. Encore enfant, il avait été enlevé par les Huns et sauvé par un brave Sicambre, nommé Viomade, des mains de ses ravisseurs. A peine monté sur le trône, il en fut renversé pour inconduite par ceux mêmes, que ses grandes qualités lui avaient le plus étroitement attachés. Pour sauver sa vie, il se retira en Thuringe et se cacha chez le roi Bisin et chez la reine Bazine sa femme. On raconte qu'au moment du départ, Viomade brisa en deux un sou d'or; il en remit une moitié à Childéric et garda l'autre en disant au roi exilé : « Lorsque je t'enverrai cette moitié et que « les deux parties rapprochées reformeront exacte- « ment la pièce entière, alors tu pourras, sans crainte, revenir. »

Childéric parti, les Francs lui donnèrent unanimement pour successeur Egidius, maître ou général de la milice romaine dans les Gaules. Ce choix avait été adroitement inspiré par Viomade, dont l'influence était grande. Il avait pressenti que les Francs ne s'accommoderaient pas longtemps d'un maître étranger. Pour atteindre son but et ramener son maître, il se tint au mieux avec Egidius; ayant gagné sa confiance, il fit prévaloir des mesures de tyrannie et d'exaction qui dépopularisèrent le roi. En attendant, il saisit toutes les occasions pour faire l'éloge de l'ancien roi tout en déplorant ses écarts, dont l'âge et le malheur, disait-il, devaient l'avoir corrigé. Cela dura huit ans. Quand, enfin, en 464, Viomade jugea le moment venu pour faire reparaître Childéric, il lui envoya, par des personnes sûres, le signal convenu du retour, la moitié du sou d'or dont le roi avait emporté l'autre moitié. Le messager a été accueilli avec joie, et Viomade se rendit au-devant du roi accompagné de barons et de leurs hommes d'armes.

Egidius voulut arrêter cette marche en avant, mais il fut défait et obligé de fuir à Soissons, où il demeura jusqu'à sa mort.

Childéric, victorieux, tourna ses armes contre Odoacre, roi des Saxons, le vainquit et le chassa devant lui jusqu'à Orléans. Il s'empara de cette ville et aussi de celle d'Angers après avoir étendu son royaume jusque-là (1).

Pendant la retraite de Childéric en Thuringe, la reine Basine a subi l'ascendant que ce prince galant et chevalier semble avoir exercé sur toutes les femmes. Dès qu'elle sut son retour triomphal vers sa capitale, elle abandonna le roi Bisin, son mari, et se rendit auprès du roi des Francs. Childéric, plein de joie, l'épousa. De cette union, que le paganisme légitimait (2), naquit un fils, le grand *Chlodovech, Clovis.*

---

(1) Grégoire de Tours. *Hist. Francorum,* t. I, liv. II, p. 83 et 84. — *Grandes Chroniques de France,* Tom. I, ch. VII, VIII, IX, p. 160.

(2) Grégoire de Tours. *Hist. Francor.* t I, liv. II, ch. XII, p. 87.

Cette modeste Thuringe cis-rhénane ou gauloise n'a donc pas été seulement le berceau de la monarchie française. Elle a donné, en outre, à la France, la mère du premier de ses rois.

A l'occasion de cette expulsion de Childéric de l'héritage de son père Mérovée, il est à retenir un fait historiquement établi et que Grandidier a également recueilli (1) : que, « lors de l'expulsion de « Childéric, plusieurs princes francs, ses parents ou « ses compatriotes, s'étaient emparés d'une partie de « ses Etats. Peut-être Bisin fut-il un de ces usurpa- « teurs de famille ou de ces vassaux, presque les « égaux de leur seigneur, capables de lutter contre « leur roi au jour de la prospérité, et aussi à le « défendre au jour de l'infortune, et alors l'hospitalité « que Bisin a donnée à Childéric, malheureux et « banni, s'expliquerait facilement ».

Le fait de ces usurpations de famille démontrent comment il a été possible de rencontrer, chez les Francs, tant de princes ou de rois de la même famille sur des territoires parfois fort restreints.

Peut-être Bisin fut-il quelque prince d'outre-Rhin, qui aura profité des troubles, aux premiers jours du règne de Childéric, pour franchir le fleuve et s'établir, de ce côté-ci, dans la Thuringe gauloise, et alors cette usurpation eût été une de celles que Clovis, plus tard, aurait fait cesser et qu'il aurait vengées par la victoire de Tolbiac, si déjà, toutefois, Childéric, revenu à fortune, ne s'était pas chargé lui-même de reconquérir cette partie si importante de son royaume. Ce qui semble autoriser cette sup-

---

(1) Grandidier, *Hist. d'Als.*, t. I, liv. III, p. 287.

position, c'est que, du témoignage de la plus vieille chronique d'Alsace, celle de Kœnigshofen (1), si savamment commentée par Schilter, « Childéric, selon « les expressions mêmes de l'auteur, a subjugué « Argentina (Strasbourg) et toute cette contrée.... » Or, quelle peut être cette contrée dont Strasbourg est la capitale, si ce n'est celle que limitent le Rhin et les Vosges et à l'extrémité de laquelle s'élevait le château de Clodion, le Disparg ou Dagsbourg, c'est-à-dire la Thuringe gauloise, l'Alsace ?

Du reste, cette restauration de Childéric dans ses États ne paraît pas avoir été complète, ou, du moins, n'aurait pas duré, car Grégoire de Tours constate que Clovis, la dixième année de son règne, porta ses armes chez les Thuringiens et les soumit définitivement à son pouvoir (2).

Avant de perdre de vue cette habitude constatée chez les Francs de réunir ou de partager, à leur gré ou de force, leurs territoires, il est important de signaler, encore, pour les pays de la Sarre, comme pour les autres pays, leur passage ou leur séjour ; car c'est probablement à des séries de changements de cette sorte que sont dues les traces nullement douteuses de destruction par le feu, par le fer ou autrement, d'établissements anciens ou de leur époque. Des sépultures rapprochées, isolées, régulières ou irrégulièrement ou violemment dispersées dans un pêle-mêle ou à des profondeurs très variées au milieu d'armes ou d'autres débris, font présumer

---

(1) Grég. de Tours, *Hist. Franc.*, tome 1, liv. II, p. 100.
(2) Kœnigshoven, *Elsassische Chronicke*, die fünfte Anmerkung, p. 483.

des luttes et des circonstances exceptionnelles, dont l'histoire ou les légendes n'ont jamais trahi le moindre secret, et dont nous ne pouvons deviner les circonstances.

Il importe aussi de faire une autre remarque à cause de la Thuringe, dont il vient si souvent d'être question et au sujet de laquelle il faut éviter toute confusion.

L'ancienne contrée de l'Allemagne centrale qui a porté ce nom a souvent changé de limites. Elle occupait la Haute-Saxe et tirait son nom des *Thurs,* ou *Thurings,* les mêmes, à ce qu'on croit, que les *Hermendures,* qui, chassés des sources du Mein par les Suèves, vinrent habiter entre l'Elbe et le Weser, dans les montagnes qui ont conservé le nom de *Thuringerwald.*

Le nom de Thuringe a successivement désigné un royaume, deux duchés, un comté, un margraviat, un landgraviat.

Le royaume comprenait, outre la Thuringe moderne (ou cercle de Thuringe), la Hesse, le Harz, le pays de Brunswick et l'Osterland, et s'étendit jusqu'au Rhin, au Danube et près de l'Elbe ; la Saale y coulait ; Scheidingen (qui n'est plus qu'un village), sur l'Unstrutt, et Erfurth en étaient les villes principales.

Ce royaume n'exista que de 426 à 527 ou 531. Parmi ses rois, on cite Mérovée, son fondateur, Basin ou Bisin (qui reçut Childéric à sa cour), ainsi que nous le savons, et les trois fils de Bazin, qui, par leurs divisions, amenèrent la ruine du royaume. Hermenfroi, le dernier, fut tué à Tolbiac par Thierri Ier, roi d'Austrasie, 530. Thierri Ier ne put garder tout le pays conquis : le Harz, le Brunswick et l'Osterland (qui n'avaient pas encore ces noms) formèrent une Thuringe septentrionale ou saxonne (Ostphalie) ; le reste fut la Thuringe méridionale ou Th. austrasienne, Th. franque ou Franconie, Thuringe propre.

C'est cette Thuringe transrhénane que certains auteurs, tels que le P. Daniel, l'abbé Dubos, etc., avaient en vue et qui les a induits en erreur par rapport à la Thuringe cis-rhénane, ou gauloise, c'est-à-dire, l'Alsace.

Clovis monta sur le trône, en 481. Désormais, il ne sera plus question de l'Empire romain, sur les bords du Rhin, que comme d'un souvenir. Les Francs y règneront, sans partage, et toutes les immixtions momentanées d'autres souverainetés y seront considérées, par eux, comme des usurpations. A ce moment, il ne restait plus aux Romains, dans la Gaule proprement dite, qu'une ombre de force restreinte dans des limites bien étroites ; Clovis les réduisit encore, ces limites, dans les champs de Soissons.

Mais pendant que les forces romaines s'anéantissaient ainsi à vue d'œil sous les coups de Clovis, les Alémans, de leur côté, s'unirent pour attaquer ses conquêtes. Vers 494, ils franchirent le Rhin en masse et, se croyant autant de droit que les Francs, ils prirent position dans l'ancienne Première-Germanie, c'est-à-dire, dans la *Basse-Alsace*.

Clovis ne pouvait se laisser enlever ces provinces, dont il avait fait en quelque sorte le noyau de ses possessions. Il marcha donc immédiatement sur les Alémans ; mais ceux-ci ne l'attendirent pas dans leurs positions ; ils se portèrent, au contraire, fièrement à sa rencontre et leur choc eut lieu, *non loin des bords du Rhin...*, circa Rheni fluminis ripas obviaverunt. (Voir la collection des Bollandistes t. 1. VI. p. 785).

Ainsi le déclarent, en effet, les Bollandistes, d'après leurs investigations, et le fait, affirmé par eux, est admis sans conteste; il n'en est pas de même quant à l'endroit précis où la lutte s'est consommée.

Toutefois, avant de traiter de Tolbiac, dont il s'agit en ce moment, il nous semble indispensable et utile de faire ressortir, comme un fait important à retenir qu'avant cette bataille, c'est-à-dire, qu'avant l'entrée définitive des Alémans et des Francs dans la Gaule, les subdivisions, les plus importantes du territoire transrhénan occupées par ces peuples, étaient parfaitement délimitées et gouvernées par des rois particuliers. De plus, ces peuples, à mœurs éminemment rudes et grossières, avaient, pour eux, des administrations judicieusement coordonnées avec des organisations judiciaires dont les prescriptions laissent à grande distance, en arrière, les idées de barbarie, même de demi-barbarie qu'on leur a si souvent imputées.

Il faut noter aussi que, quand ces peuples eurent passé le fleuve et se furent établis dans leurs cantonnements nouveaux, ils conservèrent leurs juridictions respectives avec leurs lois et les coutumes que nous venons de signaler. Et il en fut ainsi, chez les Alémans, les Francs, les Bourguignons établis de ce côté-ci du Rhin, comme chez les Bavarois, les Saxons et les autres peuples qui sont restés sur la rive droite du fleuve (1).

(1) Voir le recueil des Lois, pour les Francs Saliens, les Ripuaires,

Les annalistes ont retenu le nom de l'un des souverains de Cologne et de l'un de ceux de Cambrai. Le premier était un Sigebert et c'est vers lui que les Alémans, qui depuis longtemps convoitaient l'Empire des Gaules, dirigèrent d'abord leurs armes. Il était, en effet, le plus rapproché d'eux et du Rhin.

Clovis, qui depuis l'an 481, régnait sur les Francs intérieurs, c'est-à-dire, des bords de la Seine ou Saliens, comprit que dans cette situation le sort de Sigebert, était le sien et que la ruine de ce roi des Ripuaires ouvrait aux Alémans l'accès de son propre royaume. Il se joignit donc à lui et les deux armées se dirigèrent vers le Rhin où elles arrêtèrent l'ennemi, près d'une ville à laquelle l'histoire, jusqu'à ce jour, a assigné le nom de *Tolbiac*. Là s'engagea, dit-on, un horrible combat, l'un des plus célèbres qui se soient jamais livrés et duquel, contre tout espoir, les Francs sortirent vainqueurs.

A ce sujet, on lit même, comme détail complémentaire, dans l'Alsace illustrée de Schœpflin, page 464, du tome II:

« Sigebert avait reçu une blessure au genou ; Clod-
« wig était sur le point de prendre la fuite et déjà
« les Alémans commençaient à charger vigoureuse-
« ment les Francs. La ruine de Clodwig était inévi-
« table, lorsqu'un de ses ministres, nommé Aurélien,
« qui combattait à ses côtés, lui rappela la puissance

---

les Alémans, les Bourguignons, etc., un petit volume in-18 intitulé : *Libelli seu decreta à Clodoveo et Childebertio et Clothario prius ædita acpostremum à Carolo emendata.*

Voir aussi pour ces Lois : *Histoire de Metz* par les Religieux Bénédictins, tome 1er, livre 2, p. 272 et suiv.

« du Dieu des chrétiens dont Clotilde, son épouse,
« lui parlait tous les jours. Clodwig frappé d'une
« inspiration divine et reconnaissant le néant des di-
« vinités qu'il implore, se décide à invoquer le Dieu
« de Clotilde. Levant les yeux au ciel, il s'écrie :
« *ô Dieu de Clotilde, toi qu'elle proclame, le seul*
« *et véritable Dieu ! — Toi ! qu'elle sert, qu'elle*
« *adore et qu'elle prie; accorde-moi de vaincre au-*
« *jourd'hui; donne-moi cette preuve de ta puissance*
« *et je croirai en toi; je serai à toi pour toujours !* »

« Aussitôt le combat change de face, les Alémans
« sont repoussés, leur roi est tué et l'armée fuit.
« Les uns sont taillés en pièces, les autres sont faits
« prisonniers; toute la nation alémanne subit le joug
« des Francs. »

Cet événement miraculeux qu'aucun historien contemporain n'a contredit et, contre lequel, il n'y a jamais eu de doute, quant à la réalité; cet événement présente, néanmoins, dans les annales du temps, un fait bien singulier, c'est qu'une bataille de cette importance n'ait pas reçu de *nom particulier*, et que, pour présumer l'emplacement où elle a eu lieu, il faille, encore de nos jours, faire des conjectures, avec Clovis et son armée, cherchant, sur la rive gauche du Rhin, à reprendre les terres que les Alémans avaient enlevées.

Par l'examen de la position occupée alors par les Alémans, on peut, cependant, hasarder quelques conjectures.

En Germanie, ils s'étendaient le long de tout le littoral du Rhin, depuis la source du fleuve jusqu'au Mein, c'est-à-dire, jusque Mayence. Ils occupaient même les deux rives jusque vers Windisch ou la

Reuss ; delà, sur la rive gauche, ils étaient séparés des Francs par les Bourguignons jusqu'à Bâle. Ils ne se trouvaient donc en face des Francs que depuis Bâle jusqu'en vue de Mayence et c'est sur ce périmètre seulement qu'ils ont pu passer le Rhin et s'établir dans les possessions franques.

S'ils avaient voulu tenter le passage, au-dessous de Mayence, ils auraient rencontré pour premier obstacle le Mein et au delà, les Francs restés en Germanie, leurs plus redoutables et plus anciens ennemis et il aurait fallu passer sur le corps de cette nation pour atteindre de ce côté le Rhin et le franchir entre Mayence et Cologne. Si, au contraire, ils avaient entrepris l'attaque au-dessus de Bâle, ils auraient eu affaire aux Bourguignons avant de pouvoir toucher à l'Empire de Clovis. Ainsi donc, d'un côté, les Francs de la Germanie, de l'autre les Bourguignons de la Séquanie leur fermaient l'accès de la Gaule et les forçaient à concentrer leur invasion sur l'un des points de la frontière franque dont ils n'étaient séparés que par le Rhin, c'est-à-dire, entre Bâle et Mayence.

On croit généralement que le point de rencontre des armées eut lieu à *Tulbiac* ou Tolbiac, comme écrivent les écrivains modernes, et, que par ce nom, on peut comprendre le village de *Zulch* ou de *Zulpich*, dans le duché de Juliers, à huit lieues de Cologne.

On ajoute même que ce lieu a été désigné par Grégoire de Tours.

En croyant cela, on commet une double erreur que nous croyons devoir relever.

D'abord, aucun ancien historien, Grégoire de Tours

pas plus qu'un autre, n'a désigné Tolbiac pour le lieu de la grande bataille de Clovis et quand Grégoire de Tours en parle, il ne cite point ce nom ; mais, constatons-le, il y fait quelque allusion ailleurs dans la description qu'il a faite de la bataille de Vouillé.—
Il y dit : « Clodewig, dans le combat de Vouillé, avait
« comme auxiliaire le fils de Sigebert Claudius. Ce
« Sigebert, en se battant contre les Alémans, près
« de la ville de Tolbiac, avait été blessé au genou
« et boitait. »

La situation présentée ainsi ne désigne nullement Tolbiac comme le champ de bataille où Clovis a vaincu les Alémans ; elle n'affirme pas même que Clovis a pris part à cette autre bataille que Sigebert, roi de Cologne, depuis trente ans, a eu probablement avec les Alémans ses voisins et s'il y a été estropié, on n'en peut pas conclure que ce fut dans cette bataille que Clovis défit les Alémans.

Le P. Henschenius et plusieurs autres historiens tels que le P. Bertholet, *Hist. du duché de Luxembourg*, le P. Bosze *Hist. gén. de l'Allem.*, le P. Jean Cléé, *in Actis sanct. Bollandianis*, l'abbé Godescard, *Vie des Saints*, partagent également cette manière de voir que ce Tolbiac du pays de Cologne ne doit pas être considéré comme le théâtre de la glorieuse journée, qui a vu le triomphe et la conversion de Clovis.

Aux arguments qui s'élèvent contre ce Tolbiac de Juliers se joint encore une autre indication précieuse qui est fournie par les auteurs de la vie de St-Waast et par les écrivains les plus contemporains du fait :
« Clovis, disent-ils, pressé d'accomplir, immédiatement
« après la victoire, sa promesse envers le ciel, s'est
« rendu, en toute hâte, *festinans, properans,* par con-

« séquent par le chemin le plus direct et le plus
« court, à Reims. Or, ces autorités le constatent éga-
« lement, il prit par Toul, où il trouva St. Waast,
« qui, après l'avoir confirmé en sa présente résolu-
« tion, l'accompagna dans sa course rapide jusqu'à
« la métropole de St. Remy, en passant par Rilly et
« Vougése ou Vouzé. Toul se trouva donc sur le plus
« court chemin que put prendre Clovis, en partant
« du champ de bataille, pour se rendre à la ville de
« Reims. Que l'on examine une carte géographique
« de l'ancienne Gaule, et l'on reconnaîtra que ce
« Roi, s'il a passé par Toul pour arriver plus vite
« à Reims, devait venir d'une direction tout opposée
« à celle de Tolbiac, car Tolbiac, Toul et Reims for-
« ment les sommets d'un triangle, dont il eût été
« obligé de parcourir deux des côtés.

Frappé de ces considérations, Henschenius a ouvert l'avis que *la victoire de Clovis a été remportée, non dans le pays de Juliers, mais en Alsace, dans les environs de Strasbourg.*

Cette opinion, solidement motivée, a été suivie, depuis, par les historiens les plus accrédités, notamment par Laguille et Grandidier.

En admettant que la bataille s'est livrée aux environs de Strasbourg, toutes les indications de l'histoire s'expliquent et toutes les difficultés, même certaines impossibilités sur divers points, disparaissent.
En allant comme en revenant, Clovis aura franchi les Vosges par la grande voie ouverte à toutes les armées venant de la Gaule, c'est-à-dire par Saverne; et les Alémans auront suivi la route la plus à leur

portée et tant de fois déjà pratiquée par leurs pères : ils auront passé le Rhin, en face de leurs possessions, sur divers points, entre Bâle et Seltz, et le rendez-vous général aura été dans les grandes plaines voisines de Strasbourg.

De cette manière et par une curieuse et singulière coïncidence, la défaite des Alémans s'est accomplie, dans les mêmes champs, ou non loin des champs rendus déjà célèbres par la déroute de Chrodomaire et de ses alliés.

Une autre raison peut encore être invoquée pour aider à démontrer que la bataille décisive de Clovis sur les Alémans a eu lieu ailleurs qu'aux environs de Cologne, et même qu'elle n'a pu avoir lieu qu'aux environs de Strasbourg. Cette raison est celle que, dans ce temps, d'après Grégoire de Tours, Frédégaire et toutes les grandes chroniques de France, Clovis, chef des Francs Saliens, était considéré comme le véritable maître de la Gaule ; qu'en cette qualité il ne pouvait pas être un simple auxiliaire de Sigebert ou d'un principicule franc quelconque, mais la partie principale, dans l'immense question qui allait se trancher, le chef marchant à la tête de toutes les forces de son royaume, contre toutes les forces des Alémans, pour les empêcher de devenir les maîtres de la France, d'une partie notable de ses propres états.

D'après l'histoire, Sigebert-le-Boiteux a régné plus de trente ans ; il peut, et doit avoir été souvent en guerre avec les Alémans, et plus souvent encore avec les Francs de la Germanie, les anciens amis d'Attila, qui n'ont jamais cessé de revendiquer leur place de ce côté-ci du Rhin. Mais ces démêlés de voisinage (1), ces agressions locales, dont le résultat est resté ignoré, n'étaient pas le grand litige national, que Clovis est venu décider sur les bords du Rhin. C'était de puissance à puissance qu'il était question, de la disparition de l'une ou de l'autre nationalité. C'est ce qui eut lieu sur le champ de bataille même. Les Alémans, privés de leur chef, voyant leur ruine certaine, déposent les armes et se soumettent au vainqueur, en s'écriant de toutes parts : *Grâce ! grâce ! n'achève pas l'extermination de notre peuple, car ce peuple est à toi !*

A l'instant, Clovis fit cesser le carnage, et reçut le serment de ses ennemis, devenus ses sujets.

De ce jour et pour longtemps, le Rhin sembla disparaître, comme barrière, entre les Thuringiens ou Alsaciens et les Alémans. De ce jour aussi, la nationalité allemanne se perdit dans la gloire de la monarchie française, en attendant qu'elle se réveillât et reprît une existence propre et séparée, sous le nom d'Allemagne.

L'Alsace et l'Alémanie furent-elles réunies sous la direction commune d'un seul duc, ou chacune des

---

(1) Dans la vie de Clotilde, que M. l'abbé Bouloumoy a esquissée d'après le récit qu'il a emprunté à saint Grégoire de Tours et aux Bollandistes qui ont aussi emprunté les détails de cet historien, et les ont complétés par des récits puisés à une autre source, on lit effectivement qu'après les Huns, les Vandales, les Hérules, les Wisigoths, les Ostrogoths, qui ont tour à tour jeté la terreur et semé le pillage dans l'empire romain, pendant le cinquième siècle, un autre peuple, — les Alémans, — remuant, lui aussi, et à l'humeur conquérante, est venu fondre, du Rhin et du Danube, sur les Francs ripuaires, concentrés autour de Cologne. *Vaincus d'abord par Sigebert*, les Alémans ne tardèrent pas à reprendre les hostilités, etc.

deux provinces fut-elle soumise à un duc particulier ? L'histoire a laissé cette question indécise. Mais nous répondrons, sans hésiter, que, réunis ou non, les deux peuples ne se confondirent jamais. Leur attitude respective demeura, sinon hostile, au moins peu fraternelle, et, soit par antipathie de race, soit par antagonisme de voisinage, les hommes des deux rives sont plus éloignés les uns des autres que de la largeur du fleuve. L'Alsacien, le paysan surtout, le véritable indigène, conserve, aujourd'hui encore, une disposition peu favorable envers tout ce qui est aléman ou d'origine alemanne. Pour lui, ces derniers, habitants de l'Alsace ou de la rive droite du Rhin, sont les *Schwoben* ou *Souabes*, tandis que les anciens Francs sont les *Welches* ou *anciens Gaulois*.

En examinant les actes de la vie de Clovis, après sa victoire, il est possible aussi de conclure que, dans tous ses actes, il s'est comporté, envers l'Alsace, comme s'il avait dû avoir des égards particuliers. Et pourquoi des égards ? — pour quelque faveur extraordinaire, sa victoire ? — sa conversion ?

En effet, ce fut lui qui, en 510, jeta, sur les ruines d'un temple payen, les premiers fondements de la cathédrale de Strasbourg.

Pour récompenser les vainqueurs, il fit, entre ses *leudes*, le partage de la suzeraineté ou suprématie domaniale des terres conquises ou reconquises, en commençant, sans doute, sa distribution par le champ de la victoire et les lieux le plus à sa portée. Et c'est pour cela que la fréquence des *terres saliques* ou *franches*, à Fessenheim, Himmelsheim et les villages de tout le périmètre compris entre les Vosges et le Rhin, entre la Bruche et la Zorn, peut être considérée, comme une preuve de plus, que l'on est bien là sur le théâtre de cette grande lutte. Nulle part, en France, il n'existe plus de terres saliques qu'en Alsace, et nulle part en Alsace plus que dans cette partie-là. Les mots *Ding* et *Hof*, qui se rencontrent dans les dénominations locales, indiquent généralement ces sortes de dons d'où sont nées les cours colongères ou *Malbergen* et la *loi salique*.

C'est vers *Oberhausbergheim*, du côté de Fessenheim, un peu plus haut, sur le parcours de la grande voie romaine, que la rencontre a dû avoir lieu, là où se trouvent beaucoup de débris gallo-romains et de l'époque mérovingienne la plus reculée, avec des armes et des armures, des monnaies strasbourgeoises, des triens d'or ou d'electrum, contemporains de Clovis, au moins, portant, d'un côté, la *fleur de lis*, de l'autre, le *cheval libre*, heureuse alliance des deux emblêmes les plus caractéristiques des Francs et des Gaulois.

Par là s'élevait, aussi, jadis, un village d'origine salique, mais qui a disparu, et qui portait le nom de Himmelsheim, ou un nom de ce genre, rappelant, par le radical *Himmel*, ciel, quelque fait mémorable.

En troisième lieu, Clovis, pour exprimer sa reconnaissance envers saint Remi et son Église, lui fit don de villes et de villages situés en Septimanie, en Aquitaine, en Austrie, en Thuringe, sous les noms barbares de *Bicofesheim* (demeure de l'évêque). Par cette dénomination, on peut se reporter aux deux Bischoffsheim du Bas-Rhin, mais d'après le testament de saint Remi, fait en faveur de l'Église de

Strasbourg, il faut aussi admettre que le don royal ne s'étendait pas seulement sur l'Alsace, mais aussi sur les pays de la Sarre et les terres situées entre la Sarre et le Rhin et au-delà de ce fleuve, où, durant les siècles qui ont précédé l'époque féodale, l'Église de Reims a possédé de vastes domaines.

Le testament, dans lequel saint Remi rappelle le don de Clovis, est malheureusement tronqué, ce qui fait que les localités qui y étaient désignées, manquent en partie. Il y est écrit, cependant, qu'après avoir affecté les villes ou villages de Blombay et d'Aubigny, à l'entretien des clercs de l'Église de Reims, *in alimoniis Clericorum Remensis Ecclesiæ communiter depretentur*, le testateur continue ainsi : « *Quibus etiam Berna ex episcopis, quæ peculiaris prædecessoribus meis esse solebat...* (ici lacune) *cum duabus villis, quos Ludovicus à me sacro baptismatis fonte susceptus, amore nominis mei, Piscofesheim sua lingua vocalis, mihit tradidit, sive cum Coslo et Glani, vel omnibus silvis, pratis, pascuis, quæcumque per diversos ministros in Vosago; infra, circum et extra, tam ultra quam citra Rhenum, prætio dato comparavi, picem annuatim ministret, cunctisque locis regularibus, tam à me, quam ab antecessoribus meis ordinandis, pro necessitate locorum, ad vascula vinaria componenda annuatim distribuat.* »

Plus loin, il affecte au luminaire de l'Eglise de Reims et du lieu où devra reposer son corps, des domaines, en Septimanie, en Aquitaine, ainsi que les villas de l'Austrie ou Thuringe, donnés non à lui, mais à l'Église même de Reims. Dans le texte latin,

il est dit : « villasque in Austria sive Toringa. »
Par ces dernières expressions *Austria* ou *Toringa*, varientes évidemment l'une de l'autre, saint Remi n'a pu indiquer qu'une *Austrie* ou *Thuringe* située dans la Gaule, car la Thuringe germaine n'appartenait pas encore à la France, et certes, il ne pouvait affecter au service du luminaire d'une église française des redevances à fournir par des biens situés, non seulement hors du royaume, mais en pays ennemi et encore barbare.

Les deux manses ouvillages offerts à saint Remi et que, dans son langage encore à demi-barbare, Clovis appela, par amour du saint prélat et en l'honneur de son titre, Piscofesheim ou Biscofesheim (la demeure de l'évêque) semblent être les deux *Bischoffsheim* qui existent dans le Bas-Rhin et qui, d'après les cartulaires épiscopaux des plus anciens fiefs de l'évêché de Strasbourg, semblent avoir été d'anciennes fondations faites au diocèse de Strasbourg.

Cette restitution ne figure pas dans le testament de saint Remi, mais de ce silence même on peut conclure qu'elle avait été consommée de son vivant. Dans tous les cas, que les deux Bischoffsheim aient été rendus au diocèse de Strasbourg par saint Remi ou que, par la volonté de l'un de ses successeurs, ils aient fait retour à ce diocèse, toujours est-il qu'ils figurent, *l'un au moins d'entre eux* dans les dits cartulaires où il est écrit :

« A l'égard des villages, que mon seigneur, d'il-
« lustre mémoire, le roi Clovis, que j'ai tenu sur les
« saints fonds du baptême, m'a donnés en propre,
« lorsque payen encore, il ne connaissait pas le vrai
« Dieu, je les ai consacrés aux lieux les plus pauvres,

« de peur qu'il ne crût, infidèle qu'il était, que je
« fusse trop attaché aux choses de ce monde et moins
« occupé de son salut que des biens temporels. Il
« a admiré ma conduite, et a constaté, avec bonté
« et générosité, tant avant qu'après son baptême,
« que j'intercédasse en faveur de tous ceux qui souf-
« fraient.

« Comme il a reconnu que, de tous les évêques
« de la Gaule, c'est moi qui ai travaillé le plus à la
« conversion des Francs, Dieu m'a donné tant de
« crédit auprès de lui, et la vertu divine, par la
« grâce du St-Esprit, a fait opérer par moi, pauvre
« pêcheur, tant de miracles pour le salut des Francs,
« que le roi a non-seulement restitué à toutes les
« Eglises du royaume ce qu'on leur avait enlevé,
« mais encore en a enrichi beaucoup d'autres de son
« bien propre, par un effet gratuit de sa libéralité.
« Quant à moi, ajoute saint Remi, je n'ai voulu ac-
« cepter, pour l'Eglise de Reims, pas même un pied
« de terre, jusqu'à ce qu'il eût accompli cette resti-
« tution à toutes les Eglises. »

Nulle Eglise ne devait avoir plus souffert que celle de Strasbourg, pendant la longue occupation de cette ville par les Alémans, tous encore païens, au témoignage d'Agathias. Elle n'avait même plus de pasteur, et la meilleure preuve de la vacance du siège, c'est ce nom même de *Biscofsheim*, demeure de l'évêque, appliqué par Clovis aux deux domaines qu'il donnait à saint Rémi, à un prélat étranger à l'Alsace. Une pareille donation faite pour ainsi dire sous les yeux de l'ancien métropolitain alsacien, eût été un sanglant outrage à l'adresse de ce chef, si ce chef avait existé. Les restitutions, les réparations ont donc dû commencer par ce diocèse, témoin de la victoire et de la conversion du roi et depuis trop longtemps anéanti.

Notre regretté compatriote et ami, M. Jules Thilloy (1) a fait connaitre que la générosité de Clovis envers saint Remi s'est également étendue jusqu'aux pays de la Sarre. Il s'est spécialement occupé du passage : Quibus etiam Berna ex Episcopis etc.... cité précédemment dans lequel il est dit, d'après l'un des deux testaments de saint Remi, celui que les critiques les plus autorisés admettent et qui n'a été retrouvé qu'à une époque relativement récente que les biens dont il est question dans ce testament sont « *Berna*, terre « et villa données à saint Remi par Clovis, qui, en « son honneur, avait changé ce nom en celui de *Pis-* « *cofsheim* (Bischoffsheim) domaine de l'évêque, et « *Coslo* et *Gleni*, localités comprises dans de vastes « domaines achetés par l'archevêque *in Vosago*, dans « le pays des Vosges. »

Frodoard (2) l'historien de l'Eglise de Reims, complète ce premier renseignement en disant à propos de donations faites aussi à l'Eglise de Reims. Il dit: « Villarem quemdam situm in Vosago prope fluvium « saroam; » l'érudition allemande, dit M. Thilloy, rapprochant ces indications et recherchant Berna sur la rive droite de la Sarre, a cru le retrouver dans le village actuel de Bischmisheim, situé non loin de Sarrebruck. Il est certain, en effet, que ce village portait autrefois le nom de Bischoffsheim et que l'E-

---

(1) Mémoires de la Société d'Archéologie et d'Histoire de la Moselle vol. VI p. 65. *Sur un passage du Testament de saint Remi.*
(2) Liv. II. cap. 11, p. 169.

glise de Reims y avait encore des droits et des revenus au quatorzième et au quinzième siècles.

Quoiqu'il en soit, on pourrait déjà en conclure que *Coslo* et *Gleni* ne devaient pas être bien éloignés de Berna avec lequel ils se trouvent groupés dans le testament.

Frodoard confirme cette supposition d'après une ancienne tradition rendue en ces termes : (1)

« Saint Remi avait acheté la plus grande partie de
« la forêt des Vosges en laquelle il fit bâtir les ha-
« meaux de Cosle et Glenni et les peupla des habi-
« tants qu'il prit à Berne prochain village de l'évê-
« ché qui de longtemps lui avait été donné par les
« François et leur ordonna que tous les ans, ils
« eussent à fournir de la poix (cire) aux lieux reli-
« gieux de l'église de Reims. »

Ainsi, selon le testament de saint Remi et selon Frodoard, Gleni et Coslo, situés près de Berna, étaient compris dans les biens achetés par saint Remi *in Vosago*. Mais dans quelle partie de cette contrée ?

Ici, M. Thilloy rappelle que Schœpflin et les érudits de son école reconnaissent pour le mot Vosagus deux significations et, qu'en allemand, ce mot doit se rendre par deux mots différents : dans le sens le plus large, il désigne *tout le pays qui longe la chaîne des Vosges*. Les Allemands et les Alsaciens le traduisent alors par Wasichin (2). — Dans le sens le moins étendu, il indique la portion de territoire comprise entre la Sarre, la Nahe et le Rhin et doit se rendre par le mot *Wasgau*.

---

(1) Urgeschichte des Herzogthums Zweybrücken, 279. note 16; note 17.

(2) Hertzog. Edels. chron.

« C'est dans ce sens de Wasgau que les commen-
« tateurs allemands de Frodoard, ont, en général,
« adopté le mot de *Wasgau* pour rendre le *Vosagus*
« du testament. Frodoard dit expressément: in pago
« Wormacensi Scauenheim, cum omnibus ad se per-
« tinentibus, Cosla et Gleni in saltu Vosago. » (1)

Cette indication, déjà plus précise, établit que Coslo et Gleni ne sont pas placés dans le pagus Wormacensis (le Wormsgau) mais dans le voisinage immédiat, sans doute dans le Wasgau ?

Ce raisonnement est appuyé d'importantes circonstances et de citations telles qu'il ne peut rester aucun doute possible sur l'identité et la position de l'abbaye de Cosle, dans la vallée (ou le pagus) de Cosle située dans le comté de la Bliese où Cosle et Gleni existent encore aujourd'hui.

Gleni, c'est Glan (Alt-Glan), village situé sur la petite rivière de Glan, affluent de la Nahe.

Coslo, c'est Cusel, sur le ruisseau du même nom, qui va se jeter dans la Glan, au lieu même où avait été bâti Gleni.

Glan est resté un village, mais Cusel est aujourd'hui un chef-lieu administratif du cercle de Deux-Ponts.

Au neuvième et au dixième siècles, ces localités ont appartenu, à Werinher (Werner), comte Salikes, de Worms et du Bliesgau. Il les tenait du chef de Herericus, son aïeul.

Frodoard raconte à cet égard, que « Werinher (2)
« chef de la maison des comtes Salikes de Franco-

---

(1) J. Thilloy, déjà cité.
(2) Werinherius VI. Comes in pagis Spirensi, Wormacensi et Navensi (Croll, I, 116.

« nie, s'était emparé des antiques possessions de l'ab-
« baye de Reims et les avait distribuées à ses vassaux.
« L'archevêque Hérivée, qui gouverna l'Eglise de
« Reims, de l'an 900 à 922, obtint de l'empereur
« Conrad qu'il les lui rendît. Quelques années après,
« l'archevêque Artald donna ces mêmes biens en fief au
« fils de Werinher, (Werner) Conrad, comte du Worms-
« gau, plus tard duc de Franconie et de Lorraine
« († 955) qui en confia le gouvernement à son vassal
« Raimbold ou Ragimbald. Bientôt l'administration
« tyrannique de Raimbold devint tellement insuppor-
« table aux colons et aux agriculteurs qu'ils en-
« voyèrent à Reims porter leurs supplications à l'ar-
« chevêque et implorer son intervention. Artald dé-
« légua Frodoard pour examiner ces plaintes et le
« chargea de demander à Conrad et à l'empereur
« Otto, lui-même, de mettre un terme aux entre-
« prises de Raimbold. Mais dans l'intervalle, les pay-
« sans s'étaient fait justice eux-mêmes : un jour que
« le baron avait obligé les vassaux de l'évêché à tra-
« vailler le dimanche, et qu'il avait enjoint au prêtre
« de différer, jusqu'au soir, les offices du jour, il
« fut, tout d'un coup, frappé mortellement par une
« main qui demeura inconnue, et rendit immédiate-
« ment le dernier soupir. Conrad, alors, restitua tous
« ces biens à l'archevêque Artald, qui les donna à
« l'abbé Hincmar et aux moines de l'archi-monastère
« de Saint-Remi.

« Deux chartes de l'empereur Otton Ier confirment
« ce récit et établissent que, dès lors, à côté de la
« ferme de Cosle, *curtis Cosla*, s'était fondée une
« abbaye du même nom, fille, sans doute, de l'archi-
« monastère.

« Dans une troisième charte du même empereur,
« donnée, en 758, au monastère de Saint-Remi, il
« est parlé de l'abbaye de Cosle, située au comté de
« la Bliese, dans la vallée de Cosle. »

Après la mission de Frodoard et le retour, à l'archi-monastère de Saint-Remi, des biens jadis confiés à Raimbold, Cosle et Gleni paraissent avoir été ruinés par la guerre. Faut-il rapporter leur destruction à la grande lutte pour la Lorraine, que, dans l'année 954, le duc Conrad soutint contre l'archevêque Bruno, lutte pendant laquelle il amena ses troupes jusqu'au cœur du pays de Bitche, et subit une sanglante défaite près du village actuel de Rimling? Ou faut-il plutôt la rattacher aux troubles qui désolèrent toutes les provinces rhénanes pendant les siècles de la féodalité? — Toujours est-il à peu près certain que l'abbaye de Cosle fut détruite, et que, plus tard, elle fut remplacée par un prieuré relevant de l'archi-monastère de Reims. Seulement, ce prieuré fut construit, non plus sur l'emplacement de l'ancienne abbaye, aux lieux où était située *Curtis Cosla*, mais à une courte distance au Sud-Est, au sommet d'une colline qui prit, dès lors, et qui, au jour présent, porte encore le nom de Remigsberg, la montagne de Saint-Remi.

Cette transformation est prouvée par une charte de confirmation accordée à ce prieuré, en 1127, par Adalbert, archevêque de Mayence.

Nous avons rapporté tous ces faits pour montrer jusqu'où la patience de M. Thilloy a porté ses investigations, et combien son travail a été fait avec exactitude, puisque nous retrouvons, encore subsistant, le lieu qui, dans le testament de saint Remi, rattachait Berna à Cosla et Gleni. Au quatorzième siècle, le prieuré de Remigsberg possédait, à Bischoffsheim, tous les droits que saint Remi avait donnés, sur Berna, à son église et à l'archi-monastère. En 1371, Jean de Troïssen, prieur de Remigs-Berg, vendit, au comte Jean II de Sarrebruck, ses rentes et ses droits à Bischoffsheim, à la réserve de 100 florins de rente, à prélever sur les dîmes, et, en 1402, un arbitrage et une transaction intervinrent, entre le comte et le prieur, pour le règlement définitif de leurs droits.

L'histoire de l'église métropolitaine de Reims, de Dom Marlot, fait mention du prieuré de Remigsberg, et elle le comprend, en ces termes, parmi ceux qui relevaient de l'archi-monastère de Saint-Remi : *Prioratus de Cosle, vel de monte S^{ti} Remigii in Germania, diocensis Moguntinensis.*

Le prieuré de Remigsberg semble avoir été détruit vers le quinzième siècle. Johannis, le populaire historien du duché de Deux-Ponts, dit qu'il a été compris dans une vente faite, en 1543, au duc Ruprecht de Deux-Ponts ; mais, M. Thilloy n'a pu retrouver le titre d'acquisition. En 1666, il n'en existait plus de vestiges.

Nous avons aussi rapporté ces différents détails pour montrer que, de nos jours encore, on peut, avec de la volonté et de la persistance, retrouver bien des choses, éclaircir bien des points obscurs.

Nous nous sommes de même, beaucoup étendu sur les Francs Ripuaires, comme sur les Francs Saliens, et il reste à ajouter que, généralement, on exagère le nombre de ceux qui ont fait irruption dans nos pays. Car, d'après les données les plus certaines, il est établi, ainsi qu'il a été rapporté, page 502, que c'est avec *une bande « d'environ » 5000 combattants*, que Clovis obtint ses premiers succès, après lesquels il réunit à lui la nation entière, et se défit des autres rois. On estime de même, à moins de cent mille, le nombre de Francs qui, après les succès de Clovis, ont peu à peu occupé le territoire gaulois, délaissé par les Romains. Par cette dénomination franque, il faut entendre la population indigène, qui n'était devenue romaine que de nom, comme, après la défaite des Romains, la même population est devenue franque, puis française, sous une autre dynastie. Le sol est constamment resté le même avec ses limites-frontières, ses habitants, ses cours d'eau, ses champs et ses forêts. Les noms seuls ont été modifiés suivant d'autres idiomes, d'autres prescriptions. C'est ainsi que *nos pays sont toujours les pays de l'antique Gaule* et d'après les lois de génération qui ont été établies précédemment ; *ses habitants sont toujours et seront toujours les vieux Médiomatriciens*. Les sépultures s'accumuleront, s'accoteront ; elles changeront de formes, se superposeront ; leurs restes qui subsisteront, porteront peut-être d'autres ornements, mais les caractères génériques primitifs seront les mêmes et se reconnaîtront toujours.

Nous avons encore relaté longuement ce qui s'est passé, après le baptême de Clovis, entre lui et saint Remi. Il a été généreux, dit-on, envers son père spirituel, comme il l'a appelé. Avant tout, il faut dire qu'il a été juste envers lui et son église, dont les biens avaient été longtemps séquestrés, comme les biens de presque toutes les églises de la Gaule.

Cet acte a eu le double effet de diminuer le prestige de l'arianisme et de grouper tous les Francs en un seul corps de nation unie par la même foi religieuse. Les catholiques du monde entier en éprouvèrent une grande joie ; car, à ce moment, tous les trônes d'Europe étaient occupés par des princes ennemis de la vraie foi. L'empereur Anastase, à Constantinople, était livré aux hérétiques eutychéens; le maître de l'Italie, Théodoric-le-Grand, roi des Ostrogoths ; Alaric, roi des Visigoths, possesseur de l'Espagne et de l'Aquitaine ; Gondebaud, roi des Brugunds ; Trasamond, chef des Vandales d'Afrique, professaient l'arianisme.

La conversion du roi franc, jeune, intrépide, favori de la victoire, était alors un espoir pour l'Église opprimée et tenue, presque partout, à l'écart. Aussi le Pape, saint Anastase, s'empressa-t-il de féliciter Clovis : « Glorieux fils, lui écrivait-il, votre avène-
« ment à la foi chrétienne nous apporte une grande
« joie... En donnant à l'Église un roi tel que vous,
« Dieu lui assure un protecteur capable de la sou-
« tenir et de la défendre. »

Les évêques imitèrent le Pape, et l'Église entière était convaincue que Dieu voulait se servir des Francs pour propager la foi en Europe et dans le monde entier. Pour cela, il leur avait donné un royaume, dont la position géographique devait merveilleusement faciliter cette mission (1).

---

(1) D'après une note insérée dans un *Recueil des lois alémannes en usage au temps de Clothaire*, l'Alémanie renfermait 34 évêques, 34 ducs

Ainsi soutenu par les évêques, Clovis était réellement le chef de la nation. Il comprenait qu'on comptait sur lui pour une conversion générale, et ce rôle plaisait à son âme guerrière et naturellement ambitieuse. Il ne pouvait voir sans douleur, disait-il, la plus belle partie de la Gaule opprimée par les Ariens. Il marcha donc contre Alaric, le battit à Vouillé, près de Poitiers, et délivra Toulouse du joug des hérétiques. Bientôt après, il attaqua encore l'arianisme en Bourgogne, et ses fils, continuant son œuvre, firent, du royaume de Gondebaud, un royaume franc et catholique.

Mais, outre ces conquêtes, politiques non moins que religieuses, la France, devenue par Clovis, la Fille aînée de l'Église, employa encore d'autres armes pour étendre le règne de sa Mère. Messagères de l'Évangile, les princesses françaises imitèrent l'exemple de Clotilde. Vers 580, Ingonde gagna au Christ son époux, Herménégelde, roi des Visigoths. En 597, Berthe disposa Ethelbert, roi anglo-saxon de Kent, à recevoir la mission d'Augustin, l'apôtre de la Grande-Bretagne. La Bavière qui avait reçu le catholiscisme des Francs, le transporta, par l'entremise de Théolinthe, au milieu des Lombards ariens. Dagobert aida à la conversion de la Flandre. Charles Martel, non content d'opposer, à Poitiers, une digue de fer au flot musulman, se fait l'auxiliaire des prêtres catholiques en Frise. Enfin, Charlemagne porte un coup

---

et 72 comtes, outre le peuple. — Cette statistique n'étant connue ni pour la Bourgogne, ni pour les autres pays francs, elle peut être néamoins considérée comme proportionnelle. Et il est permis d'admettre que le nombre de ces dignitaires devait être considérable pour la Gaule entière, et qu'il a dû en sortir un puissant appui pour le souverain.

mortel à l'idolâtrie, par la conquête de la Saxe, de la Westphalie, de la Bohême et de la Hongrie. Sans doute, ces princes francs n'ont pas tous été des Saints. Loin de là ; même après le baptême, ils sont restés barbares et ont commis des crimes ; mais ils ont beaucoup fait pour l'Église, en écrasant l'arianisme, qui avait peu à peu gagné toute l'Europe, en refoulant l'invasion musulmane et en brisant les vieilles idoles. Dieu s'est servi des Francs pour faire de grandes choses : *Gesta Dei per Francos.*

C'est en 496 que Clovis, le roi des Francs Saliens, alors âgé de 30 ans, se porta à la rencontre des Alémans, et les vainquit.

Son baptême eut lieu à Reims, par saint Remi, le jour de Noël de la même année 496.

Clovis est mort en 511 ; il n'avait pas 45 ans. Clotilde, son épouse, est morte le 5 juin 545, à 70 ans ; elle a été enterrée à Paris, à côté de Clovis, à côté de sa fille Clotilde et de ses deux petit-fils, les infortunés enfants de Clodomir.

Les États mérovingiens, qui formèrent le royaume de Clovis, furent partagés, à sa mort, en 511, entre ses quatre fils, en quatre royaumes, désignés sous les noms de leurs capitales et avec des délimitations arbitraires.

D'après Grégoire de Tours et les annalistes, qui sont unanimes pour le reconnaître, il est avéré que, avant la grande bataille de Clovis sur les Alémans, les Francs n'exerçaient au-dessus de Mayence aucun pouvoir, ni dans la Première Germanie, ni dans la Séquanaise. Pendant presque toute la durée du cinquième siècle, les deux rives du Rhin furent occupées par les Alémans ; aussi fallut-il une victoire éclatante et décisive pour que les Francs pussent commander en maîtres sur tout le territoire de l'Alémanie, qui comprenait l'Alsace et les pays de la Sarre.

Depuis la mort de Clovis (511) jusqu'à la chute des Mérovingiens (752), la monarchie de ces princes a subi cinq partages.

511. *Ier partage*. — Thierry Ier ou Théodoric, l'aîné des fils de Clovis, eut Metz en partage, 511. † 534, fut le premier roi d'Austrasie ; il eut pour successeur Théodebert † 555.

Le second fils de Clovis, Clodomir, devint roi d'Orléans, et fut tué dans un combat.

Childebert Ier, le troisième fils de Clovis, eut Paris, et Clotaire Ier, le quatrième fils de Clovis, fut roi de Soissons, 511 ; d'Orléans, 526 ; d'Austrasie, 555 ; de toute la France, 558. † 561.

L'Aquitaine fut également divisée en quatre lots annexés à ces royaumes, et elle forma plusieurs duchés jusqu'à la mort de Clotaire II.

Fin du royaume des Burgunds, qui fut divisé entre Childebert Ier et Clotaire Ier.

Clotaire Ier réunit tous ces États après la mort des autres princes.

IIe partage. — A la mort de Clotaire Ier † 561, les provinces se sont plus nettement distinguées : *Paris*, avec le Nord-Ouest de la France, échut à *Caribert ; Orléans et la Bourgogne* sont échus à *Gontram*, roi d'Orléans ; *Metz* ou *l'Austrasie* échut à *Sigebert Ier*, roi d'Austrasie et mari de Brunehaut.

Jusqu'alors, les rois d'Austrasie avaient résidé à Metz : Sigebert Ier choisit pour résidence la cité de Reims ; mais, sous son successeur, Metz redevint la capitale de ce royaume.

Sigebert Ier ayant été assassiné (375), après un règne assez court, son fils *Childebert II* monta sur le trône.

Ce prince, à la mort de Gontram, en 593, avait réuni le royaume de Bourgogne à celui d'Austrasie ; il mourut en 596. Son fils aîné, Théodebert, qui n'avait que 10 ou 11 ans, fut roi d'Austrasie ; le second, Théodoric ou Thierry II, eut la Bourgogne et l'Alsace.

Les deux frères s'étant brouillés au sujet du partage que leur aïeule, Brunehaut, avait fait des États de leur père, ils en vinrent à une guerre ouverte, à la suite de laquelle Théodoric ou Thierry II, vainqueur, fit périr son frère, Théodebert II, qui eut pour fils Sigebert II, tué par Clotaire II. Ce dernier était le successeur de Chilpéric Ier, roi de Soissons, et époux de Frédégonde ; il fut roi de toute la monarchie, les autres branches s'étant éteintes pendant les guerres de Brunehaut et de Frédégonde.

Dagobert Ier succéda à son père Clotaire II, en 622, comme roi d'Austrasie, et de toute la monarchie en 630, † 638. Il abandonna cependant l'Aquitaine à son frère Caribert II, roi d'Aquitaine, 628, † 630, souche d'une dynastie de ducs indépendants dans le Midi.

IIIe partage. — A la mort de Dagobert Ier, Sigebert III, son fils, reçoit, à l'âge de quatre ans (633), l'Austrasie ; † en odeur de sainteté aux calendes de février 656, Grimoald, étant maire du palais.

Clovis II devint roi de Neustrie et de Bourgogne, en 638, et de toute la monarchie, au détriment de son frère Sigebert III, en 656, relégué en Irlande par le maire Grimoald.

IVe partage. — Neustrie et Bourgogne. — Clovis III règne sur la monarchie en 656, † 671. Ébroïn, maire du palais, lui adjoint son fils Clovis. Puis Thierry ou Théodoric III, bientôt renversé par les Leudes, en 670, † 691. Pépin d'Héristal, maire du palais. — Austrasie. Childéric II, roi d'Austrasie en 660, règne sur la monarchie en 671, tué en 674.

Ve partage. — Chilpéric II, appelé avant Daniel, fils du dernier roi, est enfermé à l'abbaye de Saint-Denis. — Austrasie : Dagobert III, rappelé d'Irlande, puis détrôné par le maire Pépin d'Héristal, qui gouverne cet État sous le titre de *duc*. Après celui-ci, Charles Martel prend le pouvoir. — Neustrie et Bourgogne : Thierry III, pour la seconde fois ; il est aussi renversé par Pépin d'Héristal, à la bataille de Testry, 687 ; Clovis III succède seul à son père, 711, † 715. Pépin d'Héristal, maire du palais ; Childebert III règne sur la monarchie en 695, † 711. Pépin, maire du palais ; Dagobert III succède à son père, 711, † 716. Pépin d'Héristal, maire du palais : rois fainéants acceptés par Pépin.

719. Chilpéric II, sorti de l'abbaye de Saint-Denis, réunit les trois couronnes, sous le gouvernement réel de Charles-Martel.

720. Thierry IV. — 741. Mort de Charles-Martel. — 742. Childéric III, après un règne de cinq ans, succéda à Thierry IV ; détrôné par Pépin-le-Bref, il est relégué dans le monastère de Sithier, en 752.

752. *Chute des Mérovingiens.* Pépin-le-Bref, fils de Charles-Martel, monte sur le trône et prend la couronne, du consentement des Grands. Il descend dans la tombe, le viii des calendes d'octobre, et la dix-septième année de son règne.

768. Carloman, second fils de Pépin, obtient le gouvernement de l'Austrasie ; mais il ne le garde que pendant trois ans et environ trois mois, car il succombe, la veille des Nones de décembre 771.

771. Charlemagne, à la mort de son frère Carloman, roi d'Austrasie, réunit la Neustrie et la Bourgogne à l'Austrasie, qu'il gouvernait du vivant de son père, et resta seul maître de la monarchie pendant quarante-deux années complètes.

Il mourut à Aix-la-Chapelle, le v des calendes de février 814, et commença la *souche des Carlovingiens.*

Son fils, Louis, dit le Pieux ou le Débonnaire, lui succéda en 814. Il avait jugé à propos de distribuer à ses enfants plusieurs des royaumes qui composaient l'Empire. Il avait cédé à Charles, fils de sa seconde femme, Judith, une partie de la Germanie, c'est-à-dire l'Alémanie (Alemannia) ; vers la fin de l'année 830, il y ajouta quelques lambeaux de l'Austrasie, de la Woëvre (Wabrensis), le Pays de Metz (Mosellensis), et celui de Trèves (Treveris).

En 837, Louis opéra un nouveau partage, en suite duquel Charles eut, entre autres pays, tout ce qui est compris entre la Meuse et la Seine, avec le Verdunois et le Pays de Toul, d'Ornonois, de Beden, de Bliese, du Prithois et les deux Pays de Bar.

Deux ans après, en 839, il y eut encore un autre partage à Worms. Lothaire, le fils aîné de l'empereur, obtint la plus grande partie de l'Austrasie, outre l'Italie et la Bourgogne.

Louis mourut en 840, et ses enfants ne s'en tenant point aux arrangements faits par leur père, se répartirent les États de celui-ci en trois portions égales et indépendantes l'une de l'autre (1). Lothaire obtint, outre l'Empire, l'Italie et les provinces situées entre le Rhin, le Rhône, la Saône, la Meuse et l'Escaut (2).

En 855, Lothaire sentant que sa fin approchait, partagea ses États entre ses trois fils ; il donna à l'aîné, *Louis*, le titre d'empereur et roi d'Italie ; au troisième, *Charles*, le royaume de Provence ; enfin, à *Lothaire*, le second, l'ancienne Austrasie et divers comtés voisins.

Comme ce dernier royaume comprenait aussi quelques pays qui, autrefois, avaient dépendu de la Bourgogne et de la Neustrie, il perdit peu à peu son nom d'Austrasie, et comme on ne pouvait non plus lui imposer celui d'aucun des différents peuples qui l'habitaient, il fut appelé *Royaume de Lothaire* (Lotharii regnum), d'où se forma insensiblement la dénomination de *Lorraine* (Lotharingia) (3).

Ainsi qu'on vient de le voir, l'Austrasie n'a cessé,

---

(1) Ce partage eut lieu en vertu d'un traité signé à Verdun, en 843:

Charles-le-Chauve eut la Neustrie avec l'Aquitaine ;

Louis, surnommé le Germanique, eut toutes les provinces situées sur la rive droite du Rhin, et quelques villes sur la rive gauche, comme Spire et Mayence.

(2) Henriquez. *Abrégé de l'histoire de Lorraine*, page 3. — Dom Calmet. *Histoire de Lorraine*, 1re édition, t. 1, c 678.

(3) M. A. Digot, dans son *Histoire de Lorraine*, t. I, dit que cette étymologie était trop simple et trop claire pour être adoptée par tout le monde, et Thierry Alix, Président de la Chambre des Comptes de Lorraine, pré-

PÉRIODE FRANQUE.

pendant trois siècles, d'appartenir aux descendants de Clovis, c'est-à-dire aux Rois de France. Ils se sont suivis dans l'ordre chronologique connu.

De 511—534. — Théodoric ou Thierri Ier, fils de Clovis et d'une première femme ; Roi de Metz.

534—548. — Théodebert Ier, fils de Thierri ; Roi de Metz.

548—555. — Théodobalde ou Thibaut, fils de Théodebert Ier ; Roi de Metz.

555—561. — Clotaire Ier, fils de Clovis et de Clotilde, s'empare du royaume de Metz, en 555, à la mort de Théodebald ou Thibaut.

561—575. — Sigebert Ier, fils de Clotaire Ier ; Roi de Metz.

575—596. — Childebert II, fils de Sigebert Ier ; Roi de Metz ou d'Austrasie.

596—612. — Théodebert II, fils de Childebert II ; Roi de Metz ou d'Austrasie.

612—613. — Théodoric ou Thierri II, fils de Childebert II ; s'empara, en 612, du royaume de Metz.

613—638. — Clotaire II, fils de Chilpéric Ier ; réunit toute la monarchie, en 613, à la mort de Thierri II.

---

tend, dans son *Histoire du Pays et Duché de Lorraine,* que le nom de cette province vient d'un neveu de Jules César, qu'il appelle Lothar (Lother), et qui fut mis par le dictateur en possession du pays.

Le Président Alexis donne plusieurs preuves de la vérité de son assertion.

Voir les *Pays de la Sarre,* tome II, pages 410 et suivantes.

638—656. — Sigebert II, fils de Dagobert Ier ; Roi d'Austrasie.

656—... — Clovis II ou Clotaire, fils de Dagobert Ier ; réunit toute la monarchie, vers le mois d'août ; meurt le mois suivant.

656—660. — Clotaire III, fils de Clovis II ; est reconnu en Austrasie jusqu'à l'avènement de son frère Childéric II, en 660.

660—673. — Childéric II, fils de Clovis II ; Roi d'Austrasie.

674—679. — Dagobert II, fils de Sigebert II ; Roi d'Austrasie, avant le mois d'août 674. Interrègne en Austrasie, sous Pépin d'Héristal, maire du palais, jusqu'au 16 décembre 714 ; puis, jusqu'en 720, sous Charles-Martel, son fils naturel.

685—689. — Charles-Martel, maire du palais, en Austrasie.

720—737. — Thierri IV, fils de Dagobert III ; placé sur le trône, en 720, par Charles-Martel, paraît avoir régné non seulement sur la Neustrie et la Bourgogne, mais encore sur l'Austrasie.

741—747. — Carloman, fils de Charles-Martel ; maire du palais, en Austrasie, le 22 octobre 741.

...—... — Childéric III, fils de Chilpéric II ; Roi de Neustrie, en 742. — Il n'est pas certain qu'il ait été reconnu en Austrasie.

752—758. — Pépin-le-Bref, fils de Charles-Martel ; succède, en 747, à son père Carloman, comme maire du palais en Austrasie ; prend le titre de Roi en 752.

768—771. — Carloman, fils de Pépin-le-Bref ; Roi d'Austrasie.

771—814. — Charlemagne réunit toute la monarchie, en 771, à la mort de Carloman, son frère.

Lothaire étant mort sans enfants de sa femme Thietberge, le royaume de Lorraine appartenait de droit à l'empereur Louis, frère du défunt ; mais, ses deux oncles, Louis de Germanie et Charles-le-Chauve, se partagèrent, en 870, les États qu'il avait laissés.

Louis obtint *une portion de la Lorraine proprement dite ;* la *ville* et le *pays* de *Trèves,* les *pagi* de *Bittbourg,* de la *Nied,* de la *Sarre inférieure* et *supérieure,* de la *Blicse,* des *Salines* (du Saulnois), de l'*Albe,* du *Saintois,* du *Chaumontois,* etc., plus la *cité de Metz,* le comté ou *duché mosellan* avec ses *dépendances.*

Charles-le-Chauve garda les cités de *Toul* et de *Verdun,* les *abbayes* de *Montfaucon,* de *Saint-Mihiel* et de *Senones,* les *pagi du Scarponnois,* du *Verdunois,* du *Dormois,* les deux pagi ou *comtés de Woëvre,* celui de *Mouzon,* celui de *Toul,* les *pagus d'Ornois,* enfin, les *pagi* ou *comtés* du *Barrois* et du *Portois.*

A la mort de l'empereur Louis, au mois d'août 875, Charles-le-Chauve s'était empressé de se rendre en

Italie, et s'y était fait couronner empereur. A cette nouvelle, Louis, roi de Germanie, qui avait convoité pour lui-même la couronne impériale, envahit la partie de la Lorraine précédemment assignée à son rival ; les Germains y commirent de grands désordres, et en auraient commis de plus grands encore, si le retour de Charles ne les eût forcés à se retirer dans leur pays.

Le roi Louis mourut peu de temps après, laissant trois fils, auxquels il avait d'avance partagé ses États. Le troisième, Charles, connu sous le nom de Charles-le-Chauve, eut *une portion de l'Allemagne, l'Alsace et les cantons de la Lorraine avoisinant la ville de Metz*. Quant à la Basse-Lorraine, elle avait été donnée à Louis, second fils du roi défunt.

Charles-le-Chauve, après avoir tenté de s'emparer de toute la partie de la Lorraine qu'il avait été contraint d'abandonner autrefois à son frère Louis, mourut en 877. Son fils, Louis-le-Bègue, lui ayant succédé, conclut, avec Louis de Germanie, un traité, aux termes duquel les rois gardèrent chacun la portion de la Lorraine qui avait été attribuée à leurs pères. Louis-le-Bègue étant mort à son tour, Louis de Germanie devint possesseur de ce vaste royaume.

A sa mort, les Lorrains offrirent à Louis III, roi de France, de réunir leur pays à sa couronne ; mais ce prince refusa, de sorte que la Lorraine devint la propriété de Charles-le-Gros, frère de Louis de Germanie, qui unit ce pays à la monarchie française (885).

Charles-le-Gros était parvenu à réunir à peu près tous les États qui avaient appartenu à Charlemagne,

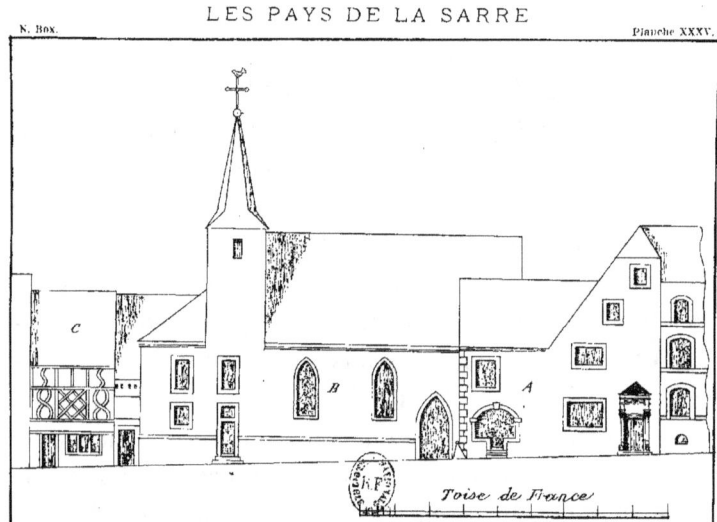

FAÇADE DE L'ANCIENNE RUE SAINTE-CATHERINE
embrassant la boutique A de l'apoticaire Virion, l'Eglise B de Sainte-Catherine et la maison C de l'orfèvre Lepoire qui ont fourni l'emplacement de l'Eglise et un côté de la Rue actuelle de Saint-Nicolas à *Sarreguemines*.

mais il était loin d'avoir hérité de ses talents; il montra tant d'incapacité, que les Français et les Germains cessèrent, d'un commun accord, de le reconnaitre comme empereur, et se choisirent d'autres souverains. Arnould, fils naturel de Carloman, roi de Bavière, fut élu roi de Germanie et de Lorraine. Il eut bientôt, pour ce dernier royaume, des compétiteurs qu'il ne s'attendait guère à rencontrer. Guy, duc de Spolète, était parvenu, au milieu des troubles qui suivirent la déposition de Charles-le-Gros, à s'emparer du royaume d'Italie. Maître de cette contrée, il prétendit qu'il devait régner aussi sur les royaumes de Bourgogne et de Lorraine, qu'avait possédés l'empereur Lothaire; ayant réuni une armée, il pénétra dans la Lorraine, s'avança jusqu'à Metz, et voyant que les peuples n'étaient pas disposés à le prendre pour souverain, il ne tarda pas à se retirer. A peu près en même temps, Rodolphe, roi de la Bourgogne transjuranne, éleva aussi des prétentions sur le royaume de Lorraine. Il fit solliciter les évêques et les seigneurs d'embrasser son parti; mais Arnould en ayant été averti, s'avança à la tête d'une armée, et força Rodolphe à se réfugier dans les montagnes de l'Helvétie, et à se contenter des États qu'il avait usurpés.

Arnould, enfin paisible possesseur du royaume de Lorraine, le céda, en 895, à son fils naturel appelé *Zuintibold*, nom barbare que ce prince avait reçu d'un roi de Moravie, qui lui avait servi de parrain. Zuintibold, qui n'avait ni les talents, ni la prudence de son père, ne tarda pas à abuser de son pouvoir. Quoique le roi de France, Eudes, et le roi de Germanie, Arnould, fussent alliés, le roi de Lorraine voulut profiter de l'absence du premier pour s'agrandir à ses dépens ; ils entra en France et fit le siège de Laon ; mais la place lui opposa une si vigoureuse résistance que le roi Eudes eut le temps d'accourir, ce qui contraignit Zuintibold à lever le siège et à se retirer avec promptitude dans ses États.

Ce prince, ayant eu ou croyant avoir à se plaindre des comtes Odoacre (1), Etienne, Gérard et Matfrid, les dépouilla de leurs biens et de leurs dignités, et distribua leurs terres à ses favoris ; toutefois, Arnould, voyant que son fils s'aliénait le cœur de ses sujets par des procédés violents, le réconcilia avec quelques-uns de ces seigneurs. Mais, peu de temps après, Zuintibold chassa avec ignominie Reinier (Rogenarius), qui était son principal ministre et lui enleva tous ses biens. Reinier, irrité de l'ingratitude de son maître, se réfugia avec le comte Odoacre dans les États de Charles-le-Simple, roi de France ; ils engagèrent ce prince à envahir la Lorraine et lui en facilitèrent la conquête. Charles s'empara alors, presque sans coup férir, d'Aix-la-Chapelle, de Nimègue et de l'importante abbaye de Prum construite sur la rivière, dite Prum, un affluent de la Sûre qui passe à Echternach.

(1) Le comte Odoacre était gouverneur, de 880, à 897, du Bliesgau et du Sargau inférieur. Il était fort riche et gouvernait au nom du roi Zuintibold. Illingen, Schiffveiler, Eschringen étaient en son pouvoir, peut-être aussi le Kellerthal. Il dota la collégiale de Saint-Arnoul et passe pour le fondateur de Sarrebruck.

Etienne, Gérard et Matfrid étaient frères. Le premier était comte du Bliesgau, situé entre la Sarre, le duché de Deux-Ponts, l'archevêché de Trèves ; et du Chaumontais, situé sur la rive gauche de la Moselle au-dessus d'Epinal.

Gérard était comte de Metz, haut justicier de l'abbaye de Herbitzheim. Il a épousé Opala veuve de Zuintibold, et tua ce prince de sa main à Maestrick.

Matfried avait aussi de grandes propriétés foncières dans le Bliesgau.

Zuintibold fut d'abord obligé de s'enfuir presque seul ; puis, ayant réussi à rallier ses partisans, il marcha à la rencontre du roi de France pour lui livrer bataille ; mais au moment d'en venir aux mains, les deux rois prirent le parti de conclure la paix ; Charles repassa la Meuse et rentra dans ses États.

Le danger que Zuintibold avait couru ne le rendit pas plus sage ; les choses en vinrent, au contraire, au point que, l'année suivante (899), Arnould et Charles-le-Simple s'entendirent pour enlever à ce prince le royaume de Lorraine, qu'il était incapable d'administrer.

Ce projet ne fut cependant pas exécuté, sans doute par suite de la mort d'Arnould, qui arriva dans les derniers jours de la même année. Outre Zuintibold, ce prince laissait un autre fils naturel nommé Louis, dit l'Enfant (1), ou Louis IV, qui, malgré son bas âge (il n'avait que sept ans), fut proclamé et couronné roi de Germanie.

Quant au roi de Lorraine, il continuait à se livrer à ses penchants vicieux. Avant la mort de son père, il avait recommencé la guerre contre Reinier et Odoacre, qui occupaient toujours la forteresse de Durfos sur la Meuse ; il les y avait assiégés longtemps sans pouvoir les forcer à se rendre. Toujours entouré de femmes sans mœurs et dignes de rien, ce prince dépouillait de leurs emplois et même de leurs biens, pour les donner à ses flatteurs et à ses complices, les hommes les plus honnêtes et les plus capables, et, grâce à cette conduite aussi coupable qu'imprudente, il devint l'objet de la haine générale.

---

(2) Certains auteurs disent que Louis IV, dit l'Enfant, était fils légitime d'Arnould.

Enfin, plusieurs des principaux seigneurs lorrains, ne pouvant supporter davantage cette tyrannie, allèrent trouver le roi de Germanie, l'amenèrent en Lorraine et lui déférèrent la couronne, à Thionville.

Des raisons inconnues ayant obligé ce jeune prince à retourner en Germanie, Zuintibold assembla ce qu'il put réunir de soldats et de bandits, et parcourut successivement les principales villes du royaume de Lorraine, commettant mille violences et mille excès contre ceux qui avaient pris le parti de son frère. Il s'imaginait, sans doute, que ces vengeances affermiraient son pouvoir; mais elles produisirent un effet contraire. Les seigneurs lorrains se liguèrent de nouveau contre lui et appelèrent, une seconde fois, le roi de Germanie. Peu après, les comtes Etienne, Gérard et Matfried se mirent aussi à la tête d'une armée et livrèrent à Zuintibold, le 13 août 900, une bataille qui coûta à ce prince le trône et la vie, après cinq ans de règne.

Les Lorrains reconnurent alors tous, pour Roi, le jeune Louis. Mais la souveraineté de ce dernier ne fut que nominale; les seigneurs qui lui avaient donné sa couronne, n'entendaient pas se donner un maître et profitèrent de sa jeunesse et de son éloignement pour usurper les droits qu'ils ne possédaient pas encore. Ils se fortifièrent dans leurs châteaux, se firent réciproquement la guerre et se rendirent maîtres à peu près absolus, chacun dans son district, sans que Louis ait rien fait pour les en empêcher. Ce prince mourut en 911, avant d'avoir atteint l'âge de vingt ans. Les Allemands lui donnèrent, pour successeur, Conrad, duc de Franconie; les Lorrains, au contraire, ne voulant pas que leur royaume sortît de la famille de Charlemagne, appelèrent au trône Charles-le-Simple, roi de France; mais le pouvoir de ce prince ne fut pas plus étendu ni plus respecté que celui de son prédécesseur. Les comtes de Metz, de Toul, de Verdun, d'Ardenne, de Namur, de Hainaut, de Limbourg et autres, continuèrent à affecter la même indépendance.

De là ces nombreux châteaux plus ou moins forts, sur des hauteurs plus ou moins élevées, construits par des *comtes* et même par de simples dominateurs populaires, là où les Gaulois et les Romains avaient placé leurs vedettes et leurs *oppida* et où ils n'ont laissé en ruines que quelques traces de défense avec quelques rudiments de villages. Pendant la domination des empereurs, il n'y a eu, en effet, à part les guerres et quelques luttes de peuplades, que peu de traits mémorables à citer. Mais après, à la suite de l'invasion des Francs, on vit une inondation de Barbares qui, venus de tous les points cardinaux, s'établirent partout. C'étaient des *Marcomans*, des *Norisques*, des *Hermandures*, des *Quades*, des *Suèves*, des *Sarmates*, des *Victivales*, des *Roxolans*, des *Basternes*, des *Costologues* et d'autres *allemands*, tous belliqueux et puissants, qui disparaissaient et renaissaient comme de leurs cendres ; toujours battus mais jamais domptés ; suppliants, lorsqu'ils voyaient l'ennemi à leurs portes, fiers et insupportables, quand ils en étaient éloignés, ils ne cherchaient qu'à sortir d'au-delà du Rhin et à habiter les Gaules où ils finirent par se fixer.

Après l'arrivée de ces tribus germaniques, l'effet de cette formidable invasion, au ve siècle, se fit surtout sentir sur la culture intellectuelle qu'elle fit presque disparaître dans les provinces gauloises les plus voisines de la Germanie. Les lettrés, effrayés par les mœurs farouches des conquérants se retirèrent dans les villes du midi que le flot de l'invasion avait moins atteintes. Les écoles publiques furent fermées presque partout, et l'on ne vit plus guère d'écoles privées avant la fin du ve siècle. C'est au viie siècle que l'on trouve pour la première fois des renseignements sur l'école de Trèves, quoiqu'elle existât certainement depuis un plus grand nombre d'années. Peu à peu se découvrirent les écoles de l'Ardenne, à Prum ; à Echternach, à Metz, à Tholey et en d'autres lieux, où elles furent établies par Charlemagne et ses successeurs.

Pour les Gaulois, quand, après les horreurs de la lutte, ils se sont trouvés désarmés en face des Romains qui ne leur imposaient plus qu'un faible tribut avec d'autres conditions peu onéreuses, ils usèrent de leur liberté pour se reconnaître. Au fur et à mesure qu'ils sentirent la supériorité des mœurs et des habitudes de leurs maîtres, devenus leurs amis, ils se mirent à les adopter. Et peu à peu ils renoncèrent, sans s'en apercevoir, à leur religion, à leurs coutumes, à leur langue, à leur mode d'existence, à leurs noms et jusqu'à leurs goûts particuliers.

Ceux qui se trouvèrent en contact immédiat avec les Romains renoncèrent même, avec une extrême facilité, à leurs habitudes et trente années s'étaient à peine écoulées, depuis la conquête, que, déjà, Strabon remarquait qu'ils ne pensaient plus à la guerre, que tous leurs soins se portaient vers l'agriculture et les travaux paisibles (1).

(1) Strabon, IV, 1 : Ἀντὶ τοῦ πολεμεῖν.....

Cette transformation si rapide donne à penser que le goût de la guerre n'était pas plus inné chez la race gauloise que chez toute autre. Elle avait été belliqueuse aussi longtemps que l'absence d'institutions fixes l'avait condamnée à la guerre perpétuelle. Elle aima la paix dès qu'elle eut un gouvernement stable. Le goût de la paix et celui de la guerre sont en effet, également au fond de la nature humaine; l'un ou l'autre prend le dessus suivant le tour que le régime politique où l'on vit s'imprime à l'âme.

Les villes de la Gaule soumise, n'ayant à se conformer à aucune exigence d'annexion, prirent la physionomie des villes d'Italie et de la Grèce. Elles eurent des temples, des basiliques, des forums, des théâtres, des cirques, des thermes, des aqueducs, et tous ces monuments furent élevés, non par des hommes de race romaine, mais par les Gaulois eux-mêmes, à leurs frais et par leur propre volonté. Le pays, qui avait déjà des routes avant la conquête, se couvrit d'un nouveau réseau de routes dallées, dites romaines, qui diffèrent par là des antiques voies gauloises. Les maisons changèrent d'aspect; au lieu de ces vastes et grossières constructions cachées au fond des bois près des fourrés des druides, on vit saillir des *villas* aux brillants portiques, avec des peintures, des bibliothèques, des salles de bains, des jardins.

L'éducation de la jeunesse fut transformée. A la place des anciens séminaires druidiques, d'où l'écriture même était proscrite, il y eut des écoles où l'on enseigna la poésie, la rhétorique, les mathématiques, tout cet ensemble harmonieux d'études que l'on a désignées sous le nom d'*humanités*. Et, encore une fois, ce ne furent point les Romains, mais les Gaulois qui firent tout cela à leurs frais, à leurs instigations. Par suite, les esprits entrèrent dans une voie entièrement nouvelle, inconnue des Romains eux-mêmes. On voulut lire et comme il n'y avait pas de livres en langue gauloise, on lut des livres grecs et latins. On voulut écrire, plaider et on imita la littérature latine, comme on imita les modèles de la Grèce et de Rome quand on a voulu bâtir. C'est ainsi que la Gaule enfanta des écrivains, des avocats, des poètes, des architectes et des sculpteurs supérieurs à ce que Rome avait jamais produit, si bien qu'il faut dire de nos jours que ce sont les Gaulois qui ont produit dans Rome ce que l'on y admire de plus merveilleux et de plus beau.

Quand les peuplades allemandes, après leur irruption, se trouvèrent, à leur tour, en face des Gaulois devenus Francs (420 à 800), la transformation ne s'est pas faite aussi rapidement. Chaque peuplade d'immigrants avait son autonomie et sa nationalité, et, les croyant supérieures, elle voulut les conserver et même les imposer par la violence. Mais l'histoire témoigne que, quand deux ou plusieurs peuples sont en présence, c'est l'intérêt plus que la violence qui produit les rapprochements, et les changements se font bien plus par les besoins que les uns peuvent avoir des autres. C'est donc par des concessions réciproques que ces peuples modifièrent leur langue, leurs vêtements, leur nourriture. De barbares ils devinrent civilisés suivant le tempérament de l'époque et autant que les principes et les prescriptions religieuses le permettaient. Si donc la Gaule s'est transformée encore, ce n'est pas par violence ; ce n'est pas par la volonté de Rome, mais par la volonté des Barbares eux-mêmes.

Parmi ces transformations, la plus étonnante est celle de la religion, de ce vieux druidisme qui a été, jusque-là, la seule religion connue et qui, après deux ou trois générations seulement, s'est totalement anéantie.

La raison de cette chute repose sur ce premier fait, qu'on a toujours trop négligé dans le pays : c'est que *la religion gauloise et le druidisme n'étaient pas exactement la même chose*. César ne les a pas confondus (1). Dans l'âme des Gaulois, il existait une religion dont les divinités étaient innombrables, les unes ayant un caractère général, les autres étant purement locales et dont le culte comprenait des séries « *de sacrifices publics ou privés* » (2) ; c'était la religion des cités, des familles, de tout le monde, et de chaque âme en particulier. Quant au druidisme, il était proprement un sacerdoce. Il n'était pas très vieux, n'était nullement contemporain de l'immigration des Gaulois et était beaucoup plus jeune que le fond de la religion gauloise ; il paraît même, d'après César, qu'il n'était pas né de cette religion ; il était né hors de la Gaule, et avait été importé. (*Pays de la Sarre*, t. II, chap. III. 29).

Il exerçait, à la vérité, un grand empire ; il avait mis toute espèce de religion dans sa dépendance, et ne souffrait pas qu'aucun acte religieux s'accomplît sans l'intervention d'un de ses membres, ce qui ne signifie pas que ces sacrifices fussent dirigés et voulus par les druides ; ils les surveillaient et y intervenaient. Mais, à côté de cela, il avait ses croyances qui lui étaient propres et qui n'étaient pas celles de

---

(1) César, chap. 16 et 17 ; chap. 13 et 14. Liv. VI.
(2) César, VI, 13.

tous les Gaulois ; il en gardait même le secret. Il avait son enseignement, ses écoles. Il avait sa hiérarchie en dehors des États gaulois et son chef unique pour toute la Gaule. Il avait aussi des pratiques qui lui appartenaient en propre : c'était la magie, la divination ; c'était la médecine par sorcellerie ; c'était l'immolation des victimes humaines pour attirer la faveur des dieux. En un mot, le druidisme ne se confondait pas avec la religion ; il s'y ajoutait.

Et après la conquête, que devinrent le druidisme, la religion ensuite ?

Après César, on ne voit pas une seule réunion pour l'élection du chef commun de leur corporation, ni même une assemblée générale des druides. Le résultat fut que la corporation perdit son unité et que le druidisme cessa d'exister comme corporation.

En même temps, les pratiques druidiques, surtout l'immolation des victimes humaines, disparurent, mais ici, nous savons que ce fut le Gouvernement qui les interdit. Tibère défendit la magie, Claude les sacrifices humains. Mais les druides n'ont pas été persécutés, et le druidisme est tombé on ne sait par quelles causes de décadence qu'il portait en lui-même. Ce qui est certain, c'est que l'histoire ne mentionne aucun essai de résistance du druidisme.

A propos de la fusion de ces peuplades, il y a lieu de remarquer qu'après les horreurs de la guerre où l'on a fait beaucoup d'esclaves, c'était la règle de l'antiquité, les guerriers pris les armes à la main étaient la propriété du vainqueur ; il y a lieu de remarquer, disons-nous, que, par une tactique politique des plus habiles, Rome ne réduisit pas les vaincus en servitude et que les Gaulois conservèrent leur liberté civile. Rome ne les déposséda pas non plus de leurs terres. Il y eut sans doute des confiscations : César, qui avait besoin d'argent, ne manqua pas de s'enrichir et d'enrichir ceux qui l'avaient servi, cela n'est pas à nier ; mais il n'y eut pas de spoliation générale.

La Gaule n'a donc pas toujours été écrasée par son vainqueur. Les documents historiques ne montrent rien de pareil. « César, dit son lieutenant Hirtius (1) « ne songea qu'à maintenir les cités gauloises dans « l'amitié de Rome et à ne leur donner aucun motif de « révolte ; par lui, les cités furent traitées avec hon- « neur, les principaux citoyens furent comblés de « bienfaits ; il n'imposa à la Gaule aucune charge « nouvelle ; il s'attacha à relever ce pays que tant « de guerres avaient épuisé ; et en lui assurant tous « les avantages de l'obéissance, il n'eut pas de peine « à le maintenir en paix. »

Suétone indique bien comment les Gaulois furent traités. Toute la Gaule ne fut que réduite en province : plusieurs peuples, dit-il, furent à l'état de « *cités alliées* ou de *cités amies* » (2). Or, dans cette première liste de peuples qui conservaient une sorte de demi-indépendance, on trouve les Trévires, les Nerviens, les Rèmes, les Successions, les Eduens, les Lingons, les Bituriges, les Carnutes, les Arvernes, les Santons, les Ségusiaves et plusieurs autres ; c'était un tiers de la Gaule (3). Le reste devint *province*, c'est-à-dire terre sujette et placée sous la juridiction

---

(1) César (Hirtius) VIII. 49.
(2) Suétone. César. 25.
(3) La liste des peuples libres ou amis est dans Pline, *Hist. natur.* IV. 7. § 106—109.

(imperium) du gouverneur. Mais le pouvoir arbitraire n'est pas toujours et nécessairement l'oppression. Ce qui est certain, c'est que la Gaule dut payer des impôts et fournir des soldats (1). Pour les levées de soldats, on ne connaît aucun chiffre. Sans doute, des Gaulois se sont plaints, comme ils se sont plaints des impôts, mais déjà ils s'en étaient plaints au temps de l'indépendance ; pourtant les charges de la conscription romaine, *dilectus*, n'approchèrent jamais de ce qu'avaient été les levées en masse du temps de Vercingétorix et des temps antérieurs.

Avant la domination romaine, on avait compté dans la Gaule environ 80 peuples ; on en compta à peu près autant dans la Gaule soumise. Dans le midi, c'est-à-dire dans la Narbonnaise, il y eut quelques colonies romaines formées par un petit nombre de colons italiens qui se sont bien vite fondus dans la masse des indigènes. Vers l'Est, après l'irruption alémanne, quelques villes nouvelles ont été fondées dans la vallée du Rhin : *Augusta Rauracorum* (Augst, près de Bâle), *Brocomagus Tribocorum* (Brumath), *Nemetes* (Spire), *Mogentiacum* (Mayence), *Juliacum* (Juliers), *Colonia Claudina Agrippina* (Cologne), *Colonia Ulpia Trajana* (Xantere), *Confluentes* (Coblentz) et quelques autres.

Mais si nous mettons à part la Narbonnaise et les bords du Rhin pour nous en tenir aux peuples énumérés par César au temps de l'indépendance, nous les retrouvons après l'indépendance et après l'irruption des Barbares sous les mêmes noms, dans les mêmes pays de la Belgique, avec de plus fortes populations seulement en plus. Tels sont les *Trévires*,

---

(1) Pays de la Sarre. Tome 2. Pour les impôts, voir page 404.

les *Nerviens* les *Atrébates*, les *Ambions*, les *Tongres*, les *Véromanduens*, les *Rèmes*, les *Bellovaques*, les *Médiomatrices*, les *Lingons*, les *Séquanes* (1).

D'après cela, il est visible que Rome n'a pas brisé les corps politiques qu'elle avait trouvés établis. Elle a laissé à chacun d'eux son ancien nom ; elle lui a laissé son territoire et son étendue avec une population plus nombreuse seulement. Elle n'a même pas pris la peine de couper en deux les plus forts, ceux qui, comme le territoire des Arvernes, l'avaient tenue quelque temps en échec.

Les cités de la Gaule, après la fusion des habitants, ne furent donc pas autre chose que ces peuples eux-mêmes. Ce que l'on appelait *une cité* était bien plus qu'une ville et sa banlieue ; c'était, géographiquement, un territoire où l'on trouvait une *capitale*, plusieurs *pagi*, quelques *petites villes*, un certain nombre de *villages*, *vici* et un nombre incalculable de *propriétés rurales*.

Les plus grands changements qui s'y soient opérés ont porté sur le culte religieux, surtout sur la construction des temples, des écoles, des abbayes, qui, dans les derniers temps et sous les règnes désastreux des enfants et des descendants de Louis-le-Débonnaire, avaient, pour ainsi dire, seuls conservé de faibles traces de culture intellectuelle. Quelques-uns des successeurs de ce prince firent cependant de généreux efforts pour prévenir ce fâcheux résultat de leurs querelles et des invasions des Normands qui, en 882,

---

(1) Pour compléter le nombre des cités de la Belgique, d'après Ptolémée, il faut encore ajouter les *Morini* (capitale Tervanna) les *Mevrapii*, les *Subanecti*, les *Versores*, les *Leuci* (capitale Tullum), les *Helvetii*, les *Batavi*, les *Numètes*, les *Tribocci* et les *Rauraci*.

889 et 892, ravagèrent Paris, la Champagne, la Meuse et la Lorraine, où l'abbaye de Prum eut particulièrement à souffrir, car tout fut détruit sur leur passage.

Charles-le-Chauve favorisa de tout son pouvoir le rétablissement des écoles que l'on avait été obligé de fermer et la conservation de celles qui n'avaient pas cessé d'être ouvertes. Des conciles tenus à Meaux, à Valence, à Savonnières près de Bar-le-Duc, en 845, 855 et 859, se plaignirent de la décadence des études et réclamèrent la réorganisation des écoles, parce que l'ignorance des langues ne permettait pas de saisir le véritable sens de l'écriture sainte.

Pendant le reste du IXe siècle, il restait cependant encore quelques abbayes d'un certain éclat. Telles furent la célèbre abbaye de Saint-Mathias, située au bord de la Moselle, un peu au-dessus de Trèves; les abbayes non moins célèbres de Prum et d'Echternach et l'école épiscopale de Verdun.

A part ces établissements qui méritaient le titre d'écoles, les autres centres d'instruction étaient des maisons de calligraphie où des moines copiaient des évangiles, des missels ornementés au point que, de nos jours, ils sont encore considérés comme des monuments précieux du siècle.

Les copies des auteurs païens étaient plus rares que celles des écrivains chrétiens.

Les troubles, les guerres et surtout les invasions dont il vient d'être question n'eurent point, en ce qui concerne l'Église, pour unique résultat de ralentir les études et d'introduire le relâchement dans la vie monastique, ils produisirent encore *deux autres effets* de haute importance.

Vexées, pillées et rançonnées par les compétiteurs

à la couronne, et surtout par les Ducs, les Comtes et les Seigneurs, qui profitèrent de la faiblesse de la royauté pour augmenter leur propre puissance, et s'emparer des droits appartenant aux souverains, les églises cathédrales et les abbayes cherchèrent le moyen de se soustraire à des avanies et à une oppression qui auraient, en peu d'années, amené la destruction de la vie religieuse et la sécularisation des biens ecclésiastiques. Pour y parvenir, elles suivirent deux voies différentes : les unes se placèrent sous la protection de quelques seigneurs puissants et, pour en obtenir des secours, leur accordèrent certains droits qui furent plus ou moins onéreux, suivant les temps et les lieux ; elles sacrifièrent ainsi une partie de leurs possessions pour conserver le reste et en jouir tranquillement. Telle est *l'origine des avoués ou voués des églises*.

D'autres églises et d'autres abbayes, pensant, avec raison, que la protection intéressée des avoués serait toujours coûteuse et inefficace, tâchèrent de s'en passer, et demandèrent aux souverains la concession de droits assez importants pour qu'elles fussent en état de se gouverner elles-mêmes et de repousser au besoin la force par la force. La plupart des princes qui régnèrent sur la Lorraine pendant le ixe siècle, consentirent à ces démembrements de leur autorité. C'est ainsi que Zuintibold accorda des privilèges considérables à la cathédrale de Trèves et aux abbayes de Prum et d'Echternach. C'est ainsi que le successeur de ce prince, Louis, roi de Germanie et de Lorraine, confirma les droits que possédait l'église de Trèves et donna à Endelm, évêque de Toul, les privilèges du même genre.

Quand les églises et les monastères se trouvèrent dans l'impossibilité d'obtenir une concession des droits régaliens, ils furent naturellement conduits à s'en emparer, et cette usurpation est suffisamment expliquée et justifiée par les circonstances critiques dans lesquelles la société se trouvait.

Dans cet état de choses et dans ce pêle-mêle de peuplades à mœurs diverses et parfois opposées, on arriva au VIe et même au VIIe siècle sans autre tension de rapprochement que le principe d'égalité religieuse que les moines écossais ou irlandais prêchaient aux uns et aux autres et qui finirent par se faire jour dans les quelques écoles relevées dans les environs de Verdun, de Toul, de Prum, d'Echternach, de Trêves, de Metz, de Tholey. A Metz, il devait y avoir, dès le VIe siècle des écoles, même renommées, car le biographe de Saint-Arnould rapporte que ce saint avait, dans sa jeunesse, fait de fort bonnes études, qui lui furent bien utiles, quand il se trouva plus tard chargé en partie du gouvernement de l'Austrasie (1).

A Verdun, l'évêque, saint Pulchrone, fonda une école sur le modèle de celles qu'avait établies son oncle saint Loup, évêque de Troyes. Saint Firmin, un des successeurs de saint Pulchrone, attacha un vif intérêt au maintien de cette école, qui jeta dès lors un certain éclat. Saint Euspice, oncle de saint Vanne (Vito) et de saint Mesmin (Maximus) y remplissait les fonctions de professeur et forma plusieurs élèves célèbres et beaucoup de prêtres instruits, qui complétèrent la ruine du paganisme.

---

(1) Mabillon, *Acte 13*, sacc. 2ᵉ p. 140.

Toul avait, dès le même temps, une école semblable sous la direction du même évêque Firmin.

C'est au viie siècle que l'on trouve pour la première fois des renseignements sur l'école de Trèves, quoiqu'elle existât certainement depuis un grand nombre d'années. Le métropolitain, Saint Modoald, contemporain du roi Dagobert Ier, s'occupait lui-même, avec sollicitude, de l'éducation et de l'instruction des jeunes gens qu'on lui confiait. Saint Germain, depuis abbé de Grandval, était un de ces jeunes gens, et ce fut alors qu'il commença à acquérir cette connaissance des arts libéraux qui lui valut plus tard une juste célébrité. Le diocèse de Trèves possédait encore, en outre, une certaine quantité d'autres écoles placées dans différents lieux plus ou moins importants.

Dès la fin du siècle précédent, il y avait une école à Ivoy (l'ancien Epusum), sur la voie de Reims à Metz, et aux limites du diocèse de Verdun. C'est dans cette école que fut instruit saint Géry, qui devint plus tard évêque d'Arras et de Cambrai. Magnéric, le métropolitain de Trèves, dans le cours d'une visite pastorale, admira la science de Géry, lequel était regardé comme le meilleur élève de l'école d'Ivoy, et il lui conféra la cléricature (1).

Mais l'école qui avait acquis le plus de célébrité sous l'épiscopat de saint Clodulf, fils de saint Arnould, était surtout l'abbaye de Tholey, établie dans les pays de la Sarre, dans la vallée de la Bliese au pied du Hundsrück. Cette abbaye fut, pendant plus d'un siècle, comme la pépinière dont on tira les évêques de Verdun. Saint Paul, qui en fut abbé et

---

(1) *La vie de S. Géry,* dans Surius et dans les Bollandistes au 11 août.

qui dirigeait en même temps l'école, donna un développement remarquable à la théologie, à tel point qu'on a prétendu que le nom même de ce monastère provenait de là. Saint Paul forma des disciples remarquables et la réputation de cette école devint telle que des princes de la famille mérovingienne y envoyèrent leurs enfants pour les faire instruire, quoique l'école du palais fût déjà établie. Gisloab, qui succéda à saint Paul sur le siège épiscopal de Verdun, était aussi un élève de l'école de Tholey, ainsi que la plupart de ses premiers successeurs.

A l'époque à laquelle notre récit s'est arrêté, et grâce à l'établissement des écoles, le paganisme avait cessé d'exister dans la Première Belgique, ainsi que toute trace du druidisme. Vers le milieu du vi[e] siècle, il y avait encore dans la forêt des Ardennes, près d'Ivoy, une ancienne statue de Diane qui attirait de fervents adorateurs, et que l'on n'avait osé renverser à cause du fanatisme des gens du pays. Vers l'année 565, un diacre, nommé Wulphilas ou Walfroy, Lombard de nation, y parvint après avoir converti les idolâtres.

Les nombreux évêques de Trèves, Metz, Toul et Verdun ont aussi contribué beaucoup à obtenir ce résultat pendant la période mérovingienne. C'étaient, pour la plupart, des prélats distingués par leurs vertus et qui sont inscrits sur le catalogue des saints; tels sont, pour les métropolitains de Trèves : Léonce, Cyrille, Milat, Modeste, Aprunculus, Nicétius, Magnéric, Hidulf, Basin et Ludvin ; les évêques de Metz : Arnould, Goëric et Clodulf ; les évêques de Toul, Ursus, Epvre et Bodon-Leudin ; les évêques de Verdun, Possessor, Désiré, Agericus et saint Paul. On lit les noms et l'éloge de quelques-uns de ces évêques dans les vers du poète italien Venance Fortunat, qui visita la Première Belgique, dans le milieu du vɪᵉ siècle et fut parfaitement accueilli par le roi Sigebert.

Grâce à la direction de ces saints évêques, le clergé de la province ecclésiastique de Trèves se recommanda par sa régularité ; dès l'année 710, la vie commune était introduite dans le personnel des cathédrales de Metz et de Verdun, et bientôt on vit l'évêque de Metz, Chrodegand, publier une règle qui fut adoptée dans la plupart des cathédrales.

A cette époque, les églises des grandes villes reçurent des donations considérables : *saint Trudon* avait cédé tous ses biens à l'église de Metz ; *Adalgise* ou *Grimon*, qui appartenait à la maison royale et fut diacre de la cathédrale de Verdun, laissa un testament par lequel il donna des terres immenses à cette église ; il fit également des legs à plusieurs hôpitaux qu'il avait fondés à Longagio (Longuyon), à Villa-Marciaco (Mercy), etc. Grimon attribua aussi des domaines importants aux lépreux de Metz, de Verdun et de Maëstricht, ce qui prouve que cette maladie était malheureusement connue dans notre pays dès le vɪɪᵉ siècle, et qu'elle n'a pas été apportée d'Orient par les Croisés.

Vers le même temps, vᵉ siècle, la vie monastique se répandit aussi dans la province de Trèves, où il y avait sans doute déjà, avant cette époque, des monastères tels que l'abbaye de Saint-Maximin, qui portait alors, dit-on, le nom de Cella Sancti Hilarii. Le vɪᵉ siècle vit naître l'abbaye de Saint-Epvre, de Toul ; les abbayes de Saint-Eucaire (plus tard Saint-Mathias), de Saint-Paulin et de Saint-Martin de Trèves, à la même époque ; le diocèse de Metz eut, dès les premières années du vııᵉ siècle, les monastères d'hommes de Longeville ou Glandières et de Saint-Symphorien, ainsi que les monastères de femmes de Saint-Pierre-aux-Nonnains et de Sainte-Glossinde.

Saint Colomban, qui était parti d'Irlande avec ses douze compagnons, à la fin du vıᵉ siècle, avait déjà attaqué les Vosges sous la protection du roi Sigisbert Iᵉʳ, qui leur permit, après leurs premiers défrichements, de construire les monastères d'*Anagrates*, de *Luxeuil* et de *Fontanas*. On sait comment, sous la même impulsion, ces vastes forêts devinrent habitables ; comment saint Déodatus ou saint Dié se fixa dans cette Thébaïde ; comment y furent construites les abbayes d'*Étival*, de *Senones*, de *Moyen-Moutier*, de *Bon-Moutier* et d'*Affonville*, et ce que l'on discuta, au xvıııᵉ siècle, sur la nature de la *Règle* qui avait été adoptée dans ces abbayes.

A ces premiers monastères vosgiens, il faut ajouter que, pendant le vııᵉ siècle et au commencement du vıııᵉ, la province ecclésiastique de Trèves vit naître plusieurs abbayes, parmi lesquelles il faut citer celle de *Pfaltz* ou *palatiola*, construite sur un ancien palais gallo-romain, à peu de distance de Trèves, et celle d'*Echternach* (1), bâtie par la princesse Irmine, que l'on croit avoir été fille de Dagobert II. Irmine donna ce monastère à saint Willibrord, pour y recevoir des moines étrangers, et à condition de nourrir un certain nombre de pauvres.

Au dehors des limites de la Première Belgique, la vaste forêt des Ardennes possédait : *l'abbaye de Mont-*

---

(1) Ainsi nommée à cause de son emplacement entre sept côtes.

faucon, qui dépendait primitivement du diocèse de Reims, mais qui ensuite a été réunie à celui de Verdun ; l'*abbaye de Beaulieu-en-Argonne* et l'*abbaye de Saint-Mihiel*, la plus célèbre fondation qui eut lieu, vers cette époque, dans le diocèse de Verdun.

En 709, Volfang, ou Vulfoade, maire du palais et gouverneur de l'Austrasie, et Adalsinde, sa femme, firent construire le *monastère de la colline de Castellio*.

Le diocèse de Metz, qui comptait déjà quelques monastères, en vit naître de nouveaux au commencement du VIIIe siècle. Sigisbaud, évêque de cette ville, restaura l'*abbaye de Saint-Nabor* ou Saint-Avold, qui remonte au VIe siècle, et fonda les abbayes de *Kraufthal* et de *Neuviller*. Cette dernière était située en Alsace et fut plus tard annexée au diocèse de Strasbourg. Dans les environs, existait déjà celle de *Maurmunster*, ou *Marmoutier*, établie dans les premières années du VIIe siècle par Léobard, disciple de saint Colomban.

Saint Pirmin, qui exerçait les fonctions d'évêque régionnaire sur les limites orientales du diocèse de Trèves, et résidait ordinairement dans un lieu appelé Meltis, que l'on croit être Metlesheine, Medelsheim, près de Deux-Ponts, réforma la plupart des abbayes d'Alsace. D'après sa vie la plus ancienne, (il en existe plusieurs, selon les Bollandistes), il serait le fondateur de douze monastères :

Celui de *Reichenau*, dans une île du Zellersée ou Untersée, un peu en aval de Constance, remonte à l'an 724 ;

Celui de *Murbach*, en Alsace, diocèse de Strasbourg, précédemment de Bâle; mais sa fondation a été favorisée et confirmée par Widegern, évêque de Strasbourg, et protégée par ses successeurs, en l'an 726 environ.

Ceux de *Dissenlis* et *Pfœffers*, en Rhétie, de *Tunger-Winterthur* lui sont attribués aussi avec plus ou moins de fondements, de même que les monastères bavarois de *Nieder* et d'*Ober-Altaich, Osterhofen, Mondsée*, etc. ; ceux de *Schuttern, Gengenbach* et *Schwarzach* en *Ortenau*, (diocèse de Strasbourg ancien, aujourd'hui grand duché de Bade), de *Marmoutier*, en Alsace (diocèse de Strasbourg). Celui de *Neuviller*, (diocèse de Strasbourg), remonte à son temps, et quoiqu'il lui soit attribué quelquefois, il semble cependant être plutôt l'œuvre de saint Sigisbaud, évêque de Metz ; les monastères de *Wissembourg*, (diocèse de Spire ancien, aujourd'hui Alsace), et de *Tholey*, (archidiaconé, aujourd'hui diocèse de Trèves), qui sont donnés aussi par quelques-uns comme fondés par saint Pirmin, ont existé dès le viie siècle, le saint n'en a probablement été que le réformateur, tout au plus le restaurateur.

Sa dernière fondation a été celle de *Hornbach, Gamundias*, dans le voisinage de sa première habitation (*ad priora habitacula remeavit*), ce qui semble indiquer Medelsheim.

C'est là, à Hornbach, ancien diocèse de Metz, qu'il mourut, l'an 753, à ce qu'il semble, le 2 novembre probablement ; sa fête est célébrée le 3 novembre. Après l'introduction de la prétendue réforme à Hornbach, ses reliques furent transférées à Innsbruck en Tyrol, où il est encore honoré. Dans le Luxembourg, entre Bastogne et Wiltz, paroisse de Raundorf, il y a aussi, tous les ans, une procession à la chapelle ou église du saint, qui, d'après des traditions locales, a passé quelque temps à Esch-sur-Sure, de même qu'à Niederwiltz (près de Wiltz), où l'on montre une fontaine miraculeuse dont l'origine est attribuée au saint. Il fut évêque — des diplômes contemporains de Thierry IV et de Widegern, évêque de Strasbourg, en font foi, de même que les différentes vies. Mais où ? — D'après les meilleurs renseignements, il n'a jamais été qu'évêque régionnaire. A Reichenau, on l'honore également, et on y est en possession de quelques reliques ; il est invoqué, paraît-il, surtout pour la délivrance des femmes en travail, contre les animaux venimeux et pour obtenir abondance d'eau. La fête du saint est célébrée surtout avec grande dévotion à Innsbruck, qui, depuis la translation de ses reliques au collège des Jésuites de cette ville (en l'an 1575 par le comte Schweikard de Helfenstein) a éprouvé plusieurs fois sa protection spéciale (peste de 1611 ; idem 1634-1635), de sorte qu'en 1642, lors d'une nouvelle translation à Innsbruck, il y a eu de grandes solennités en son honneur. Aussi, rapporte-t-on bon nombre de miracles opérés par son intercession. Dans la suite, il y eut aussi des parcelles de ses reliques données à l'abbesse de Remiremont, en 1636, aux abbayes de Pfæffers, de Muri (en Suisse, 1655), de Niederaltaich, de Mondsée (1741) et de Saint-Blaise de la Forêt-Noire (1777). A Innsbruck, on renferma les reliques du saint dans une nouvelle châsse précieuse et élégante. En 1842, les RR. PP. Jésuites d'Innsbruck ont fait don de deux particules insignes de ses ossements à M. l'abbé Léonard Lambert, curé de Hornbach au Palatinat, où elles doivent être déposées dans la nouvelle église qui y est construite ou qui doit y être construite sous peu, sous le vocable de saint Pirmin.

Pirmasenz, *Pirminii sedes*, tient son nom de ce saint. Son successeur, comme abbé de Hornbach, fut saint Jacob, qui devint pour quelque temps évêque de Toul (vers 767). Il se pourrait que saint Pirmin ait exercé les fonctions épiscopales à Metz, soit avant le sacre de saint Sigisbaud, soit avant celui de saint Chrodegand, (en 742), dont l'épiscopat fut précédé de plusieurs mois de vacances, ou aussi comme auxiliaire volontaire de l'un de ces deux saints évêques, ses contemporains, et que cela ait donné lieu à l'erreur de quelques auteurs qui le nomment évêque de Metz.

De saint Jacob, évêque de Toul, vers 767, et abbé de Gamundias, il n'y a rien de certain. Il mourut, à ce qu'il paraît, le 23 juin, année incertaine, à Dijon, à l'abbaye de Saint-Bénigne.

Saint Boniface, évêque de Mayence, vint voir saint Pirmin à Hornbach. Ils étaient fort liés d'amitié et contemporains, ainsi que saint Sigisbaud. Saint Pirmin, tant qu'il vécut, n'a cessé de fournir des moines aux douze couvents dont il a été dit plus haut qu'il était le fondateur. C'est pour cela que ces monastères formèrent une espèce de congrégation monastique, et pour la même raison il a pu être dit plus haut qu'il en était le fondateur.

Saint Pirmin a fait beaucoup de miracles, dont la liste a été publiée dans les Bollandistes.

Aucun de ces détails n'a trait à l'origine de saint Pirmin. D'où est-il venu dans un pays dont il a été le plus grand bienfaiteur au point de vue religieux?

Il y vint dans la première moitié du VIIIe siècle. Sa vie la plus ancienne est attribuée, par les Bollandistes (P. de Smedt., S. I.), à un moine anonyme du IXe siècle ; elle ne contient guère que la fondation des monastères de Hornbach et de Reichenau. La seconde a pour auteur, soit un nommé Warmann, abbé de Hornbach, vers l'an 1000, soit un moine de Reichenau du même nom, évêque de Constance en 1034 ; une troisième est de l'an 1200 environ. Les autres documents sont plus récents, excepté toutefois un livre (*Miracula Sancti Pirminii post mortem*) que les Bollandistes rapportent au commencement du XIe siècle. Raban Maur, au IXe siècle, dit que le saint est d'origine franque ; mais des documents contemporains du Saint le disent « *peregrinus monachus* », et ses moines sont « *peregrini monachi* », c'est-à-dire Scots (d'Irlande ou d'Ecosse), d'Irlande plus probablement, de la « Scotia-Major » du moyen-âge. Il fut évêque, nous l'avons déjà dit. Des diplômes contemporains de Thierry IV et de Videgern, évêque de Strasbourg, en font foi, de même que les différentes vies. Mais où ? à « *Meldis* », à « *Meaux* » disent les uns, à « *Mettis* », à « *Metz* », disent les autres, « *in castro Meleis* » ou « *Meltis* », portent les leçons les mieux fondées. Et, comme dans un *castrum* (bourg), il n'y avait jamais d'évêché, — il n'y en avait jamais que dans les cités (*civitates*) — que d'autre part, ni dans les catalogues de Meaux, ni dans ceux de Metz (notre plus ancien catalogue de Paul Diacre est pour ainsi dire contemporain du Saint), il n'y a de place pour saint Pirmin, et que toute sa vie montre qu'il ne fut pas attaché à un siège déterminé, mais qu'il parcourut une série de diocèses pour y travailler en évêque missionnaire (ceux de Metz, de Trèves, de Spire, de Strasbourg, Bâle, Constance et Coire) et en fondateur de monastères, il est probable que le Saint était un de ces évêques régionnaires du VIIIᵉ siècle, évêque par le caractère épiscopal, chef de mission par les fonctions, d'autant plus que les Scots irlandais ou écossais ont fourni presque tous les régionnaires de cette époque. Le « castrum-Meleis » ne désigne donc probablement qu'un lieu où le Saint a habité plus longtemps, soit Mels, près de Sargans (Suisse), soit Medels, au diocèse de Coire, soit plus probablement, d'après les Bollandistes, Medelsheim, au sud de Hornbach.

M. Jules Thilloy, Membre titulaire de l'Académie de Metz, qui a fait une savante étude de Herbitzheim (1), n'en fait mention que dans une lettre où il dit, « *une traduction transmise par M. le Curé de Herbitzheim, en attribue l'origine à saint Pirmin, le fondateur de l'abbaye de Hornbach, près Pirmasens (Pirminis husa) vers le milieu du* VIIIᵉ *siècle.* »

M. l'abbé Joseph Lévy, curé de Lorentzen, Membre correspondant de l'Académie de Metz, a écrit en 1892, en allemand, *l'histoire du couvent, de la prévôté et de la paroisse de Herbitzheim* (1 vol. in-8 de 288 pages). Dans cet ouvrage très complet et intéressant, l'auteur dit que saint Pirmin, de l'ordre des Bénédictins, est apparemment né vers la fin du VIIᵉ ou au commencement du VIIIᵉ siècle, en *Alsace* ou en *France*, et habitait, ainsi que Grandidier le prétend, à Meltis (in castello Meltis), Medelsheim

---

(1) J. Thilloy. *Herbitzheim*. Etude, avec carte lithog. Strasbourg, Berger-Levrault 1864. Extrait du Bulletin de la Soc. pour la conserv. des monum. hist d'Alsace, 31 p. gr. in-4.

aujourd'hui, dans le diocèse de Spire, près de Deux-Ponts.

Selon M. Lévy, saint Pirmin fut appelé vers 760, par le duc de Lorraine et les comtes de Bitche pour fonder en un lieu de leurs territoires qu'il lui plairait de désigner, un couvent de Bénédictins. C'est ainsi que fut désigné l'emplacement d'un ancien castel romain, sur la rive droite de la Sarre, à Heribodesheim (1). Le dit couvent fut mis par saint Pirmin sous la protection de la Très-Sainte Vierge Marie, de sainte Félicité, martyre, et de ses sept enfants, de saint Janvier, de saint Félix, de saint Philippe, de saint Sitanus, et de saint Alexandre, de saint Vital et de saint Martial. L'abbaye portait comme armoiries deux clefs en croix que l'on peut encore remarquer au côté Sud de l'église protestante actuelle de Herbitzheim. Par de fréquentes visites et une grande correspondance épistolaire, saint Pirmin conserva le meilleur esprit religieux dans cette maison jusqu'au 3 novembre 758, date de sa mort.

Le corps de saint Pirmin resta à l'abbaye de Hornbach jusqu'à la guerre de religion ; alors il fut transporté à l'église des Jésuites à Innsbruck par le R. P. Suicard Helfensteim. D'après Grandidier, l'Impératrice Marie-Thérèse fit don d'une partie du corps à l'abbaye de Saint-Blaise dans la forêt Noire.

M. l'abbé Georges Pax, qui, avant son départ pour l'Amérique, s'est beaucoup occupé des premiers missionnaires qui ont prêché l'évangile dans les Pays de la Sarre, déclare, d'après ses investi-

---

(1) Le mot Heribodesheim semble dériver des mots Heribod ei Heim d'origine allemanne « hari Hur, maître et bodo Boden, terre, demeure du maître du pays. Herbodsheim (1326).

gations, que saint Pirmin est lorrain de naissance et que cette naissance doit être placée au VIIe siècle, à l'an 676. Selon lui, il a été élevé en France au couvent de Saint-Maur, disciple de saint Benoît, où il fût sacré prêtre et où même il a été élevé à l'épiscopat sans assignation d'un diocèse spécialement déterminé. Ayant reçu de Dieu un don de parole extraordinaire, il lui fut permis de prêcher partout.

Il n'exerça toutefois ce double ministère d'évêque et de prêtre que dans le Bliesgau, c'est-à-dire, le bassin de la Bliese, dans le Palatinat actuel et en Lorraine. Il a habité le château de Meltis qui s'élevait alors sur l'emplacement du village actuel de Medelsheim et aux environs ; il y érigea des ermitages et des stations de missionnaires, notamment dans le pré et près de la fontaine que l'on désigne encore, à Pirmasens, sous le nom du pré et de la fontaine de Saint Pirmin. Le nom de la ville même n'est autre que le nom de la ville de Saint Pirmin.

La sainteté de la vie et l'attrait des sermons de saint Pirmin se répandirent à distance, et on vint de loin pour le voir et l'entendre. Depuis plus d'un siècle, les Alémans groupés aux environs du lac de Constance, avaient été convertis par saint Colomban et saint Gall, et vivaient sous la houlette des évêques de Constance, mais leur instruction religieuse était très superficielle et insuffisante. C'est ce que déplorait un riche chevalier de la contrée nommé Silax.

Il en fit part à saint Pirmin et il le décida à l'accompagner à Rome, pour obtenir du pape l'autorisation de faire une mission dans cette contrée. Saint Pirmin consentit à cette démarche, et après avoir prié sur la tombe des apôtres saint Pierre et saint Paul, il fut autorisé par Grégoire II, en qualité de missionnaire apostolique, de prêcher, d'administrer les Saints Sacrements, de bâtir des églises et de sacrer des prêtres dans les pays désignés par Silax.

Il se rendit avec quarante compagnons de son choix dans les terres des ducs de Souabe, et comme il était convaincu que la religion ne pourrait se maintenir dans une contrée sans être puissamment appuyée par des prédications, il déploya toute son activité pour l'érection de nombreux monastères. Il quitta l'abbaye de Pflugen, en Souabe, pour se rendre au château de Sandegg auprès de Silax, son ami, qui lui céda l'île de Reichenau, près du lac de Constance, pour y établir un couvent, en l'an 724. De là, saint Pirmin passa en Alsace où il trouva également aide et protection chez le comte Eberhard et où il rétablit la discipline dans les couvents de Schuttern, de Gengenbach, de Schwarzbach, de Marmoutier, de Wissembourg et de Neuviller. Il y fonda le couvent de Murbach.

D'Alsace, saint Pirmin fut appelé en Bavière par le duc Odilo, au moment où saint Boniface venait de convertir ce pays. Il y érigea aussi un grand nombre de couvents parmi lesquels il faut citer : Haut et Bas-Alteiche, Pfaffenmünster, Mondsée et Amorbach.

Pendant que le saint missionnaire Pirmin faisait encore construire des couvents en Bavière, une députation rhéno-franque, envoyée par le prince Verner (Verinher) vint le prier de revenir au Bliesgau (pays de la Bliese), qui dépendait alors du diocèse de Metz. Il y fut reçu de la manière la plus affable et Verner le pria de se chercher dans tout le pays de ses dépendances un lieu pour y construire un couvent.

Le Saint fit choix alors de l'endroit où la Horn, issue du pays de Bitche, réunit ses eaux à celles de la Trualbe, qui elle-même réunit toutes les eaux du pays de Pirmasens et il y fonda le célèbre couvent nommé Hornbach qu'un berger, dit-on, avait indiqué à saint Pirmin. On raconte que le Saint, au premier aperçu de ce lieu, s'est écrié : « Oui, ceci est bien le lieu de mon repos. »

Ce ne fut néanmoins que plus tard, quand saint Pirmin avait déjà acquis un âge avancé, qu'il fit ériger l'église du couvent et les cellules des moines. Dès lors, une énorme quantité de visiteurs se rendirent à Hornbach pour entendre l'évangile et faire des offrandes au fondateur, et c'est ainsi que les terres à l'entour du couvent furent défrichées, que le pays fut évangélisé et que les études y devinrent prospères au point qu'elles jouirent de la plus haute renommée. Le célèbre et savant évêque Amalarius de Metz en est sorti avec d'autres et de nombreux savants. Saint Boniface y rendit visite à saint Pirmin qui y finit ses jours dans la prière et la pénitence, le 3 novembre 743. Saint Boniface, le grand apôtre de l'Allemagne, le suivit deux ans plus tard.

Aussitôt après sa mort, saint Pirmin fut rangé parmi les saints et bon nombre de couvents l'adoptèrent pour patron ; beaucoup d'églises, telles que celles de Godromsheim, d'Eimsheim près d'Oppenheim, de Walsheim, dans le diaconat de Deux-Ponts et d'autres, furent érigées en son honneur.

Il résulte de tous ces renseignements que la vie

monastique dans les Pays de la Sarre a commencé par la province de Trèves et les Vosges où les premiers monastères ont été fondés avant la fin du ve siècle; et ils y ont été établis surtout depuis la fondation de l'Ordre des Bénédictins au vi^e siècle, par saint Benoît de Nursin. Les moines de cet Ordre, engagés par le triple vœu de pauvreté, de chasteté et d'obéissance, se rendirent utiles à l'agriculture par de vastes défrichements, aux lettres par la copie et la multiplication des manuscrits de l'antiquité, et, plus tard, par la rédaction de travaux historiques d'une haute érudition. D'abord laïcs et engagés dans des labeurs manuels, ils devinrent ensuite des prêtres pleins de savoir, qui se répandirent rapidement en Italie, en France, en Angleterre et en Allemagne. Pendant plusieurs siècles, ils instruisirent la jeunesse avant l'établissement des ordres mendiants, et toutes les corporations monastiques de notre Occident basèrent leurs règles sur celles de saint Benoît.

Cet ordre se divise en congrégations et n'a pas de Supérieur général. Il a donné naissance à plusieurs autres congrégations : celle de Cluny a été formée vers 910 ; l'ordre de Citaux a été fondé au xie siècle ; la congrégation du Mont-Cassin a été fondée en 1408 ; celle de Vannes, en 1600, et celle de Saint-Maur, en 1627. Il n'est pas d'Ordre qui ait fourni autant d'hommes remarquables : 24 papes, 200 cardinaux, 50 patriarches, 118 archevêques, 4,600 évêques, 3,600 saints canonisés, 4 empereurs, 76 rois ; plus de 1,500 écrivains. La plus célèbre de leurs congrégations, *celle de Saint-Maur,* a produit des hommes tels que Ménard, Bouquet, Mabillon, Montfaucon, et des centaines d'autres. C'était, dit-on, l'ordre le plus riche et le plus savant de tous. Au xve siècle, on comptait parmi eux 15,700 maisons ; après la réforme, ils n'en possédaient plus que 5,000 ; aujourd'hui il n'y en a pas plus de 800. Avant leur expulsion de France, en 1880, leurs principaux établissements se trouvaient à Solesmes (Sarthe), à Angers et à Acey (Jura).

Les Bénédictins portent un vêtement et un scapulaire noirs (radical, latin scapula, épaule), qui descendent depuis les épaules jusqu'en bas, tant par devant que par derrière. C'est pour cela qu'on leur a parfois donné le nom de *moines noirs* ; ils font aussi précéder leur nom du mot « Dom » (Dominus), comme signe de leur noblesse.

L'Ordre des Bénédictines a été fondé par sainte Scholastique, la sœur de saint Benoît. Elles portent également le scapulaire noir sur le vêtement noir.

Les principaux ouvrages que nous devons aux Bénédictins sont :

La Diplomatique ;

L'Art de vérifier les dates ;

La Gallia christiana ; La Gaule chrétienne ;

Le Spicilegium ;

L'Histoire littéraire de la France ;

L'Histoire de Metz. Preuves non imprimées, à la Bibliothèque de la Ville, 6 vol. in-4° ;

Les Acta Sanctorum ; Les Actes de Saints ;

La collection des historiens de France.

Le premier couvent des Bénédictins fut établi au mont Cassin, par saint Benoît lui-même, vers 529. De là ils se répandirent bientôt dans toute l'Europe, en donnant naissance aux divers ordres ou congrégations déjà indiquées. En France, toutes les congré-

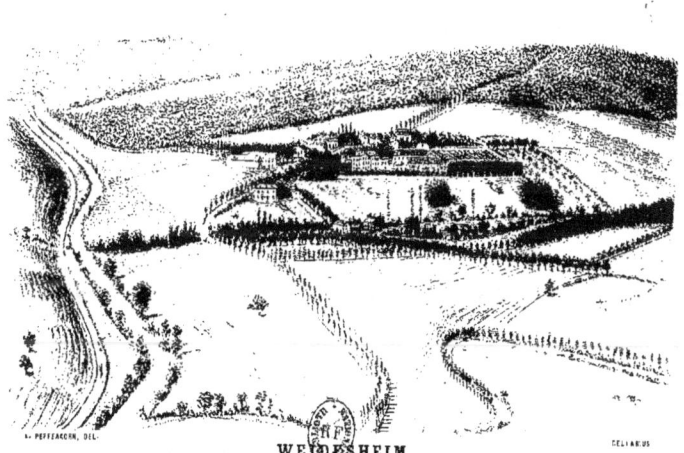

WEIDESHEIM
un des derniers grands domaines agricoles
de la Sarre.

gations furent subordonnées à la Congrégation de Saint-Maur, qui avait pour chef-lieu l'abbaye de Saint-Germain-des-Prés, à Paris, et possédait une fort belle résidence au bourg de Saint-Maur, près Vincennes.

Dans les Pays de la Sarre et les provinces environnantes, qui, depuis la Meuse jusqu'au Rhin, formaient, autrefois, la partie Nord-Nord-Est de l'ancienne Gaule, s'élevèrent successivement, et par ordre de dates, les abbayes suivantes :

L'abbaye de *Luxeuil*, fondée en 590 après Jésus-Christ, par saint Colomban ;

L'abbaye de *Remiremont*, fondée en 618, par saint Amé et saint Romaric ;

L'abbaye de *Tholey*, fondée en 622, par le roi Dagobert Ier ;

L'abbaye de *Saint-Denis*, de Paris, fondée en 638, par le même ;

L'abbaye de *Senones*, fondée en 640, par saint Gondelbert, archevêque de Sens ;

L'abbaye de *Mettlach*, fondée en 696, par saint Luitvin, archevêque de Trèves ;

L'abbaye de *Saint-Hubert*, en Ardennes, fondée en 697, par Pépin et Plectrude, sa femme ;

L'abbaye d'*Echternach*, fondée par sainte Irmine, qui la donna à saint Willibrord, en 701.

L'abbaye de *Saint-Mihiel*, fondée en 709, par le comte Wulfuade et son épouse Adalsinde ;

L'abbaye de *Prüm* ou *Pruim*, fondée en 721, dans la forêt d'Ardenne, par Pépin, fils de Charlemagne et d'Himiltrude ;

L'abbaye de *Hornbach*, fondée en 727, par saint Pirmin, évêque régionnaire ;

L'abbaye de *Murbach*, fondée la même année et par le même saint Pirmin ;

L'abbaye de *Saint-Avold*, fondée en 740, par saint Fridolin ;

L'abbaye de *Gorze*, fondée en 746, par saint Chrodegand, évêque de Metz, etc., etc.

A ces premiers établissements, cités parmi beaucoup d'autres, se joignirent bientôt, soit des abbayes, soit des collégiales, soit des prieurés, soit encore d'autres réunions religieuses différemment dénommées. Ils formaient, par leur ensemble, comme un vaste réseau, s'étendant à travers toute la contrée, et se subdivisant en monastères d'hommes et de femmes. Les uns suivaient la règle de saint Colomban, les autres, celle de saint Benoît, à laquelle ils finirent par se rattacher à peu près tous, sous les noms d'Ordres de saint Benoît, de Citeaux, de Prémontrés, d'Augustins, etc.

Leur but était le même : la conversion des idolâtres, la pratique des vertus chrétiennes et la création de centres populeux chrétiens, parmi lesquels on peut citer les rudiments architecturaux de Saint-Avold, Saint-Arnoual ou Saint-Arnould, de Tholey, de Saint-Wendel, de Hornbach, de Pirmasens, de Saint-Ingbert, etc.

De l'Ordre de Saint-Benoît sortirent successivement les Camaldules, les Valembreuses, les Feuillants, les Récollets, les Trappistes, les Guillemites, les Célestins, les Chevaliers de Calatrava, d'Alcantara, d'Aviz, du Christ, et d'autres.

Ce sont les religieux et les religieuses de cet Ordre qui ont fourni le plus fort contingent de prédicateurs à notre pays ; mais ils ne furent pourtant pas les seuls, puisqu'il y eut à côté d'eux, et comme en rivalité, des hommes et des femmes de l'*Ordre de Citeaux* ou les *Cisterciens*, les *Prémontrés*, les *Augustins*, et d'autres.

Ordre de Saint-Benoît.

La première liste d'abbayes, citées plus haut, et à laquelle il faut ajouter l'abbaye de *Saint-Arnould*, de Metz, fondée au IVe siècle ; celle de *Saint-Clément*, près Metz, d'abord collégiale, puis abbaye au VIIe siècle ; celle de *Saint-Martin*, devant Metz, fondée vers 648, et celle de *Saint-Symphorien*, et de *Saint-Vincent*, de Metz, fondées, l'une en 609, l'autre en 968, ne contenaient que des hommes.

En fait d'abbayes de femmes, il y avait :

Herbitzheim, mentionnée en 870, dans le partage du royaume de Lorraine, entre Charles-le-Chauve et Louis, roi de Germanie ;

Hesse, XIe siècle ;

Neumünster, IXe siècle ;

Les Pucelles, près Metz, 1020 ;

Sainte-Glossinde, à Metz, 620 ;

Saint-Pierre-aux-Nonnains, à Metz, vers 614 ;

Sainte-Marie-aux-Nonnains, à Metz, vers 995 ;

Vergaville, 966.

Ordre de Citeaux.

Cet Ordre, dit aussi Ordre des Cisterciens, est émané de celui de Saint-Benoît. En 1098, Robert de Molême et vingt religieux de l'Ordre se retirèrent à Citeaux, près de Dijon, pour y observer *strictement la règle de saint Benoît*. Bientôt, grâce aux libéralités du vicomte de Beaune, un monastère y fut élevé, et c'est là que, en 1113, sous saint Étienne, troisième abbé, vint saint Bernard, qui donna une nouvelle illustration à l'Ordre, tout en lui laissant son nom. Le nombre des Cisterciens s'accrut prodigieusement en peu de temps, et l'abbé saint Étienne fut obligé de fonder les quatre abbayes de *La Ferté*, de *Pontigny*, de *Clairvaux* (dont saint Bernard fut le premier abbé), et de *Morimond*, qui furent appelées les *quatre premières filles de Citeaux*. De ces quatre filles sortit, dans la suite, un nombre infini d'abbayes et d'Ordres religieux, tous soumis à la règle de saint Benoît, et qui se sont répandus dans toute l'Europe. Les Bernardins, cependant, dégénérèrent bientôt de leur sévérité primitive, et leurs désordres nécessitèrent des réformes continuelles. Saint Bernard, né en 1091, est mort en 1153. Autour de nous, nous avons à compter dans les abbayes d'hommes de cet Ordre :

Le Pontiffroy, à Metz, 1320 ;

Saint-Benoit-en-Woëvre, vers 1129 ;

Sturzelbronn, 1135 ;

Villers-Bettnach, vers 1130 ;

Wernerswiller, près de Deux-Ponts, vers 1190 ;

Freistroff, 1130, comme abbaye de femmes ; depuis 1461, communauté d'hommes. — Cette abbaye fut d'abord occupée par des moines de Citeaux ; il y eut ensuite des Prémontrés, qui n'y restèrent que momentanément. Ils furent remplacés, au commencement du xiiie siècle, par des Cisterciennes, auxquelles succédèrent, deux siècles plus tard, des religieux du même Ordre.

Parmi les abbayes de religieuses de cet Ordre, il faut compter :

Craufthal, du viiie siècle (Claustriacum);
Le Petit Clairvaux, à Metz ;
L'abbaye de Hesse.

Cette dernière avait été d'abord unie à la collégiale de Sarrebourg, ensuite à la Congrégation des chanoines réguliers de Vindelheim, puis à l'abbaye de Haute-Seille.

Ordre de Prémontrés.

Cet Ordre de chanoines réguliers de Saint-Augustin fut fondé, en 1120, à Prémontré (diocèse de Laon), par saint Robert, ancien chapelain de l'empereur Henri V ; il devint bientôt célèbre, et compta un grand nombre d'abbayes en France et en Allemagne.

Les Prémontrés, dans l'origine, s'abstenaient entièrement de viande. Il y avait aussi des couvents de femmes du même Ordre. Tous portaient l'habit blanc des clercs des Augustins, mais tout en laine, et sans linge.

En Allemagne, cet Ordre possédait de belles et vastes abbayes. Dans nos pays, il n'y a jamais eu que la riche et puissante abbaye de *Wadgasse*, fondée, près de Sarrebruck, par Giselle, veuve de Frédéric, comte de Nassau-Sarrebruck, en 1135.

La prévôté de Haguenau dépendait autrefois de cette abbaye ; mais cette prévôté ayant été ruinée par les guerres, et saccagée par les hérétiques, les religieux, qui y demeuraient, furent obligés d'en sortir, et ils se retirèrent dans l'abbaye d'*Allerheiligen* (de Tous-les-Saints), dans la Forêt-Noire.

Le prieuré de Mertzich (Marcetum), dans le bourg du même nom, chef-lieu d'un bailliage lorrain, dépendait aussi de l'abbaye de Wadgasse. Il était desservi par des religieux prémontrés.

Ce prieuré fut donné à Walframe, premier abbé de Wadgasse, par Hillin, archevêque de Trèves, en 1156.

Ordre des Augustins.

Les Augustins portaient un habit blanc, un frac noir et un bâton, haut de cinq palmes, en forme de béquille. Le costume marquait la différence entre les *Grands Augustins,* les *Petits Augustins* et les *Augustins déchaussés,* qui laissaient pousser la barbe comme les Capucins.

Ils formaient le quatrième Ordre de mendiants ; les trois autres sont : les Dominicains, les Franciscains et les Bénédictins.

L'abbaye de *Saint-Pierremont,* fondée vers 1090, était composée d'hommes, ainsi que celle de *Sprinkirsbach,* fondée en 1107.

Ordre des Franciscains.

Les Franciscains, ou Frères Mineurs, ou Minoristes, comme ils s'appellent eux-mêmes par humilité, appartiennent à un Ordre célèbre de religieux, fondé, en 1208, par saint François d'Assise, à Porticella, près de Naples. Les Franciscains portent une robe grise avec une ceinture de corde ; ils font vœu de pauvreté et renoncent à toutes les jouissances de la vie. De leur sein sortirent des hommes célèbres, tels que Bonaventure, Roger Bacon, Alexandre de Hales, Duns Scott. Les Franciscains étaient en rivalité avec les Dominicains : les deux Ordres eurent pour principaux champions, chez les Franciscains, Duns Scott, et, chez les Dominicains, saint Thomas, qui, pendant longtemps, divisèrent l'école en *Scotistes* et *Thomistes*. Les papes Nicolas IV, Alexandre V, Sixte IV et Clément XIV appartenaient à l'Ordre des Franciscains.

Cet Ordre a donné naissance à une foule de communautés dont les plus connues sont les Pères de l'Observance, les Récollets, les Cordeliers, les Capucins, qui se distinguent par une longue barbe et un capuchon pointu. Les religieuses de cet Ordre se partagent en *Urbanistes*, établies en 1260, à Longchamps, près de Paris, par sainte Isabelle, et confirmées par Urbain II ; en *Capucines* et en *Clarisses* ou *déchaussées*.

D'après ces relevés, il est constaté que ce sont particulièrement les abbayes de l'Ordre de Saint-Benoît, qui ont activé ce mouvement de conversion. Les *prieurés du même Ordre* y ont également contribué, ainsi que les abbayes et prieurés de *quelques autres Ordres*. Dans ce dernier nombre, il faut citer les quelques maisons à titres peu certains, tels que le *prioratus Divi Benigni prope Gorziani*, de *Crefunge*, de *Sepulchro Changero*, *Saint-Nicolas-du-Pré*, à Metz, *Saint-Pierre-aux-Arènes*, hors de Metz, et le couvent des *Cordeliers*, de Téterchen, et puis les *prieurés de l'Ordre de Saint-Benoît*, d'Augny, fondé en 1056.

Châtel-Saint-Germain, 1177 ;

Insming, fin du IXe siècle ;

Notre-Dame-des-Champs, hors Metz, vers 1122 ;

Rozérieulles, date inconnue ;

Saint-André, hors Metz, Xe siècle ;

Saint-Christophe, à Vic, XIe siècle ;

Saint-Quirin, 966, (Vosges) ;

Viviers, 1184 ; donnée en 1630 aux chanoines réguliers de la Congrégation de Notre-Sauveur. (D'après un document, le prieuré de Viviers aurait dépendu de l'abbaye de Mettlach, diocèse de Trèves, laquelle possédait dès le xe siècle des biens à Tincry, village et ancien camp militaire, près de Viviers.)

Xures, 1129 ;

Zellen, 1125, dépendait de Saint-Denis, de Paris.

D'après d'autres Pouillés, les prieurés suivants étaient de l'Ordre de Saint-Benoît :

Bouconville, fondé vers 1100 ;

Faux-en-Forêt, près de Rémilly, 1126 ;

Fricourt, xiie siècle. La chapelle de ce prieuré, consacrée en l'honneur de Notre-Dame de Bon-Succès, subsiste encore, et est le but d'un pèlerinage, le 8 septembre, jour de la Nativité ;

Lixheim, mentionné au xiie siècle ;

Lorquin, 1128 ;

Saint-Léonard, près de Fénétrange, 1252 ;

Saint-Michel, près de Mousson, 1093 ;

Saint-Pion ou *Saint-Piant*, date inconnue ;

Salonne, viiie siècle ;

Sainte-Barbe, qui dépendait de l'abbaye de Saint-Arnould ;

Caulre, qui appartenait à l'abbaye de Sainte-Croix ;

Outremont, à la même ;

Chenois, à l'abbaye de Chaumouzey (Toul) ;

Kœnigsmacker, à l'abbaye de Saint-Mathias, Trèves ;

Belle-Tanche, à l'abbaye de Salival ;

Bérupt, à la même ;

Phlin, à l'abbaye de Sainte-Marie-aux-Bois ;

Volmunster, à la même.

Un prieuré, *Notre-Dame d'Aube,* xiie siècle, appartenait à l'Ordre de Citeaux.

Un autre, celui de *Thicourt,* appartenait à l'Ordre de Cluny.

Græfinthal était de l'Ordre des Guillelmites.

Les prieurés ou établissements religieux, auxquels on donnait ce titre, appartenaient, les uns à des abbayes de Metz, les autres, à des abbayes étrangères à ce diocèse.

Voici l'indication des abbayes auxquelles ils appartenaient, suivant l'ordre adopté ci-dessus (1) :

Augny, appartenait à l'abbaye de Saint-Symphorien ;

Châtel-Saint-Germain, à l'abbaye de Saint-Vincent ;

**Insming,* à l'abbaye de Saint-Mihiel (diocèse de Verdun.

**Notre-Dame des Champs,* à l'abbaye de Notre-Dame de Mouzon (diocèse de Reims) ;

**Saint-André,* à l'abbaye de Saint-Clément ;

**Saint-Christophe de Vic,* à l'abbaye de Senones (diocèse de Toul) ;

**Sainte-Barbe,* à l'abbaye de Saint-Arnould ;

**Saint-Quirin,* à l'abbaye de Marmoutiers (diocèse de Strasbourg) ;

**Xures,* à l'abbaye de Senones (diocèse de Toul) ;

**Zellen,* à l'abbaye de Saint-Denis (diocèse de Paris) ;

**Thicourt,* à l'abbaye de Cluny (diocèse de Mâcon) ;

**Bouconville,* à l'abbaye de Saint-Vanne (diocèse de Verdun) ;

Faux-en-Forêt, à l'abbaye de Saint-Arnould ;

**Frecourt,* à l'abbaye de Senones (diocèse de Toul) ;

---

(1) L'astérisque précède les noms des prieurés qui appartiennent à des abbayes étrangères au diocèse.

Lixheim, à l'abbaye de Saint-Georges (diocèse de Constance) ;

Lorquin, à l'abbaye de Senones (diocèse de Toul);

Saint-Léonord, à l'abbaye de Saint-Mihiel (Verdun);

Saint-Mihiel, à la même ;

Saint-Pion, id.

Salonne, id. ;

Caulre, à l'abbaye de Sainte-Croix ;

Outremont, à la même ;

Chenois, à l'abbaye de Chaumouzey (diocèse de Toul) ;

Kœnigsmacker, à l'abbaye de Saint-Mathias, de Trèves ;

Belle-Tanche, à l'abbaye de Salival ;

Bérupt, à la même ;

Phlin, à l'abbaye de Sainte-Marie-aux-Bois (diocèse de Toul) ;

Volmunster, à l'abbaye de Mettlach ;

Viviers, à la même.

Après ces prieurés de l'Ordre de Saint-Benoît, il convient de signaler parmi les prieurés de l'Ordre de Cîteaux :

Notre-Dame d'Aube, xiie siècle.

Parmi les prieurés de l'Ordre de Cluny :

Thicourt, fondé vers 1093 ;

Et parmi les prieurés de l'Ordre des Guillelmites :

Græfinthal, fondé en 1243.

Ce monastère, le seul de son Ordre, qui existât dans le diocèse de Metz, était uni à la province des Pays-Bas.

Au xvie siècle, le diocèse de Metz comptait, outre le *Chapitre de la Cathédrale*, 15 collégiales, dont 6 dans la ville :

Notre-Dame de la Ronde, fondée en 1130 ;
Saint-Paul sur le Cloître, époque inconnue ;
Saint-Pierre-aux-Images, VIIe siècle ;
Saint-Pierre-le-Vieux, époque inconnue ;
Saint-Sauveur, 1070 ;
Saint-Thiébault, 1161.
Les autres collégiales étaient celles de :
Bricy, 1331 ;
Fénétrange, 1475 ;
Hombourg, 1254 ;
Marsal, XIIIe siècle ;
Mars-la-Tour, 1502 ;
Munster, XIIIe siècle ;
Saint-Arnoual, VIIe siècle ;
Sarrebourg, 1225 ;
Vic, fin du XIIe siècle ou commencement du XIIIe.

Bien des collégiales, comme celles de Sarreguemines, de Sarwerden, et d'autres, ne sont pas signalées dans ces relevés ; elles existaient pourtant, ainsi que cela est constaté par des actes publics, mais elles comptaient pour trop peu de valeur dans tous ces engrenages. C'est pour cela que nous ne les compterons pas non plus.

Nous ferons de même pour les Préceptoreries du Temple, c'est-à-dire que nous ne les mentionnerons pas plus que les Commanderies de l'Ordre de Saint-Jean de Jérusalem, de l'Ordre Teutonique, les maladreries, les hôpitaux, les ermitages, les chapelles-oratoires, les pèlerinages, les couvents, les Confréries et autres Bénéficieries ecclésiastiques.

Tous ces rouages étaient la conséquence naturelle des premières fondations, et marchaient suivant l'impulsion vitale des chefs.

Nous venons de rappeler toute l'organisation ecclésiastique, à peu de chose près, telle qu'elle existait et fonctionnait au xve et au xvie siècles, à la suite des grands et pénibles travaux des missionnaires.

Mais, à la mort du Christ, et quand il s'est agi de la publication de son Évangile, les éléments de cette organisation étaient à créer. Il n'y eut même pas, ni à Metz, ni à Trèves, ni à Toul, ni ailleurs, possibilité de songer à une réunion quelconque, comme à Jérusalem ou à Rome, où se sont faites les premières conversions, à la suite des récits des Apôtres.

C'est pourquoi aussi, il a pu être prétendu, durant le siècle dernier, que saint Clément, considéré comme le fondateur et le premier évêque de l'Église de Metz, n'avait pas reçu sa mission du Prince des Apôtres lui-même, et que les commencements du Christianisme à Metz, au lieu de remonter aux temps apostoliques, suivant l'antique tradition, ne pouvaient être reportés qu'au-delà du milieu du iiie siècle.

Dom Calmet et Dom Cajot, et les autres érudits Bénédictins, auteurs de l'*Histoire de Metz*, étaient de cet avis, et ainsi le pensent encore, de nos jours, des savants qui se rangent avec eux contre les lutteurs pour nos traditions antiques, où luttent surtout les Bollandistes, dans leur remarquable ouvrage des *Acta Sanctorum* (1).

Le P. Longueval, dans sa *Dissertation sur le temps de l'établissement de la Religion chrétienne dans les Gaules*, a établi les principes qui servent de point

---

(1) Voyez, dans les *Acta Sanctorum*, l'article : « Saint Clément, premier évêque de Metz ».

de départ, pour prouver, avec ces derniers : 1º qu'il paraît certain que la religion chrétienne a été établie, dans nos pays, dès le premier siècle, par les disciples des Apôtres ; 2º que la religion chrétienne, quoique établie, dès sa naissance, dans les Gaules, n'y fit que peu de progrès dans les deux premiers siècles.

Ces propositions, dit le P. Longueval, qui paraissent être une conséqnence exacte de l'étude impartiale des monuments de la tradition, répondent déjà à un grand nombre de difficultés générales, faites contre cette thèse, par nos adversaires. Nous renverrons donc à la dissertation du P. Longueval, pour cette partie de la discussion (1), et nous nous contenterons de faire remarquer, que quand, au début du Christianisme, les Apôtres ont eu à publier la grande nouvelle, la tâche était humainement difficile.

Ils n'ont pas trouvé partout, comme à Jérusalem et à Rome qui, depuis longtemps, était la capitale de l'Empire, une population relativement lettrée et instruite, capable de les entendre, et de laquelle ils pouvaient être compris.

On n'en était pas encore à ce point, ni à Trèves, ni à Metz, ni dans les autres cités de la Première Belgique. La civilisation y avait, sans doute, fait de grands progrès ; mais on n'était pas revenu du bouleversement produit par la conquête dont la population, encore gauloise, ne se rendait même pas compte, ni administrativement, ni religieusement,

---

(1) *Histoire de l'Église gallicane*, tome I, p. XLV.
Voir aussi : *De l'origine apostolique de l'Église de Metz*, par M. l'abbé Chaussier, chanoine honoraire, supérieur du Petit Séminaire de Metz.

malgré les symboles employés pour caractériser les divinités de l'un et de l'autre peuple. Il a fallu plus de temps pour que Teutatès fut identifié avec Mercure, Camul avec Mars, Arduinna avec Diane, Belen avec Apollon, Belisana avec Minerve. Après le mélange du culte des conquérants avec le polythéisme des vaincus, le Gaulois a seulement pu comprendre le remplacement d'une religion par une autre.

Mais, outre ces divinités, les unes gauloises et identifiées avec les dieux des conquérants, les autres d'origines purement romaines, nos ancêtres adoraient aussi plusieurs déités locales, telles que Vosagus (le dieu des Vosges), Brigius, Minuris, les déesses Salimara, Rosmerta, Epona, Nehalen, et les génies des différentes cités. De plus, les religions orientales avaient rencontré des adeptes parmi les crédules habitants de la Première Germanie, puisque nous rencontrons les temples de Mithra à côté des statuettes d'Isis, dans cette province, à côté du temple de Woden ou Wodan.

L'anarchie religieuse et la corruption morale étaient donc à leur comble dans les cités de la Belgique, lorsque arrivèrent les premiers apôtres du Christianisme. Ce fut vers le commencement du IIIe siècle que cette religion divine commença à se répandre dans les vallées de la Moselle et de la Meuse ; il est probable qu'elle y comptait déjà des fidèles isolés : des voyageurs ou d'anciens soldats rentrés de service (1) ;

---

(1) *Saint Irénée* dit que, de son temps (vers la fin du second siècle), il y avait des églises dans les Germanies et les Gaules. Ces paroles, dit A. Digot, peuvent certainement s'entendre des contrées qui formèrent plus tard la Première Belgique.

Voyez Tertullien : *Adversus Judacos*, c. 7.

mais il n'y eut pas d'églises proprement dites avant cette époque.

Trèves, qui était la métropole de la province, semblait avoir attiré d'abord l'attention des missionnaires chrétiens. *Saint Euchaire*, premier évêque de cette ville, siégeait vers l'année 250 ; il eut pour successeurs immédiats *saint Valère* et *saint Materne*, qui mourut à *Colonia Aprippina* (Cologne). Avant de se rendre à cette cité, il avait institué pour évêque *saint Agrèce*, qui laissa le siège de Trèves à *saint Maximin*, un de ses plus chers disciples.

Saint Maximin, qui appartenait à une illustre famille du diocèse de Poitiers, était frère de *saint Maxence*, prédécesseur de saint Hilaire. On ignore les motifs qui le conduisirent et le fixèrent dans la métropole de la Première Belgique, où il se fit tellement remarquer par ses vertus que, après la mort de saint Agrèce, il fut unanimement choisi pour le remplacer. Ce fut sous l'épiscopat de *saint Maximin* que s'éleva la première cathédrale de Trèves, et cet édifice, qui existe encore à peu près intact, mais entouré et masqué, presque de toutes parts, par des constructions du moyen-âge, forme le centre et comme le noyau de la cathédrale actuelle (1).

C'est aussi dans le même temps, c'est-à-dire vers l'année 335, que l'illustre Athanase, patriarche d'Alexandrie, fut relégué à Trèves par l'empereur Constantin, qui était, comme on sait, imbu de l'hérésie d'Arius, dont saint Athanase se montrait le plus ardent adversaire (2).

---

(1) A. Digot. *Histoire de Lorraine*, tome I, p. 69.
(2) Voyez Socrate : *Histoire ecclésiastique*, livre I, c. 35.

Il demeura dans cette ville pendant deux ou trois ans, et sa présence n'y fut pas inutile ; car l'hérésie arienne, d'abord renfermée dans les provinces orientales de l'Empire, commençait, grâce à la protection impériale, à gagner du terrain en Occident. En 345, on fut obligé d'assembler, à Cologne, un Concile composé d'évêques gaulois, pour juger Euphratas, évêque de cette ville, qui avait adopté les erreurs des Ariens, et qui, malgré une première condamnation, prononcée contre lui, s'obstinait à répandre des doctrines destructives du Christianisme. Saint Maximin assista à ce Concile, qui eut pour résultat la condamnation et la déposition d'Euphratas.

Le saint prélat mourut l'année suivante, laissant un grand nombre de disciples formés par ses exemples, et qui continuèrent la lutte contre le paganisme dans les parties septentrionales de la Première Belgique, où il comptait de nombreux partisans.

Saint-Paulin, disciple et compatriote de saint Maximin, lui succéda sur le siège métropolitain de Trèves. En 349, l'année même de son élévation à l'épiscopat, il fut chargé, par le pape Jules I*er*, d'une mission vers saint Athanase ; en 353, il assista au Concile d'Arles, et, pendant que la plupart des évêques, intimidés par la présence et les menaces de l'empereur Constance, protecteur des Ariens, consentirent à trahir la vérité, saint Paulin et quelques autres prélats prirent courageusement le chemin de l'exil. Saint-Paulin, relégué dans divers lieux, mourut au Phrygie, quatre ans après le Concile d'Arles.

Ce fut vers ce temps que saint Jérôme vint dans la Première Belgique et y séjourna pendant quelques

DIXIÈME LIVRAISON.

NOTICE

SUR

LES PAYS DE LA SARRE

ET EN PARTICULIER SUR

SARREGUEMINES

ET SES ENVIRONS

PAR

N. BOX,

Officier de l'Instruction publique,
Ancien Principal du Collège de Sarreguemines,
Membre titulaire de l'Académie de Metz.

TOME II.

Propriété et autres droits réservés.

METZ.
Imprimerie Lorraine, rue des Clercs, 14

1896.

ONZIÈME LIVRAISON.

NOTICE

SUR

LES PAYS DE LA SARRE

ET EN PARTICULIER SUR

SARREGUEMINES

ET SES ENVIRONS

PAR

N. BOX,

Officier de l'Instruction publique,
Ancien Principal du Collège de Sarreguemines,
Membre titulaire de l'Académie de Metz.

TOME II.

Propriété et autres droits réservés.

METZ.
Imprimerie Lorraine, rue des Clercs, 14
—
1896.

DOUZIÈME LIVRAISON.

NOTICE

SUR

LES PAYS DE LA SARRE

ET EN PARTICULIER SUR

SARREGUEMINES

ET SES ENVIRONS,

PAR

N. BOX,

Officier de l'Instruction publique,
Ancien Principal du Collège de Sarreguemines,
Membre titulaire de l'Académie de Metz.

TOME II.

Propriété et autres droits réservés.

METZ.
Imprimerie Lorraine, rue des Clercs, 14.
—
1896.

QUATORZIÈME LIVRAISON.

NOTICE

SUR

LES PAYS DE LA SARRE

ET EN PARTICULIER SUR

SARREGUEMINES

ET SES ENVIRONS,

PAR

N. BOX,

OFFICIER DE L'INSTRUCTION PUBLIQUE,
ANCIEN PRINCIPAL DU COLLÈGE DE SARREGUEMINES,
MEMBRE TITULAIRE DE L'ACADÉMIE DE METZ.

TOME II.
Propriété et autres droits réservés.

METZ.
Imprimerie Lorraine, rue des Clercs, 14.
—
1897.

QUINZIÈME LIVRAISON.

NOTICE

SUR

LES PAYS DE LA SARRE

ET EN PARTICULIER SUR

SARREGUEMINES

ET SES ENVIRONS,

PAR

N. BOX,

OFFICIER DE L'INSTRUCTION PUBLIQUE,
ANCIEN PRINCIPAL DU COLLÈGE DE SARREGUEMINES,
MEMBRE TITULAIRE DE L'ACADÉMIE DE METZ.

TOME II.

Propriété et autres droits réservés.

METZ.
Imprimerie Lorraine, rue des Clercs, 14.

1897.

L'ouvrage, intitulé *Notice sur les pays de la Sarre, etc.*, formera deux volumes in-8º et sera publié en livraisons de trente-deux pages avec gravures, plans, cartes, vues, portraits, etc.

Pour les souscripteurs aux deux volumes, le prix de chaque livraison est fixé à **75** centimes et se paie, après réception, ainsi que le port, si l'envoi a lieu par la poste.

Le prix du premier volume, qui est publié, est de **seize francs** (pour les souscripteurs aux deux volumes pendant la publication et sans le port).

Après la publication de l'ouvrage entier, le prix sera doublé pour les non-souscripteurs.

Toutes les réclamations, au sujet des *souscriptions* et de l'*envoi des livraisons*, doivent être adressées *sans retard* à M. Box, place du Marché, nº 24, à Thionville.

L'ouvrage, intitulé *Notice sur les pays de la Sarre, etc.*, formera deux volumes in-8° et sera publié en livraisons de trente-deux pages avec gravures, plans, cartes, vues, portraits, etc.

Pour les souscripteurs aux deux volumes, le prix de chaque livraison est fixé à 75 centimes et se paie, après réception, ainsi que le port, si l'envoi a lieu par la poste.

Le prix du premier volume, qui est publié, est de seize francs (pour les souscripteurs aux deux volumes pendant la publication et sans le port).

Après la publication de l'ouvrage entier, le prix sera doublé pour les non-souscripteurs.

Toutes les réclamations, au sujet des *souscriptions et de l'envoi des livraisons*, doivent être adressées *sans retard* à M. Box, place du Marché, n° 24, à Thionville.

L'ouvrage, intitulé *Notice sur les pays de la Sarre, etc.*, formera deux volumes in-8° et sera publié en livraisons de trente-deux pages avec gravures, plans, cartes, vues, portraits, etc.

Pour les souscripteurs aux deux volumes, le prix de chaque livraison est fixé à **75** centimes et se paie, après réception, ainsi que le port, si l'envoi a lieu par la poste.

Le prix du premier volume, qui est publié, est de **seize francs** (pour les souscripteurs aux deux volumes pendant la publication et sans le port).

Après la publication de l'ouvrage entier, le prix sera doublé pour les non-souscripteurs.

Toutes les réclamations, au sujet des *souscriptions* et de l'*envoi des livraisons*, doivent être adressées *sans retard* à M. Box, place du Marché, n° **24**, à Thionville.

L'ouvrage intitulé *Notice sur les pays de la Sarre*, *etc.*, formera deux volumes in-8° et sera publié en livraisons de trente-deux pages avec gravures, plans, cartes, vues, portraits, etc.

Pour les souscripteurs aux deux volumes, le prix de chaque livraison est fixé à 75 centimes et se paie, après réception, ainsi que le port, si l'envoi a lieu par la poste.

Le prix du premier volume, qui est publié, est de seize francs (pour les souscripteurs aux deux volumes pendant la publication et sans le port).

Après la publication de l'ouvrage entier, le prix sera doublé pour les non-souscripteurs.

Toutes les réclamations, au sujet des *souscriptions* et de l'envoi des *livraisons*, doivent être adressées *sans retard* à M. Box, place du Marché, n° 24, à Thionville.

L'ouvrage intitulé *Notice sur les pays de la Sarre, etc.*, formera deux volumes in-8º et sera publié en livraisons de trente-deux pages avec gravures, plans, cartes, vues, portraits, etc.

Pour les souscripteurs aux deux volumes, le prix de chaque livraison est fixé à **75** centimes et se paie, après réception, ainsi que le port, si l'envoi a lieu par la poste.

Le prix du premier volume, qui est publié, est de **seize** francs (pour les souscripteurs aux deux volumes pendant la publication et sans le port).

Après la publication de l'ouvrage entier, le prix sera doublé pour les non-souscripteurs.

Toutes les réclamations, au sujet des *souscriptions* et de l'envoi des *livraisons*, doivent être adressées *sans retard* à M. Box, place du Marché, nº 24, à Thionville.

L'ouvrage intitulé *Notice sur les pays de la Sarre, etc.*, formera deux volumes in-8º et sera publié en livraisons de trente-deux pages avec gravures, plans, cartes, vues, portraits, etc.

Pour les souscripteurs aux deux volumes, le prix de chaque livraison est fixé à 75 centimes et se paie, après réception, ainsi que le port, si l'envoi a lieu par la poste.

Le prix du premier volume, qui est publié, est de seize francs (pour les souscripteurs aux deux volumes pendant la publication et sans le port).

Après la publication de l'ouvrage entier, le prix sera doublé pour les non-souscripteurs.

Toutes les réclamations, au sujet des *souscriptions* et de l'envoi des *livraisons*, doivent être adressées *sans retard* à M. Box, place du Marché, nº 24, à Thionville.

DIX-SEPTIÈME LIVRAISON.

NOTICE

SUR

LES PAYS DE LA SARRE

ET EN PARTICULIER SUR

SARREGUEMINES

ET SES ENVIRONS,

PAR

N. BOX,

Officier de l'Instruction publique,
Ancien Principal du Collège de Sarreguemines,
Membre titulaire de l'Académie de Metz.

TOME II.
Propriété et autres droits réservés.

METZ.
Imprimerie Lorraine, rue des Clercs, 14.
—
1897.

DIX-HUITIÈME LIVRAISON.

NOTICE

SUR

LES PAYS DE LA SARRE

ET EN PARTICULIER SUR

SARREGUEMINES

ET SES ENVIRONS,

PAR

N. BOX,

Officier de l'Instruction publique,
Ancien Principal du Collège de Sarreguemines,
Membre titulaire de l'Académie de Metz.

TOME II.

Propriété et autres droits réservés.

METZ.
Imprimerie Lorraine, rue des Clercs, 14.
1898.

DIX-NEUVIÈME LIVRAISON.

NOTICE

SUR

LES PAYS DE LA SARRE

ET EN PARTICULIER SUR

SARREGUEMINES

ET SES ENVIRONS,

PAR

N. BOX,

OFFICIER DE L'INSTRUCTION PUBLIQUE,
ANCIEN PRINCIPAL DU COLLÈGE DE SARREGUEMINES,
MEMBRE TITULAIRE DE L'ACADÉMIE DE METZ.

TOME II.

Propriété et autres droits réservés.

METZ.
Imprimerie Lorraine, rue des Clercs, 14.

1899.

VINGTIÈME LIVRAISON.

NOTICE

SUR

LES PAYS DE LA SARRE

ET EN PARTICULIER SUR

SARREGUEMINES

ET SES ENVIRONS,

PAR

N. BOX,

Officier de l'Instruction publique,
Ancien Principal du Collège de Sarreguemines,
Membre titulaire de l'Académie de Metz.

TOME II.

Propriété et autres droits réservés.

METZ.
Imprimerie Lorraine, rue des Clercs, 14.

1899.

L'ouvrage, intitulé *Notice sur les pays de la Sarre, etc.*, formera deux volumes in-8º et sera publié en livraisons de trente-deux pages avec gravures, plans, cartes, vues, portraits, etc.

Pour les souscripteurs aux deux volumes, le prix de chaque livraison est fixé à **75** centimes et se paie, après réception, ainsi que le port, si l'envoi a lieu par la poste.

Le prix du premier volume, qui est publié, est de **seize francs** (pour les souscripteurs aux deux volumes pendant la publication et sans le port).

Après la publication de l'ouvrage entier, le prix sera doublé pour les non-souscripteurs.

Toutes les réclamations, au sujet des *souscriptions* et de l'*envoi des livraisons*, doivent être adressées *sans retard* à M. Box, place du Marché, nº **24**, à Thionville.

L'ouvrage, intitulé *Notice sur les pays de la Sarre, etc.*, formera deux volumes in-8° et sera publié en livraisons de trente-deux pages avec gravures, plans, cartes, vues, portraits, etc.

Pour les souscripteurs aux deux volumes, le prix de chaque livraison est fixé à **75 centimes** et se paie, après réception, ainsi que le port, si l'envoi a lieu par la poste.

Le prix du premier volume, qui est publié, est de **seize francs** (pour les souscripteurs aux deux volumes pendant la publication et sans le port).

Après la publication de l'ouvrage entier, le prix sera doublé pour les non-souscripteurs.

Toutes les réclamations, au sujet des *souscriptions* et de l'*envoi des livraisons*, doivent être adressées *sans retard* à M. Box, place du Marché, n° **24**, à Thionville.

L'ouvrage, intitulé *Notice sur les pays de la Sarre, etc.*, formera deux volumes in-8° et sera publié en livraisons de trente-deux pages avec gravures, plans, cartes, vues, portraits, etc.

Pour les souscripteurs aux deux volumes, le prix de chaque livraison est fixé à **75** centimes et se paie, après réception, ainsi que le port, si l'envoi a lieu par la poste.

Le prix du premier volume, qui est publié, est de **seize francs** (pour les souscripteurs aux deux volumes pendant la publication et sans le port).

Après la publication de l'ouvrage entier, le prix sera doublé pour les non-souscripteurs.

Toutes les réclamations, au sujet des *souscriptions* et de l'*envoi des livraisons*, doivent être adressées *sans retard* à M. Box, place du Marché, n° 24, à Thionville.

L'ouvrage, intitulé *Notice sur les pays de la Sarre, etc.*, formera deux volumes in-8º et sera publié en livraisons de trente-deux pages avec gravures, plans, cartes, vues, portraits, etc.

Pour les souscripteurs aux deux volumes, le prix de chaque livraison est fixé à **75** centimes et se paie, après réception, ainsi que le port, si l'envoi a lieu par la poste.

Le prix du premier volume, qui est publié, est de **seize** francs (pour les souscripteurs aux deux volumes pendant la publication et sans le port).

Après la publication de l'ouvrage entier, le prix sera doublé pour les non-souscripteurs.

Toutes les réclamations, au sujet des *souscriptions* et de l'*envoi des livraisons*, doivent être adressées *sans retard* à M. Box, place du Marché, nº 24, à Thionville.

www.ingramcontent.com/pod-product-compliance
Lightning Source LLC
Chambersburg PA
CBHW050104230426
43664CB00010B/1431